山东高校档案工作概览

主　　编　陈光华　王积众
副 主 编　王秀芝　叶春岐　王淑臣
参编人员（按姓氏笔画排序）
吕文华　吕文娟　吕新春　李　毅
杨　帆　赵　军　韩之超　韩　伟

山东大学出版社

图书在版编目(CIP)数据

山东高校档案工作概览/陈光华,王积众主编. —济南:山东大学出版社,2014.7
ISBN 978-7-5607-5063-7

Ⅰ.①山 Ⅱ.①陈…②王… Ⅲ.①高等学校－档案工作－概况－山东省
Ⅳ.①G647.24

中国版本图书馆 CIP 数据核字(2014)第 141758 号

责任编辑:王桂琴
封面设计:牛 钧

出版发行:山东大学出版社
社 址 山东省济南市山大南路 20 号
邮 编 250100
电 话 市场部(0531)88364466
经 销:山东省新华书店
印 刷:山东华鑫天成印刷有限公司
规 格:787 毫米×1092 毫米 1/16
29.25 印张 580 千字
版 次:2014 年 7 月第 1 版
印 次:2014 年 7 月第 1 次印刷
定 价:67.00 元

前 言

2008年9月，教育部、国家档案局联合颁布实施《高等学校档案管理办法》(教育部令第27号)。为全面深入贯彻落实教育部“27号令”，山东省教育厅召开全省高校档案工作会议，联合山东省档案局组织开展全省高校档案工作检查，举办高校档案工作经验交流会、高校档案业务培训等，有效地促进了高校档案工作体制机制、机构队伍、档案资源和制度建设，全面提高了全省高校档案工作制度化、规范化、科学化水平。

为了全面掌握全省高校档案工作实际情况，山东省教育厅组织开展了全省高校档案馆(室)基本情况调查工作。在全面调查、征集的基础上，编辑出版《山东高校档案工作概览》(以下简称《概览》)。《概览》的编辑出版，既是山东高校档案工作阶段性的概括和总结，又是深入开展档案工作及其理论研究的重要参考，具有重要的现实作用和深远意义。其作用和意义具体表现在以下几个方面：

第一，《山东高校档案工作概览》一书是主管高校档案工作成效的展现。近年来，山东省教育厅采取多种有效措施，加强全省高校档案工作，取得了显著成效，以《概览》为载体得以展示。同时，通过《概览》可以在分析总结以往工作经验的基础上，更好地指导各高校档案工作。

第二，《山东高校档案工作概览》一书是高校档案工作阶段性总结。《概览》是山东省现阶段高校档案工作的缩影，也是重要的档案编研资料。借助《概览》，可以全面了解、分析山东省现阶段各高校档案工作的发展状况、取得的成就和存在的问题等。

第三，《山东高校档案工作概览》一书是开展档案工作的重要工具。全省各高校档案工作发展很不平衡，部分高校档案工作尚存不足。各高校可以《概览》为参照，对比本校在档案管理体制机制、人员经费、馆舍条件、设施设备、馆藏资源、安全保管、开发利用、信息化建设等方面与其他同类院校的优势和不足，有针对性地加强馆际交流协作，取长补短，相得益彰。《概览》收录国家、山东省档案工作一系列法律法规和规范标准，是从事档案工作必不可少的重要工具。

第四，《山东高校档案工作概览》一书是档案工作研究的重要资料。相对其他工作和学科，山东高校档案理论研究较为滞后，研究学习资料匮乏。《概览》将全省各高校档案工作的基本情况予以整理和概括，是总体分析和研究档案工作的宝贵资料。

最后，《山东高校档案工作概览》一书是档案工作创新发展的体现。创新是人类进步的不竭动力，档案事业要不断发展，就要创新思维，创造性地开展工作。当前，国内关于高校档案工作的系统性资料鲜为人见，《概览》开创了省高校档案工作先河，必将为全国高校档案事业的进一步发展作出应有的贡献。

编　者

2014 年 10 月

目　录

山东高校贯彻落实《高等学校档案管理办法》工作综述

山东省教育厅　王秀芝

教育部、国家档案局颁布实施的《高等学校档案管理办法》(以下简称“27 号令”),是指导新时期高校档案工作科学发展的法规性文件。山东省教育厅通过认真贯彻落实《高等学校档案管理办法》,全面提高了高校档案工作制度化、规范化、科学化水平,极大地鼓舞和激发了高校档案工作者干事创业的积极性,全省高校档案工作呈现出欣欣向荣的局面。

一、领导重视,有力保障了贯彻落实工作的顺利推进

自“27 号令”实施以来,山东省教育厅、山东省档案局领导高度重视,精心策划,周密安排,使全省高校贯彻落实工作步步深入,成效显著。

(一)制定下发贯彻落实意见,开创全国贯彻落实“27 号令”先例

2009 年 3 月,山东省教育厅召开了部分驻济高校档案馆负责人学习贯彻“27 号令”座谈会。在此基础上,结合全省高校档案工作实际,与省档案局联合下发了《关于认真贯彻实施〈高等学校档案管理办法〉的意见》。该《意见》明确要求:加强高校档案工作领导,健全高校档案机构;加强档案资源建设,落实部门立卷制度;有效开发档案信息资源,积极为学校建设发展服务;高度重视档案安全建设,确保档案信息资源安全;积极推进档案信息化建设,提高档案管理现代化水平。

(二)召开动员部署会议,吹响全省高校贯彻落实“27 号令”的号角

2009 年 7 月,山东省教育厅召开了山东省高校档案工作会议,全省高校分管档案工作的校领导、档案馆负责人和业务骨干 300 余人参加了会议。教育部办公厅档案处蔺海波处长作了重要讲话,肯定充分我省贯彻落实“27 号令”的一系列举措。南京大学档案馆汤道銮馆长介绍了南京大学档案工作的先进经验和做法,使与会者受益匪浅,深受启发。省教育厅杨瑛副厅长、省档案局曹明珍副局长到会讲话,对全面贯彻落实“27 号令”进行了动员和部署,为高校档案工作科学发展指明了方向。

(三)各高校档案与法制意识普遍增强,促进了高校档案工作体制建设

高校领导普遍重视档案检查工作,召开会议专题研究工作方案,认真组织本校档案工作自查,针对存在的问题,加大措施组织整改。各高校按照“27 号令”的规定,明确了校长

为第一责任人、分管领导协助校长负责档案工作的领导体制，将档案工作纳入学校发展整体规划和领导议事日程，建立健全了档案机构和档案管理体系。有的学校领导多次到档案部门检查，现场研究、解决了档案工作中存在的重大问题和困难；有的学校加强人力物力支持，档案工作条件得到明显改善，档案归档率、完整率、准确率和管理水平取得显著提高。

二、以档案工作检查为抓手，推动高校档案工作建设发展

2010年6月，山东省教育厅、山东省档案局联合组织开展了对全省132所高校的档案检查工作。这次检查，是认真贯彻落实“27号令”的执法检查，是对全省高校档案管理工作水平的真实检验，也是对全省高校档案工作的全面督导和促进。通过检查，推动了“27号令”在我省高校的全面贯彻落实。

（一）严格工作程序，推动档案检查工作顺利开展

成立了全省高校档案工作检查领导小组，山东省教育厅、山东省档案局分管领导任组长，下设领导小组办公室，山东省教育厅办公室、山东省档案局法规经济科技处有关人员为领导小组办公室成员，负责高校档案工作检查的具体组织。领导小组办公室多次召开高校档案机构座谈会，认真调查研究，听取高校档案工作专家意见和建议，结合我省高校档案工作情况，研究拟定检查重点内容、检查方式方法、检查计分标准、检查结果审核评定办法、检查时间安排等意见。2010年1月，山东省教育厅、山东省档案局联合下发了《关于对〈高等学校档案管理办法〉贯彻落实情况进行检查的通知》（鲁教办字〔2010〕3号），全面部署高校档案检查工作。2010年4月，领导小组办公室认真细致地研究检查方式和具体时间、检查程序和相关要求、检查前后相关工作安排、检查纪实内容和检查组织领导等事项，制定下发了《山东省高校档案工作检查实施方案》。5月25日，组织对山东大学、山东商业职业技术学院两所试点学校的模拟检查，进一步检验检查的程序、方法，检查纪实、检查标准和计分原则的可行性。在此基础上，高校档案检查领导小组办公室又逐条逐项分析斟酌检查标准和检查纪实，针对不同类别的学校，确定了宽严相济、区别对待的计分原则，统一了标准和认识，确保档案检查既公平公正，又能保护、调动学校积极性。6月8日，召开了高校档案工作检查动员培训会议，动员和部署检查工作，培训检查组成员，明确了检查程序、检查重点内容、评分原则和要求，统一了检查方法和标准，为检查工作顺利开展奠定了坚实基础。

（二）组织总结检查工作，及时整改发现的问题

本次检查采取检查组检查与领导巡查相结合的办法。检查结束后，高校档案工作检查领导小组办公室于7月20日召开了高校档案检查总结会，认真总结、分析和汇总检查情况，确定优秀学校73所、合格学校53所、缓查学校6所。检查结果以《通报》的形式印发各高校。同时，以书面形式给予每所学校档案工作客观公正的评价，既充分肯定了成绩，又实事求是地指出存在的问题，提出了整改、发展方向和意见建议。2011年3月，组织复查缓查学校各档案工作，5所学校达到合格等级，1所学校限期进一步整改。档案检查工作极大地推动了全省高校档案工作发展，取得了显著成效，实现了“以查促建，以查促改，以查促提高”的目标。

(三)开展经验交流,深化"27号令"的贯彻落实

2011年6月,省教育厅在济南召开全省高校档案工作经验交流会议。会议确定了贯彻落实"27号令"效果好、档案工作基础业务水平高、在全省高校档案工作中具有引领示范作用、档案考核为省特级的三所驻济高校作为参观学习单位;选定档案工作基础业务水平优秀、档案工作特色、亮点突出的5所高校为大会典型发言单位;评选认真贯彻落实"27号令",档案工作基础业务水平提高较大、设备投入较多、整改效果较好的15所高校为书面经验交流单位。山东省教育厅副厅长张兴民、山东省档案局副局长曹明珍到会作了重要讲话。会议为学习先进经验,争创一流业绩,促进科学发展,全面提高我省高校档案管理、服务水平发挥了积极作用。

三、夯实档案基础业务,提升了全省高校档案工作水平

通过深入贯彻实施"27号令",全省高校进一步加强了档案工作体制、机构、档案资源和制度建设,加快了档案信息化建设、档案人才队伍建设的步伐,进一步夯实了档案业务基础,促进了档案信息资源开发利用,档案安全保管条件和水平得到了明显改善。

(一)加强高校档案基本建设,为提升高校档案管理水平提供了基础保障

大部分高校认真贯彻落实"27号令"关于档案机构、人员和工作经费方面的规定,建立或完善了档案机构,配备或增加了档案工作人员,设立了与档案存量与增量保管相适应的档案库房,实现档案用房"三室"分开,档案管理设施设备进一步完善,档案库房查阅利用、鉴定销毁、安全保密等规章制度得到了落实,库房管理基本达到了要求,有效地保护了档案信息资源,保证了档案工作规范有序开展。如山东大学、中国海洋大学、济南大学、山东工艺美术学院、山东科技大学、烟台工程职业技术学院、威海职业学院、潍坊学院、山东华宇职业技术学院等院校的档案库房管理基本达到规范化水平。泰山医学院、潍坊医学院、东营职业学院等学校投入十几万元到几十万元资金,购置了密集架、消磁柜、加湿器、空调、温湿度检测仪等设施设备,使档案库房的安全管理条件大为改善。山东大学、山东农业大学为档案事业的长远发展运筹谋划,已经确定或着手新的档案馆建设工作。大部分高校结合本校实际,制定了材料形成单位、课题组立卷的归档制度,建立了兼职档案员队伍,落实了工作责任和考核制度,组织兼职档案人员业务学习培训,同时利用各种方式和活动,进一步加强了档案法规制度的宣传教育,增强了全员档案与法制意识,保障了各类档案资源的及时收集归档。大部分高校刻制了本单位"档案证明专用章",制定了学校《学生成绩单、毕业证书、学位证书证明管理办法》,为贯彻落实"27号令"关于"高校档案机构是学校出具档案证明的唯一机构"的规定提供了保证。

(二)夯实高校档案业务基础,档案工作规范化、标准化水平全面提高

"27号令"明确规定了高等学校文件材料归档范围,收集齐全完整、分类准确、整理规范是对高校档案业务的基本要求,是档案机构为学校教学、科研和为社会经济服务的根本和基础。山东省教育厅按照"27号令"的要求,把档案基础业务工作作为重点检查内容,按照业务规范制定了检查标准,强调了11大类档案收集齐全,科学分类、规范整理标准,力求全面提升高校档案工作规范化管理水平。检查显示,山东大学、中国海洋大学、济南大学、鲁东大学、聊城大学、山东科技大学、山东农业大学、山东工艺美术学院等普通高

校已经达到了这一要求。多数高校能够按照检查标准认真组织自查工作,针对本单位存在的问题,集中时间和精力,采取有效措施,认真组织整改、修正工作,部分学校还组织档案人员到山东大学、济南大学等参观学习,学习借鉴他们的好经验、好做法用于指导整改工作,收到了立竿见影的效果。多数学校通过自查整改,积极工作,做到了11大类档案收集齐全完整,分类科学准确,整理编目规范,归档率、完整率、准确率较高,档案工作规范化、标准化水平全面提高。

(三)加快档案信息化建设步伐,档案信息化建设初见成效

档案信息化是全面便捷地提供档案信息,有效保护档案实体安全,更充分发挥档案信息资源价值的现代化技术手段,是档案事业科学发展的有效途径。近年来,各高校普遍重视档案信息化工作开展,比如中国海洋大学、山东大学、济南大学、鲁东大学、山东工艺美术学院、山东农业大学等。这次检查,多数学校将档案工作信息化建设列入学校信息化发展规划,制定了档案工作信息化实施方案并初步得到实施;不少学校加大了投入,购置安装了档案管理软件,建立了目录数据库,开始实行纸质和电子档案同步归档,提高了档案的查阅利用效率;部分高校建立了档案信息服务网站,积极为学校教学、科研、管理和社会提供服务,档案信息化建设初见成效。泰山医学院、青岛港湾职业学院、电力高等专科学校等院校投入数万元到十几万元,购置安装档案管理软件,建立档案智能管理系统,为实现档案信息化管理和档案事业科学发展创造了条件。

(四)促进高校档案开发利用,充分发挥档案的文化教育功能

各普通高校充分挖掘利用档案资源优势,编辑出版了校史、年鉴、著名人物文集、大事记等大量文献资料;利用档案信息资源举办校史展、文化名人展、学术研讨、文化论坛等活动,充分发挥了档案的文化教育功能。各高校普遍编制了档案检索工具,积极开展档案咨询查阅工作,极大地提高了查阅的准确率和服务效率,如山东大学档案馆平均年阅档达4000人次以上,调卷6000卷以上,电话、网络等在线咨询2000人次以上。各高校档案人员爱岗敬业,始终围绕学校中心工作服务大局,以“保存历史,服务现实,着想未来”为己任,兢兢业业,热情工作,为学校重大活动、重要事项、师生工作学习需要等提供信息服务,在本科教学工作水平评估、高职高专办学条件检查、全省高校德育工作评估、人才培养工作评估、重大科研项目、重要工程立项审查等学校重大活动中,档案信息资源均发挥了重要作用,为学校建设和发展作出了重大贡献。山东大学档案馆编辑了《山东大学百年史》、《山东大学本科教学资料选编》、《山东大学年鉴》、文化名人文集等大量文献资料,举办了百年校史展、山东大学成就展、文化名人纪念展、文化名人学术研讨会、文化论坛等,为学校校园文化建设作出了巨大贡献,被《中国档案报》誉为“撑起了山东大学校园文化的一片天”。鲁东大学、山东工艺美院、潍坊学院、滨州学院等学校征集、整理著名人物、教师业绩、个人科研成果档案等,编制相关档案目录,为教师教学、科研、职称评审等提供了有效服务。

几年来,在山东省教育厅和省档案局领导重视和支持下,在档案工作者的共同努力下,我省高校贯彻落实“27号令”工作取得了良好效果,高校档案工作在服务大局、推动发展方面作出了应有的贡献。同时,我们也认识到,我省高校档案工作还存在一些不足,需要不断加以改进,比如全员档案意识有待增强、档案专业人员匮乏、档案人员业务素质参

差不齐、个别学校领导体制机制不明确、管理水平需要进一步提高等。今后一个时期，我们将进一步深入贯彻落实“27 号令”，以科学发展观为指导，采取切实有效的措施，积极开展档案法规宣传教育，不断增强全员档案意识，努力营造依法治档的工作环境。加强档案人员业务学习和培训，努力打造高素质档案人员队伍。创新工作机制，进一步推动高校档案资源建设和信息化建设，努力提升全省高校档案管理水平，使高校档案工作更好地为我省高教事业的科学发展提供优质服务。

济南市

山东大学

山东大学档案馆成立于1990年5月。2000年7月合校后,原山东大学档案馆、原山东医科大学档案馆、原山东工业大学档案室合并成立新馆。档案馆是学校档案的保管机构,也是学校档案工作的主管单位,承担着学校档案的收整、保管、发布、研究任务。档案馆设有5个部室:业务指导部、保管利用部、信息技术部、综合管理部和校史办公室,专职档案管理人员20人,其中,具有正高级职称人员2人,副高级职称人员9人;9人具有硕士学位。

山东大学档案馆馆舍建筑面积为3340平方米。其中,档案库房面积为1700余平方米,配备中央空调系统、自动灭火系统、安监系统、除湿机、温湿度计等,基本达到防火、防盗、防高温、防潮湿、防光、防尘、防鼠、防虫、防污染要求。2000年,档案馆更新了80%的档案橱柜,总排架长度达4500余米。

山东大学档案馆馆藏丰富。学校馆藏档案时限达111年,涉及9个全宗,并存有大量珍贵档案。近几年每年的入馆量达2万余卷。截至2012年底,学校馆藏档案21万余卷,照片5万余张。

作为学校教学、科研、管理的服务机构,山东大学档案馆坚持"服务,规范,发展,创新"的管理理念,注重创新工作思路、创新服务方式和服务内容,在档案资源建设、数字化档案馆建设、档案信息利用、编研和校园文化建设等方面取得一定成绩。

【体制机制建设】

(1)实行集中统一管理。山东大学历来十分重视档案工作,学校建立档案管理委员会,负责研究、决定学校档案工作的重大问题。校长任委员会主任,分管意识形态的党委副书记任副主任,协助校长分管档案工作。档案馆作为委员会执行机构,负责相关工作任务的具体实施,档案馆馆长兼任办公室主任。学校各部门各单位设立档案工作负责人和专兼职档案员,负责档案的积累、整理和移交。三级职能机构形成一个完整的工作网络,覆盖全校教学、科研、管理各部门,保障了学校档案工作的正常开展。

(2)落实部门立卷制度。在实际工作中狠抓制度落实,特别是在落实部门立卷、课题组立卷上下工夫。档案馆承担全校每年2万余卷档案的归档整理,均得益于部门立卷制度的贯彻落实。学校档案的归档率、完整率、准确率均在99%以上。学校档案已形成14大类，其中党群、行政、教学、科研、外事、出版、基建、财务、设备、产品10个大类，人物、声像档案2个附类，实物、保密档案2个特类的门类齐全的管理格局，为学校保存历史、传承文化打下了坚实的基础。

【制度建设】 2001年12月，学校编印《山东大学档案管理制度》，制定了档案工作一系列规章制度、管理办法以及分类方案、业务规范；2005年，学校印发《关于印发〈山东大学办理学生成绩单、毕业证书、学位证书证明管理办法（修订）〉的通知》，明确了学校档案机构是出具学校档案证明的唯一机构；2012年，制定《山东大学重大活动档案管理办法》，使学校档案工作有法可依，有据可行，扎实开展。

【数字档案馆建设】 学校重视档案的数字化建设工作，先后投入资金100余万元，开展数字档案馆的基本建设。2006年，学校投入40万元，购置专用服务器，建立档案馆局域网，引进网络版档案管理信息系统，开展网上立卷和信息查询工作，初步实现学校档案现代化管理。2010～2012年，学校投入40万元，开展数字档案馆二期项目建设，该项目建立了新的档案管理信息系统，扩大了系统的数据容量和数据接收能力，建立信息含量更加丰富的档案网页，为把档案馆建成学校的数据中心、信息中心打下了基础。2012年，学校投入21万元，将馆藏校报和部分珍贵历史档案数字化，建立山东大学校报发布系统。截至2012年底，学校档案馆配备4台独立服务器，计算机、扫描仪等数字化设备较为齐全；馆藏档案的案卷级、文件级的机读目录基本建成，全文数字化工作开始起步，正向数字档案馆迈进。

【档案开发与利用服务】 档案馆作为学校教学、科研和管理的服务机构，始终把档案信息服务与学校中心工作相结合，与建设和谐校园文化相结合，与校史研究相结合，注重发挥档案优势，独具特色地开展档案信息开发与利用服务工作。

(1)围绕中心，全方位提供档案信息服务。档案馆始终关注学校中心工作，围绕学校中心工作，做好档案信息服务工作。2005年，学校迎接教育部组织的本科教学评估，档案馆在全力配合、提供利用档案的同时，主动撰写8万余字的《办学传统与特色》研究报告，编辑出版了《我心目中的山东大学》《奋进的脚步——山东大学本科教学资料选编》，受到了学校有关部门和评估专家的肯定，获得山东大学教学管理与服务优秀奖。2006年，档案馆专门整理出“211工程”馆藏档案目录索引，主动为学校“211工程”检查验收工作提供档案利用参考，受到有关部门单位欢迎。近几年，随着学校建校110周年系列庆典活动的开展，档案馆全天候、全方位为学校有关部门、学院、附属医院等提供档案信息利用服务，查阅历史文献，厘清历史线索，为活动出谋划策等，成为各部门各单位庆典活动不可或缺的协办单位。

档案馆是学校出具各类毕业生学籍、学位证明和其他档案材料证明的唯一机构，承担着为学校、社会和个人利用档案提供咨询、查阅等服务。据统计，学校档案馆平均年提供档案利用达4000人次以上，调卷6000卷以上，电话、网络等在线咨询2000人次以上。档案信息利用服务的社会、经济效益十分明显。

(2)发挥档案优势，服务校园文化。山东大学是一所建校110年的历史名校，有着悠久的发展历史和多彩的校园文化。档案馆在利用丰富的馆藏，弘扬学校百年历史、传承校园文化方面，可谓独具特色。

2004 年 2 月，世界著名实验物理学家、诺贝尔物理奖获得者丁肇中教授访问山东大学。丁肇中的父亲是山东大学的校友，曾于 1936 年、1946 年两次在山东大学任教，是山东大学教授。在丁肇中教授访问期间，档案馆举办了"丁肇中教授与山东大学"展览，把丁肇中教授和他父亲丁观海几十年来与山东大学的关系紧紧地联在一起。同时，在网上发表了两篇文章，一篇是《丁肇中教授与山东大学》，一篇是《著名校友丁观海》，引起了极大轰动。档案馆把丁观海在山东大学学习、工作的 86 份档案资料复制，制成精美的礼物。2 月 26 日上午，丁肇中报告会结束时，由校长展涛亲自赠送给他，丁肇中甚感惊喜。这也是利用档案作为礼物的先例，在全国引起极大反响。《丁肇中教授与山东大学》这一课题的直接效益——丁肇中很快接受了与山东大学合作开展太空实验的建议，使山东大学有幸进入国际高端研究项目 AMS 之中。这一项目得到了国家科技部和中国航天工业总公司的大力支持，不仅提升了山东大学相关学科的学术水平，而且还为山东大学赢得了国际声誉。

2011 年，档案馆承担了 110 周年新校史馆的设计布展工作。新馆位于学校地标式建筑"知新楼"，布展面积 1200 平方米，投入资金 300 万元。在近两年的时间里，档案馆循着山东大学曾经的历史足迹，走遍大江南北，扩充、收集了大量校史文献，厘清了大量历史线索，将山东大学历史发展脉络与历史名人介绍紧密结合，集文字、图片、视频、实物为一体，成功建立了一个内容丰富翔实的校史馆，全方位展示了山东大学的辉煌历程，成为学校校情教育、革命传统教育、爱国主义教育基地。2012 年，1 万余人慕名参观学习，收到广泛赞誉。

2000～2012 年，档案馆积极投入学校校园文化建设，先后举办了华岗、潘承洞、丁肇中、老舍、臧克家、蒋维崧、束星北、刘先志、百年医学名人、萧涤非、王淦昌、童书业、吴富恒、童第周、罗荣桓等文化名人纪念展和百年校史展、山东大学与奥运、建国 60 周年"山东大学成就展"等大型图片展，主持或协助召开了华岗、臧克家、萧涤非、童书业等四个大型学术研讨会，参加了多次"小树林论坛"等校园文化宣传活动，每年为新入校教职工开讲校史校情课，等等。《中国档案报》曾先后 6 次报道了学校档案工作，称学校档案工作撑起了"山东大学校园文化的一片天"。

(3)档案编研与校史研究紧密结合，相得益彰。档案馆重视档案学术研究，鼓励利用丰富的馆藏，开展学术研究。学校校史办公室与校史研究委员会挂靠档案馆，在加强校史研究的同时，也促进了馆藏档案的学术研究。十余年来，编辑出版图书 20 余种，累计达 2000 余万字。曾先后编辑出版《山东大学百年史(1901～2001)》《战士・学者・校长——华岗同志百年诞辰纪念文集》《战士・学者・诗人——臧克家先生百年诞辰纪念文集》《刘先志文集》《山东大学办学传统与特色》《我心目中的山东大学》《奋进的脚步——山东大学本科教学资料选编》《山东大学第一》《山东大学年鉴》等，在研究、汇集学校历史事件、人物的同时，弘扬了山东大学的悠久历史和文化。多部书稿成为学校的特别礼品，如《山东大学第一》《我心目中的山东大学》等，广受欢迎。

经过十几年的发展，山东大学档案馆已由一个较为封闭、保守的档案机构，成为学校一个具有现代化管理方式的、开放的信息管理和服务窗口，一个学校悠久历史和校园文化的宣传基地。

（楼蔚文）

山东师范大学

山东师范大学于1973年成立文书档案室，1987年建立综合档案室。2009年12月组建档案馆，副处级建制，隶属校长办公室。配备专职档案管理人员4人，其中，馆长1人，业务人员3人；档案专业硕士研究生1人；具有副高级职称人员3人。

馆藏档案最早形成年代为1951年。建立党群、行政、教学、科研、基建、设备、产品、出版、外事、财会、声像11大类档案。截至2012年底，馆藏档案48216卷。

档案工作紧紧围绕学校中心工作，加强管理，创新模式，档案管理规范化、制度化、科学化水平不断提高，档案工作服务水平明显提升。

【体制机制建设】 学校档案实行集中统一管理，建立了在学校行政统一领导下、相关部门齐抓共管、全校师生共同参与的档案工作体制机制。学校成立了档案工作委员会，各相关部门及各学院也成立了由行政负责人为组长的档案工作领导小组，并明确分管档案工作负责人和兼职档案员。档案馆定期组织部门兼职档案员业务培训，提高兼职档案员的业务素质，为档案工作顺利开展奠定组织基础。

【制度建设】 根据《中华人民共和国档案法》和《高等学校档案管理办法》等法律法规，结合学校工作实际，制定《山东师范大学档案管理办法》《电子文件归档管理办法》《部门立卷办法》《档案实体分类法》和《档案归档范围及保管期限表》等规章制度。制定了移交清单、销毁清册、借阅登记、利用效果登记等工作程序，力求工作行为职业化、工作要求标准化、工作过程程序化。规章制度的制定实施，使档案工作有法可依，有据可查，有章可循，为进一步明确责任、提高工作效率、推动档案业务规范建设等打下了坚实基础。

【档案资源建设】 学校注重加强基础业务建设，推动档案工作全面发展。

(1)档案收集整理。坚持科学分类、规范整理，档案的归档率、准确率达到100%，完整率达到95%以上。编制多种检索工具，主要包括案卷目录、全引目录、专题目录、人名索引、专题卡片、库存档案存放位置索引等。

(2)专题档案建设。建立本科教学评估专题档案，保证了本科教学评估工作材料的齐全完整和资料的再利用。在学校60年校庆之际，印发了《关于收集校庆专题档案材料的通知》，与学校校庆工作的部署、开展同步进行，确保60周年校庆的档案材料及时归档，完整保存。

(3)珍贵档案征集。学校工会原主席周国平将珍存多年的20世纪50～70年代(包括创刊号在内)校报合订本7本赠送档案室，报纸十分珍贵，为查阅学校早期重大事件和研究学校发展提供了宝贵档案资料。

(4)抢修复制老建筑图纸。本着“对历史负责，为现实服务，替未来着想”的宗旨，2012年学校设立专项经费，抢修、复制修建于20世纪50年代的文化楼、教学一楼、教学二楼等珍贵基建档案，修复土木、建筑以及水电暖图纸303张，珍贵文字资料4张。这些抢修工作既有利于学校文化遗产的长久保存，又有利于相关部门的借阅利用，意义极其深远。档案馆组织扫描以上三栋建筑物的所有图纸，保存到移动硬盘并分别刻制了光盘，实现了珍贵基建档案的多套备份保存。这样，既方便了档案利用，也保护了纸质档案。

【设施设备与信息化建设】　档案馆设在学校本部，馆舍建筑面积327平方米，其中库房面积270平方米。学校设立专项经费用于购买办公设备，改善办公条件。配备微机、激光打印机、数码复印机、扫描仪、喷墨打印机、除湿机等设备，档案橱柜231个，防磁柜1台，确保开展档案工作的基础条件。

长清校区建设是学校重大工程项目，学校在长清校区基建部门专门建立了近50平方米的档案室，以便于项目档案的归档整理和利用。档案室保存土地规划设计、竣工资料、招标材料、图纸等829卷和长清校区所有建设工程项目图纸、土地证等电子文件。

2000年，档案馆安装使用浩瀚机关档案管理软件，建立档案目录数据库，使查询更加准确、便捷，有效地提高了查全率及查准率。2008年，档案馆网站建成使用。网站内容丰富，为广大用户提供了解档案工作、利用档案信息更加快捷、方便的途径，成为宣传档案法规及促进校际交流的平台。

【档案开发与利用服务】　档案馆充分发挥资源优势，先后参加了山东师范大学建校40年、45年、50年、60年《山东师范大学校史》及《校友录》编写工作，承担《山东师范大学年鉴》编纂工作。档案馆网站开辟了《校史研究》专栏，发布由档案馆撰写的学校大事记；设置专题档案信息索引，方便信息查询。

档案信息资源来源于学校的各项工作，又服务于学校的各项工作。馆藏的各类档案在学校历年的教学、科研、党政管理等各项工作中发挥了重要作用。档案馆在2007年国务院学位委员会办公室教育硕士评估、教育部本科教学评估和2010年学校60周年校庆等重要工作中，服务大局，主动提供利用相关档案材料。在日常教育部学位与研究生教育发展中心的学历认证工作中，以优良的服务，赢得利用者的赞誉。

（张　颖）

山东中医药大学

山东中医药大学创建于1958年，是山东省唯一一所独立设置的医药科大学，是教育部本科教学工作水平评估优秀学校、山东省首批应用基础型性人才培养特色名校。2007年，学校主体由济南市历下区迁至长清大学科技园，截至2012年底，占地面积1829亩，建筑面积54.5万平方米。学校有教职医护员工3300人（含三所直属医院），其中博士生导师76人、硕士生导师370人。学校设置13个二级学院，开设21个本科专业，拥有3个博士学位授权一级学科、15个博士点，8个硕士学位授权一级学科、44个硕士点以及3个博士后科研流动站，设有国家教育部重点实验室1个、国家中医药管理局三级重点实验室6个、山东省重点实验室2个、山东省工程技术研究中心3个、山东省工程实验室1个、山东省高校重点实验室6个；国家重点学科2个、国家中医药管理局重点学科29个、省级重点学科14个。学校全日制在校本科生17100人、研究生2500人、留学生200人。

【档案工作基本情况】 山东中医药大学1958年建立档案室，1993年成立综合档案科，2010年5月成立山东中医药大学档案馆，科级机构。2011年4月调整为副处级建制。配备专职档案管理人员5人，其中，馆长1人，副馆长1人，业务人员3人；副高级职称人员2人，中级职称人员1人，初级职称人员1人；硕士研究生学历2人，本科学历3人。

学校档案为一个全宗，建立了党群、行政、教学、科研、产品生产与科技开发、基建、仪器设备、出版、外事、财会10大类。截至2012年底，馆藏各类纸质档案32000卷，照片1668张。2004年9月后，学校档案以每年2600卷的速度递增。

2000年，在全省档案工作目标管理达标定级考评中，学校被确定为省一级单位；2003年，在全省档案管理考核中，被确定为优秀等次；2004年，被确定为省一级档案室等次；2006年9月，晋升为山东省特级档案室等次。2010年6月，在山东省教育厅和山东省档案局对全省高校贯彻落实教育部“27号令”情况档案工作检查中，学校被确定为全省高校档案工作优秀单位。学校获得2011年全省档案事业统计年报工作先进集体荣誉称号。

【制度建设】 依据《中华人民共和国档案法》《中华人民共和国档案法实施办法》《高等学校档案管理办法》《高等学校档案实体分类法》《高等学校档案工作规范》和《山东省档案条例》等法律法规，学校不断制定完善各项档案管理制度，做到职责明确、责任到人、措施到位。先后制定了《山东中医药大学档案管理办法》《山东中医药大学档案实体分类编号方案》等制度，并编辑出版《山东中医药大学档案管理制度汇编》。教育部“27号令”颁布后，学校深入组织学习宣传，在充分调研的基础上，修订了《山东中医药大学档案管理办法》，进一步规范了学校档案管理。制度的建立和完善，促进学校档案工作逐步走上依法治档的轨道，提高了档案管理水平，保障了学校档案事业健康发展。

学校档案管理制度分为以下几类：一是山东中医药大学档案管理办法，这既是国家有关档案法律法规在学校的具体体现，又是学校档案工作健康顺利开展的有力保证；二是各类档案文件材料的归档范围、归档办法及保管期限等制度，这类制度不仅是各职能部门立卷归档的指南，也是各部门审查立卷的依据；三是档案分类、保管和利用方面的制度，这类制度是档案工作者分类、整理、立卷、库房管理、借阅利用工作的依据，也是确保档案案卷质量和档案安全的必需文件；四是档案人员岗位职责和职业道德规范方面的制度，这类制度主要规定档案人员的职责范围，规范档案人员的行为，也是学校专兼职档案人员年度考核的依据。健全的规章制度和严格的工作程序，使学校档案的收集、整理、鉴定、保管、保密、统计、利用等各项工作得以顺利进行，并取得了明显效果。

【设施设备建设】 学校领导重视档案安全管理和设施设备建设，积极采取措施，促进档案工作逐步走向规范化、标准化、现代化。

在长清校区综合办公楼设计和建设过程中，根据《档案馆建筑设计规范》要求，设计建设了档案工作用房，实行档案库房、阅览室、办公室三分开，馆舍面积为466平方米，其中库房面积为366平方米，安装了密集型档案架163立方米，满足了档案保管的需要，并留有充足的余量。配置温湿度自动记录仪、吸尘器、除湿机、空调、防盗门、消防器材等，档案库房基本达到防火、防盗、防高温等“九防”要求。

学校购置安装档案管理系统，配置专门服务器、计算机、打印机、扫描仪、光盘刻录机、复印机、碎纸机等设备。组织专兼职档案人员进行档案管理系统使用培训，为推进档案信息化建设奠定了坚实的基础，使学校档案工作迈上一个新台阶。

【档案资源建设】 学校认真贯彻落实《高等学校档案管理办法》（教育部27号令），使档案工作的“四纳入”“四同步”和部门立卷归档等制度落到实处，把丰富馆藏、改善馆藏档案结构作为最重要的一项基础工作来抓，拓宽档案的收集范围，加强对重大活动形成材料及特种载体档案的监管和接收工作。

每年立卷前召开一次由分管校领导主持、各部门分管档案工作负责人和兼职档案员参加的会议，具体布置各部门年度文件材料立卷归档工作，在立卷过程中，协助、指导、解决各部门遇到的问题，确保进馆各类档案的归档率、完整率和准确率达到规定要求。

按照教育部“27号令”关于十一大类档案材料收集齐全、完整的规定，根据《高等学校档案实体分类法》和《山东中医药大学档案实体分类编号方案》的分类原则，清理、检查1958年建校以来归档的馆藏档案，严格按照国家规定的档案材料的外形特征和内容联系逐一整改，并建立案卷目录、卷内目录、全引目录、文件字号目录、专题目录等机读目录。案卷封面、备考表及脊背均按有关标准填写，力求做到规范化管理。

【档案开发与利用服务】 严格执行“高校档案机构是学校出具档案证明的唯一机构”的规定，在《山东中医药大学档案管理办法》中明确规定并严格执行。围绕学校中心工作，开发档案信息资源，不断拓展服务领域，创新服务机制，为学校各项工作提供优质服务。

档案馆保管着学校各类专门档案和干部人事档案，已成为学校档案保管和查阅利用中心。在档案利用服务中，档案馆把为学校发展建设服务作为中心任务，采取各种措施和方法，大力开发学校档案信息资源，加强档案的征集工作，丰富、积累档案资源，充分发挥档案资源在学校建设中的重要作用。

近几年，学校主要档案开发与利用服务包括：为学校教学、科研及管理提供凭证和信息；为毕业生提供成绩、学籍证明；为学校的基本建设和维修工作提供图纸利用；为国内外机构提供毕业生学历学位认证；为社会各界提供开放档案利用及证明等；为编写《山东中医药大学校志》《山东省卫生志》及学校各部门出版画册、宣传栏、展览等提供资料和照片；为教育部本科教学评估提供准确、完整的档案资料；为建国六十周年、建校五十周年、校史编纂等重大活动和专题展览提供档案资料利用等。

把档案工作着眼点由"存"转向"用"。建立各类档案的查阅工具；编写建校以来干部任免、机构和临时机构设置、教学专业设置、教学科研等近几十种专题目录；核对登记1962年以来的成人教育招生、录取学员名单，解决成人教育类型多、归档杂乱、档案查阅困难的状况；编制研究生、本专科生、函授生等详细的毕业生名单。

积极开展档案管理理论研究，撰写学术论文。2007年以来，平均每年3篇以上档案学术论文获得山东省开发利用档案信息资源成果奖，在《山东档案》等专业杂志上发表论文数篇，进一步提高了档案人员的学术水平和业务能力，有力地促进了档案队伍建设。

（李元霞）

济南大学

济南大学是山东省重点建设的综合性大学和山东省应用型人才培养特色名校首批立项建设单位，拥有学士、硕士学位授予权和硕士研究生免试推荐权。2013 年 1 月，学校博士学位授予单位立项建设通过验收，面向全国招生。

截至 2012 年底，学校设置学院 26 个、教学中心 2 个。开设本科专业 86 个，具有硕士学位授权一级学科 20 个、二级学科和专业 144 个，硕士专业学位培养门类 3 个、工程硕士专业学位授权领域 13 个，以及材料科学与工程、化学工程与技术、临床医学 3 个博士学位授权建设一级学科。学科专业涵盖经济学、法学、教育学、文学、历史学、理学、工学、医学、管理学和艺术学等 10 个门类。教职工 2500 余人，其中，专任教师人 1533 人；教授 132 人，副教授 513 人；具有博士学位教师 535 人。全日制在校本科生、研究生、留学生 35000 余人。

近年来，济南大学在教学科研、人才培养、学科建设、师资队伍建设等方面取得跨越式发展，学校的综合实力、核心竞争力和社会影响力得到全面提升，学校的中长期发展目标是建成一所综合性、开放式、国际化、有特色的高水平大学。

【档案工作基本情况】 2003 年 4 月，学校设立档案馆，副处级建制，挂靠校长办公室。2007 年 11 月，档案馆设为独立的直属单位，处级建制。截至 2012 年底，档案馆下设综合科、业务指导部、信息技术部和保管利用部 4 个部室。专职档案管理人员 11 人，其中，馆长 1 人，副馆长 1 人，科级干部 1 人，业务人员 8 人；正高级职称人员 1 人，副高级职称人员 4 人，中级职称人员 4 人。

馆舍面积 1200 余平方米，其中库房 500 余平方米，阅档室 90 余平方米，业务与办公用房 220 平方米，展厅 300 平方米，其他用房 90 余平方米。学校档案实行综合管理，按照党群、行政、教学、科研、产品、基建、设备、出版、外事、财会、声像、实物 12 大类建立档案体系结构，全宗七个，馆藏档案 39861 万卷（盒、册），实物档案 312 件，照片 7764 张，电子档案（光盘）73 张，馆藏档案最早形成年代为 1948 年。

2004 年，在全省档案管理考核中，济南大学档案馆晋升为省一级档案馆等次；2006 年，晋升为山东省特级档案馆等次，为省属高校第一个特级档案馆。2004 年以来，先后 4 人次获得全省优秀档案工作者、全省档案工作先进个人荣誉称号，获得山东省开发利用档案信息资源成果奖一等奖 2 项。档案馆被山东省档案局授予 2007 年度全省档案法制宣传工作先进集体荣誉称号。2009 年，学校被推荐为中国高等教育学会档案工作分会第四届理事单位和山东高校档案学术委员会常务委员单位。2010 年，在山东省教育厅和山东省档案局组织的全省高校贯彻落实《高等学校档案管理办法》（教育部 27 号令）情况档案工作检查中，济南大学被确定为全省高校档案工作优秀单位。2011 年，被推荐为全省高校档案工作经验交流会参观学习单位，并作经验介绍。

2012 年 5 月 8 日，济南大学党委书记范跃进就学习贯彻落实中共中央书记处书记、中央办公厅主任令计划在全国档案工作暨表彰先进会议上的讲话精神和中共山东省委书记姜异康对山东省档案工作重要批示精神，对学校档案工作建设与发展作出批示：高校档案工作，承载着记录历史、传承文化、服务发展的神圣职责。要切实加强档案资源建设、强化档案安全保障、提高档案开发利用水平，进一步推动我校档案工作科学发展，为建设高水平大学做出更大贡献。

【体制机制建设】 2008 年 8 月，《高等学校档案管理办法》（教育部 27 号令）颁布后，尤其《山东省教育厅　山东省档案局关于认真贯彻落实〈高等学校档案管理办法〉的意见》（以下简称《意见》）印发后，学校充分认识在新形势下加强档案工作的重要意义和“27 号令”及《意见》的实施对推进高校档案工作规范化管理和科学发展的重要作用，进一步加强档案工作的统一领导。

济南大学将档案工作纳入学校“十一五”“十二五”发展规划，每年将档案工作列入学校党政工作要点。学校坚持把档案业务经费作为专项列入年度经费预算，保证了档案工作的顺利开展。针对档案工作的实际问题，学校通过校长办公会加以研究解决。分管副校长在学校党委全委会扩大会议、文件材料立卷归档工作和年鉴工作等会议上部署档案工作，要求结合工作实际，制定具体措施，逐步建立档案门类齐全、馆藏丰富、管理科学的馆藏体系。

学校档案工作坚持统一领导、集中管理的原则，建立健全档案工作网络。

(1)成立档案工作委员会。2004 年，成立济南大学档案管理委员会。2006 年 9 月，更名为“济南大学档案工作委员会”。档案工作委员会负责组织、协调、研究、解决学校档案工作中的重大问题。

(2)设置档案机构。档案馆是学校档案保管和信息利用中心，是学校出具档案证明的唯一机构。

(3)设立部门档案员。各部门各单位明确分管档案工作的负责人和兼职档案员，实行档案工作责任制。截至 2012 年底，学校各部门各单位兼职档案员 55 人。

【制度建设】 2003 年以来，先后制定《济南大学档案管理办法》《济南大学实物类档案归档管理办法》《济南大学文件材料归档整理基本业务规范》《济南大学各类档案归档范围和保管期限表》《济南大学档案查阅借阅办法》《济南大学档案库房管理规定》《济南大学档案保密安全制度》等一系列规章制度。2009 年，在深入学习实践科学发展观活动中，按照规章制度“废改立”要求和《高等学校档案管理办法》（教育部 27 号令）等法律法规，结合工作实际，修订《济南大学档案管理办法》和《济南大学实物类档案归档管理办法》，制定《济南大学电子档案归档管理暂行办法》。2010 年 4 月，经校长办公会讨论通过予以印发，进一步建立健全规章制度，做到有章可循，为档案工作的开展提供有力的制度保证，以制度建设促进档案工作科学发展。

【档案资源建设】 学校始终重视档案信息资源建设这个档案工作的永恒主题。

(1)明确归档范围。除常规年度外,根据学校机构调整等情况,按照《高等学校档案管理办法》和《济南大学档案管理办法》等规定,适时调整明确新增部门的文件材料归档范围,以提高文件材料的归档率和完整率,保证文件材料归档无"盲点"。

(2)部门立卷归档。加强部门立卷归档制度,按照业务建设规范要求,结合工作实际,在加强常规归档工作的同时,突出基建类、设备类、实物类等薄弱环节档案的归档工作,逐步解决归档难题。2009年以来,动态跟踪新校区基建项目规划、施工手续的补办进展情况,基建项目档案立卷归档工作取得了新的进展,如计算中心、综合办公楼、人才公寓楼等新校区基建项目档案的归档工作已见成效。加强仪器设备项目档案归档工作,2010年以来,接收大型设备档案100余套。开展专题档案征集工作,学校本科教学工作水平评估、深入学习实践科学发展观活动、济南大学第二次党代会等专题档案先后征集、整理归档。不断充实实物档案馆藏,重点收集、整理失效印章和校友礼品、各类证书、奖牌、奖杯等实物档案。近几年,学校通过以上一系列工作,进一步完善档案信息资源,优化馆藏结构。

(3)档案入库移交。自2006年起,初步建立起档案收集、整理、移交等管理程序。业务指导部在指导各部门各单位立卷归档的基础上,分门别类地审核、调整、接收各类归档的文件材料,然后向档案保管利用部移交。保管利用部根据业务规范和入库要求,在审查组卷情况和案卷目录及卷内目录的基础上,提出整改意见。经协调、整改后,适时办理档案入库及交接手续。

【保管与利用服务】 学校建立3个独立库房,且有足够的增量空间。2010年,针对库房安全保管,在实施档案库房24小时视频监控的基础上,学校设立专项经费安装防盗门,配备除湿机等设备,确保馆藏档案安全。

学校贯彻"管理以服务为本"的工作理念,在档案利用服务中,以人为本,实行"首问负责制",增强服务意识,既按照档案借阅规定,严格履行程序,又为档案利用者提供热情周到服务,查全率、查准率不断提高。

(1)服务工作。为学校教学、科研和管理提供热情、快捷服务,如为学校有关方面查阅财会、学生公寓竣工图、校友数据、毕业生工作去向、新生录取、教职工调转介绍信等档案材料提供服务。

(2)服务师生。主要为毕业生、在校生在落实用人单位、专升本、英语晋级、考研、出国留学、补办毕业证等方面提供学习成绩、录取信息等档案查询服务。

(3)异地查档。自2008年11月,档案馆在档案查询服务过程中,开展异地查档业务。在确认利用者身份的前提下,通过快递、传真、电话等方式提供远程服务,受到利用者的欢迎。

据统计,学校年接待档案利用者3000余人次,调阅案卷3000余卷(册),复印档案5000余份。

【档案开发与科研】 学校高度重视档案信息资源的开发利用,努力提高档案信息资源开发利用水平。

(1)筹备布置建设与发展成就展。2005年1月,学校启动展览筹备工作,2006年5月下旬开展。资料收录截止时间为2005年底。展览分关怀篇、建校篇、发展篇和未来篇,布展板面 80 个，布展面积 300 平方米。经申报，济南大学建设与发展成就展获得 2005 年度山东省开发利用档案信息资源成果奖一等奖。

(2)编纂《济南大学发展史(2001～2005)》。2007 年 1 月，学校编纂出版《济南大学发展史(2001～2005)》。经申报，获得 2007 年度山东省开发利用档案信息资源成果奖一等奖。

(3)编纂《济南大学年鉴》。2008 年 7 月，在教育部本科教学工作水平评估结束后，学校启动第一部年鉴编纂工作。通过学习调研和编纂实践，档案馆先后拟定《济南大学年鉴撰稿规范》和《济南大学年鉴语言规范》等业务指导性文件，为规范、有序开展年鉴编纂工作打下坚实基础。年鉴编纂标准高、任务重、压力大，编纂人员克服力量弱、经验不足等困难，坚持“笃实谨严，精编细校”的精神，精益求精，一丝不苟，追求卓越。2009 年 12 月，学校第一部年鉴《济南大学年鉴(2008)》由黄河出版社出版发行。截至 2013 年 10 月，学校已编纂出版年鉴 5 部。经过近几年的努力，学校已构建起科学、完整的年鉴结构体系，年鉴编纂工作逐步走向成熟和常规化。年鉴编纂工作成为学校档案工作的一个亮点工程。

(4)科研与学术交流。《新形势下高等院校档案信息资源管理模式的研究》获得 2012 年山东省软科学研究计划项目立项，这是济南大学在档案工作中首次获得省级科学研究计划项目，2012 年 12 月该项目顺利通过验收，并获得优秀等级。《高校年鉴质量保证体系研究》项目获得 2013 年山东省高等学校人文社会科学研究计划立项。

【档案信息化建设】 学校重视档案信息化建设。

(1)召开档案信息化工作会。2011 年 1 月，学校组织召开档案信息化工作会议，进一步落实济南大学 2010 年教学暨信息化工作会议精神。副校长韩宏主持会议并讲话。他指出，档案信息化建设是档案工作的必由之路。学校的档案信息化建设水平与省内外兄弟院校相比还有很大差距。抓住学校制定《济南大学信息化建设“十二五”发展规划》的有利时机，充分依托学校统一信息平台，争取学校支持，制定详细的实施方案，推动学校档案信息化工作迈上新台阶，为学校建设高水平大学做出应有贡献。

(2)安装档案管理信息系统。2005 年 1 月，学校配备安装北京品高科技有限公司与清华大学档案馆合作开发的网络版档案管理信息系统，服务器设在学校网络中心。经过近一年的调试和筹备，2006 年立卷归档工作正式启用。在已有的条件下，按照由近及远的原则，逐步建立文件级目录及全文数据库。建立 2001～2011 年案卷级目录数据库，并实现网上挂接和查阅。

(3)成立信息技术部。2011 年底，根据工作需要，成立信息技术部，专门负责档案信息化建设。陆续开展馆藏重要档案数字加工，2009～2011 年新生录取名册(含本专科生、研究生、继续教育)等档案已建立全文数据库。加强电子档案归档工作，基本实现纸质文件与电子文件同步归档。

(4)建立档案信息网站。2006 年 6 月，济大档案信息网开通。2008 年上半年，济大档案信息网改版至今。档案信息网站在加强档案法制宣传、发布档案工作信息、开展网上业务指导等方面发挥了积极作用。

(杨丽娟　叶春岐)

山东建筑大学

截至2012年底，山东建筑大学档案馆馆舍面积860平方米，配备5名专职档案管理人员，其中，副研究馆员3人，馆员2人；研究生学历2人，本科学历2人，专科学历1人。兼职档案员47人。建立4个全宗，馆藏档案25000余卷，党群、行政等11类档案实行集中统一管理。

1997年，在全省科技事业单位档案工作目标管理达标定级考评中，学校被确定为省一级单位。2003年，在全省档案管理考核中，被确定为优秀等次。2005年，被确定为省一级档案室等次。2006年，晋升为特级档案室等次。2010年，在山东省教育厅和山东省档案局对全省高校贯彻落实教育部"27号令"情况档案工作检查中，学校被确定为全省高校档案工作优秀单位。

【体制机制与制度建设】 按照《高等学校档案管理办法》(教育部27号令)的要求，学校成立档案馆，作为学校直属单位，副处级建制。调整学校档案工作领导小组和档案鉴定销毁等相关工作小组，由校长担任领导小组组长，形成了科学合理的档案工作机制。

加强制度建设，认真贯彻落实国家、山东省档案工作政策法规，修订完善规章制度。制定了《关于进一步加强学校档案工作的实施意见》《部门文件材料归档范围》《山东建筑大学重大活动档案管理办法》《关于进一步加强学校档案工作的实施意见》和《人物、实物档案管理实施细则》等，规范工作程序，学校制定档案工作规划，档案工作列入学校年度工作计划。建立了重大活动、重要会议、重大工程和重大突发事件处置的建档指导机制，明确专兼职档案人员的岗位职责和工作规程，建立健全服务承诺制和档案利用效果反馈制度，按照责任目标和工作计划，依法管理，使各项工作有章可循，并及时督办协调和检查落实，有效提高了档案工作效率和服务质量。

【设施设备建设】 学校每年将档案工作和经费预算列入年度工作计划和经费预算，加强档案基础设施建设。配置档案管理软件及扫描仪、光盘刻录机、复印机、激光打印机、数码照相机、服务器等设备。改善档案库房条件，安装防盗报警系统，投入15万元，购置档案密集架、防磁柜、空调、除湿机、杀菌机，实施灭菌、防潮、防尘处理，完善防火措施，消除一切安全隐患，使档案工作基础设施建设迈上一个新台阶，为提高档案工作水平搭建了高标准的硬件平台。投入30余万元，建成了500平方米的校史馆，成为"爱校，荣校"教育基地。近几年，档案设施设备明显改善，有力地提高了档案工作的服务能力。

【队伍建设】 近年来，采取现场观摩指导、立卷归档流程示范等多种形式，分期分批地开展人员培训，如对新上岗的兼职档案员进行岗位职责、归档范围、立卷归档流程培训；与研究生处联合开展研究生学位综合档案立卷归档培训。每年举办一次专兼职档案员培训会，及时宣传落实档案新标准新规范，使其熟悉档案工作，增强其责任感和敬业精神，不断提高档案队伍的整体素质和业务水平；每年集中举办一次档案法制教育，增强档案人员法制意识；组织多种形式的立卷现场指导，及时督导各院（部）和职能部门的归档整理工作；每学期组织专职档案人员与兄弟院校的交流活动，学习借鉴档案工作的成功经验。鼓励档案人员开展档案理论研究，近3年来学校专兼职档案人员先后发表档案学术论文30余篇。形成了一支政治强、业务精、作风好、能干会干的档案工作队伍。

【档案资源建设】 加强各种载体形式的文件材料的收集归档工作，每年接收归档案卷2000余卷，严格按照实体分类法和部门文件材料归档范围，加强档案资源源头建设。采取“四纳入”“四同步”、提前介入、中期检查、重点督导等方法，主动深入部门，开拓领域，多方位、多渠道加强档案资源建设。重大活动档案收集，档案馆主动联系协调相关部门，提出要求，积极开展业务指导，现场办公，确保了归档文件材料齐全、完整、准确，交接手续完备，案卷质量归档率、完整率、准确率均达到100％。近几年来，除常文件材料归档工作外，学校更名、土地置换、本科教学工作水平评估校、平安校园建设、党员先进性教育、50周年校庆、学校五大工程、名校建设工程、博士点申报、专业评估等15个专题档案均已及时征集、整理归档。

针对档案形成出现的新情况，在11大类的基础上，进一步扩展档案实体分类法，完善门类，增设了人物档案和实物档案两个大类。建立了档案信息资源库，实现了双归档。加快档案信息化检索系统的建设，在扩充文件级目录数据的基础上，整合形成以类别、专题、媒介为检索途径的检索体系，实现了查全、查准、方便、快捷的目标。

在学校教学评估工作档案的立卷归档过程中，档案馆主动与教学管理部门及各学院联系，制定了教学档案管理实施细则，明确教学档案立卷归档范围，加强全校范围的教学档案归档、建档指导，保证了教学档案归档质量。在前期评建工作中，围绕评估指标，专门组织整理有关招生、学籍、基层报表、专业设置、学科建设、学校研究解决教学问题会议记录等档案材料。针对学校本专科、研究生学籍档案立卷归档工作量大的特点，采取提前介入，全程跟踪的方法，组织召开专题立卷工作会议，提出明确要求，实施全过程指导，确保了学籍档案归档的完整准确。学校利用档案资料编辑教学文件47部，整理归档教学评估专题档案123盒。

新校区建设项目工程量大，周期长，立卷归档难度较大，在建设初期学校就派专人在建设指挥部负责档案工作，及时收集整理各种批复及手续，及时督促验收乙方档案材料。学校多次召开档案工作现场会，邀请城建档案馆专家现场指导。档案馆将总体建设项目按单体分解为近30个子项目，每一个项目按基建档案立卷规范列出归档催缴清单，采取完成一项检查验收一项的办法，确保了文件材料的归档率和完整率。新校区基建档案已归档600余卷，单体项目归档率达到95％以上，为完善新校区功能和开展后续工作建立了原始档案资料。

【档案开发与利用服务】 围绕学校中心工作，加强档案信息利用服务。以人为本，增强服务意识，克服人员少、业务量大等困难，主动服务，热情周到，随到随查。创新服务形式，改进服务手段，近 5 年平均年提供档案利用 3000 余人次、调卷 3000 余卷次。

开展档案编研，充分发挥档案的宣传教育、文化传承功能和文化塑校作用。先后编纂了历届学生名录、大事记和《山东建筑大学校志》《山东建筑大学校友风采录》《50 年校庆画册》以及机构沿革等项目。《校庆五十周年系列文化成果》《教学评估档案的开发利用》《学校档案信息资源管理及网络化建设》等 7 项成果获得山东省开发利用档案信息资源成果奖一等奖 4 项、二等奖 3 项。

2011 年，按照学校工作部署，布展新校区建设十周年展览。在时间紧、任务重的情况下，多方征集挖掘新校区建设图片 2000 余张，查找利用拍摄扫描照片 5000 余张，利用档案百余卷，认真梳理，精心挑选，使展览充分展示了建大精神和新校区建设成就，达到了预期效果。坚持开放校史馆，近年来接待 1000 余人参观，为浓郁学校文化氛围发挥了积极作用。

【档案信息化建设】 针对归档文件材料日益多样化、办公系统日趋自动化的特点，学校充分利用现代技术改造传统的档案管理方式，加快电子档案建设，初步开展了数据库建设、网络建设、多媒体技术的应用，建立了档案信息网，安装使用网络版档案管理系统，提高了档案管理信息化水平，使档案工作成为学校管理的一个重要信息资源平台。通过申请立项等方式，专题研究信息化建设中遇到的问题，完成了《学校档案信息资源管理及网络化建设》等项目研究，探索和尝试推动学校档案信息化进程。

（蒋　燕）

山东财经大学

山东财经大学由原山东经济学院和原山东财政学院于2011年7月4日合并组建而成。山东经济学院的前身为山东财经学院，创建于1952年，由山东会计专科学校与齐鲁大学的经济系合并组建而成，是山东省建校最早的财经类普通高校，也是全国建校最早的财经类普通高校之一。“文革”期间，山东财经学院中断办学。1978年，经国务院批准恢复办学，并更名为“山东经济学院”，1993年获得硕士学位授予权。山东财政学院始建于1986年，是财政部与山东省人民政府共同创办的普通高等财经院校，建校初期实行部、省共建、以部为主的领导管理体制，1998年获得硕士学位授予权，2000年后改为中央与地方共建、以地方管理为主的领导管理体制。2012年6月9日，山东财经大学正式揭牌成立。2012年8月23日，财政部、教育部、山东省人民政府签署协议，共同建设山东财经大学。

【档案工作基本情况】 山东财经大学档案馆(校史办公室)是2011年11月在原山东经济学院院长办公室档案科、校史办公室和原山东财政学院院长办公室档案科的基础上成立的，处级建制，下设业务指导科、保管利用科、信息技术科和校史办公室4个科室。档案馆(校史办公室)专职档案管理人员8人。其中，馆长1人、副馆长1人，校史办公室人员2人，业务人员4人；正高级职称人员1人，副高级职称人员4人，中级职称人员3人；具有博士学位人员1人、硕士学位人员2人。

学校馆舍建筑面积1000多平方米，其中档案库房4个，面积为680平方米。原山东经济学院档案和山东财经大学档案在燕山校区库房存放，原山东财政学院档案在舜耕校区库房存放。实现档案库房、阅档室、办公室三分开，配备视频监控、防火温湿度控制、灭火器、空调等保管设备和计算机、打印机、复印机、扫描仪、碎纸机等办公设备。

1998年、1999年，在全省科技事业单位档案工作目标管理达标定级考评中，原山东经济学院和山东财政学院均先后被批准为省一级单位；2004年11月，在全省档案管理考核中，原两校档案室均被确定为省一级档案室等次。2010年6月，在山东省教育厅和山东省档案局对全省高校贯彻落实教育部“27号令”情况档案工作检查中，两校均被确定为全省高校档案工作优秀单位。2011年，《山东财经大学档案管理工作的调研报告》获得全省教育系统优秀调研成果奖三等奖。

山东财经大学建有山东经济学院、山东财政学院和山东财经大学3个全宗。设置党群、行政、教学、科研、基建、设备、出版、外事、财会、声像10大类。截至2012年底，山东财经大学馆藏档案43367卷，其中山东经济学院全宗档案23023卷、山东财政学院全宗档案

17963卷、山东财经大学全宗档案2381卷。1994年前，在党政分开立卷的原则下，按照“年度—问题”相结合的立卷方法立卷，1994年开始实施国家教委发布的《高等学校档案实体分类法》与《高等学校档案工作规范》。案卷立卷质量标准、规范，不同门类、不同载体和不同保管期限的档案分别排列，科学有序，整齐划一。全宗卷内容完备，接收档案手续严格，及时、准确填报年度档案统计报表。

【体制机制与队伍建设】 山东财经大学档案馆成立后，学校档案工作由校长领导，1名副校长直接分管。学校各部门各单位明确1名负责人分管本部门本单位档案工作。将档案工作纳入各部门、各单位和兼职档案员岗位职责，确保兼职档案员完成档案工作必需的工作时间和条件，并作为年度工作考核的一项重要内容，督促兼职档案员将本部门本单位应归档的文件材料定期整理并向档案馆移交。专职档案人员按照有关文件材料归档管理办法和档案业务规范以及学校规定的各类档案归档时间，及时督促、指导各部门各单位预立卷，使各类档案立卷归档工作在每年的6月底前基本完成，保证档案及时归档和档案齐全、完整、准确。

学校重视档案工作队伍建设，把工作认真扎实、责任心强、素质高、业务水平强的人员选拔到档案工作队伍中来，积极组织专职档案人员参加各种业务培训。各部门各单位设置兼职档案员56人。定期组织兼职档案员培训，组织学习《中华人民共和国档案法》《山东省档案条例》《高等学校档案管理办法》《企业、科技事业单位档案管理考核书及考核标准》等有关法律法规，不断提高兼职档案员素质。2012年11月21日，学校召开成立以来的第一次档案工作会议，分管副校长王玉华出席会议，各部门、各单位分管档案工作负责人以及全体兼职档案员参加会议。2012年11月27日，档案馆开展兼职档案员集中培训，通过培训和指导，学校各类文件材料归档率、完整率、准确率达到95%以上，档案组卷、分类、整理、编目、装订等各环节规范、统一，案卷质量符合行业规定标准。

【制度建设】 学校坚持依法治档和规范化管理，以《中华人民共和国档案法》和《高等学校档案管理办法》等法律法规为依据，在深入学习调研的基础上，结合学校实际，制定《山东财经大学档案管理办法(试行)》《山东财经大学人物档案暂行管理办法》《山东财经大学实物档案暂行管理办法》《山东财经大学档案分类办法》《山东财经大学重大活动档案及时归档的通知》《山东财经大学档案库房管理制度》《山东财经大学档案库房安全制度》《山东财经大学档案保密制度》《山东财经大学档案鉴定、销毁制度》《山东财经大学档案资料借阅制度》《山东财经大学档案统计制度》《山东财经大学办理学生成绩单、入学证明、毕业证书、学位证书证明管理办法》《山东财经大学兼职档案员工作制度》等规章制度，完善了档案的收集、整理、保管、销毁、统计、借阅、利用及档案库房管理等各项规定，使档案工作从形成到销毁有法可依、有章可循并始终处于良性运行状态中。

【档案信息化建设】 山东财经大学已实现各类纸质档案材料与电子档案材料同步收集、整理、归档等工作；每年举办全校兼职档案员档案信息化技术培训，利用QQ等工具在线与全校70多名兼职档案员随时进行交流与沟通，指导督促兼职档案员开展电子档案材料的网上远程归档工作；建立档案馆网站，逐步完善网站功能，使其成为学校档案工作对内对外的资讯平台。2013年，学校将档案信息化建设纳入学校信息化建设总体规划，以实现全校各部门档案信息化管理系统互通，资源共享，提高学校档案管理现代化和服务水平。待专项经费到位后，学校档案信息化建设将迈上一个新台阶。

【档案开发与利用服务】 学校编制了案卷目录、全引目录、专题目录、文件字号索引、案卷存放索引等检索工具，为档案查阅利用提供了条件。档案馆每年为学校、师生及社会各方面提供档案利用3500人次，调阅档案4170卷次；通过快递、传真、电话等方式，为教育部学位认证中心、全国高等学校学生信息咨询与就业指导中心等外地档案利用者提供服务200多人次；档案在学校本科教学评估、教师职称评定、科技成果展览、成人高等教育评估、硕士点申报等工作中发挥了重要作用。

围绕学校中心工作，档案馆（校史办公室）充分发挥资源优势，承担《山东财经大学史（山东经济学院卷）》的编写和校对工作，2013年10月，《山东财经大学史》出版发行。2013年3月，学校启动第一部年鉴编纂工作，档案馆（校史办公室）承担《山东财经大学年鉴（2013）》编纂任务，2013年12月，初稿编辑完成。

（高　静　谢洪欣　孙宁宁）

齐鲁工业大学

齐鲁工业大学是山东省重点建设的省属普通本科高校，是国务院学位委员会批准的硕士学位授权单位和全国首批学士学位授权单位。学校创建于1948年，是山东省建校较早的本科院校之一。建校60多年来，学校已发展成为拥有65个本科专业，64个研究生学位授权学科，涵盖工、理、文、经、管、法、艺等学科门类的多科性工业大学，成为山东省人才培养、科学研究和社会服务的骨干高校，是山东省首批应用型人才培养特色名校立项建设重点单位。

【档案工作基本情况】 齐鲁工业大学档案馆的前身始于原山东轻工业学院1985年设立的档案科，档案科隶属于学校办公室。2004年，学校将原办公室档案科和人事处人事档案科合并，成立综合档案室，副处级建制。2008年，在全省档案管理考核中，学校综合档案室被确定为省一级档案室等次。2003年5月，干部人事档案被中共山东省委组织部确定为干部人事档案工作目标管理二级单位。

2011年4月，学校进行新一轮机构改革和干部调整，综合档案室更名为“档案馆”，处级建制，图书馆馆长兼任档案馆馆长，并设1名专职副馆长。档案馆下设综合业务部、人事信息部、校史工作部3个管理及业务部室，配备专职档案管理人员9人，其中高级职称人员4人，中级职称人员4人，初级职称人员1人。各部门兼职档案员40人，形成了一支政治素质过硬和业务素质较强的专兼职档案工作队伍。

档案馆是学校档案管理的职能部门，也是学校档案集中保管和利用机构，承担着学校档案的收整、保管、利用、发布、研究和校史资料的整理、编研等任务。截至2012年底，学校馆藏综合文书档案3万余卷(件)，人事档案近2000卷。出版或编辑印发校史资料4部。

学校档案人员立足本职工作，埋头苦干，无私奉献，历年来获得国家级先进表彰1人次；省、市级先进表彰4人次；校级先进表彰12人次，校级优秀共产党员表彰5人次。

【体制机制建设】 由于起步较晚以及历经变迁等情况，齐鲁工业大学档案工作尚存在许多不足之处，正在努力改进中。近年来，学校十分重视档案工作，成立档案管理委员会，校长任主任，党委副书记分管档案工作，档案管理委员会负责组织、协调、研究、解决学校档案工作中的重大问题。档案管理委员会下设办公室，档案馆专职副馆长兼任办公室主任。档案馆作为委员会的执行机构，负责全校档案工作的组织和落实；各部门各单位设置档案工作负责人和1名兼职档案员，负责档案的积累、整理和移交。形成了完整的档案工作网络，保障了学校档案工作的全面、有序开展。

【制度建设】 2008年，教育部和国家档案局颁布《高等学校档案管理办法》(27号令)后，学校制定修订《山东轻工业学院档案管理办法》《山东轻工业学院档案管理工作考核办法》等规章制度，编辑印发《山东轻工业学院档案管理制度汇编》，制定了详细的业务规范、分类方案。2012年，根据工作需要和学校的统一部署，全面修订档案工作规章制度以及各级管理机构职责范围、人员岗位职责。学校坚持贯彻“依法治档，规范管档，强化建档，丰富存档”的指导思想，不断提高档案与法制意识，理顺档案工作关系，确保档案工作有法可依，有章可循，有序开展。

【设施设备建设】 学校档案馆位于新建图书馆大楼一层，按照国家《档案馆建筑设计规范》要求建设，建筑面积约为1800平方米。其中库房面积约为1500平方米，办公区建筑面积约为300平方米。库房配备自动消防灭火系统、防水防盗安全监控系统、温湿度智能环境控制系统以及空调机、除湿机、加湿机、消毒机、防磁柜等现代化的安全防护、管理设备，基本达到了防火、防盗、防高(低)温、防(水)潮湿、防光、防尘、防鼠、防虫、防污染等要求。档案密集架排架长度为2462米，档案柜排架长度近500米。购置安装了档案管理系统，实行计算机网络化管理，条件保障可基本满足档案管理需要。

【档案资源建设】 每年定期召开各部门、各单位档案工作负责人和兼职档案员业务培训会议，指导各部门各单位立卷归档工作，学校档案的归档率、完整率、准确率均在98%以上。

学校先后在全校范围组织开展了档案法规知识竞赛、档案信息建设年、档案知识宣传月、档案史料征集月等活动。学校每两年组织一次档案工作先进集体和先进个人的评选活动，获奖者作为校级先进记入档案，调动部门单位和专兼职档案员的积极性，总结推广先进有效的管理经验，相互学习，不断提高档案管理水平，促进档案资源建设。

学校坚持在落实部门单位、课题组立卷归档制度上下工夫。业务人员每人分管不同的部门和单位，具体指导兼职档案员立卷归档整理的全过程，确保了各年度档案保质保量按时归档。学校档案已形成党群、行政、教学、科研、外事、出版、基建、财务、设备、产品、学生、干部人事12大主类和人物、声像、实物档案3个附类的管理格局，为保存历史、传承文化打下了坚实的基础。

【干部人事档案建设】 全省高校干部人事档案纳入学校档案管理的为数尚不很多，这项工作具有特殊性。齐鲁工业大学干部人事档案有近2000卷，近年来省委组织部等部门对干部人事档案从材料收集到档案材料用纸规格乃至专用档案盒等诸多方面都作出了许多新要求，使得原有的干部人事档案均需要按新标准重新加工、整理、装盒，这不仅是一项严谨规范的系统工程，而且还增加了干部人事档案管理的工作量。近年来，学校档案馆按照新标准对干部人事档案重新进行了规范整理，先后在省委组织部组织的全省正处级干部及各级组织部门下延一级档案审核工作和省委高校工委开展的关于对高校贯彻执行《党政领导干部任用工作条例》和“四项监督制度”情况两项检查中均获得好评，其中在全省正处级干部及各级组织部门下延一级档案审核工作中与全省其他15所高校获得优秀。2009年，学校省委管理干部档案报送审核获得优秀。

【人物档案建设】 人物档案与干部人事档案既有联系又有本质不同，相比之下人物档案更侧重于优秀人才的管理，是教学、科研等各方面成果的集中展示。人物档案不仅对人物生平资料具有完整集中的保藏价值，而且还对学校教学、科研等工作起到宣传和推动作用。全省高校开展人物档案建设大多还处于探索阶段，没有现成的模式。齐鲁工业大学档案馆从服务学校大局出发，努力克服人手少、缺乏经验等困难，积极探索人物档案建设新模式新思路。该项工作还只处于探索、创始阶段，虽然已收集整理了部分人物档案材料，然而更多的后续工作有待进一步探索和开发。

【档案开发与利用服务】 档案馆作为学校教学、科研、管理的服务机构，始终把档案信息服务与学校中心工作相结合，与校史研究相结合，提出了"愉快工作，开心生活"的工作理念和"注重内涵提升，强化服务质量"的服务要求，积极创造优良的窗口服务形象，加强档案信息服务工作。

(1)围绕中心，提供服务。档案馆始终关注学校中心工作，围绕学校教学、科研、管理等工作，不断提升档案信息服务质量。档案馆是学校法人资格及组织机构代码的唯一保管、利用单位，是出具各类干部人事档案、毕业生学籍、学位证明和其他档案材料证明的唯一机构，承担着为学校、社会和个人利用档案提供咨询、查阅等任务。据统计，档案馆年平均接待档案利用者1500余人次，调卷2500余卷(件)，电话、网络等在线咨询服务1200余人次。服务质量在学校各年度综合考核中均获得优良以上成绩。

(2)档案编研与校史研究。档案馆重视并鼓励利用馆藏开展学术研究。专门设立校史工作部，加强校史研究工作。先后编辑印刷或出版了《山东轻工业学院大事记》《山东轻工业学院年鉴(2003～2005)》《山东轻工业学院年鉴(2006～2008)》和《山东轻工业学院校史(1948～1998)》等资料。2009～2012各年度的《山东轻工业学院年鉴》和《山东轻工业学院校史(1998～2013)》等资料正在编辑整理中。《山东轻工业学院大事记》《山东轻工业学院年鉴(2003～2005)》《山东轻工业学院年鉴(2006～2008)》均获得山东省开发利用档案信息资源成果奖二等奖。

(3)理论研究与专利授权。近年来，专职档案人员先后在各种刊物上发表学术论文16篇，出版著作7部；获得发明外观设计专利授权30项，实用新型设计专利授权2项。

(张淑增)

山东艺术学院

山东艺术学院档案室建于1979年，1990年设为科级机构，2006年7月，更名为“机要档案科”，隶属于学院党委办公室、院长办公室，承担着学院档案的收集、整理、保管、利用、开发和研究任务。配备专职档案管理人员3人，其中，具有副高级职称人员1人；具有硕士学位人员2人，在职攻读硕士学位人员1人。各部门兼职档案员45人。

室舍建筑面积为238平方米，其中库房面积为155平方米（文东校区库房面积为65平方米，长清校区库房面积为90平方米），根据学院校区分布实际情况，学院实行档案资料两校区存放。两校区档案库房均配备空调器、除湿机、温湿度检测仪、消毒器、灭火器、监控器等，基本达到防火、防盗、防高温、防潮、防光、防尘、防鼠等安全防护要求。

室藏建校54年来党群、行政、学生、教学、科学研究、财会、基本建设、出版、外事、仪器设备、声像、实物、人物13个大类档案，涉及3个全宗。截至2012年底，室藏档案12700余卷，照片（包括电子照片）1万余张。案卷排架长度150余米。建立了多种档案检索工具，机读案卷级目录5347条、文件级目录56605条。可利用机读目录快速完成1989年以来各类档案的案卷级、文件级目录的检索和查询，查全率和查准率达到100%。2004年，在全省档案管理考核中，学院档案室被确定为省一级档案室等次。

【体制机制与制度建设】 学院专门成立以分管档案工作的校领导为组长、各部门主要负责人为成员的档案工作领导小组。形成以机要档案科为中心，各部门兼职档案员具体负责的档案管理网络，并根据机构和人员变动情况适时进行调整，为档案工作顺利开展奠定了坚实基础。

学院重视档案管理制度建设，加强《中华人民共和国档案法》《山东省档案条例》《高等学校档案管理办法》等法律法规，以及学院档案工作各项规章制度的宣传落实，不断增强档案人员的法制意识，在此基础上根据档案工作的发展变化，不断修订和完善各项规章制度。2011年3月，修订了《山东艺术学院档案归档范围和保管期限表》，调整了部分归档类目，以适应档案工作的发展需要。2012年，根据学院档案工作的发展情况，突出档案工作特色，制定了多项档案管理制度与办法。学院加强对部门立卷归档工作的业务指导与兼职档案员的培训，明确了按照档案类目、年度重大活动、待办上级文件等多条线索收集档案的思路，进一步完善档案收集、归档制度，学院档案工作基本做到了有法可依、有章可循，档案工作的制度化、规范化、科学化建设得到加强。

【设施设备建设】 学院将档案工作纳入总体发展规划，把档案事业发展所需经费纳入学院预算，加强档案设施设备建设。2012 年，学院投入 12 万元，在长清校区增设档案室，建设面积为 30 平方米的阅档室和面积为 90 平方米的库房，购置档案存放密集架 10 组，扩大档案存放空间。

【档案信息化建设】 档案信息化建设是档案工作的重要组成部分，也是档案管理的发展方向。学院各级领导关心和重视档案信息化建设，在学院经费紧张的情况下，先后配备符合国家软件设计标准的档案管理系统，购置高性能微机、扫描仪等相关设备。自山东省档案局印发《电子文件归档管理暂行办法（试行）》以来，学院档案室认真落实办法精神，加强电子文件的归档管理。学院已建立 1989 年以来室藏档案目录数据库，2005 年以来学院文件的电子文件与纸质文件同步归档，基本实现了室存档案存储、统计、分类、检索和利用的信息化。重新整理珍贵老照片，刻制电子光盘，实现了室存声像档案的信息化。建立档案工作网站，升级完善档案设备与办公设备，全面提高档案信息化水平。

【档案开发与利用服务】 近年来，学院档案室重点加强声像档案信息的开发工作，先后制作了《领导关怀》《知名校友》《美术名家名作》等珍贵照片档案，刻制了反映各二级学院教学情况的光盘，展现学院的发展历程。2008 年，在建校 50 周年校庆之际，学院举办院报《老照片》专栏和校史馆展览。2011 年，在国际交流学院、舞蹈学院院庆期间，主动提供各类档案利用服务。2012 年，在纪念于希宁诞辰一百周年的系列活动中，档案室提供室藏于希宁的书籍、画册等资料，为活动增添历史底蕴。

学院档案室重视档案的日常查阅工作，为学院、教学、科研和党政管理、后勤保障等工作提供有效的服务与支持。近几年，档案室年均接待档案查阅和信息咨询均达到 300 余人次，查阅、利用各类档案、资料近千卷。

【档案特色化发展】 近年来，学院重视建设特色档案。

(1)艺术特色档案。通过学习文化部、国家档案局第 21 号令《艺术档案管理办法》，结合学院艺术教学的现状，2012 年制定《山东艺术学院艺术档案管理办法（试行）》和《山东艺术学院人物档案管理办法（试行）》，明确艺术档案与人物档案的管理机构与人员、归档范围、收集整理和管理利用要求，提出在全面落实 13 类档案的收集外，加强对校内各教学部门档案的收集，规定以二级教学单位为主体的档案收集范围与类目，建立学院艺术专题档案。加强人物档案与声像档案的收集，突出以艺术特色为主体的档案建设。

(2)重大活动档案。2012 年，学院制定《山东艺术学院重大活动档案管理办法》，明确重大活动的范围和档案立卷、管理、服务、利用方式，确定相关责任人与责任单位的职责，将学院重大活动按年度、事件进行专题立卷与独立存放，使档案能够更加系统、清晰地体现学院的发展思路与发展脉络。

【档案编研与校史研究】 学院利用馆藏资料进行档案编研，2011 年整理编印《山东艺术学院现行文件汇编（2005～2010）》；鼓励校内部门、个人在学院重大活动或个人研究创作过程中，通过筛选、整理，形成各类档案编研材料。2012 年 5 月，学院“双代会”闭幕后，整理编印《山东艺术学院第五届教职工代表大会暨第四届工会会员代表大会制度汇编》。舞蹈学院十周年院庆活动期间，编印《舞蹈学院 10 周年画册》。2012 年底，学院成立山东艺术学院校史办公室，进一步促进了学院档案编研与校史研究工作的发展。

（李 莎）

山东工艺美术学院

山东工艺美术学院档案工作始于1973年。1990年3月，设立综合档案室，科级机构，隶属院长办公室。2003年作为教辅单位挂靠院长办公室。2007年11月，山东工艺美术学院校史馆落成，划归档案室管理。2013年3月，更名为“档案室（馆）”，挂靠院长办公室。配备专职档案管理人员2人，其中，研究馆员1人，馆员1人；研究生学历1人，本科学历1人。兼职档案员38人。

馆藏12种档案门类，包括建校以来党群、行政、教学、科研、财会、基建、出版、外事、设备仪器、声像、人物、实物等。平均每年进馆档案1500余卷，提供利用400余人次。截至2012年底，馆藏档案12000余卷，照片17060张，光盘920张。

【体制机制建设】 学校成立档案管理工作领导小组，健全了由“分管校长—档案馆专职档案人员—各二级学院、部处职能部门兼职档案员”构成的三级档案工作网络。

把档案工作纳入学校总体发展规划，在每年的经费预算分配方案中，设立专门的档案事业发展经费。在办公室工作计划和工作总结中，把档案工作作为一项重要内容，与教学、科研工作同研究、同部署、同考核、同检查，实现档案工作“四纳入”“四同步”管理。层层落实工作责任制，不断提高各级领导干部和档案人员的荣誉感和责任心，将各部门的归档情况作为部门负责人年度工作考核的内容之一。兼职档案员具体负责档案资料的收集、整理、保管、预立卷、移交归档工作，档案馆负责业务指导，每年对归档及时、准确率高的部门与兼职档案员给予表彰与奖励。

【制度建设】 学校根据教育部、国家档案局颁布的《高等学校档案管理办法》（27号令），按照省教育厅和省档案局的文件精神和工作要求，制定完善了档案工作的一系列规章制度。先后制定了档案保管、保密、借（查）阅、统计、鉴定与销毁、管理等6项制度，印发了《山东工艺美术学院档案管理办法》《山东工艺美术学院人物档案管理办法》等文件，编印《档案工作文件汇编》《高等学校档案管理工作文件选编》等，使档案从形成到销毁各个环节有章可循。

【队伍建设】 注重专职档案人员的工作能力和业务素质培养和提高，订阅《中国档案》《山东档案》《中国档案报》等业务报刊，积极组织参加省教育厅和省档案局举办的培训班。编印了《山东工艺美术学院档案工作文件汇编》《山东工艺美术学院文件材料归档范围和保管期限表》《山东工艺美术学院整理和报送档案材料的暂行规定》，发放给兼职档案员学习、参考。每年举办兼职档案员培训班，学习相关的档案法规，聘请省档案局专家作专题报告并进行现场指导，以提高兼职档案员的档案意识和业务水平，规范档案立卷归档工作。

【设施设备与信息化建设】 档案馆舍面积300余平方米，预留馆舍面积300余平方米。安装18列档案密集架，24组实物档案橱。购置消毒灭菌机、吸尘器、空调、净化湿膜加湿器、除湿机、灭火器、防磁柜以及库房温湿度自动监控系统等档案安全保管设施设备。配备摄像机、照相机、复印机、扫描仪、多盘刻录机、自动装订机、彩色光盘打印机、电脑等信息采集加工设备。

进一步改善档案保管条件，长清校区的档案管理实现了档案库房、阅档室、办公室三分开。按照档案管理的要求，配备了相关的仪器设备，确保档案材料的科学与安全保管。2006年，安装使用通用档案管理信息系统，开展馆藏档案数字加工，将1994～2005年馆藏档案全部数字化，建立档案全文数据库和档案目录数据库，机读案卷级目录5678条、文件级目录28543条，并对应挂接电子原文。各部门可根据本部门所分配的权限随时远程录入、查阅、利用学校开放的档案信息资源，实现了"不关门的档案馆"。

【档案开发与利用服务】 根据学校和社会需要，采用专业方法和现代技术，挖掘蕴藏于学校档案中的各种信息，选择编目或开发利用，发挥了档案的利用价值。在2007年本科教学评估工作中，评建资料大量来源于馆藏文献、图片与视频；在学校30周年和35周年校庆等活动中，学校编写大事记、拍摄校庆专题片等，利用档案资料2500余卷，图片资料1800余张，人物专著、获奖证书200余册，组织编纂《山东工艺美术学院志(1973～2003)》《山东工艺美术学院大事记汇编》，拍摄《设计师从这里起步——山东工艺美术学院建校30周年》专题电视片等；2007年5月和2011年1月，学院院长潘鲁生先后在中国美术馆举办的"当代·民间——潘鲁生当代艺术与民艺文献展"和"手艺农村——潘鲁生主持山东农村文化产业调研成果展"中，完整利用人物档案资料；学校组织编写了2003～2011年(九部)约360万字的《山东工艺美术学院年鉴》《匠心文脉——山东工艺美术学院校史图鉴(1973～2008)》，制作了《设计引领生活》35周年校庆专题片。在建立学校校史馆的过程中，大部分的文字资料与所有的图片资料均利用馆藏档案。在以上各项重大活动中，档案查全率、查准率达98%以上，使各类档案在为教学、科研、管理服务中发挥了积极作用。

【档案管理特色】 近年来，学校开拓创新，积极打造档案管理特色。

(1)人物档案管理。学校2003年开始建立人物档案，截至2012年底，建立20多名专家教授人物档案400余盒。积极开发人物档案信息资源，举办人物专题展览、人物档案编研等，如孙长林学术年暨孙长林八十寿辰纪念活动。举办个人藏品展，院长潘鲁生的"当代·民间"展、"手艺农村"展等。把馆藏的纸质人物档案信息录入档案管理信息系统，进一步完善学校人物电子档案。

(2)专题档案管理。针对学校开展的重大活动，跟踪建档，加强各类图片的收集、整理工作，不仅拓宽了档案服务领域，而且还丰富了馆藏内容，并充分开发利用馆藏档案资源。对档案资源实行分类分级管理，建立专题档案(文献)，如校庆档案、首届"设计之星"全国大学生优秀平面设计作品展览档案、本科教学评估档案、国际设计艺术院校联盟2008(济南)会议档案、手艺创造财富——2009传统手工艺保护与发展国际论坛学术活动档案；中国民间文化遗产抢救工程项目档案、全国艺术与设计类实践教学研讨会档案、第十一届全国运动会会徽、吉祥物、官方海报、奖牌、圣火台设计档案、第七届全国体育美展、2010 上海世博会山东馆、2012 城市公共艺术论坛、潘鲁生国瓷彩墨展、2012 中国济南国际摄影双年展、第二届中国非物质文化遗产博览会、第四届山东文化创意产业博览交易会、2012 韩国丽水世博会山东活动周、第八届中国(深圳)文博会山东展区专题等,确保重要的档案信息资源及时归档、保管和开发利用。将学校 2009～2012 年以来的重大专题档案的图片录入托尔思信息管理系统的图片库,实现专题档案的数字化管理。

2004 年,《山东工艺美术学院志(1973～2003)》获得山东省开发利用档案信息资源成果奖一等奖;2010 年,在第三届全省优秀年鉴评奖中,《山东工艺美术学院年鉴》获得综合奖项一等奖。2006 年,在全省档案管理考核中,学院综合档案室被确定为省一级档案室等次;2007 年,晋升为省特级档案室等次;同年,被山东省档案局授予"全省档案信息化建设先进集体"荣誉称号;2010 年,在山东省教育厅和山东省档案局对全省高校贯彻落实教育部"27 号令"情况档案工作检查中,学校被确定为全省高校档案工作优秀单位。

(蒋　松　刘忠华)

山东体育学院

山东体育学院自1978年复建伊始设立综合档案室，1990年10月确定档案室为科级机构。档案室保存了复建以来党群、行政、教学、科研、财会、出版、基建、外事、设备仪器、声像10大类档案，截至2012年底，室藏档案8912卷，照片4000余张，上级来文5500件。配备专职档案管理人员3人，兼职档案员25人。先后编制了4种检索目录，制定了《山东体育学院档案管理办法》等规章制度和档案人员岗位职责，档案工作基本实现了科学化、规范化、制度化和现代化。

1998年11月，在全省科技事业单位档案工作目标管理达标定级考评中，学院被批准为省一级单位；2003年11月，在全省档案管理考核中，学院档案室被确定为优秀等次；2004年11月，学院档案室被确定为省一级档案室等次。2010年6月，在山东省教育厅和山东省档案局对全省高校贯彻落实教育部“27号令”情况档案工作情况检查中，学院档案室被确定为全省高校档案工作优秀单位。同年，经考核，学院档案室晋升为省特级档案室等次。

【体制机制建设】 根据《中华人民共和国档案法》《山东省档案条例》《高等学校档案管理办法》等法律法规，1998年学院成立由院长任组长、分管院长和办公室主任任副组长、有关部门负责人为成员的学院档案工作领导小组，加强学院档案工作的组织领导和综合协调，研究解决档案工作中的重大问题。随着人员岗位的变动，尤其是2010年学院有关部门处科级干部调整，学院档案工作领导小组成员也适时作出相应调整。学院建立档案机构，各部门明确分管档案工作的负责人，并设立兼职档案员，各部门及兼职档案员在档案机构的指导下负责档案形成、积累、整理、预立卷、移交归档等工作，学院形成了完善的档案综合管理体系，为档案工作有序开展打下了坚实基础。

【制度建设】 近年来，学院制定完善《山东体育学院档案管理办法》《山东体育学院档案分类法》等文件和档案的收集、整理、保管、鉴定与销毁、统计、借阅、利用、保密工作以及档案库房管理等项规定。学院编印《山东体育学院档案管理文件汇编》。2010年，根据《高等学校档案管理办法》，进一步修订《山东体育学院档案管理文件汇编》，使档案从形成到销毁各个环节有章可循，有法可依。

【队伍建设】 近年来，学院注重把工作认真扎实、责任心强、文化层次高、业务水平强的人员选拔到档案工作队伍中来，提高档案工作队伍的整体素质。

(1)专职档案人员素质培养。学院除订阅《山东档案》《学校档案》《中国档案》《中国档案报》《学校档案管理基础》等专业书刊，组织档案人员业务学习外，还积极支持他们参加国家和业务主管部门举办的培训班，到兄弟院校和档案工作先进单位参观考察，使专职档案人员的业务素质得到明显提高。

(2)兼职档案员业务与法规培训。将编印的《山东体育学院档案管理文件汇编》发至每位兼职档案员，供学习参考；定期举办档案员培训班，邀请档案工作专家作《立卷的基本程序和方法》等专题讲座。特别是2007年根据省档案局鲁档办〔2007〕2号文件精神，学院订购了2007年“剑南春杯”档案与法制知识有奖竞赛试题200份，组织学院处级干部、专兼职档案人员及部分学生参加竞赛活动。根据鲁档函〔2007〕4号文件精神，学院为专兼职档案人员订购了《档案“五五”普法基础读本》，人手一册，普及提高档案法规知识。2008年，教育部、国家档案局颁布《高等学校档案管理办法》(27号令)，学院收到文件后及时转发给每位兼职档案员，订购《高等学校档案管理办法实施手册》，组织宣传学习。通过学习和培训，提高了全员档案与法制意识。

【设施设备建设】 学院领导重视档案工作，根据档案工作需要，学院及时研究解决有关问题。近年来学院投入近30万元配备必要的档案设施设备。2009年，学院校本部迁至新校区，将原设计在一层的档案库房调至三层，库房面积由原来的50平方米增至100余平方米，办公室20平方米，阅档室20余平方米。购置档案橱32个以及防磁柜、计算机、针式打印机，库房安装红外感应监控仪和防盗门窗。配备灭火器、空调机、除湿机等设备。2010年，学院购置安装“南大之星”档案网络管理系统、自动温湿度控制仪和打印、传真、扫描、复印一体机，为档案数字化和现代化建设提供了必要的条件。

【基础业务建设】 学院重视档案基础业务建设。在处级以上干部会议、档案员培训班以及在日常工作中，提出把好“三关”的要求，各部门负责人协助档案员把好材料起草关、文件收集关、鉴定验收关，提高文件材料的归档率、完整率和准确率。

学院将文件材料归档制度纳入教学、科研、财会和管理人员的岗位职责，要求在每个重要会议召开、每项科技成果鉴定、基建工程竣工验收、重要仪器设备开箱验收时，专职或兼职档案人员参与进去，保证所形成的档案完整、准确并及时归档。

按照《山东体育学院档案管理办法》等规定的各类档案归档时间，学院档案室及时督促有关部门预立卷，使各类档案在每年的6月底前基本完成立卷归档工作。建立了完备的档案移交手续，文件材料的归档率、完整率、准确率达到98%以上。

案卷质量严格按国家标准执行。近年来，学院档案从目录到封皮全部采用激光打印机打印，案卷格式规范、统一，案卷的合格率接近100%。

【档案信息化建设】 充分利用“南大之星”档案网络管理系统，加快档案信息化建设进程。早在2008年，学院就开始使用微机编制档案目录，建立了目录数据库，使查询更加准确、方便、快捷，有效地提高了查全率、查准率和工作效率。

【档案开发与利用服务】 近年来，学院开展多种形式的档案咨询服务和信息资源开发利用。学院编制了4种检索工具，建立档案利用登记制度。按照档案借阅规定，档案室为有关部门和学生个人提供档案材料利用服务。档案人员调卷迅速、准确，查全率、查准率达98%以上。如在2004年高校德育评估、2005年成人教育评估、2006年本科教学工作水平评估等各项重要工作和重大活动中，均大量利用档案材料及数据，特别是2008年学院50年校庆期间，校史编写查阅利用档案628卷。在档案利用中，效果突出的事件主要有以下几件：

1997年，山东省有关部门分配教职工住房建设一次性补助经费时，由于未将省体育场的45人列入学院教职工范围，少拨给学院12万元，经查1985年永久卷，找到了省政府1985年明确将省体育场划归学院管理的文件。据此，省有关部门将少拨的经费全部予以补发。

1992年、2000年、2006年，学院与济南柴油机厂、自来水公司发生土地确权纠纷时，三方各持己见，最后经查阅档案终于找到了依据，使这一问题得到妥善解决。

1996年，学院有几处地界确权不清(如综合楼以北、一号楼东北角等)，与有关部门产生了争议，经查1985年有关档案，省政府会议纪要记录清楚，确认以上几处争议土地均归学院使用。这样，使又一起纠纷得到了满意的解决。

学院重视档案信息资源开发利用，先后编撰《山东体育学院规章制度汇编》《档案管理文件汇编》《1958～2002年大事记》《2003～2009年大事记》《1998～2002年科研成果目录汇编》《德育工作评估资料目录》《德育工作文件制度汇编》《德育工作理论与实践研究成果丛书》《山东体育学院“一站五中心”工作制度汇编》《2006年山东体院新画册》《山东体育学院文件汇编》《山东体育学院校史》和《山东体育年鉴》《山东教育年鉴》(山东体育学院部分)等。档案与各种编研成果在学院教学、科研、管理中发挥了积极作用。

(苏红燕)

山东交通学院

山东交通学院综合档案室成立于1992年，科级机构。截至2012年底，室藏党群、行政、教学、外事、出版、财会、设备、科研、基建、产品类档案8901卷。室舍面积170平方米，其中库房140平方米，办公室、阅档室30平方米。配备专职档案管理人员1人，副研究馆员、兼职档案员41人。

1999年10月，山东交通学院档案工作通过原交通部专家组的考核认定，达到部级考核标准；2003年，在全省档案管理考核中，学校综合档案室被确定为优秀等次；2004年，在全省档案管理考核中，学校综合档案室被确定为省一级档案室等次；2010年，在山东省教育厅和山东省档案局对全省高校贯彻落实教育部"27号令"情况档案工作检查中，学校被确定为全省高校档案工作优秀单位。

【制度建设】 根据《高等学校档案管理办法》《山东省档案条例》等法规，结合实际情况，学校制定《山东交通学院档案管理办法》《山东交通学院电子文件管理办法》等18项规章制度，并编印成《山东交通学院档案管理制度汇编》，使档案工作有章可循。各部门各单位及兼职档案员接受学校综合档案室的业务指导，按照制度规范要求开展档案的收集、整理、移交工作，促进学校档案工作走向制度化、规范化和科学化。

【设施设备建设】 综合档案室配备计算机、照相机、彩色打印机、高清扫描仪、声像档案防磁柜、光盘刻录机等办公设备，基本满足档案工作需要。按照档案库房管理要求，配备了百余组档案五节柜、中央空调、除湿机等设施设备，室外安装了防盗装置，基本达到防火、防盗、防高温等"九防"要求

【档案信息化建设】 档案工作信息化建设起步早、进程快是山东交通学院档案工作的特点。1996年12月，学校购置使用南京大学研制开发的单机版档案全文自动著录与智能标引系统。2010年，更新为"南大之星"档案网络管理系统，即南京大学档案管理软件网络版。单机版数据已成功导入网络版。运用更新后的系统，学校不仅实现了部门网上立卷，而且库存全部档案已实现授权网上全文或条目检索。截至2012年底，录入案卷级目录8000余条、文件级目录60000余条。2009年后形成的档案已全文挂接，实现了计算机检索、编目和档案现代化管理与学校办公自动化的物理衔接。

建设并开通档案信息网站。网站与档案管理软件的运行，有力地促进了学校档案工作的现代化、规范化、系统化进程。

学校制定了《山东交通学院电子文件归档管理暂行办法》，以适应办公自动化的需求，

保证电子文件的有效归档与利用。依据此办法，通过办公网，学校2006年后形成的电子文件已全部下载并经过分类整理后，刻录成光盘存档，保证了学校电子文件及时完整归档与利用。

【档案开发利用】 积极开发档案信息资源，努力为学校教学、科研、党政及基础设施设备建设等提供方便、快捷、优质的服务。在2006年学校50周年校庆期间，学校组织编写了《山东交通学院五十年》《山东交通学院年鉴》，拍摄校庆50年专题(DVD)，编辑校庆50年画册，举办山东交通学院50年校史展等活动，利用档案资料4000余卷，图片资料2300余张，获奖证书200余册，档案在学校建校50年校庆和学校本科教学评估、德育评估、成教评估、外事、平安校园建设等重要工作和重大活动中发挥了重要作用。

档案人员结合工作实际，不断提升档案理论研究水平，取得编研成果10余项，参编著作2部，参与校级课题研究2项，撰写论文8篇。

（李　炜）

山东警察学院

山东警察学院档案室成立于1997年，科级机构，隶属于学院办公室，负责学院各类载体档案的集中统一管理。学院党委一名委员和一名副院长分管档案工作，办公室一名副主任分工负责档案室工作。档案工作列入分管领导的职责范围，每年制定相应的工作计划，档案经费能够满足工作需要。各中层部门均设立兼职档案员，并明确主要负责人分管本部门的档案工作。学校每年定期召开档案工作专门会议，组织各部门负责人和兼职档案员学习有关档案法律法规，开展档案知识宣传和业务培训，确保档案工作的顺利进行。

专职档案管理人员2人，其中副研究馆员1人，馆员1人，均具有本科以上学历。兼职档案员26人。截至2012年底，室藏档案9483卷，案卷排架长度293米。永久、长期档案6865卷，其中永久保管2505卷。

2008年10月，在全省档案管理考核中，学院档案室晋升为省一级档案室等次。学院与省档案局联合开发的山东警察学院档案管理系统是省档案局2007年度的科技项目，获得2009年度山东省档案优秀科技成果奖三等奖。投入使用后，效果良好。

【制度建设】 根据《中华人民共和国档案法》《山东省档案条例》和《高等学校档案管理办法》等法律法规，结合学院实际情况，制定完善《山东警察学院档案管理办法》《山东警察学院档案实体分类法》《山东警察学院档案归档范围和保管期限表》《山东警察学院档案实体分类表》，建立档案室主任、档案人员、兼职档案员岗位职责，修订完善档案的收集、整理、保管、借阅、利用、保密、销毁、库房管理等制度。建立健全移交清单、借阅登记等工作程序等，推动档案工作向制度化、规范化方向发展。

【设施设备建设】 学院档案室舍建筑面积130平方米，分设档案库房、办公室和阅档室。配有计算机、打印机、扫描仪等设备，库房配备密集架、空调、除湿机、消毒柜、温湿度测量计、灭火器、防虫剂等必备设备和物品，安装防盗门窗，基本达到防火、防盗、防高温、防潮湿、防尘、防光、防虫、防鼠、防污染等要求，档案装具符合国家有关标准和要求。设施设备建设为档案工作的顺利开展提供了条件保障。

【基础业务建设】 学院各类档案每年均在规定的时间内完成立卷归档工作。各类档案按照《高等学校档案实体分类法》《高等学校档案工作规范》和《山东警察学院档案实体分类法》的要求，分类清楚，组卷合理，文件整齐，排列有序，目录、封面填写规范、清晰，案卷题名简明准确。排架合理，档案保管安全。

【档案利用服务】 学院建立案卷目录、全引目录、机读目录等检索工具，编制了《教学科研成果目录汇编》，基本满足档案利用需要。档案人员熟悉档案排列与保管情况，调卷迅速、准确，查全率、查准率达99%以上。开展电话调卷、上门送卷等多种形式服务，为学校改革开放三十周年、毕业生返校等各种活动提供大量档案材料。利用室藏档案资料，编纂出版《山东警察学院大事记——辉煌历程》，获得山东省开发利用档案信息资源成果奖二等奖。编发校情快讯、学院简报等，加强档案宣传工作。

（田　萌）

山东政法学院

山东政法学院综合档案科成立于 1980 年，负责学校档案综合管理，指导、监督各部门、院系档案工作，是学校出具档案证明的唯一机构。档案科配备专职档案管理人员 4 人，兼职档案员 34 人。

学校档案实行集中统一管理，不断健全档案门类，丰富适应办学特点的特色档案资源，为学科建设、教学、科研等提供服务保障。截至 2012 年底，保存党群、行政、教学、学生、科研、基建、设备、出版物、外事、财会、声像 11 大类档案 13760 卷(册)。学校实行部门立卷制度，每年在规定的期限内完成立卷归档工作。

室舍建筑面积 286 平方米，其中库房 3 间，阅档室、业务与办公室各 1 间。库房配备铁质档案橱 35 个和防磁柜、照片柜等专门设备，档案保管达到防火、防盗、防高温等“九防”要求。各院系部室设有二级档案资料室。

2010 年，在山东省教育厅和山东省档案局对全省高校贯彻落实教育部“27 号令”情况档案工作检查中，学校被确定为全省高校档案工作优秀单位。

【制度建设】 学校坚持贯彻“依法治档，规范管档，强化建档，丰富库藏”的指导思想和“四纳入”“四同步”的管理原则，按照教育部、国家档案局颁布的《高等学校档案管理办法》(27 号令)以及原国家教委办公厅发布的《高等学校档案实体分类》与《高等学校档案工作规范》，结合学校实际，先后制定了《山东政法学院档案实体分类法》《山东政法学院档案科职责范围》《山东政法学院档案科及负责人工作职责》《山东政法学院档案人员服务承诺制度》《山东政法学院档案管理制度》《山东政法学院档案保密制度》《山东政法学院档案保管制度》《山东政法学院档案库房管理制度》《山东政法学院档案资料借阅制度》等一系列规章制度，明确各部门分管档案工作负责人和专兼职档案人员的岗位职责，理顺档案工作关系，形成档案工作有法可依、部门立卷有章可循的局面。

【档案利用服务】 编制案卷总目录、案卷分类目录等检索工具，建立机读案卷级目录和文件级目录，方便查阅，提高档案利用效率。2010 年，安装使用档案网络管理软件，进一步提高档案管理现代化水平。每年平均为学校及社会各方面提供档案利用 1500 多人次。为教学评估、学术交流、重点学科建设、学生出国留学等各项工作提供档案资料利用服务。学校重视档案资源的开发利用，组织编写了《山东政法学院校史展览馆档案资料》《山东政法学院校史》《学院规章制度汇编》《工作总结汇编》等。

根据教学实际情况，为新闻传播系司法文秘专业学生档案学课程提供实习课堂，以独特的教学内容、教学模式，提高教学效果和学生学习质量。档案已成为学校教学、科研、管理等各项工作不可或缺的重要信息资源。

（王晓红）

山东农业工程学院

山东农业工程学院是经教育部批准设立的全日制普通本科院校，承担普通本专科教育、成人本专科教育、县处级领导干部培训和新型农民培训等办学任务。学院前身是1971年6月组建的山东省“五七”干部学校，1976年1月更名为“山东省省级机关‘五七’干部学校”，1979年4月更名为“山东省农林干部学校”，1983年10月改建为山东省农业管理干部学院，2013年4月改建为普通本科院校，更名为“山东农业工程学院”。截至2012年底，学院设济南校区、北校区两个校区，教职工617人，专任教师406人，其中博士研究生21人，硕士研究生146人。校园占地面积2620.41亩，校舍建筑面积26.97万平方米。拥有73个教学实验实训室，10个工程实训车间，图书馆藏纸质图书73.16万册，本地电子图书40万册，教学仪器设备总值5097.85余万元。

【档案工作基本情况】 学院档案室始建于1976年，后调整为科级机构，隶属学院党委(院长)办公室，专职档案管理人员2人，均具有硕士学位，承担着学院档案的收集、整理、保管、查阅、编研等任务。馆舍面积450平方米，其中库房面积280平方米，阅档室80平方米，业务与办公用房90平方米，配备档案密集架、计算机、打印机、复印机、扫描仪、除湿机、碎纸机、空调机和防火、防盗、防鼠等设备设施，并共享有照相机、摄像机、光盘刻录机等设备。2006年，在全省档案管理考核中，学校档案室被确定为省二级档案室等次。档案室保存学院建院以来的党群、行政、教学、学生、科研、财会、出版、基建、外事、设备、声像等11大类档案，室藏档案7135卷。

【体制机制与队伍建设】 学院党委、行政重视档案工作，按照教育部、国家档案局颁布的《高等学校档案管理办法》(27号令)，全面、有序地开展档案工作。学院成立档案工作领导小组，院长任组长，党委(院长)办公室主任任副组长，各部门负责人为成员，组织领导学院的档案工作。将档案工作发展规划、计划纳入学院发展规划、年度计划和各部门工作计划，明确责任，加强落实。每年组织召开一次全院档案、文秘、保密工作会议，学习贯彻落实有关档案、保密工作会议、文件精神，部署年度档案工作。

根据工作需要，积极鼓励档案人员参加省档案局组织的档案业务培训，不定期举办学院档案人员培训班，不断提高其档案理论和管理水平。2006年以来，学院不断充实完善档案队伍，在配备2名专职档案管理人员的基础上，学院各部门设立27名兼职档案员，形成了上下联动、专兼结合的档案工作队伍，为学院档案工作顺利开展奠定坚实基础。

【制度建设】 制度建设是开展档案工作的重要保证，学院重视档案管理制度的建立和完善工作。先后制定完善了《山东省农业管理干部学院档案管理办法》《山东省农业管理干部学院档案立卷管理办法》《山东省农业管理干部学院档案保密管理制度》《山东省农业管理干部学院档案库房管理制度》《山东省农业管理干部学院档案归档和鉴定销毁制度》《山东省农业管理干部学院档案阅览制度》《山东省农业管理干部学院档案复制制度》《基本建设项目档案资料管理暂行规定》《山东省农业管理干部学院档案立卷工作细则》等涉及档案收集、整理、保管、鉴定与销毁、统计、借阅、利用、库房管理等办法和制度，形成了从档案收集到销毁的档案管理制度体系，确保档案工作有法可依，有章可循，促进档案工作的制度化、规范化和科学化。

【档案信息化建设】 2006 年以来，学院在加强纸质档案材料的收集、整理、立卷、归档等工作的基础上，推动电子档案建设和档案数字化进程。学院购置安装了档案管理软件和输入设备，开展室藏档案、照片等数字化处理，加强电子档案及目录管理。截至 2012 年底，基本实现纸质档案和电子档案同步归档，为建设数字档案室(馆)奠定了基础。

档案室积极利用校园网、办公内网等途径，引导学院各部门在档案立卷归档过程中落实纸质档案和电子档案同步归档要求，发挥网络在开展档案信息化建设中的积极作用。

【档案开发与利用服务】 学院重视档案资源的开发利用。利用室藏档案信息开展有关资料整理和编研工作。自档案室建立以来，学院已利用档案资料编纂了学院大事记、年鉴、学院规章制度汇编等资料。在学院历次教学评估、就业评估、德育评估、思想政治理论课评估、改建升本评估等一系列重大活动中，学院均大量利用档案资料作为历史佐证。日常主要面向学院各部门各单位和毕业生、社会等方面，无偿提供档案利用服务。

经过多年的发展，学院的档案工作基本形成了健全的档案管理体系，重视档案、重视档案工作和现代档案管理意识全面增强。在今后的档案工作中，学院将重点加快档案规范化、标准化建设进程，提高档案数字化水平，努力完善院系两级档案管理制度，进一步提升全员档案与法制意识，加强档案信息资源开发利用，充分发挥档案的价值和作用。

(周安忠)

山东管理学院

山东管理学院是一所特色鲜明的省属普通本科高校，坐落在泉城济南。学校创建于1938年，2013年经教育部批准由山东省工会管理干部学院改建为山东管理学院。学校以普通本科教育为主，同时承担着普通专科教育、成人教育和干部培训等教育教学任务。学校秉承“明德弘毅，博学笃行”的校训，坚持“依托工会，突出特色，为经济社会和谐发展服务”的办学方针，坚持以立业教育为基础、立人教育为根本的“双立教育”，培养了大批专门人才，为全省经济社会和谐发展做出了积极贡献。学校先后被授予或确定为全国艺术教育先进单位、全国工会干部教育培训示范校、山东省高校人才培养工作水平评估优秀单位、山东省德育工作优秀高校、山东省高校毕业生就业工作先进单位等荣誉称号。

【档案工作基本情况】 学校档案室成立于1990年6月，科级机构，隶属学校办公室。截至2012年底，室藏党群、行政、教学、科研、基建、设备、出版、外事、财会等各大类档案7000余卷。专职档案管理人员2人，其中馆员1人，助理馆员1人。兼职档案员21人，其中研究生学历13人。2004年，在全省档案管理考核中，学校档案室被确定为省二级档案室等次。2010年，学校顺利通过山东省教育厅和山东省档案局对全省高校贯彻落实教育部“27号令”情况档案工作检查。

【体制机制与队伍建设】 学校档案工作组织机构健全，成立了由分管领导任组长的档案工作领导小组，加强档案工作的组织领导和综合协调。各部门负责人分管本部门的档案工作，各部门设立1名兼职档案员。

积极组织专职档案人员参加各种学术交流和业务培训，定期开展兼职档案员业务培训，及时了解有关档案工作的最新动态和业务规范，提高专兼职档案人员素质。

【档案资源建设】 学校重视档案资源建设，把文件材料收集、整理和归档工作纳入学校工作流程、制度、部门工作计划和岗位职责，将档案形成、管理、服务质量考核指标纳入学校绩效考核体系。学校确保档案事业发展所需的各项经费。建立“四同步”“四参加”等制度，保证档案齐全、完整、准确。学校每年定期召开立卷归档工作部署会，加强各类档案的归档工作，尤其突出基建类、实物类等薄弱环节档案的归档工作，逐步解决归档难题，不断丰富资源，优化结构。动态跟踪新校区基建项目规划、施工手续办理的进展情况，基建项目立卷归档工作取得新的进展。不断充实实物档案室藏，重点收集、整理各类证书、奖牌、奖杯等实物档案。1994年以来，各类文件材料归档率、完整率、准确率一直保持较高水平，案卷质量严格按国家标准执行，达到规范、统一。

【制度建设】 学校始终坚持依法治档和规范化管理，以《中华人民共和国档案法》和《高等学校档案管理办法》为依据，结合学校实际，制定《山东管理学院档案管理办法》《山东管理学院档案归档范围和保管期限》等制度，建立健全档案的收集、整理、保管、销毁、统计、借阅、利用、库房管理等一系列规章制度，使档案工作从形成到销毁有法可依、有章可循，促进了档案工作制度化、规范化和科学化。

【设施设备建设】 学校档案库房和办公室面积近百平方米，实现了库房、阅档室、办公室三分开，配有电子监控、防火、温湿度监控、灭火器、空调器等安全保管设备以及计算机、打印机、复印机、扫描仪、碎纸机等办公设备，基本达到防火、防盗、防高温、防潮湿、防光、防尘、防鼠、防虫、防污染要求。在长清校区即将落成的科研办公大楼，学校已预留出专门空间用于档案室建设。

【档案信息化建设】 根据“统筹规划，分类指导，注重实效，稳步推进”的原则，学校正在积极推进档案信息化建设。档案室将安装使用符合国家有关软件设计标准的档案管理系统，配置相应的服务器等现代化管理设备，逐步有序地开展档案信息化建设。

【档案利用服务】 在2004年山东省高校人才培养评估，2004年省人事厅和省教育厅组织的就业评估，2008年省委高校工委组织的德育工作评估，2011年山东省思想政治理论课评估，2013年学校改建升本评估以及学校第一次、第二次党代会等各项重要工作和重大活动中，学校先后组织编印了《部门工作职责》《行政管理制度汇编》《教学管理制度汇编》《校庆10周年画册》《德育工作文件制度汇编》，以及《中共山东年鉴》《山东教育年鉴》《山东工会年鉴》中的学校工作部分。

学校档案室编制了3种检索工具，建立了档案利用登记制度，查全率、查准率达98%以上。积极为社会和个人提供咨询、查阅服务，出具各类毕业生学籍、学位证明和其他档案材料证明等，平均年接待档案利用者达100人次以上。

（崔　蓓　杨　磊）

山东青年政治学院

山东青年政治学院是全日制普通本科高校，也是全国唯一一所本科层次的地方青年政治院校，其办学基础是创建于1949年的山东省团校，迄今已有60多年的办学历史。学校、团校一个机构两块牌子，承担着普通本专科教育、共青团干部培训等多重教育教学任务。

学院在1997年全国成人高等教育评估、2004年山东省高职高专院校和成人高校人才培养工作水平评估、全省高校毕业生就业工作评估等历次综合评估中均被确定为优秀等级，先后被教育部授予全国成人高等教育评估优秀学校、全国学校艺术教育工作先进单位、全国高等学校招生工作先进集体荣誉称号，并获得山东省教育条件装备工作先进单位、山东省教育外事工作先进单位、山东省职业教育先进单位和山东省成人教育先进单位、山东省艺术教育工作先进单位、山东省高校毕业生就业工作优秀单位等荣誉称号。2009年11月，被山东省人民政府记集体二等功。

【档案工作基本情况】 1987年，山东省青年管理干部学院建立，学院内设机构进一步调整和完善，院长办公室（与党委办公室合署）下设机要档案科。2010年1月，机要档案科调整为综合档案室，配备专职档案管理人员2人，兼职档案员37人，对全院各种类档案实行集中统一管理。学院档案室藏党群、行政、教学、科研、财会、出版、基建、外事、设备、声像（照片）等11大类档案13340卷，其中党群类659卷，行政类2493卷，教学类2728卷，科研类327卷，外事类85卷，基建类856卷，财会类5163卷，出版类611卷，设备类113卷，声像类47卷（盘），其他类别88卷。不同门类、不同载体和不同保管期限的档案分别立卷，排列有序。每年各部门各单位均在规定的期限内完成立卷归档任务。档案案卷目录完整，接收部门移交的档案均履行完备的移交手续。学院每年及时上报档案统计报表。

【体制机制与制度建设】 2004年，结合学院升本改制目标，成立了由院长任组长的学院档案工作领导小组。各部门各单位设立兼职档案员，兼职档案员通常由部门秘书或部门综合科科长兼任，负责本部门的档案管理，定期向学院档案室移交本部门形成的文件材料。严格实行部门立卷制度，在确保党群、行政、教学、科研等11大类文件材料收集齐全、完整的基础上，坚持以人为本，健全与学生和教职工有关的档案资料。特别是学生学籍档案、教职工科研项目以及学校重大活动、事件和重要会议形成的档案，采取全程跟踪、直接采集、随时接收的方式，做到应收尽收、应归尽归。

2008 年，根据教育部、国家档案局联合颁布的《高等学校档案管理办法》，及时制定修订《山东青年政治学院档案实体分类办法》《山东青年政治学院档案归档工作暂行规定》《山东青年政治学院查阅档案暂行规定》《山东青年政治学院协议、合同归档规定》等制度。根据学院机构调整情况，调整档案工作领导小组人员。2009 年，根据学院领导分工，重新调整档案工作领导小组成员。体制机制与制度建设为档案工作顺利开展奠定了坚实基础。

【条件保障】 随着学院新校区的建设和启用，档案的保管条件得到极大改善。档案库房设在图书馆，库房面积 150 平方米。库房配备密集架近 200 立方米，安装与学校安全监控系统联网的视频监控和除湿机等设备。办公室面积 65 平方米。

【档案信息化建设】 2002 年，学院购置安装了山东政通科技有限责任公司开发的鲁怡档案管理系统，经过升级优化，已由单点单机版升至限点版的档案管理小网络，可满足 3～4 台微机同时录入、查询，提高了档案管理效率。但仅是单级版本，还不能满足档案数字化要求，学院正在调研、考察，预升级成网络版。随着学院办公自动化网络的使用和完善，在时机成熟时融入校园办公网络，真正实现全院档案归档、查询利用网络自动化，进而实现档案数字化、智能化管理。

【档案利用服务】 积极倡导“服务热情，工作主动”的理念，坚持以人为本，强化窗口服务，主动为师生提供档案利用指导和服务。围绕学校中心工作，在学校的各项评估、检查工作以及校史撰写、校庆等活动中，室藏档案发挥了重要佐证和支撑作用。特别是在 2009 年学校升本工作中，提供奖杯、奖牌等实物档案 30 余件，复印档案资料若干件份。认真落实“高校档案机构是学校出具档案证明的唯一机构”的规定，严把档案证明关，在专升本、考研、就业、出国、补办毕业证、公务员录用、职称评定等方面为师生及社会各界提供档案材料证明，发挥了档案的应有价值。

（仲瑞敏）

山东女子学院

山东女子学院是由教育部和山东省人民政府批准、山东省教育厅和山东省妇联共同主管的全日制普通本科院校，是山东省唯一一所女子院校，全国三所女子普通本科院校之一。

学院前身是创建于1952年的山东省妇女干部学校，1987年、1995年分别更名为中国妇女管理干部学院山东分院、中华女子学院山东分院，2010年改建为普通本科院校，更名为山东女子学院。

【档案工作基本情况】 山东女子学院综合档案室成立于1989年，隶属于党委、院长办公室，科级机构。经过多年发展，形成了一支政治素质过硬和业务素质较强的专兼职档案工作队伍，配备专职档案管理人员2人，兼职档案员31人，专兼职档案人员均具有本科以上学历。2010年，在山东省教育厅和山东省档案局对全省高校贯彻落实教育部“27号令”情况档案工作检查中，学院被确定为全省高校档案工作合格单位。

档案室舍面积约200平方米，其中档案库房面积110平方米，实现了库房、阅档室、办公室三分开。学校档案实行综合管理，按照党群、行政、教学、科研、产品、基建、设备、出版、外事、财会、声像、实物12大类建立档案体系结构。截至2012年底，室藏档案19181卷，最早年代为1987年。

【体制机制建设】 学校党委一直高度重视档案工作。2008年8月，《高等学校档案管理办法》(教育部27号令)颁布后，尤其《山东省教育厅　山东省档案局关于认真贯彻落实〈高等学校档案管理办法〉的意见》印发后，学校充分认识在新形势下加强档案工作的重要意义，进一步加强档案工作的组织领导。

学院把档案工作纳入学校的发展规划中，每年将档案工作列入学校党政工作要点。坚持把档案业务经费作为专项列入年度经费预算，保证档案工作的顺利开展。

(1)健全档案工作网络。逐步建立起档案工作一把手负总责、分管领导具体负责、业务部门直接负责、相关部门协调配合的管理机制。学校建立了由33人组成的专兼职结合的档案工作队伍，构成了完善的校院两级管理体系。

(2)设立档案机构。学院设立综合档案室，规定档案室的主要职责是贯彻执行国家有关档案工作的法律法规和方针政策，综合规划学校档案工作；制定学校档案工作的规章制度，并负责贯彻落实；负责监督、检查和指导全校的档案工作；负责接收(征集)、整理、鉴定、分类、归档、统计、查询等工作；保管全校的各类档案和有关资料；组织实施档案信息化建设和电子文件归档工作；开展档案的开放和利用工作；开展学校兼职档案员业务培训；承担学校法人证、组织机构代码证的办理、更换工作；承担大事记编写工作。按照《高等学校档案管理办法》要求，明确规定综合档案室是保存和提供利用学校档案的专门机构和学校出具档案证明的唯一机构。

(3)纳入部门职责。各部门各单位的主要负责人分管本部门单位的档案工作，每个部门设立兼职档案员，在综合档案室的指导下，具体负责本部门日常工作形成的文件材料的收集、整理、保管、预立卷、移交归档工作。

【制度与设施设备建设】 学院从实际出发，制定完善一系列规章制度，将档案工作制度纳入学校规章制度之中。2011 年修订编印了《山东女子学院档案规章制度》。

学院建立专门的、与档案工作相适应的、符合《档案馆建筑设计规范》要求的库房，且实行库房、阅档室、办公室三分开。库房采取防火、防盗、防高温、防潮湿、防光、防虫等措施。2008 年，学院设立专项经费 10 万元购置档案密集架，空调器、除湿机、排风扇、温湿度测试仪、灭火器等保管设备，进一步加强档案管理与防护。配备计算机、服务器、传真机、复印机、刻录机、扫描仪、碎纸机等办公设备。2011 年，学院设立专项经费 7 万元，购置安装"南大之星"档案网络管理系统，为开展档案信息化建设创造条件。

【档案利用服务】 综合档案室先后利用室藏档案编纂《山东女子学院大事记》《山东女子学院档案工作暂行办法汇编》《山东女子学院档案规章制度汇编》《齐鲁巾帼》等，为学院落实政策、基本建设、校史编写、举办展览、职称评定、教学评估以及工作查考等提供档案利用，在学校、教学、科研、党政管理等各项工作中发挥了重要作用。

档案室始终坚持"管理以服务为本"的工作理念，在档案利用服务中，以人为本，增强服务意识，既按照档案借阅规定严格履行程序，又为档案利用者提供热情周到服务，查全率、查准率不断提高。

（刘晓云）

齐鲁师范学院

齐鲁师范学院前身系创建于1948年的山东省教育学院，2010年4月经国家教育部和山东省人民政府批准改建为全日制普通本科师范学校并更名为现名。

【档案工作基本情况】 学校档案机构从1948年学校建立至2012年初，一直隶属于院长办公室。1992年院长办公室下设综合档案室，2006年更名为档案科。2012年3月，学校独立设置综合档案室，处级建制。配备专职档案管理人员4人，其中，副教授1人，馆员2人；研究生学历1人，本科学历3人。

根据教育部、国家档案局颁布的《高等学校档案管理办法》(27号令)，学校档案按照党群、行政、教学、科研、基建、设备、财会、出版、外事等设置11大类，由综合档案室集中统一管理。人事档案、干部档案和实物档案分别由相关部门管理。截至2012年底，室藏纸质档案6051卷，电子文件1724件。归档率连续多年超过95%，完整率和准确率均在97%以上。

2010年，在山东省教育厅和山东省档案局对全省高校贯彻落实教育部"27号令"情况档案工作检查中，学校被确定为全省高校档案工作合格单位。

【体制机制与制度建设】 2012年，学校成立了由主要领导和各部门主要负责人组成的学校档案工作委员会。档案工作委员会下设办公室，由综合档案室主任兼任办公室主任。兼职档案员由各部门科级以上人员、办公室主任或长期从事档案管理的专业技术人员担任。院长李清民分管档案工作。

近几年，学校在机构设置、人员配备、设备更新、库房建设、经费预算等方面给予支持，保证了学校档案工作的顺利开展。学校档案工作纳入学校事业改革与发展规划，纳入各部门有关人员岗位职责制，纳入档案管理质量考核评价，纳入经费预算。在学校校区置换、新校区工程建设、校史编撰、教育年鉴编撰、教学、科研以及改制建设等重要工作和重大活动中，同时布置、检查、验收、总结档案工作，"四纳入""四同步"制度得到基本落实。

2012年，制定和完善档案管理制度，编印了《齐鲁师范学院档案管理工作指南》，落实各类载体档案管理的国家标准和行业标准。

【基础建设与安全保管】 配备复印机、打印机、扫描仪等必需的办公设备，档案数字化建设初步展开。2012年启动人物档案和实物档案建设。

室藏档案全部使用铁质橱柜存放，实现库房、阅档室、办公室三分开。库房安装防盗网，配备灭火器及复印机、装订机、湿度计等设备，严格遵守防火、防盗、防高温、防潮湿、防光、防尘、防鼠、防虫等规定，经常检查和消除存在的安全隐患，确保档案保管安全。

【档案利用服务】 学校建立案卷目录、卷内目录、全引目录、分类目录等机读检索工具。为往届毕业生提供学籍档案材料证明或认证，确保每名毕业生学历证明的真实无误及完整、准确。在教育部和省教育厅学历档案核查工作中，学校档案利用服务得到了上级有关部门的肯定。在新校区建设、综合楼产权纠纷等难点问题上，及时、准确提供档案资料和信息支持。

学校在《山东省教育学院校史》《山东教育年鉴》《山东省教育学院改建为齐鲁师范学院申报材料》《山东省教育学院规章制度文件汇编》以及《齐鲁师范学院年鉴》等编撰工作中，查阅利用了大量翔实、准确的原始档案材料和数据。

鉴于学校传统办学和新改建为普通本科院校等条件，库房面积及分布格局有待改善。

（高　文）

山东广播电视大学

山东广播电视大学1984年建立档案室，1992年设置机要档案科，2010年设立档案科（综合档案室），科级机构，隶属于学校办公室。截至2012年底，室藏档案5352卷（不包括学籍档案），电子档案（教学课程）光盘近4000张，录像带约4000盘，照片984张。配备专职档案管理人员2人，其中研究生学历1人，本科学历1人。2010年，在省教育厅、省档案局对全省高校贯彻落实教育部“27令”情况档案工作检查中，学校被确定为全省高校档案工作合格单位。

【档案资源建设】 依据《山东广播电视大学档案实体分类法》（鲁电大政发〔2011〕23号），学校档案设置党群类、行政类、学生类、教学类、科研类、基建类、设备类、出版类、外事类、财会类10大类。按照《山东广播电视大学档案部门立卷办法》（鲁电大政发〔2011〕22号），由材料形成部门负责将上年度应归档的文件材料进行分类、立卷、整理，最后移交学校档案室。学校文件材料收集齐全、完整，整理规范。

【馆舍建设与安全保管】 学校档案库房面积约80平方米，安装密集架12组。阅档室面积约20平方米，办公室面积约40平方米。库房安装空调、防盗门，配备除湿机、防磁柜、空气消毒机、灭火器等保管设备和计算机、刻录机、复印机、打印机、切纸机、碎纸机、电钻等办公设备。定期通风，经常进行防霉、防虫检查。按照安全保密要求，加强档案保管。

【学籍档案集中整理】 由于历史原因，学校的学籍档案一直未实行集中管理，分别由有关部门和人员保管。2010年5月召开校长办公会，研究确定学校档案实行集中统一管理，启动学籍档案集中整理工作，全面落实教育部、国家档案局颁布的《高等学校档案管理办法》（27号令）。成立领导小组，制定工作计划，明确分工，保证人员和经费。截至2012年底，学籍档案集中整理工作即将结束。

【档案利用服务】 主要以查阅文件资料、提供信息咨询、出具证明材料等形式，为学校师生、有关单位和人员提供档案利用服务。2003年以来，学校文件目录实现电子检索，2012年起编制案卷级和文件级电子检索目录。为学校文件汇编、规章制度汇编、大事记编写及校庆等重大活动提供档案利用服务。

（姜炳奎）

山东医学高等专科学校(济南)

山东医学高等专科学校济南校区综合档案室成立于1984年,科级机构,隶属于校长办公室。配备专职档案管理人员2人,其中研究馆员1人,馆员1人,均为本科学历。库房面积112平方米,密集架74立方米,档案橱26个。购置安装泽信高校档案综合管理系统,服务器1台,扫描仪2台,相机3台,除湿机2台,打印机2台,碎纸机1台,刻录机1台,灭菌机1台,防磁柜1台及中央空调和相应的消防设备。截至2012年底,室藏档案12231卷,7542件,照片4594张,电子档案4301盘,机读目录23179条,归档率达到99%。

1997年,在全省科技事业单位档案工作目标管理达标定级考评中,学校被批准为省一级单位;1999年,晋升为国家二级单位;2004年,在全省档案管理考核中,学校综合档案室被确定为特级档案室等次;2005年,获得全省档案管理考核先进单位荣誉称号;2010年,在省教育厅和山东省档案局对全省高校贯彻落实教育部"27号令"情况档案工作检查中,学校被确定为全省高校档案工作优秀单位;2011年,在全省高校档案工作经验交流会上被推荐为参观学习单位。

【制度建设】 学校一贯重视档案工作,将档案工作作为加强学校内涵建设、促进学校规范管理的重要工作来抓。每年都将档案工作列入校区年度工作计划,并定期召开专题会议研究和部署档案工作。

1990年,制定档案人员岗位职责和相应规章制度,先后经过2006年和2009年两次修订,将档案工作列入分管领导和有关部门人员的岗位职责,并且制定档案工作绩效考核办法,将档案工作与相关人员的利益分配挂钩。

【队伍建设】 学校逐步形成以档案工作领导小组为核心、综合档案室为基础、各部门为分支的档案工作网络,除人事档案外的其他档案全部实行统一集中管理。除专职档案人员外,各部门还设置兼职档案员40人。学校严把进人关,要求所有部门更换兼职档案员前必须向学校分管领导汇报,确保档案管理队伍稳定。

学校每年外派人员参加主管部门组织的档案业务培训,定期组织专兼职档案人员业务学习和考核,加强档案人员专业培训。济南校区李现红连续多年在山东省卫生厅组织的档案业务培训中授课,一直担任山东省档案局高级职称评委会评委,被山东省卫生厅记三等功一次。

【档案信息化建设】 将档案信息化建设纳入学校信息化总体规划,开展信息化建设调研，分析档案信息化建设中存在的实际问题，加强经费投入和人员力量，为进一步开展档案信息化建设打下了坚实的基础。

2003 年，综合档案室建立档案管理网站，可实现校园局域网网上目录查询、信息公布、业务知识培训等功能。2010 年，购置泽信高校档案综合管理软件，并根据实际情况，调整和完善软件部分功能。在现有的条件下，按照由近及远的原则，逐步建立档案案卷级、文件级目录数据库，基本实现纸质文件与电子文件同步归档。

【档案科研与开发利用】 档案人员重视档案信息资源的开发利用和学术研究。在实践中探索从档案信息入手，加强档案信息资源开发利用的方法。

(1)加强调查研究。根据档案信息有针对性地开展调查研究，不断探索在学校工作中档案形成等方面出现的新情况、新问题，总结新经验，发现新规律，制定新办法。

(2)建立专题档案。围绕学校中心工作，先后建立教师业绩档案、评估档案、文书档案等多种专题档案，方便师生查询，提高工作效率。

(3)明确考核重点。在目标管理认定过程中，把开发利用档案信息资源的效果作为对档案人员工作成效的考评重点，提高档案人员开发利用档案信息资源的自觉性。

近年来，档案人员先后承担档案科研项目 5 项，主编、参编专业著作 5 部，在专业核心期刊发表论文 13 篇，受到学校的表彰和奖励。

（李现红　刘晓萌）

山东商业职业技术学院

山东商业职业技术学院是1999年经教育部批准设立的省属高职院校，办学历史可追溯到1936年的济南惠鲁商业学校。经过70多年的发展积淀，学校以“创高职名校，施优教于民”为目标愿景，秉承“尚德蕴能，日精日新”的校训，坚持为社会用人需求服务，为学生就业成才服务，为学生终生幸福奠基，教学质量、办学特色得到社会各界的广泛肯定。

学校是国家示范性高职院校、全国职业教育先进单位、全国普通高等学校毕业生就业工作先进集体、全省教育工作先进单位、山东省德育示范高校、全省首批大学生创业教育示范校，连续十年被授予省级文明单位荣誉称号。依托鲁商集团，建有全国高职院校唯一的国家农产品现代物流工程技术研究中心。

学校占地2600亩，校舍建筑面积42万平方米，资产总值8亿多元，教学仪器设备总值过亿元，图书馆藏书120万册。面向全国招生，全日制在校生16000余人。

【档案工作基本情况】 山东商业职业技术学院综合档案室，前身为山东省商业学校档案室，始建于1988年，科级机构，隶属学校办公室。截至2012年底，室藏档案近12000卷，排架长度约500米，其中文书类档案占90%以上。专兼职档案人员33人，具有中级以上职称17人。综合档案室配备计算机3台、打印机2台、扫描仪2台、服务器1台，以及数码相机等办公设备，使用泽信高校数字档案管理系统。室舍使用面积约150平方米，严格实行库房、阅档室、办公室三分开，其中库房面积约100平方米，配备12列密集架以及9组基建档案专用柜和空调、温湿度计、灭火器以及防盗、防光、防虫等设施和物品。

【体制机制与制度建设】 学校成立由校长任组长、分管校领导和办公室主任为副组长、有关部门负责人为成员的学校档案工作领导小组，加强档案工作的组织领导和综合协调。综合档案室作为学校的档案管理机构，负责集中管理学校党群、行政、教学、科研、基建、设备、出版、外事、财会、声像、实物11大类档案。修订完善《山东商业职业技术学院档案管理办法》等规章制度，促进档案工作制度化、规范化建设。2003年，在全省档案管理考核中，学校综合档案室被确定为合格等次。2010年，学校通过山东省教育厅和山东省档案局对全省高校贯彻落实教育部“27号令”情况档案工作检查。

学校深入贯彻教育部、国家档案局颁布的《高等学校档案管理办法》和《山东省教育厅山东省档案局关于认真贯彻落实〈高等学校档案管理办法〉的意见》等文件精神，高度重视档案工作，在健全管理体制与机制、完善机构建设、优化人员配备、建立并落实档案管理制度、规范档案收集整理、完善库房建设、开展档案信息化建设、推进档案编研与利用等方面取得初步成效。

【队伍建设】 根据《高等学校档案管理办法》的规定和有关全省高校档案工作会议精神，结合学校人员聘任情况，及时确认各部门分管档案工作负责人和兼职档案员，明确规定各部门档案工作分管负责人必须是部门副职以上人员，兼职档案员必须是熟悉本部门工作的管理人员，并适时召开学校档案业务培训或工作会议，进一步落实工作责任，增强全员档案意识，形成了专兼职结合的档案工作队伍。

【档案资源建设】 加强档案资源建设，及时收集，规范整理，使档案资料的归档率、完整率进一步提升，立卷数量和质量明显提高。其中文书类档案实现100%准确归档，近三年内归档率、完整率达到95%。所有归档文件按"卷"为单位整理，采用"三孔一线"的传统装订方式，案卷质量符合国家标准。

【档案信息化建设】 积极推进档案信息化建设进程。购置使用泽信高校数字档案管理系统，按照由近及远的原则，力争早日完成室藏档案案卷级、文件级目录录入工作，开展部分开放且利用频率较高的文书档案的全文数字化加工。结合学校数字化校园建设和新办公系统的应用，研究档案管理系统的实时对接，加强电子文件的归档管理，努力实现网上归档、随办随归。

【档案开发与利用服务】 深刻认识档案工作"存史育人"的功能，积极开展学校大事记、全宗指南、年鉴及其他档案资料的编研工作。本着"服务性和开放性"原则，开展学历鉴定、出具档案证明等工作，为广大师生和往届毕业生提供利用服务。学校开展校史展览、党建成果展示等专题活动，向师生展示学校历史与精神，陶冶师生情操。在学校各项评估、建校70周年校庆、鲁商集团成立20周年史料征集、校史馆建设等各项重要工作和重大活动中，充分利用室藏档案资料，编辑出版《建校70周年校志》等资料。年均接待查阅200余人次，查全率、查准率达98%以上，档案在学校教学、科研、管理服务中发挥了积极作用。

【档案工作考核】 加强档案工作考核，将档案工作落实到位。注重档案工作日常检查和督办，及时规范档案收集和归档管理；将各部门特别是二级学院档案工作纳入学校年度考核指标体系，切实增强各部门对档案工作的重视程度，提高工作成效。

（杨　帆）

山东劳动职业技术学院

山东劳动职业技术学院始建于1955年，其前身系1990年创办的全国第一所高级技工学校——山东省高级技工学校，2000年改建为高职院校。学院设济南和长清两个校区，占地面积1050亩，全日制在校学生18000余人。学院设置6系1部，开设60个专业，其中12个专业分别是国家和省重点品牌专业，构建起以制造类为特色，多门类、多专业、文理兼备的专业体系。建校以来，累计培养各类毕业生8万多人，培训鉴定其他各类人才6万余人；在省、国家举办的各类技能大赛中获得多项奖励，毕业生当年就业率一直保持在97%以上，研发、生产工具系列磨床及感光、造纸等大型设备30多个品种，获得科技成果20多项，形成了以高技能人才培养为主，融成人教育、职业技能鉴定和产学研于一体特色鲜明的高职院校。曾先后被授予全国职业教育先进单位、国家高技能人才培养基地、全国数控技术实训基地、全国技工学校师资培训基地、山东省技师培训基地等20多个荣誉称号。2012年底，被省政府确定为山东省技能型特色名校建设单位。

【档案工作基本情况】 学院档案室伴随着学院建设发展不断得到加强和完善。1998年5月，学院设立综合档案室，2000年学院改建高职院校后，进入高校档案管理序列，为科级机构，配备专职档案管理人员2人，均具有本科学历和副研究馆员专业技术职务。各部门设置兼职档案员30人。截至2012年底，室藏纸质档案3785卷(册)，电子档案(光盘)6462张。学院档案室建筑面积92平方米，档案柜52个，保存建校以来党群、行政、教学、科研、财会、出版、基建、外事、设备、声像11大类档案。近几年来，办公室配备计算机、复印机、打印机、扫描仪、光盘刻录机等设备，库房配备温湿度仪、空调机、除湿机、监控系统以及相应的消防设备，档案库房基本达到防火、防盗、防高温等“九防”要求。实行库房、阅档室、办公室三分开，档案保管条件明显改善。2007年，在档案与法制知识有奖竞赛、档案“五五”普法读书等活动中，被省档案局授予全省档案法制宣传工作先进集体荣誉称号。2010年，在山东省教育厅和山东省档案局对全省高校贯彻落实教育部“27号令”情况档案工作检查中，学校被确定为全省高校档案工作合格单位。

【体制机制建设】 学院档案工作随着学院事业的发展也不断得到完善、升级，硬件、软件建设不断得到加强。按照“统一领导，分级负责”的原则，实行档案工作目标责任制和绩效考核，明确工作职责和工作流程，加强档案工作专兼职队伍建设，建立由学院档案工作领导小组—综合档案室—各部门兼职档案员组成的档案工作网络，形成了院、处两级档案综合管理体系和运行机制。

【制度与基础业务建设】 学院先后制定了《山东劳动职业技术学院档案归档范围及保管期限表》《山东劳动职业技术学院档案工作管理制度》《山东劳动职业技术学院新校区建设工程档案资料管理办法》等规章制度，规范档案的收集、整理、保管、鉴定与销毁、统计、借阅、利用、保密工作及档案人员岗位职责等规定，使档案工作有法可依、有章可循。

重视档案的完整、准确、系统性建设。在日常工作中，严把"三关"，即要求各部门负责人协助档案员把好材料起草关、文件收集关、鉴定验收关，建立档案完备的移交手续，加强各部门文件材料立卷归档工作。近年来，各类档案归档率达到100%，完整率、准确率达到98%以上。

加强队伍建设，重视交流学习。学院一贯重视专兼职档案人员的业务培训，每年派出人员参加学术会议和培训活动，档案人员注重将学习到的理论知识应用到实际工作中，促进了基础业务建设和档案信息化建设。

重视档案信息化建设。学院制定档案信息化建设实施方案，基本做到纸质档案材料和电子档案材料同步归档，并建立了档案信息管理网站，为教学、科研、管理等提供便利服务。

【档案开发与利用服务】 学院档案室积极开发与利用档案信息资源，主动为教学、科研、党政管理及社会各方面提供优质服务。档案人员发表档案理论、业务论文数篇，多次获得山东省开发利用档案信息资源成果奖。按照教育部、国家档案局颁布的《高等学校档案管理办法》(27号令)落实"高校档案机构是学院出具档案证明的唯一机构"的规定，2000年以来，学院先后为各部门、师生及社会等方面提供档案利用2000多人次，调阅案卷3000多卷次，使档案服务效能得以发挥。

在2006年学院建校50周年时，重新整修了校史展室。先后接待上级领导视察、国内外友人和兄弟院校参观等数百次。校史展室成为学院教职工和学生爱校教育阵地，每年组织新生参观校史展，让新生了解学院的办学历史，接受校情教育。

（袁　燕）

山东英才学院

山东英才学院创建于1998年，是教育部批准的民办全日制普通本科高校。学院先后被民政部、人力资源和社会保障部、教育部、山东省教育厅、山东省人社厅等分别授予全国先进民间组织、全国非企业单位自律与诚信建设先进单位、全国就业与社会保障先进民营企业、山东省民办教育先进集体、山东省大学生创业教育示范院校、高校毕业生就业典型50强等荣誉称号。

【档案工作基本情况】 建院伊始，鉴于学院规模小，资料简单，档案工作由院公办公室相关人员兼职负责；2003年6月，学院设立专门档案室；2008年，学院在原档案室的基础上建成综合档案室，挂靠院长办公室。配备专职档案管理人员3人，其中，主任1人，业务人员2人；中级职称人员2人，初级职称人员1人。兼职档案员40人。

学院档案室舍面积为260余平方米，其中库房面积达190平方米，办公室面积43平方米，阅档室面积34平方米。学院档案实行综合管理，保存建校以来党群、行政、学生、教学、科研、基建、设备、产品、出版、外事、财会、声像、实物等13大类档案。截至2012年底，室存档案17413卷，照片4000张，实物档案144件。

2010年，在山东省教育厅和山东省档案局对全省高校贯彻落实教育部"27号令"情况档案工作检查中，学院被确定为全省高校档案工作优秀单位；同年，在全省档案管理考核中，学院综合档案室晋升为省一级档案室等次。2011年，晋升为省特级档案室等次，成为全省民办高校第一个省特级档案室，学院被省档案局授予全省档案工作优秀集体荣誉称号。

2012年5月13日，学院党委书记、院长夏季亭就深入学习贯彻落实全国档案工作暨表彰先进会议精神和中共山东省委书记姜异康对山东省档案工作重要批示精神，对学院档案工作建设与发展作出批示：档案建设是学院的基础性工作，体现着学院的意识、管理服务水平，我校要在以前的基础上推进。要加强档案人员队伍培训，提高工作要求，努力改进软硬件条件和水平，提高管理水平。

【体制机制建设】 学院党委和行政高度重视档案工作。2008年8月，《高等学校档案管理办法》（教育部27号令，以下简称《办法》）颁布后，尤其《山东省教育厅　山东省档案局关于认真贯彻落实〈高等学校档案管理办法〉的意见》（以下简称《意见》）印发后，学院充分认识在新形势下加强档案工作的重要意义和《办法》《意见》的实施对推进高校档案工作规范化管理和科学发展的重要作用，进一步加强档案工作的统一领导。

2008 年，成立由院长任组长、分管院领导和办公室主任任副组长、有关部门负责人为成员的档案工作领导小组。2011 年 7 月，学院调整档案工作委员会成员，加强对档案工作的组织领导和综合协调。

学院将档案工作纳入学院的整体发展规划和年度计划，每年将档案工作纳入到各项工作中，依据档案考核评价标准定期考核，档案的形成、管理、服务工作质量考核指标纳入学院绩效考核体系。文件材料的收集、整理和归档等业务也被纳入学院工作流程，将档案工作的目标责任下达到基层。院长办公室作为学院档案室的直接管理部门，在每年的工作计划中，将档案工作单独列项，认真部署并加强任务落实，年终时认真梳理和总结档案工作开展情况。

学院不断加强档案工作队伍建设。学院建立了一支专兼职结合、专业结构合理的档案工作队伍，形成了分工明确、结构完善的分级档案管理网络，为档案工作顺利开展打下了坚实的基础。各部门各单位把档案工作作为一项“一把手”工程来抓。各部门各单位的主要负责人作为本单位档案规范化建设的第一责任人，切实加强档案管理、落实目标责任，兼职档案员具体负责本部门、单位日常工作中形成文件材料的收集、整理、保管、预立卷，移交归档工作。档案室具体指导各部门各单位立卷归档工作。

【制度建设】 2008 年以来，根据《高等学校档案管理办法》及有关规定，结合学院实际，制定印发了《山东英才学院档案管理办法》《山东英才学院档案实体分类法》《山东英才学院各部门文件材料归档范围》。2010 年 5 月，重新修订《山东英才学院档案法规、制度、规范汇编》《山东英才学院档案实体分类方案》等文件和档案收集、整理、保管、鉴定与销毁、统计、借阅、利用、保密工作、档案库房管理等规定，形成了从形成到销毁的一整套档案管理制度。2011 年，进一步修订完善了《山东英才学院档案归档范围》《山东英才学院档案管理考核评价制度》等规章制度，印发各部门、二级学院并上传网站，使其在档案收集和管理中有法可依、有章可循。

学院将文件材料的归档制度纳入教学、科研、财会和各部门管理人员的职责范围和绩效考核体系，保证所形成的档案齐全、完整、准确。

学院在中层干部大会、兼职档案员培训会以及日常工作中，强调各部门负责人指导档案员，严把档案工作的“三关”，即材料起草关、文件收集关、鉴定验收关。学院规定教职工离职前须到档案室办理档案移交手续，从源头上控制档案的流失，从而保证档案的安全性、完整性。建立科学的档案管理运行机制，以制度建设促进档案工作科学发展。

【档案资源建设】 根据学院机构设置调整等情况，按照《高等学院档案管理办法》和《山东英才学院档案管理办法》等规定，适时明确新增部门的文件材料归档范围，以提高文件材料的归档率，保证文件材料归档无“盲点”。

按照业务建设规范要求，结合工作实际，在加强常规归档工作的同时，重点突出基建类、设备类、实物类等薄弱环节档案的归档工作，逐步解决归档难题，不断完善室藏资源，优化档案结构。2009 年以来，动态跟踪北校区基建项目规划、施工手续的办理进展情况，基建项目档案归档工作取得了新的进展，如北校区四个公寓楼、沿街楼等基建项目档案的归档工作已见成效。加强仪器设备项目档案归档工作，将《高等学院档案管理办法》中规定将价值在 10 万元以上仪器设备文件材料列为归档范围的要求，细化为价值在 5 万元以上仪器设备的文件材料必须归档，丰富完善档案资源。开展专题档案收集工作，学院升本工作评估、德育评估、共青团规范化评估、公寓评估等专题档案先后征集、整理归档。不断充实实物档案室藏，重点收集各类证书、奖牌、奖杯等实物档案。近几年，学院通过以上各项工作，进一步完善了学院档案信息资源，优化了室藏结构。

【档案信息化建设】 学院重视档案数字化、信息化建设。制定了《山东英才学院信息化建设规划》，将档案信息化建设纳了学院信息化建设规划中，逐步实施数字档案室建设。

建立档案信息网站。2010 年山东英才学院档案信息网开通，及时发布有关档案法律法规和学院档案信息管理、档案编研、档案知识等情况，及时反映学院档案工作动态。

安装启用档案管理信息系统。2011 年，学院配备安装深圳科怡与国家档案局联合开发的网络版档案管理信息系统，建立档案目录数据库，实现了电子文件、照片、视频的挂接。纸质档案与电子档案同步归档，截至 2012 年底，已录入档案案卷(件)目录 1 万余条，实现了学院信息资源共享和文档管理一体化、室藏档案数字化、档案利用网络化。

【档案保管与利用服务】 按照《高等学院档案管理办法》要求，学院实现档案库房、阅档室、办公室三分开，且库房面积留有一定发展空间，对涉密档案采取多重审批和实行“双岗双锁”等控制措施，确保在利用中万无一失。2004～2011 年，学院设立专项经费购置安装档案管理软件、服务器、复印机、打印机、扫描仪、密集架、防磁柜、库房安全监控、防盗电话语音电子地图报警、温湿度控制、消毒灭菌、动态视频、防火语音报警五个智能化功能管理模块的档案管理设备，对库房实施 24 小时视频监控，确保室藏档案安全，实现了档案库房管理数字化。

在档案利用服务中，以人为本，增强服务意识，既按照档案借阅规定，严格履行程序，又为档案利用者提供热情周到服务，不断提高查全率、查准率。学院日常利用服务主要为各部门各单位开展工作提供原始资料，如基建项目、设备改造、各类教学评估、学生来源信息采集等；为毕业生、在校生提供服务，如为毕业生、在校生在落实用人单位、专升本、考研、出国留学、补办毕业证等方面提供学习成绩、录取信息等档案查询服务。

【档案编研】 学院组织编印多种文件、材料汇编，如《山东英才学院全宗介绍》《山东英才学院档案法规、制度、规范汇编》《山东英才学院大事记》《山东英才学院组织沿革》《山东英才学院科研成果简介》《山东英才学院档案利用效果汇编》《山东英才学院制度汇编》《山东英才学院校史》《德育工作文件制度汇编》《山东英才学院管理规范质量年学习资料》《山东英才学院学生手册》《校庆十年画册》等，为学院评估等重要工作、重大活动和领导决策提供了可靠的档案资料。

【共建大学生德育基地】 2011 年 11 月，山东英才学院与山东省档案馆签署了校馆共建“大学生德育基地”意向书，省档案馆成为山东英才学院“大学生德育基地”，拓展学院德育教育基地建设，为在广大共青团员和青年学生中开展更为丰富有效的教育活动提供条件。学院师生可利用寒暑假、节假日、课余时间到省档案馆进行社会实践活动；省档案馆为学院师生提供教育实践场地，提供参观、听报告、与工作人员互动交流等资源。山东英才学院各二级学院、团委将定期组织入党积极分子、学生干部到省档案馆“大学生德育基地”参观学习。这一举措对加强大学生德育教育具有积极的现实意义。

【档案工作交流与协作】 学院分管领导和档案人员多次到省教育厅、省档案局请示汇报工作，积极参加省教育厅和省档案局召开的全省高校档案工作会议，认真贯彻部署落实会议精神。加强同兄弟单位的交流协作，专兼职档案人员先后到山东建筑大学、山东理工大学、济南大学等高校参观学习。同时也分别接待了多个兄弟单位的访问。档案人员积极参加档案业务培训，不断提高业务素质。将理论知识应用到实际工作中，有力促进了档案基础业务建设和信息化建设等工作。

【档案工作检查】 2011 年，按照省教育厅、省档案局联合召开的全省高校档案工作经验会议精神要求，学院组织实施了全院档案工作检查评比，进一步增强了各部门各单位档案意识，有效推动了学院档案工作全面发展。

围绕档案工作检查，学院首先制定了《山东英才学院档案管理考核评价制度》，并建立了档案工作年度检查长效机制，将档案工作检查融入学院整体工作，每年 12 月份由档案室组织全校档案工作检查，对上一年度各部门各单位档案立卷归档情况进行检查测评，检查结果记入部门考评成绩，形成了专门化、制度化、常态化的档案工作机制。其次，开展档案工作专项检查。学院每年开展校级重点学科建设、教学档案等专项检查。档案检查工作的开展，有力地推动了教育部“27 号令”的贯彻落实，有效地提升了学院档案工作制度化、规范化、科学化发展水平。

（王 磊）

山东现代职业学院

山东现代职业学院创建于1993年，2003年在山东民进中西医进修学院和山东现代计算机专修学院的基础上，经山东省人民政府批准、教育部备案，成为具有独立颁发高等教育学历文凭资格的民办全日制普通高校。

2003年4月，学院设立档案室，挂靠院长办公室。2005年7月，档案室设为科级机构。截至2012年底，专职档案管理人员2人，其中副高级职称人员1人。室舍面积130余平方米，其中库房80余平方米，阅档室30余平方米，业务与办公用房20平方米。学院按照党群、行政、教学、科研、基本建设、仪器设备、出版、外事、财会、声像、实物11大类建立档案体系结构，室藏档案2738卷(册)，实物档案62件，照片3232张，光盘30张。室藏档案最早年代为1998年。

2010年，在山东省教育厅和山东省档案局组织的全省高校贯彻落实教育部"27号令"情况档案工作检查中，山东现代职业学院被确定为全省高校档案工作合格单位。

【体制机制建设】 学院建立健全档案机构和档案工作网络，加强档案工作的组织领导。学院坚持统一领导、集中管理的原则，院长领导档案工作。2010年，成立山东现代职业学院档案工作委员会，负责组织、协调、研究、解决学院档案工作中的重大问题。明确档案室是保存和提供利用学院档案的专门机构，是学院出具档案证明的唯一机构。各部门各单位明确分管档案工作的负责人，设置兼职档案员，实行档案工作责任制。截至2012年底，各部门和二级学院兼职档案员26人。

【制度建设】 学院自2003年以来，先后制定了《山东现代职业学院档案管理办法》《山东现代职业学院文件材料归档整理基本业务规范》《山东现代职业学院各类档案归档范围和保管期限表》《山东现代职业学院档案查阅借阅办法》《山东现代职业学院档案保密安全制度》等一系列规章制度。2010年，修订《山东现代职业学院档案管理办法》和《山东现代职业学院实物类档案归档管理办法》，同年6月，经院领导讨论通过予以印发，进一步建立健全规章制度，做到有章可循，为档案工作的开展提供了有力的制度保证。

【档案资源建设】 学院按照《高等学校档案管理办法》和《山东现代职业学院档案管理办法》等规定，明确各部门的文件材料归档范围，以提高文件材料的归档率，保证文件材料应归尽归。

加强部门立卷归档制度，结合工作实际，在加强常规归档工作的同时，突出基建类、设备类、实物类等薄弱环节档案的归档工作。2007年以来，基建项目档案立卷归档工作取得新的进展，如大学生活动中心、悯农餐厅、实训中心、公寓楼等新校区基建项目档案的归档工作已见成效。开展专题档案征集工作，如学院升本改建、教学评估等工作形成的档案整理归档。不断充实实物档案室藏，重点收集、整理礼品、各类证书、奖牌、奖杯等实物档案。近几年，学院通过以上一系列工作，进一步加强了档案信息资源建设，优化了室藏结构。

【档案利用服务】 在档案利用服务中，按照档案借阅规定，严格履行程序，为档案利用者提供热情周到服务。为各部门和二级学院开展工作提供原始资料，如升本改建查阅招生计划、新生录取名册、图书馆、餐厅改造图纸、消防验收、办房产证、土地证、日常工作中查阅协议、合同等。为毕业生、在校生在落实用人单位、专升本、就业等方面提供学习成绩、录取信息等档案查询服务。

学院组织编撰了《山东现代职业学院工作手册》《山东现代职业学院规章制度》《建设和发展中的山东现代职业学院》《山东现代职业学院技能大赛文件汇编》《山东现代职业学院师德教风建设、师德承诺书汇编》等资料。

（赵平珍　杨　阳）

山东协和学院

山东协和学院创办于1993年。2003年，经山东省教育厅批准，筹建济南协和职业技术学院。2004年，经山东省人民政府批准，教育部备案，改建为山东协和职业技术学院。2011年4月，经教育部批准，建立普通本科高校，更名为“山东协和学院”。学校综合档案室建立于2009年8月，科级机构，隶属于学校党政办公室。配备专职档案管理人员2人，其中本科学历1人，专科学历1人。

【体制机制与制度建设】 学校成立以学院院长为第一责任人、党委分管副书记任组长、各部门和二级学院负责人为成员的档案管理工作领导小组，形成学校、二级学院两级档案管理体系。依据《中华人民共和国档案法》《高等学校档案管理办法》，结合学校实际，制定《山东协和学院档案管理办法》《山东协和学院档案查（阅）制度》《山东协和学院档案保密制度》《山东协和学院文件资料整理规则》，制定完善档案管理制度，并将档案工作纳入教学、科研、管理人员职责，坚持档案工作经常检查，定期讲评，年终考核，不断促进档案工作落实。2010年，在山东省教育厅和山东省档案局对全省高校贯彻落实教育部“27号令”情况档案工作检查中，学校被确定为全省高校档案工作合格单位。

【档案资源建设】 学校重视档案资源建设，在注重日常档案资料收集、保管、整理、归档的同时，每次重要活动或会议的组织开展、每项科研成果鉴定、基建工程竣工验收、重要仪器设备开箱等重要工作中，都有专职或兼职档案员主动参与，及时收集资料，保证档案资料及时、准确、完整归档。

截至2012年底，室藏党群、行政、教学、基建、财会等档案5000余卷（册），其中声像资料300余张（盘），实物档案120余件。年归档量500余卷（册）。编制纸质档案检索工具，建立机读文件级目录6000余条、案卷级目录1500余条，方便档案保管和利用。自2005年以来，经省卫生厅批准，学校持续开展义务免费培训乡村医生工作，每期半个月，至今已逾百期，培训近2万名乡村医生，综合档案室先后整理乡村医生培训档案200余卷，编写乡村医生培训资料汇编。

【设施设备建设】 学校综合档案室建筑面积160平方米，其中档案库房120平方米、阅档室20平方米、办公室20平方米。投入1.5万元购置除湿机、保险柜等设备，拟计划投入4万余元购置档案橱。配备空调、温湿度计，计算机、打印机、灭火器等保管和办公设备，库房安装防盗门、防盗窗，档案保管基本达到防火、防盗、防高温、防潮湿等“九防”要求。

【档案利用服务】 每年学生毕业、专升本、应征入伍，教职工考入公务员或事业单位、调动离职等，综合档案室在学历确认、职称评审、户口迁移、人事关系变动等方面，为师生提供咨询查档服务。

学校在各类检查评估、特别是在专升本考核评估中，综合档案室及时整理和提供相关档案资料。每年各项工作年检、财务部门核实账务、学校征地、工程建设、教学及科研成果申报以及组织大型会议活动等，综合档案室积极提供相关档案材料及数据。据统计，年平均提供各类档案查阅 400 余人次，调阅案卷 640 余卷（册）。

（郑　惠）

山东凯文科技职业学院

山东凯文科技职业学院前身是原山东大学1990年创办的山东大学电子培训维修学校和原山东工业大学1999年成立的山东工大科技专修学院。2000年，新山东大学成立后，两校随之合并，更名为“山东山大科技专修学院”。2005年，学院被山东省人民政府批准为独立设置的民办全日制普通高职院校，定名为山东凯文科技职业学院。学院占地656.1亩，校舍建筑面积21.8万平方米。

【档案工作基本情况】 山东凯文科技职业学院档案室成立于2009年，隶属党政办公室，科级机构。截至2012年底，学院档案室保存建校以来党群、行政、教学、科研、财会、基建、设备、产品、外事、声像、实物11大类档案6968卷，照片1320张，实物档案138件，电子文件173GB。专职档案管理人员2人，其中，研究馆员1人，馆员1人；本科学历1人，专科学历1人。

2010年，在山东省教育厅和山东省档案局对全省高校贯彻落实教育部“27号令”情况档案工作检查中，学院被确定为全省高校档案工作优秀单位。

【体制机制建设】 2009年，成立了由院长吴梦军任组长、常务副院长胡世海任副组长，各部门主要负责人为成员的学院档案工作领导小组，将档案工作纳入工作议事日程，加强档案工作的组织领导和综合协调。各部门和二级学院均设1名兼职档案员负责归档文件材料的收集、整理、保管、预立卷和移交等工作，建立由29人组成的专兼职结合的档案工作队伍，形成了以学院领导挂帅、档案室具体负责、各兼职档案员协同配合的档案工作网络，为档案工作有序开展打下了坚实基础。

【制度建设】 2010年以来，学院根据《中华人民共和国档案法》《中华人民共和国档案法实施办法》《山东省档案条例》《高等学校档案管理办法》《高校档案实体分类法》和《高校档案工作规范》等法律法规，结合自身实际，先后制定了《山东凯文科技职业学院立卷归档工作规则》《山东凯文科技职业学院档案归档范围和保管期限》《山东凯文科技职业学院档案接收、鉴定、移交制度》。2012年重新修订《山东凯文科技职业学院档案管理办法》，并将制度汇编成册，发放到学院处级以上干部和专兼职档案员手中，使档案工作有法可依、有章可循，有效地促进了档案工作的制度化、规范化。

【队伍建设】 加强专兼职档案人员工作能力和业务素质的培养。学院为档案人员订阅《中国档案报》《档案学研究》等档案专业报刊，档案人员先后到济南大学等兄弟院校学习考察，使档案人员的业务素质得到明显提高。学院采取“请进来，走出去”的办法，组织兼职档案员业务培训，安排专兼职档案人员参加档案法律法规和档案业务培训。通过以上措施，进一步增强档案人员的责任意识和专业知识，不断提高业务素质，以适应新形势下档案工作的需要。

【设施设备建设】 学院加强档案工作条件保障，以适应现代化管理的需要。库房配备档案柜、温湿度测试仪、灭火器、空调机和加湿器、除湿机、音像磁带柜、底图柜等设备，使库房基本达到防火、防盗、防高温、防潮湿、防光等要求。办公室配有计算机、打印机等设备。综合大楼投入使用后，在办公用房相对紧张的情况下，学院扩大了档案库房面积，档案的保管条件、阅档条件和办公条件得到进一步改善。

【档案利用服务】 学院档案室充分发挥保管建院以来各类档案的优势，开展形式多样的档案咨询服务和信息开发利用工作，努力为教学、科研、党政及基础设施设备建设等提供方便、快捷、优质的服务。

在2009年人才培养工作评估、2010～2012年申报省级精品专业和精品课程、2010年升本改建、高校食堂管理工作评估、校园安全大检查、人才培养评估回访等各项重要工作和重大活动中，学院利用大量档案材料和相关数据作为支撑材料。

学院先后组织编撰了《部门职责范围与岗位职责汇编》《教学管理制度汇编》《行政管理制度汇编》《图书馆管理制度汇编》《人事管理规章制度汇编》《凯文宣传画册》等资料。

（路凤英　张燕涛）

山东电子职业技术学院

山东电子职业技术学院的前身是成立于1978年的山东省电子工业学校，2004年经山东省人民政府批准升格为普通高等职业学院，隶属山东省经济和信息化委员会。学院占地1000余亩，开设36个高职专业，全日制高职在校生9000余人。

【档案工作基本情况】 学院档案工作始于建校初期。1995年9月，成立综合档案室，隶属办公室，由办公室安排专人负责。截至2012年底，学院室藏建校以来党群、行政、教学、科研、基本建设、仪器设备、出版、外事、财会等11类档案7700余卷。

学院档案库房、阅档室、办公室三分开。配备电脑2台(套)，打印、扫描一体机1台，数码照相机1部，移动硬盘1部，冷暖式空调1台，碎纸机2台，干粉灭火器6个。防火、防盗、防高温、防潮湿、防光、防尘、防鼠、防虫、防污染等措施健全，档案管理设施设备基本完善。

【体制机制建设】 学院始终把档案工作摆在学院基础建设的重要位置来抓，档案工作体制机制健全。档案工作由院长领导，办公室主任负责。配备专职档案管理人员2人，其中主任1人，业务人员1人。兼职档案员8人。档案人员政治素质高、组织能力强，专兼结合，形成了专职档案人员具体管理，兼职档案员协助配合的高效档案工作机制。

档案工作纳入学院整体发展规划。学院的"五年规划"和年度工作计划中对档案工作都有明确要求，档案事业发展经费纳入年度预算并予以保证。学院领导重视档案工作，及时研究、协调解决经费预算、人员配备、房舍使用、制度建设、信息化建设等档案工作的实际问题。

【队伍建设】 重视档案人员培养教育。把工作认真扎实、责任心强、文化层次高、业务水平强的人员选拔到档案管理岗位上来，努力创造条件支持他们参加档案业务知识和相关科学文化知识以及现代化管理技能的学习培训，不断增强档案人员的事业心和责任感，提高他们的业务素质和工作能力。

加强档案人员业务知识学习，增强全员档案与法规意识。通过讲座、会议、校园网络等形式多渠道开展档案法规宣传，交流工作经验，增强责任感和使命感。尤其《高等学校档案管理办法》(教育部"27号令")颁布后，学院组织专题学习并全面贯彻落实。

【制度建设】 学院重视档案工作制度化、规范化建设。根据《高等学校档案管理办法》(教育部27号令)等法律法规，修订完善《山东电子职业技术学院档案资料管理暂行规定》《山东电子职业技术学院档案文件材料归档范围和保管期限》等制度，形成了档案收集、整理、保管、鉴定、借阅、保密、销毁等一系列制度规范，使档案工作有法可依、有章可循，有力地促进了档案工作制度化、规范化、科学化发展。根据档案工作“四纳入”“四同步”制度要求，结合学院实际情况，切实加强新建办公楼和实训楼的立项、设计、招标、施工、验收、交付等各个阶段档案资料的收集、整理、归档工作；根据基建档案管理的有关规定，翻印《基本建设项目档案资料管理暂行规定》(国档发〔1988〕4 号)和《基本建设项目文件材料归档范围和保管期限表》，进一步加强建设工程项目档案管理，提高基建档案的归档率、完整率，以充分发挥档案在工程建设、生产(使用)管理、工程维护中的作用。

【基础业务建设】 文件材料收集齐全、完整，分类准确。严格按照《高等学校档案管理办法》的有关规定，建立完备的档案移交手续，档案归档率、准确率达到 99%，完整率达到 96%。

案卷质量严格按国家标准执行。1998 年以来，学院档案从目录到封皮全部采用激光打印机打印，案卷格式达到了规范、统一。遵循文件材料形成规律，卷内文件材料系统、排列有序，目录规范清晰，无金属装订物，案卷质量合格率接近 100%。

【档案利用服务】 档案人员充分发掘利用档案资源，不断提高档案资源在学院建设发展中的重要作用，在组建高职学院、新校区建设、建校 30 周年庆祝活动、老校区置换、人才培养工作评估等重要工作中，大量利用室藏原始档案资料、图片、音像。

主动为学院师生提供咨询、查档服务。学院落实“高校档案机构是学院出具档案证明的唯一机构”的规定，检索、调卷达到全、准、快、便的要求。重点为师生在人事档案、学籍证明、毕业生就业、招生录取等方面提供咨询、查档服务。五年来，提供档案利用近千人次。

【档案信息化建设规划】 学院重视档案信息化建设，将其纳入学院“十二五”整体发展规划。在新办公楼的设计中，将按照档案库房设计规范，建设 120 平方米的档案库房。按照国家有关电子文件归档与管理规范的要求，制定科学合理的档案信息化实施方案。争取经费支持或发挥专业优势自主开发，尽早配置档案管理软件，争取一年内建成档案目录数据库，实现目录检索系统化。三年内实现室藏永久保存的纸制档案数字化，扎实稳妥地推进档案信息化建设。

（王清春）

山东旅游职业学院

山东旅游职业学院前身为山东省旅游学校，1988 年由山东省政府与国家旅游局共同投资创立，隶属山东省旅游局，系专科层次的全日制普通高等职业院校。2008 年，获得世界服务业最高荣誉“国际五星钻石奖”。2009 年，与国内四所著名的旅游院校联合成立中国旅游院校“五星联盟”。2010 年，被确定为山东省省级示范性高等职业院校。2012 年，入选山东省高等教育名校建设工程首批特色名校。

【档案工作基本情况】 2009 年 12 月，成立综合档案室，隶属办公室，由办公室主任兼任综合档案室主任，配备 2 名档案管理人员，其中，正高级职称人员 1 人，中级职称人员 2 人；均具有大学本科学历。

学院综合档案室建筑面积近 150 平方米，其中库房面积为 60 余平方米，办公室 30 余平方米，阅档室 30 余平方米，复印室 30 余平方米。配备档案柜若干组，防磁柜 1 台，除湿机 1 台、加湿器 1 台等保管设备和碎纸机 1 台、电脑 3 台、激光打印机 2 台、复印机 1 台、刻录机 1 台以及装订机、切纸刀等办公设备用品。

2010 年，按照教育部、国家档案局颁布的《高等学校档案管理办法》(27 号令)的要求，将档案设置为党群类、行政类、学生类、教学类、科研类、基建类、设备类、出版类、外事类、财会类、声像类 11 大类，按照《高等学校档案实体分类法》和《高等学校档案工作规范》要求，科学分类、规范整理各类档案。

2010 年，在山东省教育厅和山东省档案局对全省高校贯彻落实教育部“27 号令”情况档案工作检查中，山东旅游职业学院被确定为全省高校档案工作合格单位。

【体制机制与队伍建设】 学院成立以院长为组长、办公室主任直接负责，各部门主要负责人参与的档案工作领导小组，加强档案工作的组织领导。

学院设置兼职档案员 19 人。学院积极创造条件支持档案人员参加业务培训，多次组织相关人员到兄弟院校学习考察。聘请省内高校档案工作专家，到校开展专兼职档案人员培训。通过学习和培训，提高专兼职档案人员业务素质和工作能力。

【制度建设】 2010 年 5 月，学院印发《山东旅游职业学院档案管理办法》《山东旅游职业学院文件材料立卷归档办法》《山东旅游职业学院档案工作有关规章制度》等档案管理文件，其中包括《档案室岗位职责》《档案的保密制度》《档案借阅制度》《档案库房管理制度》等规章制度。制度建设为学院档案工作规范、有序开展奠定坚实基础。

（潘婷婷）

山东杏林科技职业学院

山东杏林科技职业学院始建于2004年7月，是经山东省人民政府批准、教育部备案、具有独立颁发高等教育学历文凭资格的民办全日制普通高校。校园占地1028亩，建筑面积27万平方米，图书馆藏书79万册，教学仪器设备总值7000余万元。办学条件良好、设施设备先进。学院始终坚持“办学有特色，专业有优势，就业有专长，创业有实力”的育人理念；不断创新校企合作、工学结合的人才培养模式，提高教学教育质量。先后通过教育部、卫生部医学高等专科教育评估和教育部、山东省教育厅人才培养工作评估，并成为具有接受外国专家及留学生资格的普通高校。多次受到国家、省、市和教育主管部门的表彰和奖励，先后获得全国先进社会组织、山东省先进社会组织、山东省五四红旗团委、山东省高等学校教学管理先进集体等荣誉称号。

【档案工作基本情况】 学院建校之初，设立档案科，2009年改设为综合档案室，下设业务指导科、信息管理科和综合科。学院成立档案工作领导小组和档案开放与鉴定领导工作小组，由院长任组长，一名副院长具体分管。截至2012年底，室藏档案1438卷，其中党群类154卷，行政类460卷，学生类340卷，教学类406卷，科研类12卷，基本建设类35卷，仪器设备类8卷，财会类13卷，出版物类3卷，外事类7卷。电子档案（光盘）15张，照片786张。配备专职档案管理人员7人，其中，研究馆员1人，馆员1人；研究生学历3人，本科学历2人。各部门设置兼职档案员27人。

2010年，在山东省教育厅和山东省档案局组织的全省高校贯彻落实《高等学校档案管理办法》（教育部27号令）情况档案工作检查中，山东杏林科技职业学院被确定为全省高校档案工作合格单位。

【制度建设】 按照《中华人民共和国档案法》《山东省档案条例》《高等学校档案管理办法》（教育部27号令）等法律法规，结合学院实际，建章立制，明确各科室职责范围和各个岗位职责，先后制定完善了《山东杏林科技职业学院档案管理办法》《山东杏林科技职业学院档案分类法》《关于文书材料归档范围和保管期限的规定》等19项规章制度，档案收集、整理、保管、鉴定与统计、借阅、利用、销毁、保密工作以及库房管理等各个环节制度健全、明确，各项制度得到有效落实，使学院档案工作有序开展。

【队伍建设】 学院重视档案工作队伍建设，把思想道德品质好、工作认真扎实、责任心强、热爱档案工作的人员选拔到档案工作队伍中来。加强专兼职档案人员工作能力和业务素质培养，建立业务学习制度，学习有关法律法规和档案管理制度，熟悉各类档案管理办法和标准。安排档案人员参加业务主管部门或学会等举办的档案业务培训或学术研讨，组织档案人员到档案工作先进单位考察学习，开阔档案人员视野和思路。

【基础业务建设】 按照教育部、国家档案局颁布的《高等学校档案管理办法》(27 号令)要求，学院将档案设置为党群、行政、教学等 11 个大类。在文件材料归档整理中，准确分类、合理组卷，规范整理、编制卷内目录和案卷目录，按年度分类存放，归档率达到 91%。

积极推进档案信息化建设，提高档案管理现代化水平，2010 年购置泽信网络版档案管理软件，使机读检索档案达到 899 卷、3287 件，条分缕析，方便了档案的查阅和利用。年均档案利用约 500 人次，调卷 400 多卷。充分发挥档案信息资源作用，为人才培养工作评估、平安校园建设、学生资助工作、“五五”普法等提供档案资料支撑。

【设施设备建设】 学院档案室舍面积约 200 平方米，累计投入经费 66.7 万元完善设施设备建设，配备网络版档案管理软件、服务器、微机(6 台)、打印复印扫描一体机、激光打印机、扫描仪、照相机、传真机和臭氧消毒机、除湿机、加湿器等设备，购置保存声像档案的功能橱柜，满足学院档案工作的需要。

(刘香菊)

山东城市建设职业学院

山东城市建设职业学院前身为创建于1980年的山东省城市建设学校，2006年经山东省人民政府批准成立的全日制高等职业院校。学院占地1163亩，建筑面积37万平方米。7个教学系部，开设28个专业，教职工521人，全日制在校生10462人。

2009年，学院在原山东省城市建设学校档案室的基础上成立综合档案室，副处级建制。专职档案管理人员4人，其中，主任1人，副主任1人，业务人员2人；具有高级职称人员2人，中级职称人员1人；具有硕士学位2人。室舍面积110平方米，其中库房50平方米，阅档室60平方米，配置档案橱50个，计算机3台，传真机1部，打印机、扫描仪和复印机各1台，摄像机和照相机各1部。

截至2012年底，学院室藏各类纸质档案1819卷(册)。年归档量为200余卷(册)，归档率为98%。2010年，在全省档案管理考核中，学院综合档案室被确定为省二级档案室等次。

【体制机制建设】 学校不断加强档案工作的组织领导。

(1)成立档案工作领导小组。成立并及时调整学院档案工作领导小组，院长任组长，分管副院长任副组长，加强学院档案工作组织领导和综合协调。

(2)成立综合档案室。学院办公室主任杨恩业任综合档案室主任，人事科科长董桂花任综合档案室副主任，秦玉学和乔爱萍为专职档案管理人员。各部门、系部设置兼职档案员，组成25人兼职档案员队伍，形成完善的档案综合管理体系，为学院开展档案工作打下了坚实基础。

(3)健全档案管理机制。对各部门、系部的档案移交时间、案卷质量严格遵循档案管理要求，凡不符合归档要求的案卷，责成有关部门重新整理，达到要求后移交档案室保管。

【队伍建设】 学院注重档案队伍建设，不断提高档案人员业务素质。

(1)注重档案人员选拔。学院注意把工作认真扎实、责任心强、文化层次高、业务水平强的人员选拔到档案工作队伍中来，使档案工作队伍的整体素质明显提高。学院专兼职档案人员均具有大学以上学历。

(2)加强兼职档案员培训。学院加强兼职档案员业务指导，编印《档案工作文件汇编》，兼职档案员人手一册，供学习参考。

(3)注重档案人员学习交流。学院为档案人员订阅《山东档案》等专业报刊，开展档案人员业务培训，组织档案人员到兄弟院校和档案工作先进单位学习考察，使档案人员开阔眼界，提高素质。

【基础业务建设】 学院采取一系列措施，加快档案工作的制度化、规范化、科学化和现代化建设进程。重视档案收集整理工作，确保归档文件材料齐全、完整、准确；案卷质量严格按国家标准执行。学院档案从目录到封皮全部采用激光打印机打印，档案盒由原来的塑料档案盒全部更换为无酸纸档案盒，案卷格式规范、统一。

（秦玉学）

山东司法警官职业学院

山东司法警官职业学院始建于1982年，前身是山东省法律学校。2006年，学院升格并更名为"山东司法警官职业学院"，成为省内唯一一所专科层次警察类高等职业院校。

【档案工作基本情况】 学院起初设置党群、行政、教学、基建、财会、声像6个基本大类，升格后档案管理向高等院校管理标准过渡，完善归档门类，扩大归档范围，整理方式由以"卷"为单位改为以"件"为单位。

2010年，根据教育部、国家档案局颁布的《高等学校档案管理办法》(27号令)以及山东省教育厅要求，学院设立档案科，隶属院公办公室。配备专职档案管理人员3人，其中科长1人，副科长1人，业务人员1人。各部门设置兼职档案员16人。专兼职档案人员均具有大学本科及以上学历。

2009年，室藏档案划分为党群、行政、学生、教学、科研、基建、设备、财会、声像、实物等10大类。截至2012年底，室藏档案1668卷、1288件，照片1566张，录音磁带、录像磁带、影片档案256盘，底图100张，实物档案129件。近几年，档案年归档量500多卷(件)。

2010年，在山东省教育厅和山东省档案局对全省高校贯彻落实教育部"27号令"情况档案工作检查中，学院被确定为全省高校档案工作优秀单位。

【制度建设】 2011年4月，根据教育部，国家档案局颁布的《高等学校档案管理办法》(27号令)及国家档案局发布的《归档文件整理规则》，结合学院实际，制定了《山东司法警官职业学院归档文件整理规则实施细则》《山东司法警官职业学院档案分类实施办法》《山东司法警官职业学院档案归档范围和保管期限表》。针对档案利用服务、安全保管等工作，修订完善《山东司法警官职业学院档案保管制度》《山东司法警官职业学院档案查阅利用制度》《山东司法警官职业学院档案资料安全保密制度》《山东司法警官职业学院档案统计制度》《山东司法警官职业学院档案设备维护使用制度》《山东司法警官职业学院档案库房管理制度》等一系列规章制度。2009年，初次探索对党群类、行政类、学生类、教学类档案以"件"为单位整理归档，改变档案分类不细致、教学类与学生类档案不分等弊端，并新建科研类、仪器设备类档案。2010年，在总结按"件"归档工作不足的基础上，系统梳理归档方法、分类方法和归档范围，修订印发《山东司法警官职业学院归档文件整理规则实施细则》《山东司法警官职业学院档案分类实施办法》《山东司法警官职业学院档案归档范围和保管期限表》三个指导性文件。

【档案信息化建设】 2009年7月，学院启动档案信息化建设计划，安装使用网络版档案管理软件，实行文档一体化管理。档案管理系统功能齐全、模块清晰，实现了归档文件的数字化管理，电子档案网上查阅、登记。根据国家档案局归档文件立卷改革的要求，学院坚持“简化整理，深化检索”的归档文件整理原则，以“件”为保管单位，实行文件级管理，电子档案的检索实现了由案卷级检索延伸到文件级检索。2013年，结合司法行政系统信息化建设要求，学院与省司法厅建立内网链接，网络保密设备升级，信息传输实现司法行政网内共享。

2013年3月，在学院年度重点工作部署中，将档案库房建设、档案排架等设备更新列入其中。

（王晓芳）

山东省经济管理干部学院

山东省经济管理干部学院建立于1983年10月，是一所经教育部、山东省人民政府批准成立的从事本专科学历教育的多学科、综合性高等院校。

【档案工作基本情况】 学院综合档案室成立于1990年9月，隶属学院办公室。专职档案管理人员2人，其中，副调研员（学院参照公务员管理，不设专业技术职务）1人；研究生学历1人，本科学历1人。兼职档案员26人。每年派出档案管理人员参加省档案局举办的档案业务与法规培训。

截至2012年底，室藏自1980年建校以来党群、行政、教学、科研、财会、出版、基建、外事、仪器设备等10大类的档案6000余卷。2010年，在山东省教育厅和山东省档案局对全省高校贯彻落实教育部"27号令"情况档案工作检查中，学院被确定为全省高校档案工作合格单位。

【体制机制建设】 2006年3月，学院成立档案管理工作领导小组（鲁行经院字〔2006〕17号），由院长马殿平任组长，副院长朱光明、刘增营任副组长，各部门负责人为成员。针对档案工作中的实际问题，通过校长办公会加以研究解决。各部门明确分管档案工作的负责人和兼职档案员，实行档案工作责任制。把档案工作纳入各部门的工作计划，每年由分管领导、院长办公室牵头，组织各部门负责人定期对所有部门上一年的档案工作进行检查，检查结果纳入部门年度考核中。

学院将档案工作纳入学校"十一五""十二五"发展规划。每年将档案工作列入工作要点，并认真总结、部署档案工作。档案工作所需经费纳入每年的财务预算，保证档案工作顺利开展。

【制度建设】 学院根据有关档案工作法律法规，制定了《档案管理工作若干规定》，对档案工作领导小组、专兼职档案人员职责、保密、查阅、立卷、归档等方面作出明确规定。

建立健全文件材料归档制度。按照教育部、国家档案局颁布的《高等学校档案管理办法》（27号令）及原国家教委办公厅发布的《高等学校档案实体分类》与《高等学校档案工作规范》，结合学院实际情况，编印《山东省经济管理干部学院档案实体分类法》，供专兼职档案人员学习参考。

【基础业务建设】 各类文件材料在每年的6月底前全部立卷归档，归档率、完整率、准确率均达到主管部门考核标准。开展专题档案征集工作。学院教学工作水平评估、深入学习实践科学发展观等重大活动，学院党代会、职代会、历届运动会等重要工作均派专人进行专题档案跟踪征集、整理归档。

建立严格的档案借阅制度。制定《档案查阅规定》，对于开放的档案材料的借阅，按规定要求填写档案借阅表；对于未开放的档案材料，按照档案保密规定，按程序办理“领导审批—登记—查阅”手续。建立完备的档案移交手续。建立各类档案统计台账，数据准确，账实相符。

文件材料整理规范、排列有序。档案编目、编号符合规范要求。档案法规与自身业务管理档案保存完整。每年按时报送档案管理考核自查材料、自查报告。在档案保密、统计等方面也作出了明确规定，使档案工作有法可依、有章可循。

【设施设备建设】 学院实行档案库房、阅档室、办公室三分开，室舍面积150平方米，基本满足了学院档案工作需要。办公室配备3台电脑、2台打印机及其他必需的办公用品。库房配备温湿度检测仪、灭火器、空调机、加湿器、除湿机、碎纸机等设备，加装防盗门、防盗窗，并采取防光、防尘、防鼠、防虫、防污染等措施。制定库房安全巡查制度，及时检查、记录库房温湿度并按要求进行调节。阅档室单独设置，为查阅档案提供方便、安静的环境。

【档案信息化建设】 2009年3月，学院购置安装泽信达公司开发的档案管理软件，启动档案信息录入、分类、查阅、检索等工作，落实专人负责档案信息化工作，规范操作，有序利用。实施纸质档案材料和电子档案材料同步归档。学院档案信息化建设刚刚起步，与省内兄弟院校相比尚有差距，有待进一步加强和提高。

【档案开发与利用服务】 编制案卷目录、专题目录等检索工具。截至2012年底，学院档案室编制案卷目录31本，全引目录31本，归档文件目录32本，专题目录6本。

2007年12月，学院组织编写了《山东省经济管理干部学院规章制度汇编》。2000年10月，编纂了《山东省经济管理干部学院大事记(1980.2～2000.9)》。2010年10月，编纂了《山东省经济管理干部学院大事记(2000.10～2010.10)》。

学院认真落实《高等学校档案管理办法》关于“高校档案机构是学校出具档案证明的唯一机构”的规定。为在校生和毕业生入伍、出国留学、专升本、补办毕业证等提供学习成绩、录取信息等档案查询服务，为各部门各单位开展工作提供档案利用服务，如财务查账、公寓改造、科研立项、结题等。

（时　雁）

青岛市

中国海洋大学

中国海洋大学档案馆于 1995 年建馆，处级建制。档案馆下设收集整理部、利用部、综合信息部和校史研究室。1999 年，在档案管理考核中，被确定为科技事业单位档案工作目标管理国家二级单位；2004 年，在全省档案管理考核中，被确定为山东省特级档案馆等次。

学校一贯重视档案工作，成立了档案工作管理委员会，并明确其性质及职责。校长担任档案工作管理委员会主任领导学校档案工作，分管档案工作的副校长作为副主任协助校长负责学校档案工作，为学校档案工作的开展提供强有力的行政支持和体制保障。

截至 2012 年底，学校配备专职档案管理人员 13 人，其中，副研究馆员以上职称人员 3 人；硕士研究生以上学历 6 人。人员队伍呈现年轻化和专业化，为开创工作新局面增添了生机和活力。

馆舍面积 1030 平方米。馆舍、办公条件、库房管理设施完备，各库房均配有空调器、除湿机、温湿度自动记录仪、灭火器、臭氧发生器，安装防火、防盗自动报警系统。馆藏资源丰富，设置档案十二大类，馆藏档案 125000 卷(件)。

【制度建设】 学校始终把制度建设作为一项重要工作来抓。结合《高等学校档案管理办法》(教育部 27 号令)要求，全面、系统地梳理、修订和完善学校档案工作相关的规章制度、业务规范，形成《中国海洋大学档案管理规章制度汇编》。该《汇编》主要包括《中国海洋大学档案管理办法》《中国海洋大学人物档案建设与管理办法》《中国海洋大学重大活动档案管理办法》等一系列档案工作规章制度、管理办法、业务规范，重要的国家有关档案法律法规一并编入。将《汇编》下发至各立卷单位贯彻实施。制度建设使档案工作有法可依、有章可循，夯实了学校档案业务基础，有力地推进了档案业务的科学化、规范化管理。

【档案资源建设】 以齐全、完整、准确为重点，加强馆藏资源建设。学校实行档案材料形成单位、课题组立卷的归档制度，档案馆辅以全面的业务指导，保证各部门能够高要求、高质量地完成档案的整理和移交工作，确保档案的齐全、完整与准确。学校档案归档率达到 100%，接收档案的完整率保持在 98%以上。

加强国家重大海洋专项档案建设，提升涉海专项档案业务管理水平。围绕“908”国家重大海洋专项档案建设，档案馆成立“908”专项档案工作领导小组和业务小组，形成由职能部门、课题负责人、专兼职档案管理人员组成的档案管理网络，并根据相关业务规范，实施专项档案全过程管理模式，提升中国海洋大学重大涉海专项档案业务管理水平。“703”专项是国家海洋局主持的一项涉密军工海底调查任务，中国海洋大学是项目参与单位之一。根据《“703”专项档案管理方法和规定》及有关要求，档案馆加强“703”专项涉密档案的整理协助和指导，确保档案的齐全、完整和规范，并顺利移交天津国家海洋档案馆。学校“703”专项档案整理模式得到了国家海洋档案馆的肯定，并作典型经验交流。

拓展档案业务，加强人物档案建设。针对中国海洋大学独具特色的名人文化，档案馆制定并印发了《中国海洋大学人物档案管理办法》，确定了建档人员名单，2010 年启动人物档案建设工作，充分发挥人物档案对学校文化建设的价值与作用。学校人物档案建设正有计划、有步骤地顺利开展。在口述档案建设中，档案馆确定访谈对象、查阅受访者背景资料、制定访谈提纲、正式访谈到访谈内容整理，此项工作正稳步推进。

【档案安全管理】 全面加强实体档案和信息档案安全管理。档案馆特别重视涉密档案管理，加强规章制度建设、库房建设、涉密计算机和涉密档案的过程环节管理，明确岗位职责，层层落实，确保涉密档案实体和信息安全，2007 年顺利通过由省国防科工办和省保密局联合组织的保密资格审查认证。运用先进的技术保障手段确保档案信息安全，建立适应网络系统的控制体系及相应的岗位责任制和内部控制制度，保证了电子档案的安全。

【档案利用与服务保障】 充分发挥档案服务职能，为学校部门和师生服务。档案馆紧密围绕学校中心工作，立足本职岗位，为学校各项工作查考、各种评估检查提供档案支撑，提升档案工作服务形象。近几年来，档案馆逐步完善了以科研项目、教师学术成果档案为主的数据库，直接服务于学校人事工作核定教师业绩津贴学术成果部分、审核职称申报材料；服务于科技工作提供论文统计数据、国家重点科研项目的立项申报、两院院士提名申报等材料；服务于研究生教育审核博导评审材料；服务于院系申报重点学科为其提供科研成果等。为校内学科建设和人才梯队建设等方面提供了翔实可靠的信息服务。

挖掘校史资源，建成海大首座校史展览馆。学校在崂山校区建设了面积为 1000 平方米的校史展览馆，展出了不同历史时期的照片近 2000 幅以及一批珍贵的历史档案和包括“东方红 2 号”海洋调查船模型在内的一些实物档案，再现了学校八十余载的办学历程和取得的成就。校史馆先后接待了数万名参观者，成为学校对外宣传和展示成就的重要窗口。

在服务于学校重点建设项目中发挥重要的保障作用。2006 年，档案馆在保证常规服务的同时，把利用服务重点放在迎接“十五”211 工程建设项目验收工作上。专门组织人员到国家档案局、清华大学、南开大学等单位学习调研，并结合学校实际，制定《“十五”211 档案归档标准》，为“十五”211 档案归档的标准化、规范化提供了依据。根据归档标准，进一步加强“十五”211 档案整理，编写了《“十五”211 档案目录汇编》，这些资料为“十五”211 工程建设项目顺利通过验收，提供了基础性准备，体现了档案的原始性、凭证性等不可替代的重要作用。

【档案信息化建设】 中国海洋大学档案馆是全省高校数字化档案馆起步建设较早的单位之一，先后购置了服务器、磁带机、NAS 存储器、扫描仪等设备，建成了信息管理存储、信息应用、信息采集、信息传输等四个综合硬件平台；已建成高性能高安全性的软件平台，实现了网上归档。经过数字档案馆建设，做到为各单位提供多种门类档案数据的录入界面，并提供网络上传窗口，各单位在移交档案时可以一并送交电子版文件目录，同时还有计划、按步骤地进行档案数据库回溯建库工作。截至2012年底，一是建成案卷级、文件级多层次的馆藏目录查询系统；二是对利用率高的纸质档案，建立各类全文数据库、特色数据库和照片档案数据库；三是加强电子文件的归档工作，对档案信息加以归纳整理，形成相应的数据库，达到较高的查全率、查准率；四是通过建立高效的网上档案查询系统，增加对用户使用档案的权限设置功能，提供多种检索途径，已著录各类档案案卷级、文件级目录数据12万余条，档案全文数据7000多条，照片档案数据5000多条；五是建立网上新闻自动采集数据库管理系统，已经开始将非结构化的涉及学校的新闻报道从不同新闻网页获取并保存到结构化的数据库中。依托数字化，已实现案卷级、文件级目录管理和部分档案的全文管理，通过目录数据库进行检索、查询，提高了档案工作效率和服务质量。

除常规数据库建设外，档案馆建立了五个特色数据库：教师业绩档案数据库、干部任免特色数据库、重大活动专题全文数据库、专题目录数据库、校友信息数据库。

【档案开发与科研】 档案馆根据工作的实际需要和各类档案的具体情况，不断整合档案资源，加大档案资源开发利用的深度和广度，弘扬校史文化，取得了一批有价值的编研成果。学校组织编写了《中国海洋大学大事记》《中国海洋大学调查船大事记》；《走近海大园》系列丛书《大师足迹篇》《英才辈出篇》和《魂牵梦萦篇》的编撰工作；编印《海大奥运照片档案》和《海大奥运档案》画册，铭记海大奥运历史，充分展示出海大与奥运的历史渊源和情结。

利用馆藏资源开展校史和档案学研究，档案馆先后在《档案学通讯》《兰台世界》等档案类核心期刊及各种报纸上发表论文、文章近百篇。编撰出版著作《闻一多：从诗人到学者》和《文学家与海大园》，其中《文学家与海大园》获得2011年山东省校园文化建设理论与学术类成果奖一等奖。

2010年，以旨在弘扬校史文化的《中国海洋大学年鉴》编纂和赫崇本个人专档两个项目获准立项并启动；2012年，《中国海洋大学人物档案建设》专项批准立项并启动。

随着档案资源建设、信息化建设以及校史文化建设的扎实推进，学校档案业务管理的规范化、科学化，档案信息服务的能力与水平明显增强。2011年，学校档案馆被国家海洋局命名为海洋档案工作先进单位；2010年，在山东省教育厅和山东省档案局对全省高校贯彻教育部“27号令”情况档案工作检查中，中国海洋大学获得全省高校档案工作优秀单位。2007年和2011年，学校档案馆分别获得全省档案工作先进单位荣誉称号。

（韩宇亮）

中国石油大学(华东)

中国石油大学(华东)档案馆成立于 1989 年 11 月,1999 年与图书馆合署办公,副处级建制,由主管校长直接领导。1991 年 4 月,成立以校长为主任的学校档案工作管理委员会,负责对学校档案工作实行统筹规划、组织协调、监督指导。馆藏档案最早形成年代的 1952 年,截至 2012 年底,馆藏档案 72940 卷(册)(不含会计凭证),底图 5612 张,声像档案(照片)7050 张,馆存资料 820 余册,电子档案 12480 件。自 2005 年起,开始收藏硕士研究生和博士研究生学位论文电子版,在教学与科研等各项工作中发挥了重要作用。配备专职档案管理人员 8 人,兼职档案员 76 人。馆舍建筑面积 1048.5 平方米,其中档案库房 607.5 平方米。

1999 年,在科技事业单位档案工作目标管理达标定级考评中,学校被批准为国家二级单位;2004 年,在全省档案管理考核中,被确定为省一级档案馆等次。建立校办企业档案室、成人教育档案室,健全档案工作网络和一系列档案管理制度,加强专兼职档案人员的业务培训和档案执法监督、检查,确保学校档案工作顺利开展。

【馆藏重要档案】

(1)政务院批件等重要档案。政务院批准成立北京石油学院的通知,学校搬迁、重建、更名、院系调整、国际交往过程中形成的材料;获得国家级、省部级奖励的科技成果和优秀教学成果;朱德写给北京石油学院学生的信;国家领导人为学校题词等重要文件资料。

(2)珍藏照片。毛泽东和北京石油学院学生在一起,江泽民和中国石油大学学生在一起以及陈毅、陈云等党和国家领导人到学校视察,部分外国驻华使节到学校参观等照片。

(3)实物档案。上级部门颁发、兄弟单位及个人赠送学校的锦旗、奖状、奖品、字画等。

【安全防护】 档案库房配备杀菌消毒机、温湿度自动记录仪、防盗防火自动报警系统、空调器、吸尘器、除湿机、加湿器等设备,档案库房以控制温湿度为重点的“九防”(防火、防盗、防高温、防潮湿等)功能均达到规范要求。

【档案开发与利用服务】 编制年度案卷总目录、分类目录、全引目录、专题目录,案卷级和部分文件级目录录入计算机管理系统,已建机读案卷级目录 49987 条。英文成绩翻译软件 2001 年投入使用。利用馆藏档案编研《中国石油大学大事记》《石油大学组织机构沿革》《石油大学基础数字汇编》《石油大学科技成果汇编》等资料。

学校组织编写《石油大学校史》《中国石油大学(华东)年鉴》《中国石油大学教授谱》《研究生教育十五年》《石油大学教学改革十年》《石油大学年谱》《石油大学(华东)组织机

构变迁50年》《励精图治十五年》以及电视片《岁月如歌》等。

学校主要通过以下五个方面提供档案利用服务：一是为在校学生和历届毕业生提供入学证明、毕业证明、成绩证明和奖惩证明；二是为在校生和历届毕业生的提供英文成绩证明；三是提供自建校以来包括中国石油大学（北京）在内的硕士、博士研究生毕业论文的查阅及部分毕业论文的电子版查询；四是为学校领导及各单位提供党政、教学、基建、设备、科研、财会、外事、出版、产品等类别的档案材料；五是通过编研有关资料为领导及各单位工作提供参考资料。

近年来，为领导决策、教育教学、科学研究、各种评估、编史修志、职务评审、工程维修、出国留学等积极开展优质服务，平均年利用档案人次是1989年建馆时的7倍，利用卷次是1989年的16倍，发挥了档案应有的作用。

档案馆紧紧围绕学校的中心工作，抓管理、抓基础、抓法制、抓服务，提高档案工作的总体水平，先后被中国石油天然气总公司和学校授予优秀集体、先进集体等荣誉称号。

【档案工作主要特色】

(1)科研成果材料归档后方准予申报奖励。充分发挥职能部门的作用，由学校科技管理部门作出科研成果必须先归档才能申报奖励的规定，解决了科研项目资料归档难题。

(2)严格程序，确保房产证及个人信息安全。档案馆、财务处和后勤管理处联合制定了一套借还房产证的管理程序，保证了教职工存放在档案馆的房产证及个人信息的安全。

(3)建立案卷目录数据库，开展电子归档工作。利用档案管理信息系统，建立案卷目录数据库，初步开展电子归档工作。自1999年以来，学校下发的党、政文件的电子版全部实现了物理归档。自2005年起，研究生学位论文电子版全部实现网上归档。

(4)开展校友信息数据库建设。发挥优势，加强合作，与校友工作办公室共同开展历届校友的信息数据库建设，组织扫描1977年以来历届学生的学籍登记卡，扫描1953年以来的老照片1060张，保存电子版本。

（万启存）

山东科技大学

山东科技大学1987年成立综合档案室，科级机构，隶属校长办公室。2010年4月，成立档案馆，副处级建制。档案馆下设综合档案室和干部人事档案室2个科室，截至2012年底，专职档案管理人员6人，其中，馆长1人，副馆长1人，综合档案室副主任1人；研究馆员1人，馆员2人，助理馆员1人；博士研究生1人，本科毕业生4人。拥有立卷单位51个，兼职档案员71人。

馆舍面积632平方米，其中库房面积392平方米，实现档案库房、阅档室和办公室三室分开。配置服务器、计算机、打印机、复印机、数码相机、扫描仪、光盘刻录机、网络存储器等管理设备，库房安装密集架(280节)，装备实物展示柜、防磁柜、空调机、除湿机、空气消毒机、温湿度检测记录仪、监控仪等保管设备。

建立山东矿业学院、淮南矿业学院、泰安煤炭学校、山东煤炭教育学院、山东科技大学、山东省财政学校、山东科技大学泰山科技学院7个档案全宗，保存党群、行政、教学、科研、基建、设备、产品、出版、外事、财会、干部人事、声像、实物、名人等14类档案。截至2012年底，馆藏档案98842卷，排架长度约1597米，实物档案2642件，照片5314张，电子档案12854件。

【体制机制建设】 学校成立档案管理委员会，校长领导档案工作，1名副校长协助校长分管档案工作，档案馆负责具体业务管理，各部门负责人、专兼职档案人员协同配合，并根据工作需要及时调整。领导重视档案工作，定期听取工作汇报，及时研究、协调解决档案机构、经费、设备、库房建设、信息化建设等问题。2010年，学校设立专项经费30多万元用于购置与更新设备、改造库房、增添密集架，配备档案管理系统等。

档案工作纳入学校发展规划及年度计划，纳入分管校领导、各部门负责人、兼职档案员岗位职责，档案工作所需经费纳入学校预算。领导在学校重大活动及重要工作中，同步布置、检查、总结、验收档案工作，把档案工作的各项任务落到实处，把目标责任下达到基层。

自2004年起，学校档案实现全校三地五校区、7个全宗、14个大类的档案信息资源的集中统一管理，全校档案工作一盘棋，统一计划布置，统筹安排监督，统一检查总结，档案工作有条不紊地进行，做到了有计划、有措施、有布置、有落实、有检查、有总结、有表彰，坚持依法治档，依法管档。

【制度建设与安全管理】 建立健全学校档案工作实体分类方案、各类档案归档范围及保管期限表、各类档案工作规范。2008 年,学校下发《关于印发〈山东科技大学声像载体档案工作规范〉的通知》和《关于收集声像载体档案资料的通知》。2010 年,重新修订档案工作规章制度,下发《关于印发档案工作规章制度的通知》。2012 年,制定《山东科技大学著名人物档案管理暂行办法》,使各项工作有章可循,有据可查,加强档案工作的规范化、制度化建设。

重视档案信息的安全保障,对进馆档案全部进行涉密排查,涉密案卷、文件严禁上传档案管理系统,手抄有关目录,在案卷及卷内文件目录上加盖相应密级印章,进行密级标注,单独装盒存放管理。严格遵守涉密档案查借阅审批制度。将档案数据库数据异楼备份,确保档案信息安全。严格遵守干部人事档案、党委会议与校长办公会会议记录等重要档案及密级文件的查阅审批、登记手续,健全保密制度并严格执行,严格处理档案信息资源的安全与保密、所有权、使用权和监督权等问题。按照档案业务规范要求加强出入库管理及档案统计、鉴定和销毁等工作。加强库房安全管理,晚布控早撤防,每天坚持安全检查,严格控制库房温湿度,库房基本达到防火、防盗、防高温等"九防"要求。确保档案的安全与保密,科学有效地保护档案信息资源。

【档案资源建设】 加强对各立卷部门的业务指导与检查,充分发挥兼职档案员的作用,规范分类、标准整理,文件材料的归档率、完整率及准确率不断提高,近几年年均立卷量达 6000 余卷。补充收集、整理青岛校区基建项目和设备项目档案材料;下发《山东科技大学实物资料征集通知》与《山东科技大学声像资料征集通知》,征集实物档案材料 100 余件,照片 300 余张;集中收集实物类停用印章,增加接收科研奖励证书、专利证书与计算机软件著作权证书入馆;补充收集学校文件光盘、《科大电视新闻》视频光盘等;拓展征集学校著名人物档案,建成学校名人档案全宗。

重视加强干部人事档案规范化管理,在学历审核、三龄一历、省一级复查工作中,组织审核、补充、整理干部人事档案,达到中组部规定的"完整、真实、精炼、实用"的要求,保证干部管理工作的质量和权威性。

【档案信息化建设】 2003 年,山东科技大学运行教育行政办公系统,实现纸制文本与电子文本双轨制管理与存档,档案馆承担网上文件处理及归档任务。根据档案信息化建设规划,制定并实施档案工作信息化实施方案,2009 年底购置"南大之星"档案管理系统、信息发布系统两套软件,建设档案信息数据库,推进档案信息化建设。2010 年起,每年利用档案管理系统,开展形成文件材料的立卷归档工作,全文、图像、媒体材料等一并上传。已完成六个档案全宗的案卷级目录数据库建设,文件级目录数据库正在建设中。建立档案信息服务网站,在网站上开展档案宣传、业务指导及利用服务等工作。

【档案科研与利用服务】 重视档案资源的开发与利用,编制案卷目录、专题目录、全引目录、字号索引、人名卡片、文件卡片等 6 种检索工具,不断完善规范,将手工检索逐步过渡为计算机检索,提高了检索系统多样化、标准化、规范化程度,提高了各类档案的查准率与查全率。积极开展档案编研工作,编制山东科技大学大事记、年鉴、规章制度汇编、基础数字汇编等资料。开展档案学术研究与交流,提高业务理论水平。截至 2012 年底,发表学术论文 50 余篇,承担或参与科研项目 20 余项,获得省、市、校级成果奖 20 余项。

围绕学校中心工作,开展档案利用服务工作。学校本科教学评估、校史编写、校庆筹备、校史馆布展等工作，查阅各全宗、各门类、各载体的大量档案。在2011年学校60周年校庆活动期间，档案馆精心选取400多张照片，与宣传部、现代教育中心联合，将馆藏静态的无声资料开发成声情并茂、形式新颖、贴近校园文化富有震撼力的专题片，在校庆典礼上播出，直观、生动地展示学校60年的辉煌成就，在广大师生和校友中产生了强烈反响。专题片在庆典仪式上播放后，又在科大视频网站播出，一个月内点击率达39092人次，名列视频收视之冠，形成强大的宣传声势和规模效应。

档案馆坚持“以人为本”的服务宗旨，采取信件查证、电话查询、邮件查询等多种服务方式，做到服务热情、周到、迅速，为广大师生和校友提供档案利用服务。2012年，拓展创建学生成绩翻译系统，增加为校友出国留学成绩翻译服务。近年来，年均提供查借阅档案1300余人次、6000余卷次、500余件次。

【荣誉与奖励】 多年来，在省教育厅、省档案局和学校领导的重视和支持下，经专兼职档案人员共同努力，山东科技大学档案馆已经由一个相对封闭的档案保管机构发展成为一个具有现代化管理方式的开放的信息服务窗口，学校档案工作多次得到上级主管部门的肯定和表彰。1989年，被泰安市授予档案工作先进单位荣誉称号；1990年，被原山东省教委授予全省普通高校档案工作先进单位荣誉称号；1991年，被山东省档案局批准为山东省机关档案工作三级先进单位；1992年，被山东省档案局批准为山东省机关档案工作二级先进单位，同年被泰安市授予城建档案工作先进集体荣誉称号；1995年，被泰安市人事局、档案局授予全市档案系统先进集体荣誉称号；1995年，被山东省档案局批准为山东省机关档案工作一级先进单位；1996年，被原煤炭部授予全国煤炭部工业档案工作先进集体荣誉称号；1999年，被泰安市人事局、档案局授予全市档案工作先进集体荣誉称号；2001年，省委组织部考核认证为干部人事档案目标管理一级单位；2003年，被中央组织部确定为干部人事档案目标管理一级单位；2003年，在全省档案管理考核中，学校被确定为优秀等次；2004年，学校综合档案室被确定为省一级档案室等次；2006年，被省委组织部授予全省干部档案工作先进集体荣誉称号；2010年，在省教育厅、省档案局联合组织对全省高校贯彻落实《高等学校档案管理办法》(教育部27号令)情况档案工作检查中，被确定为全省高校档案管理优秀单位；2010年，在全省档案管理考核中，学校档案馆晋升为山东省特级档案馆等次，获得全省档案管理先进单位荣誉称号。2011年10月，山东省档案局副局长曹明珍到学校检查指导档案工作，并为山东省特级档案馆授牌。

(贾文丽)

青岛大学

青岛大学于1990年成立档案室，2000年设为综合档案馆，副处级建制，隶属校长办公室，下设3个档案分室。综合档案馆设馆长1人，专职档案管理人员10人，各部门兼职档案员91人。馆舍总建筑面积1307平方米，其中库房面积644平方米。查阅室105余平方米。

青岛大学综合档案馆馆藏档案由6个全宗组成，即原青岛大学、山东纺织工学院、青岛医学院、青岛师范专科学校、青岛高等职业技术学校及合并后青岛大学全宗。截至2012年底，馆藏74686卷，设有党群、行政、教学、科研、产品、基建、设备、出版、外事、财会、声像、电子、人物、实物14大类档案。馆藏结构合理，内容丰富，是学校历史发展的真实反映。

青岛大学档案工作坚持贯彻依法治档，规范管理的基本原则。依据《中华人民共和国档案法》《中华人民共和国档案法实施办法》《高等学校档案管理办法》和《山东省档案条例》等法律法规，建立起一支由各部门分管负责人和专兼职档案员组成的档案骨干队伍，形成了学校档案工作网络。

1998年，在全省科技事业单位档案工作目标管理考评中，学校被批准为省一级单位；被原省教委授予全省高校档案管理先进单位荣誉称号。在山东省教育厅和山东省档案局组织的全省高校贯彻落实教育部"27号令"情档案工作检查中，青岛大学被确定为全省高校档案工作优秀单位。

【制度建设】 《高等学校档案管理办法》(教育部27号令)颁布后，学校重新修订了《青岛大学档案管理办法》，经2009年10月的校长办公会议讨论通过，并以青大校字〔2009〕47号文件下发实施。制定《青岛大学关于出具档案证明的通知》(青大办字〔2010〕7号)，落实《高等学校档案管理办法》中关于"高校档案机构是学校出具档案证明的唯一机构"的规定，理顺与校内教学、管理等部门的关系。制定《青岛大学电子档案管理暂行办法》《青岛大学档案工作质量考核制度》等四项制度，加强学校电子档案管理，不断提高档案管理水平。逐步形成了学校档案工作有法可依、部门立卷有章可循的制度化、规范化的档案工作局面。

【档案资源建设】 学校档案工作紧紧围绕学校中心工作，坚持把学校党政工作要点作为本年度档案工作的重点，建立学校重大活动、重点工作档案登记制度，加强档案的跟踪工作以及与立卷部门的联系，深入各部门、各学院帮助协调解决立卷归档的实际困难，充实教学档案的管理人员，重新梳理涉及有关毕业生档案的归档范围、归档重点，重点加强各教学单位兼职档案员业务培训，提出更高的标准化、规范化的要求。博士研究生、硕士研究生的学籍档案按一人一卷立卷归档，从培养计划、学籍总表、开题报告、论文答辩、学位申请到学历、学位证书等所有归档的档案材料，要求齐全完整、手续完备。全日制本、专科学生和成人教育学生，按一班一卷立卷归档，从招生开始，新生录取名册、新生登记表、学籍总表、实习论文、毕业生学历、学位证编号以及毕业生去向等，要求填写规范、收集齐全。从源头上保证每个毕业生都有一套完整的学籍档案材料，确保了教学档案的归档率。坚持以人为本，树立"人的档案最重要"的观念，加强毕业生档案的收集、利用，对于促进经济发展、社会和谐稳定具有重要作用。

【档案服务征询】 档案馆制定并履行"积极主动，安全保密，热情周到，高效满意"的服务公约，不断提高服务质量和办事效率。坚持在每学期初印发《档案馆为各部门活动提供服务征询表》，根据各部门反馈的信息，有效地掌握本学期学校的重点工作、各部门的重大活动，提前准备有关档案资料，极大地提高了办事效率和档案的利用率，档案工作在为学校教学、科研、管理及社会服务中做出了积极贡献，得到了学校各部门的肯定。

【安全保管】 建立《青岛大学综合档案突发事件应急预案》和《青岛大学综合档案馆消防安全应急预案》，实行档案库房、阅档室、办公室三分开，严格档案查借阅登记手续。尤其对重要档案的利用，建立《重要档案查借阅登记制度》，对重要档案的借阅，限时、跟踪归还。档案库房的安全管理做到责任到人，管理到位，坚持节假日、暑寒假巡查档案库房制度，发现问题及时向有关领导汇报，防患于未然。加强完善档案库房安全报警设施，实行 24 小时监控，严格按照防火、防盗、防高温等"九防"要求，配备必要设施设备，保证学校档案的安全管理。

（杨洪云）

青岛科技大学

多年来，青岛科技大学一直坚持深化业务管理，积极创建"巾帼文明岗"，以围绕中心，服务大局为工作重点，坚持"以人为本，服务为先；尽职尽责，高效规范；爱岗敬业，进取创新；团结协作，共赢明天"的工作理念，奉行"一张笑脸，一声问候，一颗诚心，一份责任"服务规范，学校档案工作得到持续发展。

【档案工作基本情况】 青岛科技大学于1980年建立综合档案室，2003年更名为"档案馆"，副处级建制，由校方办公室代管。设馆长、业务指导、查询利用、编辑研究、信息技术、人事档案等岗位，配备专职档案管理人员6人，返聘退休人员2人，其中，高级职称人员3人，中级职称人员4人；硕士研究生3人，本科学历5人。档案馆主要负责学校综合档案、人事档案、年鉴编纂及校史馆管理等工作。

新馆落成于2007年，规划建筑面积2850余平方米，投入使用近半。其中档案库房450平方米，阅档室120平方米，业务及办公用房240余平方米，校史馆400多平方米，其他用房110平方米。设有中央空调，配备除湿机、灭菌消毒机和防火、防盗安全报警装置，部分库房安装了先进的气体消防设施，安全防范措施基本达到"九防"要求。

截至2012年底，馆藏青岛科技大学和青岛工艺美术学校2个全宗，档案41704卷(件)，设置党群、行政、教学、科研、基本建设、仪器设备、产品生产、出版物、外事、财会、声像、实物、学校文件、全宗档案14大类及其电子文档，部分上级文件也作为资料留存；教职工干部人事档案3340卷，拥有独立库房和阅档室。学校实行部门立卷制度，立卷单位45个，兼职档案员80人。

【体制机制建设】 学校领导历来重视档案工作，建立了科学的档案管理体制机制。校长亲自分管，各院、部、处、室及直属单位均有1名主要领导分管档案工作，各部门各单位均设置兼职档案员，形成了覆盖面广泛的学校档案工作网络。

学校将档案工作列入领导议事日程，档案工作发展目标和工作任务列入学校工作计划。在学校的"十二五"规划中将档案工作列为实施与监督部分，各职能部门的岗位责任制和工作程序也不同程度地体现档案管理要求。

业务经费自1995年起列入学校预算，在基础建设方面持续进行专项投入。近三年，在学校经费极其紧张的情况下，档案业务经费预算由2万元增至7万元，通过专项申报陆续添置了防磁柜、消毒灭菌机、防盗卷帘门，更新了复印机、扫描仪、打印机、办公家具及计算机等设备，新增密集架9列64组以及21组展示柜，每年实际投入均在15万元左右，档案工作条件得到根本改善。学校在严格控制教师外人员的情况下，批准招聘1名计算机专业硕士研究生，校内调剂补充1名硕士研究生作为专职档案管理人员，使学校档案工作队伍素质得到进一步提高。

【档案基础建设】

(1)全宗卷与信息化建设。2000年，实现部分档案案卷级信息化管理。在试行多年的基础上，2004年创建学校档案全宗卷，并在管理软件中设置相应栏目，修订完善了管理规范，建立全宗卷200余卷(件)并输出全引目录，增强了工作的条理性和指向性，实现了档案规范管理全覆盖，该项工作走在全省高校乃至全国高校的前列。学校档案在统一集中管理的基础上，利用六年的时间，有计划地将馆藏档案全部按照高校档案实体分类法进行重新整理、著录，从2006年始档案实现文件级信息化管理。机读案卷级目录达到3.6万条(馆藏过期财会凭证除外)、文件级目录达到9万余条，持续推进文件级目录的补充完善工作，形成了学校档案保管、查阅、编研三位一体的档案利用服务平台，为建设数字化档案馆夯实基础。

(2)制度化、规范化建设。近年陆续制定修订了《青岛科技大学学生成绩、毕业及学位证书证明管理办法》《青岛科技大学各部门档案收集整理规范(暂行)》《青岛科技大学档案业务建设规范》《青岛科技大学毕业生利用服务工作规范》《青岛科技大学档案分类方法》《青岛科技大学实物档案管理办法》等一系列制度规范，巩固作为学校出具档案证明唯一机构的地位，明确学校档案实体分类、全宗卷、业务建设等管理办法及操作规程，修订相应的管理制度，重申各类档案人员的职责及相关奖惩规定，使得学校档案工作有法可依。

(3)以收集为基础，编研为重点，围绕中心提供服务。突出编研特色，坚持独立编辑《青岛科技大学年鉴》(20年)，期间根据学校发展情况，两次改版，适时调整、完善栏目及内容，不断提高质量，连续5年获得山东省开发档案信息资源成果奖二等奖；3次获得山东省优秀年鉴二等奖，成为学校各级领导和职能部门不可或缺的工具书。编辑《青岛科技大学50年大事记》和年度教学、科研、组织人事等专项汇编以及《青岛科技大学大事要闻》，积累了大量史料。

(4)建立专题网站，搭建直观、高效的服务平台。建立更新档案馆网站，根据日常利用情况设立特色栏目，逐年补充学校文件目录、规范性文件、大事记、教学科研获奖、各类行政表彰、委员会等多种类信息的上传，校内网上利用的开展不仅保护了原始档案，提高了工作效率，而且有效地减少了档案人员的劳动强度，增强了师生员工档案意识，扩大了档案工作的宣传面。对外开通了“学历认证”快速通道，方便了毕业生利用。合作开设了《历史上的今天》等栏目，受到广泛关注，拉近了校友与母校的距离。网站建设项目获得山东省开发利用档案信息资源成果奖一等奖。

(5)校史馆更新。2010年学校60年校庆期间，打破原展览按教学、科研等主题布展的方式，改由按照不同历史阶段、突出发展主题和工作亮点重新整合，并对展区进行了局部设计改造，补充更新照片720余张，最终用1000余张图片和60余张图表，通过105张全新的展板，翔实记载了学校发展具有重要影响的事件、成就和人物等。补充了各历史时期证件徽章、教师自编教材、科研产品及国内外友好单位或个人赠送的纪念品等大量实物档案，全面、真实地反映了学校的发展历程，得到各级领导、校友和师生的普遍好评，被青岛市精神文明建设委员会命名为全市未成年人“社会课堂”。日常坚持校史馆对外开放接待及维护工作，进一步弘扬科大精神，传承橡胶品格，宣传校园文化，成为新生“知我科大，爱我科大”的学习课堂，充分发挥了德育教育基地作用。

【团队建设】 加强档案宣传，提高业务素质。创建“兰台月谈”学习品牌，加强内部业务交流，做到及时发现和解决问题。在2009年召开的中国高等教育学会档案工作分会第四次会员代表大会，学习宣传贯彻教育部第27号令表现突出的15所高校得到表扬，青岛科技大学作为山东省唯一一所高校名列其中。举办主题培训会，贯彻落实学校档案管理制度与规范，促使专兼职档案人员严格执行相关规章制度和考核评估制度，增强制度对业务的指导性。近年来，专职档案人员在国内期刊上发表论文40余篇，10余篇在省、部、市级档案系统获奖，10余项科研成果先后获得山东省开发利用档案信息资源成果奖。

学校档案人员少，每个岗位只有1人负责，其中女性占87.5%，承担的工作量在高校同行中首屈一指。多年来坚持以参与“巾帼文明岗”建设为依托，深入挖潜、科学管理、人文关怀等多项措施并举，通过各种途径争取资金支持，创作条件改善工作环境，加强自我保健，调动了工作人员的积极性，增强了团队的凝聚力。职责上明确分工、环节上无缝衔接、工作中互相支撑，互帮互助、互容互惠的团队精神是取得成功的有力保证。

2000年，在全省科技事业单位档案工作目标管理达标定级考评中，学校被批准为省一级单位；人事档案2009年一次达到国家一级标准；2010年，获得全省高校档案工作优秀单位和全省处级干部档案审核检查优秀单位荣誉称号，成为青岛市唯一获得“双优”的高校。

五年来，青岛科技大学档案馆先后被授予青岛市十佳女职工建功立业标兵岗、全国巾帼文明岗、山东省女职工建功立业标兵岗、青岛市女职工明星岗和青岛市职工诚信示范岗等荣誉称号。

青岛科技大学档案工作始终坚持把业务建设放在首位，加强特色岗位建设，实现了岗位建设促宣传、业务建设促发展的目标，学校形成了良好的档案工作氛围。学校将继续发扬团结共赢的优良传统，扎实有效地开展工作，保持和巩固取得的成绩，开拓创新，推动学校档案工作更上一层楼。

（刘永红）

青岛理工大学

青岛理工大学档案馆2007年1月成立，副处级建制，前身为青岛理工大学综合档案室。截至2012年底，馆藏档案20000余卷，光盘100余盘，照片近5000张。专职档案管理人员5人，其中，具有副高级职称人员3人，中级职称人员2人；具有研究生学历3人，本科学历2人。馆舍面积440余平方米，库房、阅档室、办公室三室分开。学校档案实行集中统一管理，按照党群、行政、教学、科研、产品、基本建设、仪器设备、出版、外事、财会、声像、实物、人事等类别实行分类管理。

2004年，在全省档案管理考核中，学校原综合档案室晋升为省一级档案室等次；2010年，在山东省教育厅和山东省档案局组织的全省高校贯彻落实《高等学校档案管理办法》（教育部27号令）情况档案工作检查中，青岛理工大学档案馆被确定为全省高校档案工作优秀单位。

【体制机制建设】 学校一贯重视档案工作。党委书记薛允洲主管，学校党委、行政将其列入重要议事日程，纳入学校"十二五"发展规划和年度工作计划。建立了由主管校领导、党委（校长）办公室、档案馆、各部门分管档案工作负责人和兼职档案员构成的档案工作网络，并将其构成公布于校园网。做到层层有职责，人人有责任。

【队伍建设】 坚持德才兼备、以德为先的原则，选拔忠于职守、遵纪守法、文化程度高、保密意识强、细致耐心的人员从事档案工作。通过对专职人员进行岗前培训，举办业务辅导班，参观学习先进单位，邀请上级主管部门领导和专家到校指导等多种方式，增强其服务意识、保密意识、安全意识，提高其专业技能和业务素质。学校定期召开全校档案工作会议，组织各部门兼职档案员学习档案法律法规，开展业务培训与经验交流。

【制度建设】 按照《高等学校档案管理办法》和《高等学校档案工作规范》要求，建立健全各类档案管理制度，遵循统一管理原则，实行档案综合管理。从档案资料的形成、立卷、整理到档案的移交、保管、利用等各环节，做到有章可循、责任到人。近年来，制定包括分管校领导在内的5个岗位职责，修订完善党政、教学、科研等10余类档案管理办法和《档案管理行政处罚暂行办法》，建立查阅、保管、统计、保密、复制等管理制度。学校实行部门预立卷制度，促进档案业务整理规范化。

【设施设备建设】 除馆舍条件外，学校配备先进的空调、除湿、恒温系统以及自动防火和红外线自动报警系统，档案橱柜空间充足，符合防火、防盗、防高温、防潮湿等"九防"和安全要求。配备服务器、高配置计算机、扫描仪、光盘刻录机、双面复印机、多功能一体机等现代化设备，并充分利用校园网开展档案与法制宣传等工作。

【档案开发与利用服务】 积极开发利用档案资源，发挥档案信息服务学校发展的作用，提高档案信息的利用率。组织编研十余项成果，获得省级奖励七项。近几年编写的《青岛理工大学年鉴》获得山东省开发利用档案信息资源成果奖二等奖。利用档案信息编写的《青岛理工大学历届党员大会情况介绍》《校友通讯录》《校友风采录 I》《青岛理工大学科技成果汇编》《青岛理工大学理论成果汇编》等，在学校改革发展中发挥了重要作用。档案人员结合工作实际和新形势下高校档案工作的发展趋势，积极开展档案理论研究，成果显著。近三年公开发表学术论文十余篇，其中《论现代高校档案馆的四大基本特征》《〈管理科学学报〉引文及基金论文调查分析》等分别在全国中文核心期刊《现代情报》《中国成人教育》《兰台世界》上发表；《浅论档案机构的社会文化职能转型》《加强高校档案馆的社会服务工作》等分别在《齐鲁档案论坛》和《档案工作实践与理论研究》上发表。

【档案信息化建设】 学校一贯重视档案信息化建设工作，确保经常性的财力、物力投入，档案信息化建设和服务水平不断提高。1998 年，综合档案室购置"南大之星"5.0 档案管理软件，为档案工作实现自动化管理奠定了基础。2005 年，引进北京品高科技有限公司与清华大学档案馆合作开发的通用档案管理信息系统（网络版）以及单独配置的服务器、高配置微机、扫描仪、多功能一体机等硬件设备。学校实现了电子档案的网络归档，并将以前年度的档案目录进行信息化补录，建成 1994 年以后各类档案机读案卷目录，实现了档案目录和档案原文两级电子检索。

（赖敬延　陈　通）

青岛农业大学

青岛农业大学的前身是莱阳农学院，始建于 1951 年，2001 年经山东省政府批准创建青岛校区，2007 年 3 月经教育部批准更名为“青岛农业大学”，办学地址由烟台莱阳迁至青岛城阳区。2012 年，学校被确定为首批山东省应用型人才培养特色名校。

【档案工作基本情况】 1987 年，学校成立档案科，隶属党委办公室。1990 年，划归院长办公室，1991 年更名为“综合档案室”，2004 年 9 月设立档案室，将隶属人事处的职工人事档案划归档案室管理，副处级建制，同年 12 月将隶属学生处的学生档案纳入档案室统一管理。2010 年 4 月，档案室更名为“档案馆”。配备专职档案管理人员 7 人，其中，馆长 1 人，业务人员 6 人；正高级职称人员 1 人，副高级职称人员 2 人，中级职称人员 4 人。

档案馆馆舍面积 430 平方米，其中库房 350 平方米，阅档室 18 平方米，办公室 62 平方米。截至 2012 年底，馆藏档案 36111 卷，照片 1502 张，资料 257 册。其中党群、行政 3384 卷，教学科研 2420 卷，财会 5743 卷，干部人事 2161 卷，学生档案 22000 卷，排架总长度为 585 米。学校馆藏档案最早形成年代为 1951 年，1951～1994 年的馆藏档案实行年度—组织机构分类法，1995 年以后的馆藏档案实行实体分类法。1998 年，在全省科技事业单位档案工作目标管理考评中，学校被批准为省一级单位；2005 年，学校档案室被确定为省一级档案室等次；1999 年，学校被中央组织部确定为干部人事档案目标管理一级单位。

【档案人员职业道德培养】 围绕学校中心工作，以规范档案管理为中心，按照“政治强，业务精，作风正”的要求，加强档案人员职业道德培养和业务知识培训，动员档案人员进一步解放思想，更新观念，求是创新，为学校的改革和发展服务。克服弱势思维，自我加压，消除混日子思想，重新认识自己的责任，靠实干取得大家的认可。作为“弱势部门”，通过会议、校报等多渠道宣传档案工作的重要性，增强全员档案意识和档案人员从事档案工作的光荣感、使命感、责任感。

【档案资源与信息化建设】 加强档案资源建设，保证归档的齐全性、完整性，丰富馆藏内容，使馆藏结构更趋合理。制定按归档部门归档的指导目录，无缝覆盖学校全部工作，将任务细化到各个部门，各部门应归档的材料一目了然。组织清理有关部门的积存档案，如毕业生集体照、留存在学院的学生档案等材料，将其整理、补充归档。提前介入学校重大活动，在学习实践科学发展观、教代会和建校 60 周年活动中，事前向相关部门提交归档范围和要求等。注意不同工作之间的相互联系，使年鉴、大事记编写与档案收集形成良性互动，互为补充，利用档案收集过程发现的信息补充年鉴和大事记内容，增加信息含量，提高查考价值，利用撰稿部门提交的年鉴材料，发现有价值的档案信息，督促归档单位将遗漏的档案材料归档。

注重档案信息化建设，建立案卷级目录和1996～2010年文件级目录。参照其他院校档案馆网站建设，按照界面友好、功能强大的原则，更新网站，利用网站宣传学校档案工作情况和发展趋势，将31项档案规章制度和工作规范扫描上传，使网站成为档案宣传的一个窗口和日常档案管理、工作交流的一个平台。

【学生档案管理与转递】 贯彻落实教育部、国家档案局颁布的《高等学校档案管理办法》(27号令)，加强学生档案管理。科学组织整理大类分流和学分互认后的在校生档案，统筹规划整理方案，明确整理程序和要求，提高工作效率。与有关部门积极协调，制作在校生专升本录取证明装入其个人档案中，自2011届毕业生开始，毕业生档案增加学位授予通知，采取措施确保新生高考电子档案的装档率。制作毕业生档案清单，建立毕业生档案装档班主任负责制，确保毕业生档案内容齐全、完整，提高学生人事档案利用价值

适应网络时代人们获取信息方式转变的需要，自2009届毕业生开始，启动学生档案去向网上查询系统，改变以往学生查询档案去向的方式；鉴于学生档案意识薄弱，学校有意识的加强宣传工作，在校报上刊载《毕业后你的档案是如何转递的》《毕业了，请关注你的档案》，向毕业生及时介绍档案的重要性、档案的内容、档案如何转递及查询等事项，加强毕业教育环节的档案转递教育，增强毕业生档案意识。

开展学院兼职学生档案员毕业生档案归档、发送工作培训，明确毕业生档案归档、发送过程各个环节的要求及可能出现的纰漏，提高兼职学生档案管理员的业务水平和责任意识。不断采取有效措施，尽量减少学院在档案发送环节的工作量，将以往由学院人工输入的邮寄单号码改为由档案馆统一机器扫描输入，将学院人工填写的邮寄单改为由档案馆统一机器打印，档案袋封面由过去的人工填写改为由档案馆提供技术和数据，学院下载打印；改变发送方式，扩大人工送达范围，如档案接收单位集中、距离较近、人工送达费用少等情况尽量采取人工送达，现场清点交接，提高档案转递的及时性和准确性，维护毕业生的切身利益。

【档案开发与利用服务】 围绕学校中心工作，进一步提高服务能力与服务水平。印制档案利用登记表，规范档案利用登记制度；以人为本，延伸和拓展学生档案服务，从新生档案收集、日常管理、档案发送及发送后续的各项工作做到齐全、完整、及时、准确。

在学校申报博士点、部门审计等重要工作中，工作细致，服务到位，经常加班查档及整理资料，为各相关部门提供档案利用服务。在服务过程中，既按有关工作需要全力保障，又使档案原件在经手人员多，周转环节复杂情况下，无丢失、无损坏，确保其安全。

启动年鉴编纂工作，主动承担编写任务，克服困难，不断改进编写质量，先后编印2007～2010年四部年鉴，合计140余万字；编写学校大事记，注重规范大事记的收集途径和方法，确保大事不漏，收录信息准确无误。

（范玉堂）

青岛职业技术学院

青岛职业技术学院档案室成立于 2004 年，档案用房 140 平方米。配备专职档案管理人员 2 人，其中副研究馆员 1 人，馆员 1 人，全部具有本科学历。2001 年以前，学院档案以“卷”为单位整理；2002～2004 年以“件”为单位整理；2005 年按照《高等学校档案实体分类法》和《高等学校档案工作规范》进行分类和管理。截至 2012 年底，学院室藏档案 27955 卷，其中青岛市职工大学全宗档案 1273 卷，青岛教育学院全宗档案 1515 卷，青岛职业技术学院全宗档案 25167 件。

2006 年，在全省档案管理考核中，学院档案室被确定为省二级档案室等次。2007 年，晋升为省一级档案室等次。2010 年，在山东省教育厅和山东省档案局对全省高校贯彻落实教育部“27 号令”情况档案工作检查中，学院被确定为全省高校档案工作优秀单位。

【体制机制建设】 学院建立了由院长领导、副院长协助分管、党政办公室主任、部门负责人、专兼职档案人员组成的档案工作网络，加强档案工作的组织领导和综合协调，明确工作职责。学院将档案工作所需经费纳入预算管理，加强硬件建设。学院及时研究、解决档案经费、人员、信息化建设等问题。在重大活动和重要工作中，同时布置、检查、总结、验收档案工作。

【队伍建设】 近年来，学院注意把工作认真扎实、责任心强、业务水平高的人员选拔到档案工作队伍中来，提高了档案工作队伍的整体素质。

加强专兼职档案人员培养。档案室订阅《中国档案》《历史档案》《档案管理技术实用手册》等业务书刊，及时了解国内外先进的档案管理经验和最新动态；每年派专职档案管理人员参加省、市主管部门举办的业务学习培训班；由办公室主任带队先后到中国海洋大学、青岛大学、山东科技大学、青岛科技大学等院校考察、学习，使专职档案人员的业务素质得到提高。学院编印《档案工作规范汇编》，供兼职档案员日常工作和学习参考；每年举办一次全院档案工作会议，总结、部署和交流工作；定期举办兼职档案员培训班，组织学习学院档案工作制度和业务知识。

通过学习和培训，不断提高全院档案管理意识，提升专兼职档案员的工作能力和业务素质。档案工作人员注意加强自身建设，工作之余学习、研究档案理论，先后在《山东档案》《中国职业技术教育》《青岛职业技术学院学报》等刊物上发表多篇论文。

【制度建设】 建立健全各项档案工作制度。根据《中华人民共和国档案法》和《高等学校档案管理办法》(教育部 27 号令)，结合学院档案工作实际，先后制定修订《青岛职业技术学院档案信息化建设方案》《青岛职业技术学院档案管理办法》《青岛职业技术学院档案查借阅制度》《青岛职业技术学院保密制度》《青岛职业技术学院鉴定销毁制度》《青岛职业技术学院库房管理制度》《青岛职业技术学院统计制度》《青岛职业技术学院档案管理考核办法》《青岛职业技术学院档案归档整理办法》等19项档案工作规章制度，使部门立卷、档案移交、查借阅、安全保管、保密等环节做到了有法可依、有章可循。

落实部门立卷制度。学院档案专职管理人员每年3月深入各部门调研，根据各部门工作实际和工作变化，在相互交流的基础上确定本年度归档范围和时间。各部门将档案整理完毕后，填写档案移交目录，经部门负责人审核同意后移交档案室。

【设施设备建设】 2006年以来，学院先后投入15万元配备档案密集架、档案管理软件、多功能复印机、碎纸机等设备。加强档案库房建设与管理，建立与档案保管相适应的库房，实现档案库房、阅览室、办公室三分开，库房面积116平方米，阅览室30平方米，办公室24平方米，确保档案安全保管。库房区域设有监控、烟雾报警器、灭火器和自动喷淋系统、空调、除湿机、温湿度表、应急照明灯、防盗门等设施设备。学院定期组织安全检查，落实安全工作责任制。档案室每天巡查库房安全，严格控制库房温度湿度，基本达到档案保管防火、防盗、防高温、防潮湿等"九防"要求。

【档案信息化建设】 2006年，购置"南大之星"档案管理系统。利用档案管理系统，开展档案材料的立卷归档工作，电子文件、多媒体材料等可直接上传至数据库，实现了纸质档案与电子档案同步归档。根据学院档案信息化建设方案，2009年将永久保存档案进行数字化加工，逐步建立全文数据库。

【档案利用服务】 充分发挥档案服务职能，拓宽档案服务新领域。在校园网开辟档案信息服务专栏，加强档案与法制宣传，提供档案信息服务。在实训技术馆展示部分实物档案，为学生实训课程服务，让更多的师生和社会各方面全面了解学院发展。2011年，在学院建院60周年校庆筹备工作中，学院开展校史编写工作，校史馆建设利用档案材料1100余卷件。

（迟玉福）

山东外贸职业学院

山东外贸职业学院是2002年7月经省政府批准成立的全日制普通高等职业学院，隶属于山东省商务厅，前身是创建于1964年的山东省对外经济贸易学校和创建于1984年的山东省对外经济贸易职工大学。

【档案工作基本情况】 2009年，学院设立综合档案室，隶属于学院办公室，专职档案管理人员1人。负责各部门档案的接收、整理、鉴定、统计、保管和利用等工作。

按照《高等学校档案实体分类法》，档案室保存建校以来党群、行政、教学、科研、外事、基建、仪器设备、出版、财会、声像、实物等11大类档案资料，截至2012年底，室藏档案7642卷(件)，照片2500余张，电子文件1172件，数字化案卷501卷。

【体制机制建设】 学院按照山东省教育厅、山东省档案局《关于认真贯彻实施〈高等学校档案管理办法〉的意见》，成立了由院长任组长、分管院领导任副组长、各部门负责人为成员的学院档案工作领导小组，小组下设办公室，办公室主任由学院办公室主任兼任。各部门设置兼职档案员26人，形成了完善的档案综合管理体系，有效地保证了档案工作的顺利开展。

【制度建设】 学院先后制定完善了《山东外贸职业学院档案管理办法》《山东外贸职业学院照片档案管理办法》《山东外贸职业学院归档类目及保管期限表》《山东外贸职业学院档案保密管理制度》《山东外贸职业学院库房管理制度》《山东外贸职业学院借阅制度》《山东外贸职业学院档案鉴定销毁制度》等制度，保证档案工作从形成到销毁各个环节规范有序，使档案工作有法可依，有章可循。

【设施设备建设】 室舍面积100平方米，其中档案库房2间、实物库房1间、阅档室1间、办公室1间。先后配备计算机、高速扫描仪、碎纸机、装订机、激光打印机、红外线防盗监视系统、灭火器、空调、温湿度检测仪、声像档案防磁柜等设施设备。

【档案开发与利用服务】 编制纸质与电子档案案卷目录、专题目录等检索工具，通过人工或系统检索，为学院各部门、师生及社会等方面提供档案利用。多年来，档案人员积极开展档案信息资源开发利用，自编或参编《档案工作文件汇编》《学院大事记汇编》《学院校史》《青岛年鉴》《山东年鉴》等。在学院校园文化建设和发展中，档案信息资源发挥了重要作用。

【档案信息化建设】 近年来，学院积极推进档案信息化建设。2009年，学院设立专项经费购置档案网络管理系统，配备服务器等硬件设备。建立自建校以来室藏档案的全部案卷级、文件级目录数据库，采集三大专题目录，开展室藏档案数字化加工，实现案卷级与文件级的快速检索。实行文件级管理后，纸质文件与电子文件及时同步归档，通过档案网络管理系统实现电子文件的物理归档。建立档案工作网站，通过网站可与档案网络管理系统衔接，实现档案信息的快速检索。

在系统使用过程中，注重与各部门之间的沟通与联系，编制档案管理软件教学课件，开展档案业务和档案管理软件使用培训，提高各部门兼职档案员的操作能力。

（于　娜）

青岛酒店管理职业技术学院

青岛酒店管理职业技术学院是由山东省政府批准、教育部备案的专科层次全日制普通高等职业院校，是全国第一所独立设置的酒店管理学院，隶属于山东省商业集团总公司。学院有着60余年的职业教育办学历史，酒店管理、烹饪等专业特色鲜明，人才培养质量高，2012年被省教育厅和省财政厅联合遴选为山东省首批技能型特色名校。截至2012年底，在校生12600余人。

【档案工作基本情况】 1970年3月，学院成立综合档案室。学院保存党群、行政、教学、科研、财会、出版、基建、外事、设备、声像、实物类11类档案。截至2012年底，学院室藏纸质档案7263卷，其中文档6170卷、财会类1093卷。电子档案3346件、照片5500余张、声像资料600余套。最早室藏档案的隶属年代为1960年。

学院配备专职档案管理人员2人，其中副研究馆员1人，馆员1人，均具有本科学历。兼职档案员26人，其中具有研究生学历16人，本科学历10人。

【制度与设施设备建设】 学院制定《青岛酒店管理职业技术学院档案管理实施细则》《青岛酒店管理职业技术学院档案立卷归档管理办法》《青岛酒店管理职业技术学院档案分类管理办法》《青岛酒店管理职业技术学院档案查阅管理办法》等一系列规章制度，并将档案工作纳入学院的“十一五”“十二五”建设与发展规划，档案工作向制度化、规范化、科学化发展。

室舍使用面积120余平方米，配备电脑3台、打印机1台、复印传真一体机1台、扫描仪1台、装订机1台、立式空调1台、碎纸机1台、照相机1架、刻录机1台、320G移动硬盘4个、打号机1台、干粉灭火器2个、档案柜50余套。2009年7月，开始使用南京大学开发的“南大之星”档案网络管理系统，有效地提高了电子档案归档、分类和查阅的效率。

【档案工作“五抓五促”建设】 通过“五抓五促”建设，学院档案工作迈上了新台阶。

(1)领导抓，促发展。学院党政领导十分重视档案工作，多次听取关于档案工作的汇报，指导档案工作的开展，全院上下形成了重视和支持档案工作的局面。

(2)抓规范、促质量。建立健全规章制度，使档案工作有章可循。根据《中华人民共和国档案法》《山东省档案条例》和《高等学校档案管理办法》，学院制定了档案管理实施细则、立卷归档制度、档案保管、保密、借阅、鉴定、销毁等规章制度。按照档案整理标准，严把案卷质量关，基本做到分类清楚，保管期限划分准确，案卷标题简明确切，卷内文件排列有序，卷内目录与卷内备考表清晰无误，装订整齐牢固。

(3)抓自动化、促效率。学院充分利用“南大之星”档案管理系统,根据工作实际和档案检索的需要,全面、合理、有序地组织现有档案信息的录入工作,充分发挥其储存量大、检索能力强的作用,提高了档案利用效率和工作效率。

(4)抓培训、促提高。综合档案室建立以来,学院重视加强档案业务人员的培训工作,采取请进来和走出去的学习方法,多次邀请省市档案局专家到校举办培训,手把手教学,提高了档案人员动手能力。并先后多次派出专兼职人员参加省市档案业务培训班,到档案工作先进院校学习取经。

(5)抓利用、促服务。学院坚持“以管保用,以用促管”的原则,围绕方便查询、服务师生,不断提高档案利用效率,改进管理方法。综合档案室成立以来,提供档案查询利用千余卷次,尤其对阶段性工作的回顾与总结及学院重大事项,如迎评、名校建设、专业申报等,及时提供大量、翔实的档案资料和数据信息。

(曲 洋 丁金丽)

青岛港湾职业技术学院

青岛港湾职业技术学院始建于 1975 年，是一所全日制普通高等职业院校。占地面积 1045 亩，建筑面积 28.06 万平方米，固定资产总值 6.25 亿元。建有国家精品课程 1 门，省部级精品课程 25 门，省级示范专业 3 个，省级特色专业 6 个，省级教学团队 4 个。开设七大专业集群 32 个专业，面向全国招生，全日制在校生 1 万余人。

学院作为港航特色鲜明的高等职业院校，2010 年被教育部、财政部确定为国家示范性高等职业院校建设计划骨干高职院校立项建设单位，被交通运输部命名为首批全国交通职业教育示范院校，被山东省教育厅批准为山东省示范高等职业院校。学院曾获得青岛市职业教育先进单位等荣誉称号。

【档案工作基本情况】 1980 年 4 月，学校设立综合档案室，副处级建制，与学院办公室合署办公，专职档案管理人员 3 人。综合档案室室舍分为库房区、展览区、阅览区，建成面积为 280 平方米的综合库房 1 个，设专门展室 1 个，面积为 150 平方米。根据档案管理需要，安装使用密集档案架 10 组，配有计算机、打印机、快速扫描仪等设备，安装使用“南大之星”档案网络管理系统，配备防火、防盗、温湿度控制系统。截至 2012 年底，室藏纸质档案 2637 卷、4336 件，照片 1280 张，电子档案 2G。实现了校园网内部档案目录网上查询，2005 年以后党群、行政、教学类档案分权限全文查阅。

2010 年，在山东省教育厅和山东省档案局对全省高校贯彻落实教育部“27 号令”情况档案工作检查中，学院被确定为全省高校档案工作优秀单位。2011 年，在全省档案管理考核中，学校综合档案室晋升为省特级档案室等次。

【体制机制与制度建设】 档案工作由院长领导，副院长分管，办公室主任兼任学院档案室主任，每年组织召开年度档案工作会议，讲评上一年度档案工作，表彰档案工作先进部门和先进个人，部署新一年度档案工作。建立专职档案员具体管理，兼职档案员共同配合的档案工作网络，为依法开展档案工作提供了组织保障。

学院把学习宣传和贯彻落实《中华人民共和国档案法》《山东省档案条例》《高等学校档案管理办法》等法律法规贯穿档案工作始终，制定《青岛港湾职业技术学院档案管理工作规范》《青岛港湾职业技术学院教学档案管理办法》等档案工作规章制度。

学院迁入新校区后，档案工作又上一个新台阶，设施设备建设进一步得到加强和完善。结合学院实际，重新修订完善档案工作制度规范，如《青岛港湾职业技术学院立卷归档制度》《青岛港湾职业技术学院档案保管制度》《青岛港湾职业技术学院档案借阅保密制度》《青岛港湾职业技术学院档案统计、鉴定、销毁制度》《青岛港湾职业技术学院档案利用制度》《青岛港湾职业技术学院档案人员岗位责任制》等。学院档案工作严格依章办事，做到年初有计划，年终有考核。通过法规、制度的学习宣传和贯彻落实，增强了专兼职档案人员的档案与法制意识，促进了档案工作的制度化、规范化和科学化发展。

【档案利用服务】 档案作为学院的重要信息资源，在学院发展和人才培养等方面发挥了应有的作用。

为学院的发展规划提供参考资料，为领导决策提供佐证材料。在制定学院发展规划和新校区建设决策时，档案室提供师资队伍建设、设施设备建设等相关基础数据。

为学院重大活动，如学院校庆庆典、迎接教育部人才培养水平评估、国家骨干院校建设等提供大量翔实的原始资料、图片、音像等。在每年的招生宣传中，提供有关资料数据。

为师生提供咨询查阅服务。多年来，档案室积极为各部门、师生提供档案查阅利用，以优质的服务满足师生的需求。学院多次获得山东省开发利用档案信息资源成果奖二等奖。

（冷新芝　刘续涛）

青岛求实职业技术学院

青岛求实职业技术学院始建于1992年，是经山东省人民政府批准、教育部备案的民办全日制高等职业院校。学院坐落在风景秀丽、经济发达的国际化海滨城市——青岛，毗邻胶州湾畔，依山傍海，环境优美。截至2012年底，学院占地面积1200余亩，教职工1100余人，各类在校生15000余人，二期扩建工程竣工后可容纳在校生30000余人。经过十几年的办学历程，学院已形成以本专科学历教育为主，非学历教育为辅的多学科、多层次、多规格的办学模式。

【档案工作基本情况】 学院档案室成立于2006年11月15日，科级机构，隶属党政办公室。档案室既是学校档案工作的职能管理部门，又是永久保存和提供本校档案利用的信息中心。截至2012年底，室藏建校以来党群、行政、教学、科研、财会、出版、基建、外事、设备、声像10大类档案7647卷，照片近百张，以及学院文件的电子档案(2006～2012)等。室舍面积约220平方米，其中库房160平方米。专职档案管理人员2人，其中馆员1人，助理馆员1人，均具有本科以上学历。

2010年，在山东省教育厅和山东省档案局对全省高校贯彻落实教育部“27号令”情况档案工作检查中，学校被确定为全省高校档案工作优秀单位。

【体制机制建设】 学院成立有档案工作领导小组，由院长(董事长)任组长，领导学院档案工作。学院领导重视档案工作，把档案工作列入议事日程，并在学院的年度计划和五年规划中，提出学院档案工作的总体目标。强调学院档案工作的重要性，要求档案管理部门要依法治档，确保学院档案工作的制度化、规范化、科学化。确保证日常经费。将档案工作作为年度部门与个人考核的重要内容。

学院实行部门立卷归档制度，归档单位28个，兼职档案员28人。各部门明确分管档案工作负责人，设置兼职档案员。各部门把档案工作列入工作计划，明确要求，把档案工作的质量列入绩效考核范围。党政办公室作为学院档案室的直接管理部门，要求各部门将档案工作列入本部门工作职责，并把档案的收集、整理、鉴别、立卷和归档工作纳入各部门和教学单位的日常工作。

学院在科研、教学、基建工程、设备购买的重大活动中，实行与档案工作的“四同步”管理。即在布置、检查、总结、验收各项工作时，同时布置、检查、总结、验收档案工作。

【制度建设】 认真贯彻执行《中华人民共和国档案法》《高等学校档案工作规范》《高等学校档案实体分类法》《高等学校档案管理办法》等法律法规，宣传、普及、落实《高等学校档案管理办法》。先后制定修订了学院的档案管理办法、档案管理规章制度、各类档案的管理办法、归档范围及立卷规范等7个文件、9项规章制度，2007年1月编写《青岛求实职业技术学院档案管理工作指南》，2009年3月根据教育部"27号令"精神，重新修订了《指南》，制定电子文件归档管理办法、实物类档案管理办法。进一步明确了各分院、处、科、室分管档案工作的领导职责和专兼职档案员的岗位职责，理顺了档案工作关系，规范了档案管理秩序，形成学院档案工作有法可依、部门归档有章可循、档案工作依法开展的新局面。

【基础业务建设】 学院遵循《高等学校档案工作规范》，确保案卷质量。组卷遵循文件形成规律，保持彼此之间的有机联系。组卷规范、合理，符合标准要求，卷内文件排列有序，并按照要求编号。卷内文件目录、备考表填写规范清晰。卷内文件整齐，无金属装订物。案卷封面填写规范，案卷标题简明、准确，案卷排列有序。学院各部门的归档率与准确率能达到95％以上，对不能及时归档的部门采取电话催交、上门收缴等措施督促归档。加强档案的安全管理，杜绝出现霉变、褪色、污损、虫蛀现象。

【设施设备建设】 2006年，学院档案室成立时，库房面积80平方米，配备专用档案橱15组。2010年，学院迎接全省高校档案工作检查，档案室迁至图书馆六楼（面积约220平方米），实现办公室、阅档室、库房三分开，新增档案橱20组，微机2台，打印扫描复印一体机1台。

【档案信息化建设】 学院重视档案信息化建设，将其纳入学院信息化建设总体规划，与办公自动化同步发展，从人力、物力、财力给予支持。2010年，购置"南大之星"档案网络管理系统。认真贯彻执行《全国档案信息化建设实施纲要》，制定《青岛求实学院档案信息化建设实施方案》，把档案信息化建设作为档案业务基础工作抓紧抓实。按照国家有关电子文件归档与管理要求，制定学院电子文件归档管理办法和归档范围，加强学院在办公自动化过程中形成的电子文件归档与管理工作。通过学院网站及时宣传档案法律法规，使师生快速获取有关档案信息与动态。

【档案利用服务】 档案室重视室藏档案利用服务，编制了各类档案案卷目录以及检索工具，围绕学院中心工作，为教学、科研及管理服务，为师生员工及校友出具学历、成绩证明等。编写青岛求实职业技术学院（2000～2012年）大事记，征集、收集、采集校史材料，为编写学院校史积累资料。

（汪济香　冯秀娟）

青岛远洋船员职业学院

青岛远洋船员职业学院档案室隶属学院办公室，专职档案管理人员 1 人，副研究馆员，大学本科学历。截至 2012 年底，档案室舍面积为 120 平方米，其中库房面积约 110 平方米，室藏档案 10800 余卷、19800 余件，光盘 158 张，照片 2 万余张。设置党群、行政、教学、科研、校产、基建、设备、出版、外事、财会、重大项目 11 大类档案。1997 年学院被交通部确定为科技事业单位档案管理国家二级单位。

【体制机制建设】 学院始终高度重视档案工作，院长分管学院档案工作，将基层档案工作考核情况列入各部门年终目标考核中。档案室是保存和提供利用学院档案的专门机构，是学院出具档案证明的唯一机构。学院在 2010 年重新调整了档案工作领导小组，由院长任组长，办公室主任任副组长，有关部门负责人及专职档案人员为成员，进一步加强档案工作的组织领导。学院建立由 33 人组成的专兼职结合的档案工作队伍，形成了完善的院级档案管理体系，为档案工作有序开展打下了坚实基础。

【制度建设】 学院坚持档案制度建设，先后制定和修订《青岛远洋船员职业学院档案管理办法》《青岛远洋船员职业学院文件档案整理规则》《青岛远洋船员职业学院归档范围和保管期限表》《青岛远洋船员职业学院照片档案管理办法》《青岛远洋船员职业学院电子文件归档和电子档案管理办法》《青岛远洋船员职业学院归档文件整理规则》《青岛远洋船员职业学院会计档案管理办法》《青岛远洋船员职业学院人物档案管理办法》《青岛远洋船员职业学院科学技术档案管理办法》《青岛远洋船员职业学院新校区建设工程竣工档案编制办法》《青岛远洋船员职业学院合同档案管理办法》等一系列规章制度，以制度建设促进档案工作科学发展，学院档案工作基本做到了有法可依、有章可循。

【档案资源建设】 档案资源建设是档案工作的永恒主题，这项工作涉及学院的每个部门。按照《高等学校档案管理办法》的规定，进一步完善归档范围。加强与各部门的沟通，每年定期召开归档工作部署会，落实部门归档制度，按照业务规范要求，加强各类档案的归档工作，保证年度档案及时归档。重点加强基建、设备、实物类等薄弱环节档案的归档工作，不断丰富室藏资源，优化室藏结构。新校区建设工程项目量大，周期长，档案完整、准确归档难度较大，档案人员提前介入，全程跟踪，定期到新校区检查和指导档案工作，采取完成一项检查、验收一项的办法，确保归档的归档率、完整率和准确率，为完善新校区功能和后续建设，积累和提供原始的档案资料。

【档案信息化建设】 学院重视档案信息化建设，把信息化建设列入学院规划。开展信息化建设调研，分析当前档案信息化建设存在的问题和困难。在当前的条件下，按照由近及远的原则，启用档案归档模块，逐步建立档案文件级目录数据库。学院 2001～2011 年档案文件级目录数据库已建立，基本实现了纸质档案材料与电子档案材料同步归档。

（韩　波）

淄博市

山东理工大学

山东理工大学是2001年由原山东工程学院和原淄博学院合并组建而成，建校历史可追溯到1956年5月。学校全日制在校生35000余人，教职工近3000人，其中专任教师1700余人，属山东省重点建设的理工科大学。

【档案工作基本概况】 2005年6月，学校设置档案馆(原为综合档案室)，处级建制，列为学校直属部门序列，集档案管理、史料编撰和校史馆于一体。配备专职档案管理人员15人，其中，馆长1人，副馆长2人；研究馆员2人，副研究馆员7人，馆员4人，助理馆员和管理人员各1人；硕士研究生学历2人，本科学历12人，专科学历1人。学校57个部门和学院设有76名兼职档案员、72名年鉴撰稿人，聘请8名学生担任校史讲解员。截至2012年底，学校建立9个全宗，馆藏档案52006卷，涵盖党群、行政、教学、科研等10个类别(学生类未统计在内)，电子档案17620件，声像档案8513盒(张)，实物档案942件，初步形成了多载体、多介质、多形式并存的馆藏体系。

1998年、1999年学校档案机构分别被山东省档案局、原山东省教育委员会授予全省高校档案工作先进单位荣誉称号；1999年，在全省科技事业单位档案工作目标管理达标定级考评中，学校被批准为省一级单位；2003年，在全省档案管理考核中，被确定为优秀等次，获得山东省档案管理考核先进单位荣誉称号；2006年，被确定为省一级档案馆等次；2010年，在山东省教育厅和山东省档案局对全省高校贯彻落实教育部"27号令"情况档案工作检查中，学校被确定为全省高校档案工作优秀单位；2007年，校史馆被中共淄博市委列为淄博市党员教育基地；2006～2012年，《山东理工大学年鉴》多次获得省档案局、省档案学会优秀成果奖，山东省府办公厅组织评选的全省优秀年鉴一、二等奖。学校档案馆为山东省档案学会和淄博市档案学会团体会员。

【体制机制建设】

(1)学校重视。学校在机构设置、人员配备、条件装备等方面给予有力支持。学校档案工作发展规划和工作目标明确清晰，积极贯彻教育部、国家档案局颁发的《高等学校档案管理办法》(27号令)，设立专门机构，配备专业技术人员，单列年度经费，保障档案工作的顺利开展。在重要变革时期及时研究制定措施，保证档案工作的衔接管理，部署重大活动同时明确提出档案工作要求。学校始终加强和改善对档案工作的领导，推进规章制度建设，规范业务标准，定期检查指导，及时督促落实。在档案事业的发展中，支持使用新技术，采用新模式，改善管理，全面促进档案工作上档次、上水平，学校主要领导和分管领导坚持每年到档案馆开展工作调研，分管领导深入库房查看了解情况，多次现场办公，协调解决遇到的问题，推动档案工作健康发展。

(2)机构健全。学校成立信息资源建设工作委员会，学校领导分工协调学校档案工作。2005年学校成立档案馆(原为挂靠校长办公室的综合档案室)，根据档案馆的职责范围和职能特点，下设综合管理部、业务指导部、校史办公室三个科室。进一步健全和完善各立卷归档部门的档案工作责任制，建立有明确的部门分管负责人和兼职档案员的稳定的工作体系。

(3)职能明晰。档案馆承担全校档案法规的宣传教育和档案知识的普及，拟定学校档案发展规划、计划和重大活动的工作方案等；组织学校档案管理、检查、监督、考核等制度的制定及督促实施；负责全校年度归档和日常档案业务事项、年鉴等史料的编研、档案信息的社会服务、校史馆管理和学校传统文化的传播教育等。

(4)机制完善。档案工作实行校长领导，分管副校长协助，档案馆具体管理和指导检查，各部门各学院分管档案工作的负责人和兼职档案员分级负责，齐抓共管，专兼职相结合的工作机制。各个层级职责明晰，制度健全，分工具体，协调配合。在教育培训、岗位要求、专业任职、素质提升、工作考核、激励鞭策方面形成有机的管理调控体系。

(5)目标清晰。贯彻“依法治档，规范建档，加强收集，丰富馆藏”的指导思想，强化“以人为本，严细精准，存真求实，传承创新”的工作理念，坚持“四纳入”“四同步”的管理制度，坚持把部门档案工作纳入学校年度工作考核体系，以档案信息管理的现代化为突破口，开放、规范档案资源信息管理，为社会提供便捷的档案信息资源服务。

【设施设备与业务建设】 学校拥有700余平方米的档案库房、近800平方米的校史馆和170余平方米的档案办公用房。装备档案密集架、橱柜、防磁柜、除湿机、加湿器、消毒器、温湿度检测仪等库房基础设施774余组(件)；配备计算机、专用服务器、复印机、打印设备、摄像机、扫描仪、投影仪、数码相机、光盘刻录机和移动硬盘等设备117台(件)。

档案门类设立齐全，立卷部门归档工作实行动态管理和考核，不断健全完善档案管理制度，形成了档案年度工作自业务培训、部门辅导、环节把关，统一验收交接的考核自查制度。编制档案总目录、分类目录、专题目录、全引目录、全宗卷、档案馆指南、档案馆藏巡览等检索工具。建立健全并不断完善各项日常档案管理办法，规范档案管理的全过程。2006年经报淄博市物价局批准，把档案信息有偿社会服务纳入规范化管理轨道。

2003年和2007年分别购置使用档案管理信息系统，全面实行计算机辅助管理，运用档案信息管理系统，有效监管部门归档和案卷整理情况。开展山东理工大学全宗馆藏档案数字化整合录入，建立电子档案管理体系，实行纸质、电子档案材料双轨并行，档案信息资源数字化建设稳步开展，通过档案信息管理系统实现馆藏档案案卷级、文件级条目检索和部分全文检索。部分馆藏档案信息具备开放查询条件，积极规划和建设数字化档案馆。

【基本做法与体会】

(1)领导重视，认识到位。坚持不懈地把档案工作纳入学校年度工作内容，列入学校年度工作定期月报督办项目，定期召开分析调度会，梳理工作难点重点，分类研究措施，加强宣传引导和督促检查工作，并形成一整套的工作制度。

(2)严格标准，狠抓落实。以《高等学校档案管理办法》为依据，按照业务部门要求，每年度开展全校档案工作考核检查。对照《高等学校档案管理办法》，全面、系统地查问题、找差距，把档案管理的收集、整理、鉴定、保管、统计、检索、编研、利用等环节切实统一到制度规范上，并明晰责任范围，从立卷部门、归档流程和验收入库诸方面建立起一整套规章制度和动态监管责任体系，提高档案工作规范化建设水平。

(3)组织严密，达成共识。根据档案管理规范的特点，采取分门别类、逐项落实的方法，把档案管理内容划分为学校宏观指导、部门具体操作和业务技术管理三个层面。对学校宏观指导方面的问题，采用专题工作建议的方式予以协调解决；对于部门操作层面的不足，则采用专题协商、通报和督办等点对点的方式解决；对于业务技术管理方面的问题，将责任细化到具体类别和案卷，由专业人员负责严格按照规范进行整改。

(4)积极作为，重在建设。定期开展全校兼职档案员的业务培训，既对年度归档提出新要求，又对上一年度工作进行点评性总结。分管副校长到会讲话动员，聘请专家指导答疑和讲解具体工作标准结合起来，收到良好效果。与此同时，适时组织档案管理人员到省内外单位和兄弟高校有针对性的考察学习，充分利用校内媒体、学校门户网站和档案馆网络平台加强档案法规教育，宣传档案工作常识，推广档案管理规范，增强全员档案意识，有效促进学校档案管理意识的提升。

(5)健全制度，完善管理。根据工作需要及时制定和不断完善学校档案管理规范，从业务培训动员、实体分类办法、归档流程以及保管、统计、安全、鉴定、保密、查阅利用等业务环节坚持做到有章可循，有章必循，先后编制和修订《山东理工大学档案工作制度汇编》和《山东理工大学档案管理工作手册》，使其在实践中发挥指导性作用，并逐步成为相关人员的自觉行动。档案门类收集齐全完整，各业务环节规范有序，保证归档率、准确率均达到98%，档案完整率达到97%以上。

(6)编研引领，提升水平。档案检索工具完备，开发利用档案资源成果丰硕。先后编撰《山东理工大学史》《我们这十年》等一批史料；出版著作4部；先后发表学术论文152篇；16篇论文获得省、市社科优秀成果奖，获得省高校、省档案学会和学校优秀成果奖等11项。编撰校史、学校年鉴、大事记、档案管理手册、档案馆指南、馆藏巡览等工具性史料700余万字。

(7)努力推进档案信息化建设。有计划地推进档案信息化建设，在学校信息化建设发展规划的总体框架下，及时制定档案工作信息化建设实施方案。按照实施方案，先易后难，分步实施。选择并使用国内较为先进的档案管理软件，加速与学校校园网信息资源的互通共享。实现年度全校档案备份、综合统计分析和网上查询利用。在建设档案信息网站的基础上，在学校门户网站开设《档案建设》窗口，在更加宽泛的领域为社会各界服务。档案信息化建设和管理取得长足进步。

(8)重视利用，服务至上。据统计，10年来年平均接待档案查阅利用2200余人次，查阅案卷4500余卷；社会各界参观校史展览2800余人次。学校档案工作在教学、科研、管理和社会服务中发挥了不可替代的作用，为弘扬学校优秀传统文化做出了应有贡献。

（梁建俊）

山东万杰医学院

山东万杰医学院始建于1995年，现隶属于山东省政府直属的国有大型企业——山东省商业集团有限公司，是经教育部批准成立的民办全日制普通本科高校。资产重组后，转变为社会力量办学范畴中的“国企公有学校”。

学院占地830亩，建筑总面积43.9万平方米。拥有全日制本、专科在校生1.2万人，固定资产9.52亿元，教学、科研设备总值9150万元。建有基础、护理、口腔、药学、影像、临床6个实验中心和解剖、微免、生物、化学、物理等219个实验室。生物医学工程技术实验室是山东省教育厅批准建设的“十二五”高校重点实验室。学院拥有51个多媒体教室、5个语音室。建有19层的图书信息楼，藏书102.2万册，馆内拥有可供千人同时阅览的电子阅览室，中宣部赠建“百家期刊阅览室”，并装有清华同方CNKI系列数据库。

学院开设27个本、专科专业，教职工915人，其中教师801人。专任教师723人，占教师总数的90.26%；专任教师中具有副高级以上职称人员237人，占专任教师的32.78%；具有博士学位教师11人、硕士学位教师251人，两者合计262人，占专任教师的36.23%。学院拥有山东省教学名师2人。

【档案工作基本情况】 2005年3月，学院设立综合档案室，隶属于文宣部。专职档案管理人员1人，本科毕业，馆员；兼职档案员20人。档案库房面积80平方米，档案橱58个，配备计算机2台、扫描仪1台、复印机1台、除湿机1台、防磁柜1个、消毒灭菌机1台及相应的消防设备。截至2012年底，室藏档案279卷、6237件(册)，照片225张，实物档案112件，声像档案49张(盘)。年归档量为872件(册)，归档率、完整率为99%。

2009年，在全省档案管理考核中，学院综合档案室晋升为省一级档案室暨全省档案管理先进单位，1人获得2009年度全市档案工作先进个人荣誉称号；2012年，获得全区档案工作先进集体荣誉称号。2010年，在山东省教育厅和山东省档案局对全省高校贯彻落实教育部“27号令”情况档案工作检查中，山东万杰医学院被确定为全省高校档案工作合格单位。

【体制机制与制度建设】 2008年学院设置为本科高校，学院领导更加重视档案工作，多次召开专题会议研究部署档案工作。进一步完善档案管理机制，成立以院长为组长、分管领导为副组长、有关部门负责人为成员的档案管理工作领导小组，建立完整的档案工作网络。

学院不断建立健全各项规章制度，先后制定保密、保管、借阅、统计、销毁、重大活动、设备维护等档案管理与利用的制度规范，修订完善《山东万杰医学院档案管理办法》《山东万杰医学院档案实体分类法、归档范围及保管期限》(试行)等一系列规章制度，编印《档案管理制度汇编》。通过制度建设，明确了学院档案工作各类人员的岗位职责，进一步理顺了工作关系，规范了管理程序，使学院档案工作有法可依，有章可循，更加规范化和科学化。

【队伍建设】 加强档案队伍思想作风建设，建立健全竞争激励机制和监督制约机制，强化政治业务学习，增强大局意识、责任意识和使命意识；加强专兼职档案人员的业务培训，通过举办业务培训班，参加上级业务主管部门组织的各类培训，到档案工作先进单位参观学习等方式，取长补短，更新知识，增强档案人员的责任感，提高档案队伍整体素质和档案人员业务水平与工作能力。通过加强立卷归档指导和培训，将档案形成积累、立卷整理、归档移交等各环节工作落到实处。

在加强专兼职档案人员教育和管理、素质培养的基础上，综合档案室充分利用网络，加强档案法规与知识宣传工作。利用校园网开展《中华人民共和国档案法》《山东省档案条例》《高等学校档案管理办法》等法律法规的宣传教育活动，通过宣传栏张贴档案管理知识。通过宣传教育，扩大档案工作影响，增强广大师生的档案与法规意识，有效地促进了学院档案工作。

【档案资源建设与利用服务】 认真贯彻落实教育部、国家档案局颁布的《高等学校档案管理办法》(27号令)，加强各类具有保存和考证价值的文件材料、特色档案的收集整理，进一步丰富和优化各门类档案结构，实现档案工作从“有什么查什么”到“查什么有什么”的转变。

2011年以来，学院及社会各方面利用档案1500多人次，调阅案卷4000多卷次。学院编制多种检索工具，如全引目录、案卷目录、文件字号索引等，能够准确、快捷地查阅有关档案。先后为学院专升本、校园文明评估、学籍管理、证件年审、职称评定等各项工作提供佐证和支撑资料。

(靖春花)

淄博师范高等专科学校

淄博师范高等专科学校是经教育部批准，由淄博市人民政府主办，以培养、培训专科层次小学及幼儿教师为主的全日制普通高等学校。学校前身是创建于1951年的山东省周村师范学校，2004年7月由淄博师范学校升格为淄博师范高等专科学校。

【档案工作基本情况】学校于1996年成立综合档案室。2010年，学校实行“职岗分离”，成立档案科，科级机构，隶属于学校办公室。截至2012年底，室藏淄博十八中、淄博师范、淄博第二师范、淄博师范高等专科学校4个全宗，其中纸质档案6785卷、5728件，照片46卷、7050张，电子档案（光盘）20张，实物档案12种、1205件（部分存于校史馆）。机读案卷目录6785条、文件级目录5728条。配备专职档案管理人员2人，其中，馆员1人；研究生学历1人，本科学历1人。

1997年，在全省科技事业单位档案工作目标管理达标定级考评中，学校被批准为省二级单位；1998年晋升为省一级单位；1999年晋升为国家二级单位，并被省人事厅、省档案局表彰为山东省档案管理先进单位；2005年，晋升为山东省特级档案室等次；2010年，在山东省教育厅和山东省档案局对全省高校贯彻落实教育部“27号令”情况档案工作检查中，学校被确定为全省高校档案工作优秀单位；2012年，被淄博市档案局授予全市档案工作先进集体荣誉称号。

【体制机制建设】 2012年，调整成立新的档案工作领导小组，由校长任组长，分管校领导任副组长，加强档案工作的组织领导和综合协调，聘任29名兼职档案员，形成了“主要领导—分管领导—办公室主任—档案科长—专职档案人员—兼职档案员”层次清晰、脉络连贯、职责明确的档案管理网络。

【队伍与制度建设】 学校为档案人员订阅了《中国档案》《中国档案报》《山东档案》等业务报刊，提高专职档案人员的业务素质和工作能力。支持参加档案业务培训，鼓励到先进单位学习考察。兼职档案员既接受学校档案室的业务指导，又承担着本部门档案的收集整理、立卷归档工作。学校定期举办档案人员培训班，组织学习《中华人民共和国档案法》《山东省档案条例》《高等学校档案管理办法》等档案法律法规，学习档案工作先进模范事迹，邀请档案工作专家作专题讲座等。

学校将档案工作纳入“十二五”发展规划，档案所需经费纳入学校预算，档案工作纳入学校工作质量绩效考核体系，纳入各部门各单位工作计划和职责范围。建立完善档案规章制度，制定并实施了《淄博师范高等专科学校档案管理办法》《淄博师范高等专科学校系部档案建设办法》《淄博师范高等专科学校文件材料收集归档范围与保管期限表》《淄博师范高等专科学校电子文件归档办法》等，全校各部门明确了档案工作目标，档案整理基本实现部门立卷，分类标准规范；建立了《淄博师范高等专科学校档案借阅登记簿》《淄博师范高等专科学校档案查阅登记簿》《淄博师范高等专科学校档案利用登记簿》，完善档案借阅制度，初步建立分类齐全、结构合理、管理科学、服务有效的档案综合管理体系。各类档案归档率、完整率达到99%。按国家标准落实案卷质量，去除金属物，按“三孔一线”装订，整理格式规范、统一，进一步提升档案管理水平。

【档案资源建设】

(1)坚持门类齐全、结构合理的原则。从收集归档源头上抓起，明确归档范围，把能够反映立卷单位主要职能活动的档案接收进档案室；坚决杜绝出现文书档案多、科研档案少，纸质档案多、其他载体形式档案少等情况。学校按照教育部、国家档案局颁布的《高等学校档案管理办法》要求，将“学生类”档案从原来的分类中单设出来，制定《学生类档案收集管理办法》，明确归档范围和保管期限。积极开发家庭档案，在2008年的基础上，学校开展家庭档案建设动员，20余名教职工开始建立自己的家庭档案，丰富档案资源，优化了室藏结构。

(2)加强重大活动档案收集。根据《山东省重大活动档案管理办法》要求，学校制定了《淄博师范高等专科学校重大活动档案管理办法》，规定重大活动结束之日起30日内，将活动形成的录像、录音、照片和纸质档案整理齐全，由材料负责人直接移交学校档案室；学校将反映重大活动的档案视为档案资源建设中的“重点工程”，如学校成立60周年校庆时形成的文字、照片、视频、实物等不同形式、载体的原始记录均完整地保存于档案室。

【安全保管】 2006年，学校迁入新校址时，全方位规划档案管理安全问题，制定了安全管理责任制和保密要求，档案库房安装防盗器、防盗窗，确保档案安全。具体保管措施是：进出库房实行陪同制(即必须由档案人员陪同查档人员进入库房)，外单位人员参观库房，须经办公室领导及校领导同意；严格按照防火、防盗、防高温等“九防”要求，不定期检查库房内的电源及门窗，严禁将易燃、易爆及生活用品带入库房，加强安全用电和防火工作；对库房的温、湿度变化情况由专人每天上下午查看记录，及时调节炎热高温和寒冷低温天气下的温、湿度，通风防潮；加强计算机档案管理系统的安全，安装防病毒软件，定期进行病毒检测，对外来U盘原则上不予使用，定期备份档案数据，电子档案多机备份，多角度防范不安全因素，确保档案数据安全；结合学校自身实际，采取“六查六看”的办法，即查安全设施设备，看性能是否正常；查各项记录是否齐全，看制度执行是否到位；查文件材料归档情况，看是否符合规范化要求；查已归档案是否有破损，看盒内档案是否齐全；查计算机管理系统，看是否存在安全隐患；查档案保密情况，看是否有泄密问题。形成处处有责任、人人抓安全的局面，确保档案保管安全。

【档案信息化建设】 针对档案工作如何适应学校发展、提高信息化管理水平和档案利用效率等问题，学校依托数字化校园建设和发展实际，明确档案工作信息化的总体目标。2011年，学校购置“南大之星”档案网络管理系统及1台服务器、2台高速扫描仪等设备。通过系统授权，逐步将档案目录录入系统，实现目录的自动检索、统计等功能，实时检索所需档案。将电子文件上传到系统中，对电子文件的形成、积累、鉴定、归档及保管，实行全过程管理，保证档案管理的连续性。开展库存档案全文扫描，将纸质档案数字化，建立机读案卷级目录6785条、文件级目录5728条，全文扫描433卷件10892幅，扩大了数字信息资源总量。档案管理效率和质量进一步提高，档案检索速度和查全率、查准率得到提升。

【档案开发与利用服务】

(1)结合校园文化建设，营造档案文化氛围。学校重视档案工作在校园文明建设中的作用，把档案工作和校园文化建设有机结合起来，营造良好的育人环境。设立学校档案管理网站，通过编写校史、建设校史馆、举办各种展览等途径，展示学校的精神风貌和传统文化，学生通过参观和学习，激发爱校热情，培养积极向上的人生观，接受档案与法制教育，学会利用档案获取各种所需信息资料。

(2)服务学校发展大局，积极开展档案研究。学校室藏各门类档案具有60年历史，档案室已成为学校档案保管和信息利用中心。在充分发挥计算机检索的同时，编制案卷目录、专题目录、文号索引等检索工具，便于档案利用。学校开展多种形式的档案咨询服务和信息开发利用工作。在2004年申报设置高等专科学校、2006年德育与校园文明建设工作评估、2007年高职高专办学条件检查、全省高校教代会工作检查、2009年人才培养工作评估、2012年山东省高校设置评议委员会检查学校专升本等重要工作中，档案室均提供了大量原始档案材料及数据，为学校顺利通过各项评估提供了服务。在迎接上级各种评估和检查中，复制档案材料260盒、420卷件，计6万余张。每年为各部门提供档案服务、出具各类毕业生学籍登记表和其他档案证明材料等，接待档案利用600余人次，调卷800卷以上。积极开展档案资源开发利用和课题研究，学校先后申报2项利用成果，均获得山东省开发利用档案信息资源成果奖三等奖；2009年立项的校级课题《人才培养工作评估和学校档案管理工作研究》顺利结题。

(戚翠霞　王广霞)

淄博职业学院

淄博职业学院于2002年7月经山东省人民政府批准，由淄博商业学校、淄博市化工学校、淄博市公用事业技工学校（淄博市城市建设职业中等专业学校）、淄博市工贸职工中专（淄博市农机技工学校）四所学校组建而成。2009年7月，又与淄博卫生学校（淄博科技职业学院）、山东省轻工美术学校整合组建新的淄博职业学院。

【档案工作基本情况】 学院设立综合档案室，隶属于学院党委办公室、院长办公室，科级机构。专职档案管理人员4人，其中，主任1人；馆员1人，助理馆员1人；具有硕士学位人员1人；本科学历2人，专科学历1人。部门兼职档案员45人。室舍建筑面积近900平方米，其中库房面积达800平方米，设财会档案库房、原六校档案库房、综合档案库房、荣誉室；整档室、阅档室、办公室各一间。截至2012年底，室藏7个全宗，档案49000卷，电子档案32000件，涵盖党群、行政、教学、科研等11大类。

2004年，在全省档案管理考核中，学院综合档案室被确定为省一级档案室等次；2005年，晋升为山东省特级档案室等次，获得全省档案管理先进单位荣誉称号；2010年，在山东省教育厅和山东省档案局对全省高校贯彻落实教育部“27号令”情况档案工作检查中，学院被确定为全省高校档案工作优秀单位；2011～2012年，连续获得“淄博市档案工作先进集体”荣誉称号。

【体制机制建设】 建院以来，学院高度重视档案工作，成立档案工作委员会，院长任主任，分管院领导任副主任，各部门负责人为成员，秘书处设在党委办公室、院长办公室，主任兼任秘书长。学院各部门均有分管档案工作负责人，选配兼职档案员负责本部门档案的收集、整理、归档及移交工作，形成了完整的档案工作网络，保障了学院档案工作的正常运行。

【制度建设】 学院根据《中华人民共和国档案法》《高等学校档案实体分类法与高等学校档案工作规范》和《高等学校档案管理办法》等法律法规，结合工作实际，修订印发了《淄博职业学院档案管理条例》，以此为基础，进一步建立完善了《淄博职业学院档案保管制度》《淄博职业学院档案保密制度》《淄博职业学院档案借阅制度》《淄博职业学院档案工作人员守则》《淄博职业学院档案鉴定与销毁制度》《淄博职业学院档案库房管理制度》《淄博职业学院档案统计制度》《淄博职业学院档案工作人员岗位职责》《淄博职业学院档案工作人员职业道德规范》《淄博职业学院综合档案室工作职责》《淄博职业学院综合档案室主任工作职责》《淄博职业学院院务公开管理办法》《淄博职业学院文化类资产管理办法》《淄博职业学院荣誉奖项管理办法》《淄博职业学院重大活动档案管理办法》等十余项制度，建立归档、保管、借阅、库房、保密等方面的工作流程及规范，逐步形成规范完善的制度体系，促进了档案管理的科学化和精细化。

【队伍建设】 学院高度重视档案工作队伍建设，建立了一支专兼结合、德才兼备的档案管理队伍。每年组织专兼职档案人员到省内先进单位学习管理经验和方法；每年举办专兼职档案人员业务培训两次，并在部门立卷归档过程中，及时开展业务指导和督促检查；选派人员参加淄博市档案局组织的档案管理培训、学术研究和交流活动；定期组织档案人员学习档案法规和档案管理知识；组织档案人员参加计算机培训班，不断提高档案人员的业务水平和运用现代化手段的能力。

【业务与信息化建设】 进一步完善档案业务建设，建立科学规范完善的制度体系，明确规范各部门文件材料归档范围和保管期限，并定期监督、检查执行情况。进一步完善档案门类，将文化类资产、重大活动单独归档管理。

学院重视档案信息化建设工作。学院设立专项经费购置安装山东政通档案管理系统和专用服务器。利用两年的时间将学院全宗的纸质档案全部实现数字化，要求各部门新形成的文件材料做到纸质档案材料和电子档案材料同步归档，使学院的档案管理逐步实现信息化、规范化和现代化。

【档案利用服务】 自学院成立以来，每年接待借阅档案人数达400余人次，调阅档案1000余卷。在国家示范校创建、人才培养工作、体育课程、思想政治理论课及依法治校示范校评估检查等学院重大活动或重要工作中，提供档案查阅2万余卷次。2012年6月，学院投入20万元建成荣誉室，充分展示学院建院十年的发展成果，荣誉室成为学院文化宣传的一张名片和品牌，并为校史馆建设打下坚实基础。截至2012年底，荣誉室对内接待7500余名新生参观，对外接待15次、100余人参观，取得了良好的教育和宣传效果。

（朱　莹）

山东工业职业学院

山东工业职业学院是2003年5月经山东省人民政府批准，由原山东冶金职工大学和山东省工业学校合并组建的一所全日制普通高等职业学校，始建于1959年。学院地处山东省淄博市高新经济开发区桓台新区，隶属于山东钢铁集团有限公司。学院占地1230亩，建筑面积38万平方米，设有6个教学系部、35个专业，全日制在校生10062人。

建校50多年来，学院坚持党的教育方针，不断探索职业教育发展的新规律，秉承"为学生的学习和发展服务，为企业的生产和经营服务"的办学宗旨，走出了一条"教育培训与社会服务并举，学历教育与职业培训并重"的可持续发展之路，为山东冶金和社会培养了数以十万计的高技能人才。学院先后获得山东省德育工作优秀高校、中国冶金职业教育先进单位、中国校企合作先进单位、省级文明单位等荣誉称号，在全省高职高专人才培养工作水平评估中获得优秀等次。2012年，学院成功入选山东省名校工程首批立项建设单位。

【档案工作基本情况】 学院于1978年设立档案室。2010年1月，贯彻落实教育部、国家档案局颁布的《高等学校档案管理办法》(27号令)，成立综合档案室，科级机构，挂靠学院办公室。学院配备专职档案管理人员2人，其中主任1人(副研究馆员)，馆员1人。截至2012年底，室藏各类纸质档案13632卷、2132件，照片6619张，声像、电子档案836盘。2010年，在全省档案管理考核中，学院综合档案室晋升为省一级档案室等次，获得全省档案管理先进单位荣誉称号。2011年10月，学院综合档案室晋升为山东省特级档案室等次，再次获得全省档案管理先进单位荣誉称号。2011～2012年连续两年被山东钢铁集团授予档案管理先进单位荣誉称号，2010～2012年连续三年被山东钢铁集团授予年鉴工作先进单位荣誉称号。

【体制机制建设】 学院档案工作实行统一领导、统一管理、统一制度，档案工作由院长分管，在院长和学院办公室的领导下，综合档案室作为学院档案管理机构，接受省教育厅办公室、省档案局法规经科处、山东钢铁集团办公室等上级主管部门的指导、监督与检查，负责收集(征集)、整理、鉴定、统计、保管和提供利用学院的各类档案资料。

学院实行部门立卷归档制度，各部门均选配了政治素质高、组织管理能力强、能够适应档案管理现代化要求的专业技术人员作为兼职档案员，在综合档案室的指导下开展工作。学院23个归档部门，设有兼职档案员26人，建立起了"学院主要领导—学院分管领导—办公室主任—综合档案室主任—专职档案人员—兼职档案员"层次清晰、职责明确的档案工作网络。

【制度建设】 结合工作实际,制定了一系列档案管理制度。编印的《山东工业职业学院档案管理制度汇编》内容涵盖档案工作法律法规、学院档案工作制度、档案工作职责、档案工作流程等方面内容,基本形成了档案工作有法可依、部门归档有章可循、档案工作依法开展的局面。

【设施设备建设】 学院每年设立专项经费用于改善档案工作软、硬条件。综合档案室馆舍面积为300平方米,其中库房面积220平方米,设有独立的办公室和专门的阅档室。配置计算机、扫描仪、刻录机、打印机、复印机、碎纸机、照相机等设备。库房配备密集柜106立方米,档案橱22个和空调、红外线报警器、气体灭火装置、温湿度自动记录仪、加湿器、消毒灭菌装置、防磁柜等设备,库房柜架排列整齐有序,标识清楚,基本达到防火、防盗、防高温等"九防"要求。

【档案资源建设】 按照档案材料形成单位、课题组立卷的归档制度要求,充分发挥兼职档案员的作用。加强常规性文件材料归档的收集、整理工作,对照各类归档范围与保管期限表,督促检查,严格把关;注重阶段性重点工作或特殊材料的收集工作,例如及时将校庆、人才培养工作水平评估等工作形成的专题档案材料收集归档,推进了档案资源建设;加强声像档案与实物档案的收集工作,丰富了室藏档案资源;重视对各立卷部门的业务指导与检查,从源头上确保归档案卷分类准确、整理规范。学院室藏档案按历史沿革分为三个全宗,即山东省冶金工业学校全宗、山东省工业学校全宗和山东工业职业学院全宗,建立了15个门类归档范围。近年来,年归档量为1800余卷(件),归档率为99.6%。

【档案信息化建设】 把档案信息化建设纳入学院信息化建设总体规划。购置运行符合国家有关软件设计标准的档案网络管理系统,配置专用服务器等管理设备,实现了纸质文件与电子文件同步归档和档案资料的"收、管、存、用"一体化。开展室藏档案数字化加工,建立电子目录数据库。截至2012年底,档案管理系统存有机读文件目录45736条,挂接电子文件18231份。建立学院档案信息服务网站,开设档案新闻、工作通知、业务指导等栏目,开展档案政策法规宣传、业务指导及利用服务等工作。

【档案开发与服务利用】 积极开发利用档案信息资源,主动为学院的教学、科研、党政管理及社会各方面提供利用服务。编制全宗指南、案卷目录、全引目录、卷内文件目录等必要的检索工具,通过档案管理系统建立计算机查询系统,实现了档案全文检索,为准确、快捷地利用档案创造了便利条件。近年来,年均利用档案209人次,调卷432卷次。

围绕学院中心工作,开展档案信息资源开发利用。为《山东年鉴》《山东统计年鉴》《山东冶金年鉴》《山东省志——冶金工业志》《淄博年鉴》《淄博教育志》《淄博科技年鉴》等提供资料和数据;在迎接各类评估和考评检查等活动中,组织编写了《山东工业职业学院管理制度汇编》《山东工业职业学院德育工作文件制度汇编》《山东工业职业学院校园文明建设规章制度汇编》以及各类专项工作制度汇编;定期编写学院大事记;在校庆40周年和50周年时,编写《山东省工业学校志》《山东工业职业学院志》《学院画册》《校友通讯录》等。利用各类档案信息资料建立校史展室,以丰富的内容、详尽的资料、多样的形式,展示学院发展的历程,成为学院教职工和学生接受爱校教育的场所和对外接待宣传的窗口。

(张翠花)

山东省水利职工大学

山东省水利职工大学与山东水利技师学院同址办学，其档案室成立于1989年，隶属于学院办公室。截至2012年底，室藏各类档案5201卷、3015件，声像及电子档案267盘、照片2884张。库房面积131平方米。专职档案管理人员2人，其中，副研究馆员1人，馆员1人；本科学历2人。

2011年，在全省档案管理考核中，学校综合档案室晋升为山东省特级档案室等次。

【制度与队伍建设】 根据《中华人民共和国档案法》《高等学校档案管理办法》等法律法规，结合工作实际，修订完善原有制度，建立健全档案工作各项规章制度。2009年6月，重新修订《山东省水利职工大学档案实体分类法》《山东省水利职工大学各类文件材料归档范围和保管期限表》。修订后的《档案实体分类法》充分体现了学校档案形成的规律和特点，保证了档案的完整、准确和系统化。

围绕学校中心工作，抓基础、抓管理、抓服务，形成以档案室为中心、辐射各部门的档案综合管理体系。定期组织档案人员学习有关档案法律法规及档案业务知识。组织档案人员到兄弟院校和档案工作先进单位学习考察，开阔档案人员视野，提高档案人员素质。

【基础业务建设】 学校每年以文件的形式把档案工作的目标责任下达各部门，档案室对文件材料的形成、整理、分类、归档工作进行指导和检查，明确规定党群、行政、教学、学生、基建、设备、财务、声像等各类档案归档整理质量和移交时间，确保归档文件的完整性、准确性、系统性。

档案基础业务扎实、有效。针对科研档案归档难的问题，充分发挥职能部门的作用，学校明确规定只有将科研资料归档，职称评定才能予以认定，彻底解决了科研档案归档难的问题。

【安全保管与信息化建设】 库房配有温湿度自动记录仪、空调器等设备，采取防火、防盗、防高温、防潮湿、防光、防尘、防鼠、防虫、防污染等措施，确保档案安全。

2010年，学校购置安装高校数字档案管理系统，逐步建立档案目录数据库，基本实现电子归档和纸质同步归档。2010年以来，学校党政文件的电子版全部实现物理归档。

【档案开发与利用服务】 积极为教学评建服务。在2011年山东省成人高等教育教学管理工作专项检查等各项重要活动中，学校利用大量档案资料及数据，保证了评建工作的正常进行。

为在读生和毕业生提供学籍、毕业信息、成绩和奖惩材料证明。为学校领导及各部门提供大量党政、教学、基建、设备、科研、财会等方面的原始档案材料。

学校先后为《山东水利年鉴》《山东劳动保障年鉴》《淄博科技年鉴》《淄博新中国成立六十周年》《山东水利科技资料汇编（1980～2009）》《山东水利教育资料汇编（1980～2009）》等提供文稿和史料，为地方经济社会及水利事业发展做出了应有的贡献。

（郭　超）

山东丝绸纺织职业学院

山东丝绸纺织职业学院是国办全日制普通高等职业院校，前身是山东省丝绸工业学校，始建于1960年。1980年恢复重建后迁于现址，先后隶属于山东省纺织厅、山东省丝绸总公司，2000年划归淄博市政府管理。2006年3月，经省政府批准建立高等职业学院。

【档案工作基本情况】 学院复建之初就设立了档案室，2008年11月成立综合档案室，隶属学院党政办公室。截至2012年底，学院档案室保存复建以来党群、行政、学生、教学、科研、财会、基建、设备、外事、产品、声像、实物等12大类档案1479卷，照片1432张。综合档案室在岗人员2人，其中主任1人，业务人员1人。室舍建筑面积160平方米，设综合档案库房、实物档案室、阅档室等，实现了库房、阅档室、办公室三分开，库房设施设备齐全。2010年，在全省档案管理考核中，综合档案室晋升为省一级档案室等次。

【体制机制与制度建设】 通过学习《中华人民共和国档案法》《高等学校档案管理办法》(教育部27号令)，学院党委、行政领导深刻认识到档案工作反映学院管理水平，是学院发展的一项重要的基础工作。学院明确院长领导档案工作，将档案工作纳入学院年度工作计划，落实档案工作“四纳入”“四同步”。建立专门的档案管理机构，配备专职管理人员，各部门、系部设置兼职档案员23人，建立起完整、高效的档案工作网络。

根据有关法律法规，结合工作实际，学院先后制定档案管理办法、档案归档、查阅、保密以及档案人员岗位职责等规章制度九余项。修订《山东丝绸纺织职业学院档案管理办法》《山东丝绸纺织职业学院档案类目代号及归档范围、保管期限表》，完善归档、借阅等规章制度，保障档案资料归档齐全、完整、准确以及档案利用高效与安全，促进档案工作的制度化、规范化和科学化。

【队伍与设施设施建设】 学院注意把工作认真扎实、责任心强、文化层次高、业务水平强的人员选拔到档案员队伍中来。学院专兼职档案人员均具有本科或研究生学历。学院加强专兼职档案人员培养，积极支持他们参加国家和省档案局举办的业务学习培训，到兄弟院校和档案工作先进单位学习考察，提高他们的业务素质和工作能力。

2008年以来，学院在经费极其紧张的情况下，不断加大经费投入。先后投入28万余元，购置更新打印机、光盘刻录机、扫描仪、台式计算机、密集架、防磁柜、空调等设备。2010年，学院又设立专项经费将实物档案室改建为保存学院珍贵实物档案资料与突出展示效果为一体的学院展厅，接待师生及访问者6000余人。

【档案信息化建设】 学院把档案信息化建设纳入学院信息化建设总体规划。2010

年,学院购置安装高校数字档案管理系统,配置专用服务器,加强数字化档案室建设,基本实现档案网上查档阅档,为各部门和师生等方面提供利用方便。

【档案开发利用】 建院以来,学院坚持开展大事记、校史等编纂工作。学院组织专人开展建校以来校史编纂工作,为《淄博丝绸志》等提供文稿和史料,2011 年 12 月《淄博丝绸志》由中国文联出版社出版发行。

（公　昆）

枣庄市

枣庄学院

枣庄学院坐落在江北水乡、运河古城——山东省枣庄市，占地 1142 亩，校舍面积 33.8 万平方米，教职工 1105 人，全日制普通本专科在校生 13352 人。学校设有 18 个教学院(部)，41 个本科专业，34 个专科专业，省级特色专业 7 个，省级重点学科 4 个，初步形成了文学、理学、工学、管理学、教育学、历史学、法学、艺术学等学科协调发展的学科专业格局。学校建有 1 个省级工程技术研究院、1 个省级高校重点实验室、2 个省级实验教学示范中心、14 门省级精品课程，与聊城大学联合培养硕士研究生，是山东省首批研究生联合培养基地。

【档案工作基本情况】 1987 年 10 月，学校设立枣庄师专档案室。1990 年 10 月，改设为综合档案室。2004 年 9 月，成立枣庄学院综合档案室。2011 年 4 月，改设为档案馆，副处级建制。馆舍面积 400 平方米，配备专职档案管理人员 4 人，其中，副研究馆员 2 人，馆员 1 人，助理馆员 1 人；研究生学历 2 人，本科学历 1 人。

学校档案实行集中统一管理，按照党群、行政、教学(学生)、科研、产品、基建、设备、出版、外事、财会、声像、实物等 13 大类建立档案体系结构。截至 2012 年底，馆藏全宗 5 个，各类纸质档案 27091 卷(件)，照片 1752 张。馆藏档案最早形成年代为 1949 年。

2007 年，在全省档案管理考核中，学校综合档案室晋升为省一级档案室等次。2010 年，在山东省教育厅和山东省档案局组织的全省高校贯彻落实《高等学校档案管理办法》(教育部 27 令)情况档案工作检查中，枣庄学院被确定为全省高校档案工作优秀单位。

【体制机制建设】 学院历来重视档案工作，学校成立了由院长任主任，院长办公室主任、档案馆馆长任副主任，各部门主要负责人为委员的档案工作委员会，负责研究、决定学校档案工作的重大问题。档案馆作为委员会执行机构，负责相关工作任务的具体实施；各部门、各单位明确档案工作负责人，设置兼职档案员 48 人，负责档案的积累、整理和移交。体制机制建设保障了学校档案工作的有序开展。

【队伍建设】 学校一贯重视专兼职档案人员业务培训，每年安排档案人员参加国家、省、市档案局以及省教育厅组织的档案业务培训，召开专题会议组织专兼职档案人员业务学习。学院重视同兄弟院校的交流协作，近年来先后派出人员赴山东大学、济南大学、临沂大学、南京大学等院校考察学习，取人之长，补己之短，不断提升档案人员的业务素质。

【制度建设】 按照《中华人民共和国档案法》《高等学校档案管理办法》(教育部 27 号

令)规定,学校相继制定了《枣庄学院档案管理办法》《枣庄学院部门(单位)文件材料归档范围及保管期限表》《枣庄学院实物档案归档管理办法》《枣庄学院电子文件暂行管理办法》《枣庄学院档案实体分类办法》等一系列规章制度,并将其汇编成册,用于学校各部门各单位学习落实,促进档案工作的制度化、规范化。

【设施设备建设】 通过申请专项经费、职能部门设备调配等措施,先后配置档案密集架、实物档案橱、计算机、空调机、除湿机、温湿度自动记录仪、灭火器、防磁柜、数码照相机、复印机、扫描仪、光盘刻录机、彩色光盘打印机等设备,切实改善档案材料整理、加工、保管、利用等工作条件,提高档案现代化管理水平。

【档案利用服务】 档案馆作为学校档案保管和信息利用中心,发挥档案的信息传递、文化沉淀和爱校教育等功能,主动为学校领导决策服务,为学校中心工作服务,为学校师生和社会服务。近年来,档案馆在学校本科教学水平评估、德育评估、资产评估、党政管理查考、学校庆典、科技成果申报、财务工作查考、年鉴编纂、校史研究、管道改造等工作中发挥着重要作用。据统计,自 2000 年以来,为学校、师生及社会各方面提供档案利用 8000 多卷次,接待利用者 2000 多人次,咨询 1600 人次以上。

(张建勇)

枣庄职业学院

2008 年，学院成立综合档案室。2012 年 12 月，综合档案室（档案馆）迁至图书信息大楼（十四层）。馆藏建筑面积 670 余平方米，其中库房面积 300 余平方米。配备专职档案管理人员 4 人，其中，副研究馆员 1 人，馆员 2 人，助理馆员 1 人；本科学历 3 人，专科学历 1 人。按照党群、行政、教学、科研、基建、设备、产品、出版、外事、财会、学生 11 大类建立档案结构体系，截至 2012 年底，馆藏各类档案 5592 卷（盒）。

1997 年，在全省科技事业单位档案工作目标管理达标定级考评中，学校被批准为省二级单位。2010 年，在山东省教育厅和山东省档案局对全省高校贯彻落实教育部"27 号令"情况档案工作检查中，学院被确定为全省高校档案工作优秀单位；2012 年，被枣庄市档案局、枣庄市档案学会授予枣庄市档案信息宣传工作先进集体荣誉称号。先后 4 人次获得枣庄市档案工作先进个人荣誉称号。

【体制机制建设】 学院党委高度重视档案工作，成立档案工作领导小组，负责协调、组织、研究、解决学校档案工作中的重大问题。院长领导学院档案工作，党委副书记协助分管档案工作。推行部门立卷归档制度，档案馆负责学院档案工作的具体组织、业务指导和档案接收，各部门负责本部门在工作中形成文件材料的积累、整理和移交，形成档案馆及专职档案人员实施业务指导，各部门及兼职档案员立卷整理的档案工作机制。每年组织召开年度档案工作会议，总结上年学院档案工作及各部门立卷归档情况、部署当年档案工作，提出目标要求。把档案工作列入年终部门与个人考核的重要内容。

【制度建设】 根据《中华人民共和国档案法》《山东省档案条例》《高等学校档案管理办法》等法律法规，结合学院实际，制定完善了《枣庄职业学院档案馆工作职责》《枣庄职业学院档案保密制度》《枣庄职业学院档案借阅利用制度》《枣庄职业学院档案整理制度》《枣庄职业学院档案保管制度》《枣庄职业学院档案统计制度》《枣庄职业学院档案鉴定销毁制度》《枣庄职业学院档案库房管理制度》《枣庄职业学院档案接收移交制度》等各项管理制度，保证档案工作有章可循、有序开展。

【档案信息化建设】 2009 年，学院印发《枣庄职业学院档案信息化建设实施方案》，加快学院档案信息化建设步伐。2010 年 5 月，学院购置安装档案管理软件，在鉴定、分析馆藏档案内容和结构基础上，分期分批地开展数字化加工工作。截至 2012 年底，实现全部档案文件级目录数字化、部分档案材料和院发文件全文数字化，为加快学院档案信息化打下了坚实基础。

加强电子档案管理,从源头上加强档案信息化建设,要求各部门纸质档案和电子档案同步归档,提高电子档案归档率。

【档案利用服务】 档案馆作为学院档案保管和信息利用中心,在人才培养、学院发展建设等方面发挥着积极作用。

(1)为领导决策提供信息服务。学院创建初期,人员结构、设施设备、基础建设情况复杂,根据工作需要,档案人员查阅有关档案材料,为领导决策提供参考资料。如在学院制定《2009～2012 学院发展规划》和《2009～2012 年师资队伍建设发展规划》时,档案馆为学院领导提供了师资队伍建设、设施设备建设等相关档案资料及数据。

(2)为教育教学服务。学院创建后,根据专业设置、人才培养目标、市场需求等情况变化,学院讨论制定各新增、调整专业的教学计划、教学大纲,档案馆提供上级主管部门相关政策、法规以及学院历年来的相关教学档案资料。

(3)为重大活动服务。在学院重大活动中,如迎接教育部口腔医学专业评估、建国 60 周年辉煌图片展、建市 60 年资料展、校史编撰及校史馆建设等,档案馆提供翔实的文字、图片、音像等档案资料。

(4)为师生服务。档案馆主动为学院各部门、系部及师生提供档案咨询和利用服务。据统计,自 2008 年建院以来,提供档案利用 3000 余(卷)次。

(裴忠庆)

东营市

东营职业学院

东营职业学院档案馆成立于2009年6月，隶属学校办公室。截至2012年底，馆藏档案26696件(卷、张)，其中党群类1667件，行政类1922件，学生类1826件，教学类2268件，科研类1174件，基建类268卷，设备类47卷，产品类65件，出版类105件(卷)，外事类53件，财会类1874卷，声像档案1978张(盘)，电子档案13233件，实物档案216件。

2004年，在全省档案管理考核中，学校档案室被确定为省一级档案室等次。2010年，在山东省教育厅和山东省档案局对全省高校贯彻落实教育部"27号令"情况档案工作检查中，学校被确定为全省高校档案工作优秀单位。2011年，在全省档案管理考核中，学校档案馆晋升为山东省特级档案馆等次。

【体制机制与制度建设】 学校成立由主要负责人任组长的档案工作领导小组，落实分管领导和档案人员岗位责任制，配备专兼职档案员26人，健全档案工作网络。

根据《中华人民共和国档案法》《高等学校档案管理办法》(教育部27号令)等法律法规，制定了《东营职业学院档案管理办法》《东营职业学院档案分类方案》《东营职业学院档案工作归档制度》《东营职业学院档案鉴定整理办法》《东营职业学院课题组立卷归档制度》《东营职业学院档案馆管理制度》《东营职业学院档案保管制度》《东营职业学院档案统计制度》《东营职业学院档案安全管理制度》《东营职业学院档案保密制度》等一系列规章制度，使档案工作有章可循、有规可依。将档案工作纳入学校建设与发展规划以及各级领导职责范围，与教育教学工作同步布置、同步检查、同步验收、同步总结。

【设施设备建设】 学校建有与档案保管相适应的高标准档案库房和专门的阅档室，其中库房面积300平方米，档案橱柜容积120立方米。配有计算机、打印机、扫描仪、复印机、照相机、光盘刻录机、装订机、温湿度自动记录仪、加湿器、消毒灭菌机、防磁柜等设备。配备中央空调、视频监控、红外线报警器、烟感报警器、气体灭火装置，档案库房基本达到防火、防盗、防高温等"九防"要求。

【档案资源建设】 落实重要文件材料收集、征集制度，积极拓展档案资源收集渠道，丰富馆藏资源。2010年，在档案资源建设年活动中，全面收集(征集)重大活动和重要事件形成的文件、录音、录像、照片、牌匾、证杯等；对有保存价值的徽章印记、珍贵档案文献、电视片、报刊、工艺品、艺术品等开展有奖征集。先后收集纸质与电子文件材料2000余份；录音、录像档案52盒，照片300余张，牌匾证杯80余件；珍贵档案文献、工艺品200

余件。

按照《高等学校档案管理办法》（教育部 27 号令）要求，增设“学生类”门类，纳入归档范围，制定学生类档案收集整理归档办法。将上级有关学生综合管理的文件、学生成绩总册、在校生名册、学籍变更、奖惩、毕业生工作计划及总结、毕业生供需计划及合同、毕业生分配及调配名册、毕业生登记表、毕业生质量调查报告等材料列入归档范围收集归档。

【档案利用服务】 编制档案检索工具，主要包括全引目录、案卷目录、机读目录、电子档案目录、归档文件目录等。编写了组织沿革、大事记、全宗介绍、档案利用效果实例汇编等。编印了《东营职业学院规章制度汇编》《重要文件汇编》等。

2003～2012 年，学校档案馆提供档案利用 2016 卷（件），复制档案 13680 张，开展荣誉档案阅览服务 62 次，向学校各部门各单位发放档案目录信息 32 次，面向学校及社会接待查询服务 892 次，为单位和个人上门服务 389 次。

（卜丽华）

山东胜利职业学院

山东胜利职业学院综合档案室成立于1988年，配备专职档案管理人员3人，兼职档案员33人。截至2012年底，室藏党群、行政、教学、财会等各类档案6610卷，实物档案400余件，照片3697张，视频档案(光盘)180余张。

1990年，学院获得省级企业档案管理先进单位荣誉称号，多次获得胜利石油管理局档案工作先进单位荣誉称号。2010年，在山东省教育厅和山东省档案局对全省高校贯彻落实教育部"27号令"情况档案工作检查中，学校被确定为全省高校档案工作优秀单位。2011年，在全省档案管理考核中，学院档案室晋升为山东省特级档案室等次，获得全省档案管理先进单位荣誉称号。

【体制机制与队伍建设】 学院加强档案工作的组织领导。坚持把档案工作列入领导工作的议事日程和学院整体发展规划，并落实到各项计划及日常工作中。院长领导档案工作，健全与学院档案工作相适应的体制机制，修订完善档案管理制度，列入校规并严格执行。

加强专兼职档案人员业务素质培养。学院注重把工作认真扎实、责任心强、文化层次高、业务水平强的人员选拔到档案人员队伍中来。学院专兼职档案人员中具有本科以上学历的30人，占档案人员总数的85%。学院除为档案人员订阅《档案学通讯》等业务报刊，组织档案人员业务学习外，还积极支持他们参加省档案局、胜利石油管理局档案馆举办的各类业务学习培训班，到兄弟院校和档案工作先进单位考察学习。举办兼职档案员培训班，组织学习《中华人民共和国档案法》《高等学校档案管理办法》等法律法规，组织专兼职档案人员参加管理局青工拉力赛活动，鼓励档案人员撰写学术论文，提高其理论水平和业务水平。

【档案资源建设】 学院采取一系列措施，加快档案工作的科学化、规范化、制度化和现代化建设进程，加强档案室自身建设，提高业务管理水平。要求各部门负责人协助档案员严把材料起草关、文件收集关、鉴定验收关。各级领导重视，档案员认真负责，制度保障有力，学院每年各门类档案的立卷归档工作开展顺利。建立完备的档案移交手续，文件材料归档率、完整率、准确率达到98%以上。案卷质量严格按国家标准执行，案卷格式规范、统一。在完成日常档案归档任务的同时，收集整理获得全国优秀教师、山东省优秀教师、局级劳模、学院教授等先进英模获奖证书、发表论文、科研成果等资料211件，教师自编出版教材样本10本，专利证书7本，照片150张，从不同角度反映了学院教职工的师德和精神面貌。

【设施设备建设】 学院在经费紧张的情况下，设立专项经费加强档案室设施设备建设。2003年投入23万元改造学院综合档案室库房，库房面积达100平方米，实行档案库房、办公室、阅档室三分开。近年来又先后投入10余万元购置彩色激光打印机、高速扫描仪、刻录机、计算机、照相机、电视机等；配备了温湿度检测仪、灭火器、空调机、消毒机和除湿机等设备，使档案库房基本达到防火、防盗、防高温等“九防”要求。2011年上半年，大宗购置档案装具，将库存档案重新套盒，加强档案保护，达到库房整齐美观。改善档案保管条件，提高档案管理水平。

【档案信息化建设】 学院领导重视档案信息化建设工作，把档案信息化建设纳入学院信息化建设总体规划，与学院信息化建设同步发展。2007年，学院根据胜利石油管理局数字化档案馆建设要求，结合实际，启动学院数字化档案室建设。分期分批派专兼职档案人员参加胜利石油管理局档案馆举办的数字化档案建设培训班，学习数字化业务知识；学院先后购置了高速扫描仪、条码机、条码扫描枪等档案信息化所需设备；对建校以来的视频资料进行数字化加工，刻录光盘180余张；2010年学院又投入4万元购置高校档案管理系统，2011年上半年实现了与中石化档案系统的对接，两套管理系统录入案卷级目录12136条、文件级目录29786条，扫描文件、照片15500余张。系统挂接电子文件6629件，实现了档案网上查询，提高了档案利用水平，为学院工作和师生员工提供了便捷服务。

【档案开发与利用服务】 围绕学院中心工作，积极开展档案开发与利用服务。在1991年、1999年国家级重点中专学校评估，2004年成人教育评估，2006年高职人才培养水平评估等各项重要工作和活动中，学院档案室均提供了大量档案材料及数据。学院还组织编印了多种文件材料汇编，为学院通过评估并取得优异成绩发挥了重要作用。在日常工作中，热情为有关部门提供档案利用，档案人员调卷迅速、准确，查全率、查准率达98%以上。2010年，将学院获得局级以上400余件奖励证书、奖牌、奖杯、锦旗等拍照，制作实物档案网上展厅，拓展档案的宣传教育功能，使档案在为学院教学、科研和管理、校园文化建设服务中发挥了重要作用。

2010年，学院获得山东省开发利用档案信息资源成果奖二等奖1项。先后编撰《胜利石油学校志》《山东胜利职业学院规章制度汇编》《山东胜利职业学院1990～2011年学校公报》《山东胜利职业学院“九五”期间科研成果汇编》《山东胜利职业学院“十五”期间科研成果汇编》《山东胜利职业学院近年科研成果汇编》《山东胜利职业学院年鉴》，制作《发展中的山东胜利职业学院学院》宣传片和《山东胜利职业学院画册》等。学院档案室每年为《山东省志》《山东省高等教育年鉴》《胜利油田年鉴》等提供相关文稿及数据，积极开展档案信息资源的开发利用，充分发挥档案应有的作用。

（贾　维　鞠美珠）

山东大王职业学院

山东大王职业学院综合档案室的前身是成立于1985年的广饶县成人中等专业学校档案室。自2002年以来，学院办公室设专人负责档案工作。2010年，学院全面整改、完善和提升档案工作，在体制机制建设、落实部门立卷制度、实施合理有效的考核机制等方面逐渐形成特色。

综合档案室室舍面积245.4平方米，其中库房面积约105.9平方米，阅档室20.5平方米，展览室约49平方米，办公室30平方米，工作室约40平方米。截至2012年底，室藏党群、行政、教学、学生、科研、财会等各类档案3000余卷，实物档案207件，照片1459张。专职档案管理人员2人，兼职档案员25人。

【体制机制建设】 落实教育部"27号令"，建立健全档案工作机制。2010年，借山东省教育厅和山东省档案局对全省高校贯彻落实《高等学校档案管理办法》(27号令)情况档案工作检查之机，学院在深入学习、调研和讨论的基础上，成立档案工作领导小组，明确院长为第一责任人，加强档案工作的组织领导。建立起由27人组成的专兼职结合的档案工作队伍，形成了完善的档案工作网络，为档案工作开展打下了坚实基础。

【基础设施建设】 加强档案基础设施建设，改善档案管理条件。学院在办公用房紧张和经费困难的情况下，仍然在档案软硬件建设上给予支持，仅2010年就投入30余万元，更换了36组双面档案橱，配备空调机、防磁柜、加湿机、保密柜、除湿机、灭火器、温湿度检测仪等安全防护设备和电脑、扫描仪、复印打印一体机、相机、碎纸机、档案管理软件等办公设备。

【制度建设】 建立健全档案工作各项规章制度，建立和完善20多种档案管理台账，使档案从形成到销毁形成了一系列管理制度，归档有范围，立卷有标准，交接有手续，借阅有审批，归还有记录，保密有条例，鉴定销毁有依据，库房管理有措施，开发利用有目标，工作开展有章可循，有法可依。

学院严格实行部门立卷制度，在学院各项工作中形成的各门类档案由各部门兼职档案员按归档时间、分类、整理要求及时向档案室移交。制定《山东大王职业学院档案归档范围和保管期限表》及各类档案工作规范。通过举办业务培训班、调度会，加强立卷指导、检查与督促，针对各兼职档案员的实际工作能力确定培训的形式和重点内容，并注意基础理论与实践操作相结合。通过电话答询或网络办公群、档案室网页发布信息等方式，加强沟通交流，帮助部门确定立卷方案，并提出立卷的质量要求。学院每学期至少召开三次档案工作会，期初给各部门下达任务书，期中开展初步检查与总结，期末总结表彰。

学院尝试在档案工作中引入考核机制。把文件材料的形成、积累、整理、归档纳入职能部门以及兼职档案员的职责与岗位目标考核并严格落实考核结果，以有力推行部门立卷制度，提高归档质量和效率，增强各职能部门档案意识，调动各部门及全体档案人员干事创业、争先创优的积极性、主动性和创造性。学院修订立卷部门档案工作考核办法、科室考核方案等，并成立档案工作考核小组。

由各立卷归档部门单位自查。依据工作职责填写年度考核表，对本部门单位档案工作情况逐项检查打分，经部门单位分管领导签署意见后报送考核组。考核组依据标准对各部门单位的档案工作进行材料审查、实地检查、综合评分、拟定考核意见、初步确定各部门单位的考核等次。然后向各部门单位反馈考核意见，将考核结果报学院审批并进行公示。

正确使用考核结果。一是把考核结果作为改进工作的重要依据。引导部门及兼职档案员对照考核结果，深入查找原因，明确努力方向，不断提升工作水平。二是把考核结果与部门表彰奖励及个人分配挂钩，与评先树优相结合，发挥其激励先进、鞭策后进的作用。三是把考核结果作为调整使用、教育培训干部及兼职档案员的重要依据。根据考核反映出的问题，按照“缺什么补什么”的原则，加强理论培训和实践锻炼，使他们尽快提高综合素质。这样一来，各职能部门及兼职档案员都会自觉地把档案工作纳入自己的职责，自觉地从各自职能出发支持学院的档案工作。

【队伍建设】 学院重新组建档案工作网络，把工作认真扎实、责任心强、文化层次高、业务水平强的人员选拔到档案队伍中来。采取“请进来”与“走出去”等方式，邀请档案专家到校面对面解惑释疑，手把手传授技艺或到兄弟院校、档案工作先进单位考察学习，开阔视野。学院通过各种形式加强档案人员的思想教育，勉励他们热爱档案事业，钻研业务，主动成长，甘于清苦，乐于奉献。尤其是在迎接全省档案工作检查的整改工作中，全体档案人员加班加点，同心同德，无私奉献，有力地推进了学院档案工作的全面建设。

（刘建花）

烟台市

烟台大学

烟台大学成立于1984年7月，是山东省重点综合性大学。2007年，被中国人民解放军总政治部批准为普通高等教育培养军队干部依托培养单位。2011年，入选教育部卓越工程师教育培养计划。2012年，入选山东省名校工程首批立项建设单位，并获批重大新药新型释药系统服务国家特殊需求博士学位人才培养项目。

【档案工作基本情况】 烟台大学综合档案室设立于1990年，科级机构，隶属学校办公室。截至2012年底，配备专职档案管理人员5人，其中高级职称人员1人，中级职称人员3人。档案设置党群、行政、教学、财会、基建、科研、设备、外事、出版、产品、声像、实物等12大类，3个全宗，室藏档案20803卷、1500余件，实物档案134件，照片3129张，录音、录像、电子照片(光盘)264张，资料454卷(册)。室舍建筑面积330平方米，其中库房面积200平方米，阅档室40平方米，办公室90平方米。配备密集架、空调、除湿机、臭氧消毒机、温湿度自动记录仪、扫描仪、数码照相机、彩色打印机、复印机、计算机等设备。

2000年，在全省科技事业单位档案工作目标管理达标定级考评中，学校被批准为省一级单位；2004年，在全省档案管理考核中，学校综合档案室被确定为省二级档案室等次；2010年，在山东省教育厅和山东省档案局对全省高校贯彻落实教育部“27号令”情况档案工作检查中，学校被确定为全省高校档案工作优秀单位。

【体制机制建设】

(1)成立档案管理委员会。学校专门成立校长任主任，分管校领导和办公室主任任副主任，有关部门负责人为委员的档案管理委员会，及时组织协调、研究解决档案工作中的重大问题，加强学校档案工作的组织领导。

(2)设立档案机构。综合档案室是集中统一管理学校档案并提供利用的专门机构，负责接收(征集)、整理、鉴定、统计、保管学校的各类档案及有关资料。

(3)设置部门兼职档案员。学校各部门各单位作为立卷部门，必须明确分管档案工作的负责人，设置兼职档案员，将归档责任落实到人。

学校建立了由5名专职档案人员和53名兼职档案员组成的档案工作队伍，从学校到各部门各单位形成了档案工作网络。

【队伍建设】 订阅《档案学通讯》《中国档案》《中国档案报》等专业报刊，定期组织专职档案人员业务学习，支持他们参加上级主管部门举办的业务学习培训班，使专职档案人员的业务素质得到明显提高。

将《烟台大学档案管理办法》《烟台大学档案工作规范》编印成册，供兼职档案员学习、参考；定期举办兼职档案员培训班，学习相关档案法规，详细解读立卷归档流程和方法技巧，邀请烟台市档案局档案工作专家作专题讲座等。

【制度建设】

(1)建立健全档案工作规章制度。1999 年，根据有关档案法规和学校实际，制定了《烟台大学档案管理办法》《烟台大学档案实体分类法》《烟台大学档案工作规范》等档案归档、保管、统计、利用、安全保密、鉴定与销毁、库房管理等一系列规章制度。2010 年，根据《高等学校档案管理办法》(教育部 27 号令)，重新修订、印发学校的各项档案管理制度，使学校档案从立卷归档到开发利用，直到鉴定、销毁均有法可依、有章可循。

(2)落实部门立卷制度。注重档案的完整、准确、系统。严把文件收集关、整理立卷关、检查归档关，确保了归档案卷的质量。

【库房建设与安全管理】 学校投入 30 多万元安装 39 组密集架，配备空调、除湿机、臭氧消毒机、防磁柜、温湿度自动记录仪、自动监控报警装置等仪器设备，进一步改善了档案的保存环境。坚持每月检查库房防火、防潮湿、防尘等措施和案卷安全，特别是放假前和开学后进行重点检查，发现问题及时解决。

认真落实安全保密制度，确保档案利用安全。档案利用必须履行登记手续，未开放档案(含密级档案)的利用，履行审批手续，确保不失密、不泄密。

【档案信息化建设】 将档案信息化建设纳入学校数字化校园建设总体规划，与学校数字化校园建设统筹考虑。制定烟台大学档案信息化建设实施方案，明确了学校档案信息化建设的总体目标和主要任务。加强档案信息化软硬件建设。学校设立近 6 万元专项经费经费购置网络版档案管理软件，更新微机、扫描仪等设备，保证档案信息化的顺利开展。建立烟台大学综合档案室网站，为实现档案信息网上服务奠定了基础。

【档案开发与利用服务】 近年来，学校积极开展档案宣传工作，广大师生的档案意识不断增强，档案的利用率也越来越高，综合档案室已成为学校档案的保管基地和利用中心。档案在学校教学、科研、管理等各项工作中的作用日益显现，在各项评估、硕士授权单位申请、校庆等重要工作和重大活动中，室藏档案发挥了重要的支撑作用。据不完全统计，近三年为校内外提供档案利用 1500 余人次，调用各类档案 2500 余卷。积极开展《烟台大学年鉴》编纂工作，截至 2012 年底，自建校至 2011 年的年鉴已编辑出版。在省政府办公厅举办的山东省优秀年鉴评奖活动中，《烟台大学年鉴》获得一、二等奖多项。

(赵海峰　袁兆军)

鲁东大学

鲁东大学最早的档案机构是始建于1986年的文书档案室。1987年，调整为综合档案室。2010年，学校撤销综合档案室，成立档案馆，副处级建制，挂靠学校办公室。2005年，鲁东大学综合档案室晋升为省一级档案室等次，2008年被确定为山东省特级档案室等次暨全省档案管理先进单位。2010年，在山东省教育厅和山东省档案局对全省高校贯彻落实教育部“27号令”情况档案工作检查中，学校被确定为全省高校档案工作优秀单位。

2013年，学校将原档案馆、校史办公室职责整合，增设学术会务中心，同时成立胶东清代书画馆，挂靠档案馆，重组新档案馆，处级建制。新建档案馆既是学校负责档案收集、整理、保存、利用的职能管理部门，又是开展科学研究、校史与艺术展览、学术与文化交流的文化艺术中心。

鲁东大学档案馆下设办公室、档案部、校史办公室、书画馆4个部室，专职档案管理人员8人，其中，馆长1人，副馆长1人；具有副高级职称人员2人；具有硕士学位人员2人。

【体制机制与制度建设】 学校高度重视档案工作，建立了在学校党委行政统一领导下、相关部门齐抓共管的档案工作机制。成立档案工作委员会，各相关部门及各学院也成立了由行政负责人为组长的档案工作领导小组，并明确了档案工作负责人和兼职档案员。

1998年，教育部、国家档案局颁布《高等学校档案管理办法》(27号令)后，学校档案工作委员会在组织学习的基础上，专题研究档案工作，重点查找档案工作中存在的薄弱环节，逐步建立健全档案管理制度，先后制定了《鲁东大学档案管理办法》《鲁东大学档案信息化建设实施方案》《鲁东大学档案工作岗位责任制》《鲁东大学档案保管制度》等一系列规章制度，并编印了《鲁东大学档案工作规范与制度汇编》，使学校档案工作有章可循，进一步促进了学校档案管理的规范化和制度化。学校从经费投入、人员配备、设备购置等方面给予支持，确保档案工作的顺利开展和档案安全保管。

【档案资源建设】 学校档案馆馆舍面积1037.5平方米，其中档案库房382.5平方米，办公室、阅览室和装订室各114.75平方米，展览室398.5平方米，资料室56.25平方米。截至2012年底，馆藏档案40745卷(件)，其中党群档案723卷、610件，行政档案603卷、1174件，财会档案15121卷、120件，教学档案2419卷、487件，学籍档案3295卷，科研档案1790卷、69件，设备档案217卷、7件，外事档案159卷、48件，出版档案362卷、12件，基建档案650卷、75件，产品档案16卷，声像档案8428张，电子文件(光盘)107

张，实物档案388件，人物档案76卷，人事档案2477卷；原交通学校档案3295卷；东校区基建档案100卷，资料2483份，重大活动资料363份。人物档案成为学校特色档案。

【设施设备建设】 档案馆配有多台微机、激光打印机、数码复印机、扫描仪、碎纸机、除湿机、温湿度检测仪等设备，档案密集柜60个，库房管理符合防火、防盗、防高温、防潮湿等要求，不断改善办公与服务条件，档案管理与服务水平显著提升。2013年，根据《档案馆建筑设计规范》要求，鲁东大学斥资3700万元筹建新档案馆楼，在建档案馆总建筑面积为14752.84平方米，其中档案库房将超过2000平方米。一个布局合理、设备先进、管理科学、服务完善的鲁东大学新档案馆即将呈现在人们面前。

【档案信息化建设】 根据档案信息化要求，学校加强人力、物力和财力投入，初步完成不同类型载体档案的数字化处理和转换。加强电子文件积累、鉴定、著录、归档等工作，保证形成的具有保存价值的电子文件真实、完整、有效。研究电子档案接收、保管、利用的新技术，制定了《鲁东大学档案信息化建设实施方案》，努力建设功能齐全、信息集中、保存安全、方便利用的数字化档案馆，充分发挥档案信息应有的价值和作用，为学校各项事业的发展创造档案信息平台。截至2012年底，录入案卷级目录15122条、文件级目录181464条，建立全文数据库文件23663个，实现部分文件、资料网上查阅，降低对纸质档案的磨损程度，延长纸质档案寿命。

【档案利用服务】 档案馆紧紧围绕学校中心工作，创新管理模式，科学分类，规范整理，及时录入档案目录，不断提高档案的归档率、完整率和准确率。编制案卷目录、全引目录、专题目录、人名索引、专题卡片、库存档案存放位置索引等多种检索工具。制定完善移交清单、销毁清册、借阅登记、利用效果登记等管理程序。主动加强对各部门各单位立卷归档工作的指导，通过各种控制措施保证档案的齐全、完整、准确和系统。

馆藏的各类档案在学校党政管理、教学、科研等各项工作中发挥了重要作用。尤其在2006年鲁东大学更名、2007年迎接教育部本科教学水平评估和2010年学校80周年校庆等重要工作中，档案馆提供应有的历史档案利用服务。档案馆是鲁东大学出具各类毕业生学籍、学位证明和其他档案材料证明的唯一机构，承担着为学校、社会和个人利用档案提供咨询、查阅等任务。据统计，学校平均年利用档案1000余人次，调卷1500余卷。多年来，档案馆以优良的服务，赢得学校和利用者的广泛赞誉。

（石秀春）

山东工商学院

山东工商学院综合档案室成立于1990年，科级机构，隶属于党委、院长办公室。截至2012年底，室藏档案13074卷（盒），其中党群档案272卷，行政档案393卷，教学档案1512卷，科研档案251卷，基建档案1003卷，设备档案48卷，外事类67卷，出版类125卷，财会类9425卷；光盘69张。专职档案管理人员3人，其中，副研究馆员2人，馆员1人；研究生学历1人，本科学历1人。

2008年，在全省档案管理考核中，学校综合档案室被确定为省二级档案室等次；2010年，在山东省教育厅和山东省档案局对全省高校贯彻落实教育部"27号令"情况档案工作检查中，学校被确定为全省高校档案工作合格单位。

【体制机制建设】 学校历来重视档案工作。学院成立了由主要负责人任组长、各职能部门负责人为成员的档案工作领导小组，加强档案工作的组织领导。随着学校事业的改革发展，及时调整档案工作领导小组成员，如2003年学校更名、干部人事变动等，确保了档案工作的组织领导和有序开展。2010年，学校印发了《关于进一步加强档案建设和管理工作的意见》，进一步规范各部门档案工作职责，明确各部门档案工作任务，加强部门档案工作，初步形成了较为完善的部门档案管理机制。

【制度建设】 根据《中华人民共和国档案法》《高等学校档案管理办法》等规定，结合实际，学校编印了《中国煤炭经济学院档案工作规范手册》，包括《中国煤炭经济学院档案管理办法》《中国煤炭经济学院档案实体分类法》和《中国煤炭经济学院党群、行政类档案工作规范》等档案工作制度规范。2003年，全面修订以上规章制度，补充印发了《山东工商学院档案工作岗位职责》《山东工商学院档案借阅制度》等制度，从档案的收集归档、整理、保管、统计、鉴定、借阅、利用到安全、保密等各个环节均建立健全了规章制度及措施，规范档案工作行为，实现了档案实体分类及业务建设各环节的标准化、规范化，使档案工作有法可依、有章可循。

【基础业务与信息化建设】

（1）严把收集归档关。推行部门立卷制度，每年按时下发归档通知，根据各部门归档范围，定时接收各部门移交上一年度档案，做到认真鉴定、验收归档文件，严格履行归档移交手续。

（2）严把整理保管关。严格按照档案管理要求，及时将各门类档案材料进行分类、整理，做到组卷合理，排列有序，编目规范，包括计算机著录及检查工作，编制案卷目录、归档文件目录等各类档案检索工具。统一档案装具,科学排列。坚持每年一次的库房档案基本情况普查,做到目录索引与档案实物相符,以方便查阅。加强档案的保管和保护工作,坚持档案的日常管理,定期检查库房,坚持测定库房温湿度,采取降温、除湿等措施,保障档案的安全。

(3)重视档案信息化建设。充分利用现代电子技术的优越性,推动档案管理的信息化、数字化。从 2000 年开始,学院利用单机版档案管理软件开展档案信息化管理。2012 年,在充分考察论证的基础上,更新升级档案管理信息系统,新购置档案专用自动扫描仪等设备。截至 2012 年底,除财会档案外,其他类别档案案卷级、文件级目录的计算机著录工作全部完成,投入大量时间、精力组织检查、核对,实现了档案检索工具的数字化,提高了档案利用检索和统计等工作效率。

随着网络技术的发展和计算机的普遍运用,形成了大量的电子文件。为顺应形势的发展,学院从 2004 年开始着手电子文件的收集工作,注重纸质文件和电子文件同步归档保存,为今后档案数字化工作奠定了基础。

【档案开发与利用服务】 编制相关检索工具,主要包括案卷目录、全引目录、技术职务任职资格目录、组织沿革专题目录、文号索引等,开展档案查阅利用。利用室藏档案材料,编纂学院年鉴、组织沿革、大事记、全宗介绍等资料,为学校教学、科研和各项管理等提供服务。

(陈　霞)

烟台职业学院

烟台职业学院2001年7月建院，是经山东省人民政府批准、烟台市人民政府主办的全日制普通职业院校，由原烟台职工大学、烟台教育学院、烟台广播电视大学、山东省烟台财政学校、山东省轻工业经济管理学校、山东省对外经济学校、烟台工业学校七所院校合并组建而成，是教育部国家技能型紧缺人才培养项目试点院校，2010年首批国家示范性骨干高职院校立项建设单位。烟台职业学院占地面积1500余亩，校舍建筑面积36万平方米，固定资产8.5亿元，教学仪器设备9000余万元，馆藏图书134万册。拥有国家级试点专业1个，中央财政支持的实训基地1个，国家精品课程2门，省级精品课程33门，省级示范特色专业6个；中央财政支持的实训基地1个，省财政支持的实训基地5个；学院设有15个系部，全日制在校生16000余人。学院建校以来，实施特色立校、创新兴校和人才强校三大战略，以过硬的办学实力、鲜明的办学特色和优质的办学品牌树立了良好的社会形象和办学声誉。

【档案工作基本情况】 建院伊始，学院设立档案科，隶属学校办公室。教育部、国家档案局颁布《高等学校档案管理办法》(27号令)后，山东省教育厅、山东省档案局联合下发了《关于认真贯彻落实〈高等学校档案管理办法〉的意见》。按照“27号令”精神，学院建立了综合档案室，科级机构，仍隶属办公室。截至2012年底，室存纸质档案37386卷(盒)，照片档案37册，电子照片10085张，音像档案12盘，电子档案33盘，获奖证书145本、名人题词(书法)60件。配备专职档案管理人员3人，其中，副研究馆员2人，馆员1人；本科学历2人，中专学历1人。学院各部门兼职档案员28人，负责本部门文件材料的形成、积累和整理归档工作。

学院专门成立了由分管院领导任主任委员的学院档案工作领导小组，实行院长领导档案工作，分管院领导协助院长负责学院档案工作的体制。

【基础业务与条件建设】 学院按照教育部“27号令”要求，制定了新的档案实体分类方案，并且在十一大类的基础上进一步完善了档案门类。不断扩展文件材料的归档范围，更加重视档案的历史延续性，不断补充、完善和丰富档案资源。

档案工作坚持集中统一管理，先后将财务、学籍等档案由有关部门分散管理，实行集中统一管理。按照十一大类和新的档案实体分类方案，重新调整了室存档案分类及编目。2004年学院制定了档案管理办法，2009年进行修订完善，进一步规范学校档案归档、鉴定、整理以及保管、查阅、利用等工作。2004年9月制定学院档案工作岗位职责，明确了各部门负责人档案工作职责和专职档案人员、兼职档案员岗位职责。

近几年来，学院建立健全档案工作的一系列规章制度，并采取多种措施，建立起档案管理网络，保证学院各类档案齐全、完整、准确、系统归档。认真落实部门、课题组立卷的归档制度，并纳入教学、科研和管理人员的职责范围。实行部门预立卷制度，按照学院档案管理办法规定的各类档案归档时间，档案室及时指导、督促各部门预立卷，使各类档案在每年的6月底前基本完成移交工作。

学院档案装具、案卷质量严格按国家标准执行。学院档案从目录到封皮全部采用激光打印机打印，案卷格式规范、统一，案卷的合格率近100%。改善档案保管条件，建立独立档案库房和专门阅档室，实行库房、阅档室、办公室三分开，库房面积达150平方米。库房采取防火、防盗、防高温、防潮湿、防光、防尘、防鼠、防虫、防污染措施。学院加强经费投入，在经费紧张的情况下，设立专项经费近6万元购置了密集架、档案箱，配备了安全监控、复印机、扫描仪等设施设备。

【档案开发与利用服务】 自2001年以来，围绕学院中心工作和重点任务，年均利用档案580余人次，调卷860余卷。随着学院建设发展，档案查(借)阅量呈上升趋势，档案利用效果也不断提高。在2012年学院建校66周年及合校10周年校庆期间，档案室为学校编写烟台职业学院建校66周年学校大事记、拍摄校庆专题片等，编撰提供文字资料5万余字、照片百余张，查阅档案1200卷，提供获奖证书117件。学院举办了建校66周年及合校10周年校史展览，展现学院的发展历程。档案在学院建校66周年及合校10周年回顾与见证中发挥了重要的作用。

学院将进一步加强档案工作领导和目标管理，完善档案工作目标责任制，加强档案收集、整理、分类、归档、销毁等各环节的指导和督促，加强电子文件收集与管理，建立档案目录数据库，逐步实现档案目录检索现代化和档案的数字化，推动学院档案工作再上新台阶。

（时振芳　王晓林）

烟台工程职业技术学院

烟台工程职业技术学院前身始建于1957年，2006年成为全日制普通高等职业院校。学院综合档案室成立于2010年4月，科级机构，隶属于学院办公室。配备专职档案管理人员2人，均为副研究馆员，本科学历。截至2012年底，馆藏纸质档案2953卷、8921件，其中党群类815件、行政类1067件、教学类2437件、科研类55件、基建类208件、设备类254件、出版类33件、外事类17件、财会类1554件、专题档案1198件、文书档案696卷1283件；电子照片1332张、光盘54盘；实物档案255件。

2010年，在山东省教育厅和山东省档案局对全省高校贯彻落实教育部“27号令”情况档案工作检查中，学院被确定为全省高校档案工作优秀单位。同年，在全省档案管理考核中，学院综合档案室被确定为省一级档案室等次。2011年，学院综合档案室被确定为山东省特级档案室等次，获得全省档案管理先进单位荣誉称号。

【体制机制建设】 学院将档案工作作为推动事业发展的重要支撑，党政领导在致力于学院中心工作的同时，重视档案工作的同步建设，并且给予有力支持，保证了学院档案事业的迅速发展。

建立档案工作新体制。学院按照《高等学校档案管理办法》要求，健全档案管理体制和组织机构，成立了由院长任组长、分管副院长任副组长、各部门负责人为成员的档案工作领导小组；设立学院综合档案室，由学院办公室直接管理，负责全院档案工作的业务指导和制度落实；在学院年度重点工作、岗位目标责任制考核中，均将档案工作列入其中。

加强学院档案工作的规划和指导。学院编制档案事业近、远期发展规划，明确档案工作的目标和任务。切实加强档案业务基础建设，对所有档案有计划、有步骤地进行重新整理和规范，各部门选配高素质兼职档案员，负责部门档案形成、积累、整理和归档。学院综合档案室定期对各部门的档案工作进行业务指导和检查。

【制度建设】 学院按照教育部、国家档案局颁布的《高等学校档案管理办法》(27号令)和《山东省档案条例》等法规，结合学院实际，制定《烟台工程职业技术学院档案管理办法》《烟台工程职业技术学院档案实体分类实施办法》《电子文件归档管理办法》《档案文件材料归档流程》《烟台工程职业技术学院档案网上归档工作规范》《烟台工程职业技术学院2012～2015年档案事业发展规划》等档案工作制度。制度涵盖学院档案的管理、收集整理、鉴定销毁、统计、借阅、利用、保密、档案库房管理等方面，使档案从形成到销毁有章可循，有法可依。严格执行档案入库验收和借阅制度，定期进行库房安全检查，完善档案查询手续，确保了档案完整和安全。

【队伍建设】 学院选拔业务素质高和工作能力强的专职人员，从事档案工作，各部门按照规定标准选配兼职档案员，建立一支由 32 人组成的专兼职结合的档案工作队伍。学院定期组织开展档案人员业务学习和科研活动，通过外出参观、参加专业培训等途径提高其业务素质。学院自综合档案室成立以来，所有档案人员均外派参加培训学习 2 次以上，多名档案人员在省级以上刊物上发表档案专业论文。

【基础设施建设】 学院将档案工作所需经费纳入学院年度预算，根据实际需要增加经费投入。2009～2012 年，学院先后投入 30 万元用于档案库房和档案信息化建设。按照档案保管要求配备了空调机、除湿机、温湿度检测仪、灭火器等设备，并采取防火、防盗、防高温、防潮湿、防光、防尘、防鼠、防虫、防污染措施。购置档案管理软件、计算机、摄像机、照相机、扫描仪等设备，实现档案库房、阅档室、办公室三分开（档案库房 150 平方米，阅档室 25 平方米，办公室 25 平方米），为档案安全保管和便利利用提供了条件。

【档案信息化建设】 学院注重档案信息化建设，建有“两系统一网站”，即办公自动化系统、档案管理系统和档案服务网站。学院经过考察论证，购置由上海泛微公司开发的 E-office 协同办公系统，批准专项经费 2.5 万元购置“南大之星”档案网络管理系统。按照《烟台工程职业技术学院电子文件归档管理暂行办法》《烟台工程职业技术学院档案网上归档工作规范》，依托这两个系统平台，学院实现电子公文和电子文件的网上收集、保存、发布，整合各类档案资源，加强电子文件积累、著录、归档和保存工作。学院各归档单位在向综合档案室移交纸质档案时，同步移交电子文件。学院建设开通了档案服务网站，提供档案信息服务。通过“两系统一网站”建设，逐步形成了档案信息数据库，可随时提供较为全面的档案信息服务。

【档案开发与利用服务】 学院注重利用档案资源服务教育教学。在学院举办的多项重大活动中，诸如建校 50 周年校庆、人才培养工作评估、高校德育工作暨文明校园建设评估等，综合档案室承担了大量档案资料的查询利用工作。

编制全引目录，利用档案管理系统和学院网上办公系统，基本实现文档的一体化管理，运用计算机进行检索、调档，迅速准确，服务便捷。

每年承担《烟台工程职业技术学院大事记》和《山东教育年鉴》《烟台年鉴》（烟台工程职业技术学院部分）编撰任务，参编学院 50 年校庆《校史》《校庆纪念册》，汇编《高等学校档案管理常用文件选编》《学院档案工作规范手册》《学院德育工作文件制度选编》《学院文明校园建设文件制度选编》等资料。

学院充分发挥档案信息资源优势和档案的宣传教育功能，利用各类档案资料举办校史展览和开展新生入学教育，以丰富的内容，增进了师生对学院发展历程的了解，激发了师生对学院精神的认同感和自豪感，增强了凝聚力和向心力。

（孙江丽）

山东商务职业学院

山东商务职业学院于2006年2月建院，其前身是1975年创办的国家级重点中专山东省烟台粮食学院。

【档案工作基本情况】 山东商务职业学院综合档案室成立于2008年10月，隶属党政办公室，配备专职档案管理人员2人，各部门设置兼职档案员20人。室藏档案最早形成年代为1975年，保存建院以来党群、行政、学生、教学、科研、基建、设备、产品、出版、外事、财会、实物12大类档案。截至2012年底，室藏档案6227卷(盒)、7656件，照片档案23册(计1362张)，光盘60张，实物档案241件。

【体制机制建设】 2008年，学院成立了由党委书记任组长、分管院领导任副组长、有关部门负责人为成员的学院档案工作领导小组。学院把档案工作纳入学院的工作计划，纳入领导的议事日程，把各种文件材料的归档工作纳入学院各系部、处室的岗位责任制，形成了学院党委统一领导、部门各司其职、各系部具体落实、分工合作、齐抓共管的档案工作机制。

【制度与队伍建设】 综合档案室坚持依法制档、科学建档、规范管档、丰富馆藏的指导思想和“四纳入”“四同步”管理要求，以《中华人民共和国档案法》和《高等学校档案管理办法》《归档文件整理规则》等为依据，结合学院实际，先后制定、修订并印发了《山东商务职业学院系部档案管理办法》《山东商务职业学院档案现代化制度》等一系列规章制度，进一步明确了各部门、院系分管档案工作负责人和专兼职档案人员的岗位职责，理顺了关系，规范了管理，基本形成学院档案工作有法可依、部门归档有章可循、档案工作依法开展的局面。各项制度的建立和完善，保障了学院档案工作有序开展。

学院加强专职档案人员业务素质和工作能力培养，开展兼职档案员培训工作。通过学习和培训，有效提高了档案工作队伍的整体素质。

【设施设备建设】 2008年，学院按照档案管理要求，实行了档案库房、阅档室、办公室三分开，库房面积达70多平方米，阅档室30多平方米，办公室30多平方米，库房有一定的增量空间，采取防火、防盗、防高温、防潮湿、防光、防尘、防鼠、防虫、防污染等措施，配备温湿度测试仪、灭火器、空调机、防磁柜、杀菌机等设备。学院在经费紧张的情况下，设立专项经费为档案室添置有关设备，先后购置了激光打印机、扫描仪、刻录机、联想系列台式计算机和碎纸机等。建立了档案工作网页，购置了专门档案管理软件，管理系统具有实现档案收集、整理、编目、统计、借阅利用等功能，建成室藏全部档案的案卷级目录和文件级目录数据库。

【基础业务建设】 学院按照教育部、国家档案局《机关文件材料归档范围和文书档案保管期限规定》(8号令)的要求,编制文件材料归档范围和档案保管期限表,制定各种门类、载体档案的分类方案,做到分类科学、合理。及时布置归档工作,经常督查,以保证文件材料及时归档并保证其齐全、完整。建立符合规范要求的全宗卷,成立档案鉴定销毁领导小组,建立各类档案统计台账、年度统计台账、档案资料利用统计台账、会计档案接收统计台账等。各种统计台账数据准确,账实相符。

【档案开发与利用服务】 编制各类档案检索工具,如归档文件目录、案卷目录、全引目录等;将有关档案信息进行加工,编制全宗指南、历年文件汇编、组织机构沿革、大事记、人事任免、历年荣誉、基础数字、档案利用效果典型事例等资料;运用计算机进行检索,确保调档迅速准确,提高了档案利用效率。建立校史展室,以丰富的内容、多样的形式,展示学院发展的历史,校史展室成为广大教职工和学生接受荣校爱校教育的场所和对外宣传的窗口。

(张　越)

烟台汽车工程职业学院

烟台汽车工程职业学院坐落在渤海之滨——烟台，是一所经山东省政府批准、教育部备案的全日制普通高等职业院校，2006 年成立，2009 年 9 月迁至位于烟台市福山区内夹河河畔的新校区。学院被教育部等六部委确定为汽车运用与维修专业领域技能型紧缺人才培训基地，被山东省经贸委确定为半岛制造业人才培养基地。学院占地 1000 亩，建筑面积 26.1 万平方米，教职工 549 人，在校生 8820 人。

【档案工作基本情况】 在原档案室的基础上，学院于 2009 年 12 月成立综合档案室，隶属院长办公室。综合档案室主任由院长办公室主任兼任，配备专职档案管理人员 3 人，其中研究生学历 1 人，本科学历 1 人，专科学历 1 人。各部门配备兼职档案员 22 人。2010 年，在山东省教育厅和山东省档案局对全省高校贯彻落实教育部"27 号令"情况档案工作检查中，学校被确定为全省高校档案工作合格单位。

学院档案设置党群、行政、学生、教学、科研、基建、设备、产品、出版、外事、财会 11 大类，截至 2012 年底，室藏档案 3665 件，其中党群类 358 件，行政类 644 件，学生类 172 件，教学类 1416 件，科研类 35 件，基建类 356 件，仪器设备类 138 件，产品生产类 3 件，出版物类 47 类，外事类 29 件，财会类 467 件。门类齐全、资料完整、归档规范。除基建类外，自 2006 年学院成立以来形成的各类文件材料归档率达 98%以上，永久、长期保存的文件材料完整率、准确率达 100%。

【体制机制与制度建设】 学院高度重视档案工作，建立健全档案工作规章制度和部门、课题组立卷的归档制度，成立档案工作领导小组，学院院长尹桂瓒任组长。学院领导根据需要召开档案工作专题会议，及时研究和协调解决档案工作中的困难和问题。学院把档案工作纳入学院整体发展规划，档案管理所需经费纳入学院预算，文件材料的形成、积累、移交等纳入业务工作程序和有关人员的岗位责任制，切实把从事招生、教学、学生等管理中直接形成、具有保存价值的各种类型、载体的文件材料收集齐全、完整，并按照高校档案管理要求准确分类，规范整理。

2010 年 5 月，学院依据《中华人民共和国档案法》和《高等学校档案管理办法》(27 号令)等法律法规，编制了《烟台汽车工程职业技术学院档案制度汇编》，进一步细化档案资料从收集、整理、立卷归档、保存等各个环节的规章制度，将各个部门产生的相关文件的归档类目和保管期限作了详细明确规定。2012 年 4 月，学院下发《关于规范档案管理工作的通知》，以提高学院教职工的档案意识和文件材料归档质量。

【基础设施建设】 在新校区建设过程中，学院领导就把档案室建设列入了校园建设规划中，2010 年 3 月档案室迁至新校区。按照教育部、国家档案局颁布的《高等学校档案管理办法》(27 号令)的要求，学院逐步完善综合档案室建设，设立了办公室、阅档室和档案库房，室舍面积 178 平方米，实现了办公室、库房、阅档室三室分开。学院批准专项经费 20 多万元，配置密集架、除湿机、消毒机、空调、快速扫描仪、温湿度自动控制仪及相应的避光、防盗、灭火设备等，为档案工作的顺利开展奠定了物质基础。学院每年设立专项经费，以进一步完善档案设备设施建设。

【档案信息化建设】 学院重视档案信息化建设。经多方调研，由东森软件公司购置档案管理软件，价值 4 万余元，配置专门服务器以及高性能电脑、扫描仪等办公设备，建立档案服务网站，推进档案信息化建设。学院已将 2006 年以来室存各类档案目录录入系统，将 2006 年以来学院文件的电子文件全部归档，实现了室存学院文件存储、统计、分类、检索和利用的信息化。通过档案信息化的推进，学院领导及各部门等通过学院办公系统在各自的权限范围内可以查阅有关开放档案信息，为教育教学、科研、管理等提供了便捷服务。

（韩凤梅）

山东中医药高等专科学校

山东中医药高等专科学校综合档案室成立于1997年，隶属学校办公室。学校档案工作坚持集中统一管理的原则，学校制定档案工作发展规划和年度工作计划，形成由校长领导、档案机构负责指导、检查监督和各部门（兼职档案员）负责文件材料形成、积累、整理、归档的工作网络。

综合档案室配备专职档案管理人员2人，兼职档案员30余人，实行档案人员岗位责任制，定期组织中层干部及档案人员学习《中华人民共和国档案法》等法规、标准，组织专兼职档案人员开展档案普法读书活动，参加档案业务学习和培训。学校建立健全档案工作各项规章制度，制定相应的档案管理办法，有效监督、检查和指导各部门的档案工作，确保资料完整齐全归档。截至2012年12月，室藏档案1323卷、13465件，涵盖党群、行政、教学、科研、学生、基建、设备、声像、照片、实物、财会11大类。

2010年6月，在山东省教育厅和山东省档案局对全省高校贯彻落实教育部"27号令"情况档案工作检查中，学校被确定为全省高校档案工作优秀单位。

【设施设备建设】 库房建设符合《档案馆建筑设计规范》要求，使用面积95平方米。配备档案柜、计算机、刻录机、激光打印机、扫描仪、数码相机、温湿度检测仪、空调机、碎纸机、档案消毒灭菌机、灭火器、除湿机、裁纸机、多功能装订机等设备，以满足日常工作需要。

学校综合档案室设在莱阳校区，牟平校区综合档案室建设已列入综合办公楼的整体规划，已按国家建设标准完成设计，2013年将启动实体建设。

【基础业务建设】 学校依据《高等学校档案实体分类法》，制定《山东中医药高等专科学校档案管理办法》等制度，对归档文件材料严格把关，确保文件符合质量要求。档案交接手续完备，组卷合理、规范；案卷封面填写规范、标题简明准确、案卷排列有序；建立了档案保管基本情况统计台账和全宗卷。2010年6月，安装山东泽信高校档案管理软件（网络版），正在使用完善中。

【档案开发与利用服务】 建立档案总目录、专题目录、声像档案目录、全引目录等，通过计算机检索，充分满足利用者的需要。档案人员熟悉业务，调卷迅速准确，查全率、查准率达到98%以上。及时了解利用者需要，主动提供各种档案信息服务，比如局域网传输、电话调卷、电子邮件等，建立健全档案利用及反馈情况统计制度。开展机构沿革、大事记、全宗介绍以及近三年学校规章制度、高校人才培养评估等具有实用价值的档案信息资源编研和开发利用。学校编纂的《山东中医药高等专科学校（1998～2008）校史》获得 2009 年度山东省开发利用档案信息资源成果奖二等奖。

（王金凤）

山东文化产业职业学院

山东文化产业职业学院是一所经山东省人民政府批准、教育部备案，由大众报业集团（大众日报社）举办的全日制普通高等职业院校，是山东省第一所独立设置的专门培养文化产业方向高级应用型人才的高职院校。学院依山傍海，坐落于历史文化名城山东省蓬莱市。北与海上名山长岛相望，东与蓬莱阁毗邻，南枕国家级文物古迹黑风台。学院规划占地1030亩，建筑面积约30万平方米，总投资约8亿元，是一所校园环境优美，办学设施完备，文化气息浓郁的滨海大学。

【档案工作基本情况】 学院2009年建立之初，在党政办公室设专人负责档案工作。2010年4月，学院成立综合档案室，为学院直属管理机构。配备专职档案管理人员2人，其中，主任1人，业务人员1人；业务人员为研究馆员，研究生学历。兼职档案管理员23人。室舍使用面积130平方米，其中档案库房2个、办公室（阅档室）1间，库房建设符合《档案馆建筑设计规范》。配备档案密集架、计算机、激光打印机、档案柜、数码相机、温湿度测试仪、空调机、碎纸机、灭火器、裁纸机、多功能装订机等设备，可满足日常工作需要。截至2012年底，室藏档案255卷，其中党群类4卷，行政类128卷，教学类74卷，基建类8卷，设备类10卷，学生类5卷，财会类6卷，外事类4卷，出版类1卷，科研类1卷，声像类14卷。

【制度与业务建设】 学院坚持依法治档、规范管理、科学管理的原则，先后制定了《山东文化产业职业学院档案管理办法》《山东文化产业职业学院档案实体分类方案》《山东文化产业职业学院档案工作规范》以及档案归档、保管、保密、利用、统计、鉴定、销毁、库房管理等一系列规章制度，使学校档案工作有法可依、有章可循。按照《高等学校档案管理办法》的要求，及时收集、合理组卷、规范整理、安全保管。

学院注重档案业务培训，按照教育部、国家档案局颁布的《高等学校档案管理办法》（27号令）的精神，结合学院实际情况，在每年的6月组织部门兼职档案员业务培训，总结上一年的工作，部署新一年工作，不断推进档案管理制度化、规范化。

学院编制纸质和电子两种载体档案总目录、全引目录、案卷目录，向各部门和师生提供档案查阅利用服务。档案人员主动提供各种档案信息服务，例如网页查询、电子邮件等，开展学院大事记、全宗指南编写。2010年，学院第一次开展校史展览活动，学院利用成立之初形成的有关档案资料、声像档案以及实物档案进行布展，并通过制作的幻灯片反映学院发展历程，让学院师生更多地了解学院的发展，激发师生的爱校热情。

2010 年 6 月，通过省教育厅和省档案局联合组织的全省高校贯彻落实《高等学校档案管理办法》(教育部 27 号令)的情况档案工作检查。学院高度重视，加强档案工作组织领导，完善档案工作体制；加强队伍建设，构建结构合理的档案工作队伍；加强档案资源建设，落实部门立卷制度；加强制度建设，完善制度内容，健全制度体系；推进档案信息化建设，提高档案管理现代化水平。

【档案工作发展规划】 学院档案信息化程度尚处于初级阶段，争取 2013 年安装档案管理软件，加快信息化建设步伐；争取尽快配置库房恒温设备；加强档案资源建设和业务建设，不断促进档案工作制度化、规范化和科学化。

（杨　光）

潍坊市

潍坊医学院

潍坊医学院于1976年建立档案室，由办公室机要秘书兼档案管理。1985年设立档案科，1990年档案科更名为“综合档案室”，隶属于院长办公室。2010年7月，按照教育部、国家档案局颁布的《高等学校档案管理办法》(27号令)的要求，成立学校档案馆，副处级建制，隶属于学院办公室。配备专职档案管理人员4人，其中，高级职称人员2人，中级职称人员1人，初级职称人员1人；本科学历3人，大专学历1人。馆舍面积298平方米，其中库房面积233平方米。库房配有空调、除湿机等设备，基本达到防火、防盗、防高温、防潮湿、防光、防尘、防鼠、防虫、防污染要求。截至2012年底，馆藏档案13926卷，录音磁带、录像磁带、影片档案532盘，照片6909张，磁盘5张，光盘31张。

1997年11月，在全省科技事业单位档案工作目标管理达标定级考评中，学校被批准为省一级单位。2004年，在全省档案管理考核中，学校综合档案室被确定为省一级档案室等次。2010年6月，在山东省教育厅和山东省档案局对全省高校贯彻落实教育部“27号令”情况档案工作检查中，学校被确定为全省高校档案工作优秀单位。

近年来，学校不断加强档案工作，推进档案工作的科学化、规范化、信息化建设，档案管理水平不断提高，在档案开发利用、档案编研、照片档案管理等方面形成了自己的特色，充分发挥了档案工作在服务教育教学改革和促进学校又好又快发展中的重要作用。

【制度与队伍建设】 学院先后制定、修订、完善了档案管理有关规章制度，主要包括《潍坊医学院档案管理办法》《潍坊医学院档案工作人员守则》《潍坊医学院档案馆工作职责》《潍坊医学院专职档案人员岗位职责》《潍坊医学院兼职档案人员工作职责》《潍坊医学院档案立卷归档制度》《潍坊医学院档案查、借阅制度》《潍坊医学院档案统计制度》《潍坊医学院档案库房管理制度》《潍坊医学院档案鉴定销毁制度》《潍坊医学院档案工作保密制度》等，并编制了《潍坊医学院档案管理规范化手册》，进一步做到了归档文件材料分类合理、整理规范。

档案工作队伍实行动态管理，根据学校机构人员变动及时调整；定期选派专兼职档案人员参加主管部门举办的档案工作会议和培训；定期开展兼职档案员培训；组织专兼职档案人员参加全国档案知识竞赛，到兄弟院校学习交流等，学院逐渐形成了一支政治素质过硬、具备一定业务知识的档案工作队伍。

【档案信息化建设】 学校将档案工作信息化建设列入学校信息化发展规划。2009

年学校购置安装了档案管理软件，建立档案管理信息网。2010年开始，实行纸质和电子档案同步归档。2011年，档案馆进一步规范网上立卷归档流程，研讨电子档案信息在收集、整理、储存、保管、检索、利用等环节的操作标准。经过几年的实践，网上立卷日臻完善。学院按类别和年限分步推进馆藏档案数字化。

【档案开发与利用服务】

(1)创新档案检索工具。根据库藏档案实际，在传统编制案卷目录、全引目录的基础上，按照档案的利用价值和使用频率，积极探索创新档案利用检索工具。分类编写了干部职务任免、干部职务查找表、专业技术职务聘任、专业技术职务查找表、规章制度、专业设置和机构设置等专题目录；按照文件形成机构分别编写教育部、省委、省政府、省有关部门来文和学校发文的"文件字号索引"检索工具。通过创新编制检索工具，进一步缩小了查找范围，改变了以往在查阅利用上述档案信息时，"大范围，多内容，多卷次"的查找方式，有效地提高了档案利用效率。

(2)实施照片档案四层分类归档法。学校根据档案工作实际，本着利于管理和查阅利用的原则，对馆藏照片档案的归档管理，探索采取了四层分类归档法，即首先按年度进行分类，其次按《高等学校档案实体分类法》规定的11类档案类别予以分类，再次按专题内容分类，最后按活动内容再细化分类的归档法。例如，2009年党群类照片组合在一起的档号系列为"2009－SX12－01，(一)"，其中，"2009"表示年度，"SX12"表示照片在声像类档案中的代号，"01"代表党群类，"(一)"代表具体专题活动内容。通过对照片档案实施四层分类归档法，使得学校馆藏照片档案管理，层次更为分明，利用更为方便、快捷。传统的做法只按年度分类，不按内容分类，致使内容混合，不利于管理和利用，弊端越来越突出。

(3)挖掘档案资源，开展档案编研。档案馆于1990年全面整理编纂学校1951～1990年的大事记，从1991年起，大事记编纂纳入年度常规工作；2001年，以学校建校50周年为契机，编辑出版了《潍坊医学院50年》(山东大学出版社)和《潍坊医学院年鉴》(1995～1998年卷)(2007～2011年卷)(其中2011年卷在以往的基础上，调整了体例和内容，并且第一次作为参考资料发放学校各部门，发挥了档案服务功能)；2011年，学校组织编写了《潍坊医学院60年》。

(4)探索新途径新方法，提高档案利用效果。为教育部本科教学评估、山东省高校德育工作检查评估、校园文化建设检查评估、60周年校庆等重大活动和校史馆建设提供权威的档案史料；通过举办档案图片专题展览，展示学校发展，体现"锐意进取、自强不息"的潍医精神，营造良好的大学文化氛围；利用档案信息网开展档案知识与法规宣传，探索档案信息服务新途径，提高了服务效率。

(王玉燕)

潍坊学院

潍坊学院综合档案室成立于1987年，2008年12月，按照《高等学校档案管理办法》（教育部27号令）的要求成立档案馆，成为学校直属单位，副处级建制，人员编制8人。截至2012年底，专职档案管理人员7人，其中，馆长1人，副馆长1人，业务人员5人；具有副高级职称人员1人，中级职称人员5人。兼职档案员53人。馆藏档案资料27000余卷（册、盘）。

2009年，学校档案馆被潍坊市档案局授予潍坊市档案工作先进集体荣誉称号；2010年6月，在山东省教育厅和山东省档案局对全省高校贯彻落实教育部"27号令"情况档案工作检查中，学校被确定为全省高校档案工作优秀单位。2011年5月，经考核，学院档案馆被确定为山东省特级档案馆暨全省档案管理考核先进单位荣誉称号。

【体制机制建设】 学校建立健全档案管理体系，成立了由院长任组长、学校办公室主任和档案馆馆长任副组长、有关部门负责人为成员的档案工作领导小组。各部门确定了分管档案工作的负责人，组建了覆盖全校的兼职档案员队伍。档案管理目标明确，工作责任到人，形成了"统一领导，统一制度，统一管理，各单位密切配合"的有效工作机制。制定了有效的考核、奖惩措施，每年对各部门档案工作和专兼职档案人员进行年度考核，强化档案管理职能，激发各部门工作的积极性、主动性和自觉性。

【制度与队伍建设】 修订完善了《潍坊学院档案管理办法》等15项规章制度，使档案工作有法可依、有章可循，进一步提高了档案管理水平。加强档案业务培训和档案法规宣传工作，每年初举办全校档案工作会议，部署年度各部门各单位立卷归档工作，开展专兼职档案人员培训。选派专兼职档案人员参加国家、省、市组织的有关档案业务培训，提高了专兼职档案人员的业务素质和工作能力，提升了档案队伍的整体水平。

各部门高度重视档案的立卷归档工作，确保档案材料齐全、完整并按时移交学校档案馆。近年来，学校归档率、完整率达98%以上，准确率达100%。

【档案信息化建设】 根据《高等学校档案管理办法》等要求，围绕学校中心工作，积极推进档案信息化建设。学校设立专项经费，配置档案管理现代化、档案信息化所需的设施设备，建立学院档案信息网，宣传档案知识与法规，展现学院发展历史，提高全员档案意识。

学校加快档案信息化建设，安装网络版档案管理系统，并与学校数字化校园建设接轨，实现档案的在线归档，通过管理系统布置、检查、指导档案工作，提高了工作效率，为各部门各单位提供了便利。

学校加强档案信息安全保障工作，采取有效措施，逐步建立规范化、现代化的档案信息资源库，力求最大限度地满足利用者异地和远程利用服务的需求，形成安全有序、高效运转的网络体系和资源共享体系。

【档案开发与利用服务】 学校严格执行“高校档案机构是学校出具档案证明的唯一机构”要求，积极探索档案服务方式和手段，紧贴学校发展需要，制定档案信息资源开发利用计划，有序开展专题目录、文件汇编等档案编研工作，为学校各部门和师生及社会提供优质服务。

在学校建校 55 周年及 60 周年校庆、教育部本科教学工作水平评估、山东省高校德育工作检查评估、校园文明建设检查评估等重大活动中，馆藏档案材料及数据发挥了重要的支撑作用。例如，档案馆利用馆藏档案，编纂《2000～2010 年潍坊学院大事记》，向学校 60 周年校庆献礼；2011 年承担校史馆的布展工作；学校举办校庆 55 周年大型展览、大学生科技文化艺术节展览等；学校先后组织编撰潍坊学院建校 55 周年校史《传承与发展——潍坊学院五十五年史》、60 周年校史《传承与发展——潍坊学院史(2000～2011)》《德育工作检查评估、校园文明建设检查评估文件汇编》《潍坊学院大事记》《潍坊学院组织机构沿革》《潍坊学院全宗介绍》《潍坊学院文件材料汇编》等文献资料，为学校领导决策和教学、科研、管理、社会等方面提供参考，有力地促进了档案管理科学化、规范化建设。

(孙丽梅)

山东畜牧兽医职业学院

山东畜牧兽医职业学院坐落在美丽的世界风筝都——潍坊市中心，占地2800亩。学院是山东省唯一的国办畜牧兽医类普通高等职业院校，1955年建校，直属山东省农业厅管理，为国家示范性(骨干)高职院校、山东省示范高职院校。面向全国30个省份招生，全日制在校生9700余人，在校生数量在全国同类学校中位居第一，是全国最大的畜牧兽医人才培养基地。拥有教授、副教授127人，“双师型”教师占专业教师的80%以上。拥有国家级教学团队1个，省级教学团队4个。全国教学名师1人，山东省教学名师、全省教育先进工作者、优秀教师、教学能手，全国农业职业教育教学名师8人。学院被农业部确定为农业职业教育能力建设计划首批试点院校。

【档案工作基本情况】 学院综合档案室设立于1987年，隶属学院办公室。档案库房面积260平方米，配备微机、复印机、打印机、扫描仪、照相机等设备。专职档案管理人员1人，兼职档案员19人。

1996年，在全省科技事业单位档案工作目标管理达标定级考评中，学校被批准为省二级单位。1998年晋升为省一级单位。1999年晋升为国家二级单位。2003年，在全省档案管理考核中，被确定为优秀等次。2007年，综合档案室被确定为省一级档案室暨全省档案管理先进单位荣誉称号。

【体制机制与制度建设】 学院党委和行政领导高度重视档案工作，把档案工作作为学院管理的重要基础工作来抓。学院成立了由党委书记、院长任组长，纪委书记、学院办公室主任任副组长，各部门主要负责人为成员的档案工作领导小组，形成了由学院党委书记、院长领导，分管院领导协助，综合档案室主任负责，专职档案人员专管，各处室档案工作负责人和兼职档案员兼管的档案工作机制。

学院根据国家档案法律法规，建立健全《山东畜牧兽医职业学院档案管理制度》《山东畜牧兽医职业学院档案工作岗位责任制》《山东畜牧兽医职业学院关于学生档案管理工作的规定》《山东畜牧兽医职业学院公文处理规定》《山东畜牧兽医职业学院机要文件管理规定》等规章制度，内容涵盖档案实体分类方案、归档制度、档案鉴定整理办法、档案保管、档案统计、档案安全、档案保密、档案查阅利用等。做到了制度上墙，责任明确，使学校档案工作有法可依、有章可循。

【基础业务与设施建设】 自2009年以来，按照高校档案分类办法进行分类、整理、归档，案卷符合国家案卷质量规范。学校设置党群、行政、教学、科研、外事、出版、基建、财务、设备、产品10大类和人物、声像档案2大辅类,保存学院历史,传承学院文化。

学院实现库房、阅览室、办公室三分开,并设有专门的荣誉库房。档案库房面积260平方米,并有充分的发展空间。配备空调机、灭火器、温湿度测试仪、除湿机、监控等设施设备,基本达到防火、防盗、防高温等安全防护"九防"要求。档案橱具规范、标准,数量充足,档案管理条件不断改善,为提高档案管理水平奠定了基础。

【档案信息化与利用服务】 2009年,学院安装了符合国家标准要求的档案管理软件,建立了档案目录数据库。按照学院档案数字化规划,逐步实施数字化档案室建设。近两年的纸质档案材料和电子档案材料全部实现同步归档。建立档案信息服务网站,为教学、科研、管理和社会提供服务。

学院编制必要的档案检索工具,检索工具较为齐全。按照教育部、国家档案局颁布的《高等学校档案管理办法》(27号令)中关于"高校档案机构是学校出具档案证明的唯一机构"的规定,刻制了"档案证明专用章",为学校各部门及广大师生利用档案服务。

(陈志君　李　虹)

潍坊职业学院

潍坊职业学院2004年成立综合档案室，2009年9月按照《高等学校档案管理办法》（教育部27号令）的要求，成立档案馆，隶属学院办公室。截至2012年底，馆藏档案5136卷（盒），配备专职档案管理人员3人，其中，馆长1人；具有副高级以上职称人员2人。

2009年，被潍坊市档案局授予潍坊市档案工作先进集体荣誉称号。2010年6月，在山东省教育厅和山东省档案局对全省高校贯彻落实教育部"27号令"情况档案工作检查中，学校被确定为全省高校档案工作优秀单位。2010年，在全省档案管理考核中，学院档案馆晋升为省一级档案馆等次。2011年，学院被潍坊市档案局授予全市档案工作先进集体荣誉称号。

【体制机制建设】 学院重视档案工作，成立由院长任组长、分管副院长任副组长、各部门主要负责人为成员的档案工作领导小组。各部门明确分管档案工作的负责人，设置1名兼职档案员，构建档案工作网络。根据机构调整和人员变动情况，定期确认公布各部门档案工作负责人和兼职档案员。

【制度与设施建设】 按照教育部、国家档案局颁布的《高等学校档案管理办法》（27号令）要求，学院重新制定《潍坊职业学院实体档案分类规定》等一系列规章制度，完善了档案保管、统计、安全、保密、查阅利用等工作规范，使档案从形成、整理、归档、保管、利用到销毁等各环节有据可依、有章可循。严格执行档案材料形成部门（课题组）立卷的归档制度，采取日常管理严格把关和年终评优严格考核相结合方式，保证了各部门档案的归档率和完整率。以档案法规、学院档案制度、档案管理职责、馆内工作规范、常用表格汇集为主要内容，汇编了《学院档案工作手册》，分发到各部门和兼职档案员，把档案制度摆上了工作案头，便于日常学习和工作落实。

2010年，投入80余万元，改造扩建档案库房和阅档室，购置档案密集架、声像档案防磁柜等。安装档案库房安全智能管理系统，实现了远程监控、温湿度自控、火灾报警、漏水报警等，提升了档案管理安全系数和现代化管理水平。

【队伍建设】 坚持"德才兼备，以德为先"原则，选拔工作扎实、责任心强、文化层次高、业务水平强的人员从事档案工作，在全院29名兼职档案员中，具有硕士学位10人，本科学历18人。为提高档案人员业务水平，选派重点档案岗位人员参加主管部门举办的档案业务知识培训并取得了资格证；积极邀请档案专家到校举办知识讲座，有针对性地开展立卷业务指导；定期组织档案人员到省内外兄弟院校学习考察，激励档案人员参加档案编研工作，提高了专兼职档案人员业务素质和工作能力。

【档案利用服务】 利用档案信息网站等媒介普及档案知识，使广大教职工正确认识档案工作的重要性，营造了良好的舆论环境。围绕高校人才培养水平评估、德育和校园文明评估、50周年校庆、山东省名校建设、滨海校区建设搬迁等重点工作、重大活动，积极开展档案信息服务，使各部门充分认识到档案在学院建设发展中的不可替代作用，增强了对档案工作的关注度。发掘档案信息资源，建成学院办学成果展室，利用档案信息网站开设校史展和校园图片展，开辟了档案育人新领域。积极面开展社会服务，为毕业生出国留学、企事业单位招聘学历认证、政府机关调查研究等提供档案信息服务，扩大了档案服务领域，提高了档案利用价值、育人服务水平和社会影响力。

【档案信息化建设】 购置档案管理服务器和"南大之星"档案网络管理系统，推进档案文件级目录数据和全文数据库建设；探索实行存量档案数字化和增量档案数字化两步并行的做法，有序开展档案数字化加工，分期分批利用扫描、数码照相等技术将纸质档案进行数字化转化，建立全文数据库，实现增量档案数字化和计算机自动化管理。以档案资源数字化为基础，以"南大之星"为平台，建立旨在塑造学院形象、展示办学成就、宣传档案文化、提供网络化服务的档案信息网站，建成建校50周年大事记数据库、建校50周年校史数据库、部分出版物数据库、档案目录数据库等，初步实现了部分档案目录和档案全文两级电子检索，做到了档案管理智能化和档案服务在线化。

（葛树强）

山东科技职业学院

山东科技职业学院综合档案室设立于1980年，隶属学校办公室。截至2012年底，室藏档案4597卷、1036件，光盘95张，照片1660张，实物档案163件。配备专职档案管理人员1人，兼职档案员30人，室舍建筑面积100平方米，其中库房面积80平方米，配有空调机、除湿机、臭氧消毒机、温湿度计等，基本达到防火、防盗、防高温、防潮、防光等“九防”要求。办公室配备微机、复印机、打印机、扫描仪、照相机等设备。

2007年，在全省档案管理考核中，学校档案室被确定为省二级档案室等次。2009年，晋升为省一级档案室等次。2010年，在山东省教育厅和山东省档案局对省高校贯彻落实教育部“27号令”情况档案工作检查中，学校被确定为全省高校档案工作优秀单位。学院多次获得潍坊市档案工作先进集体荣誉称号。

【体制机制建设】 学院档案工作实行集中统一管理。2009年，学院成立由院长为组长、分管院长为副组长、各部门负责人为成员的档案管理领导小组，加强档案工作的组织领导和综合协调。档案工作纳入学院工作目标，每年在学院和办公室的工作要点、总结、目标中，专门部署和总结档案工作。学院定期组织召开档案工作会议，明确目标，提出要求。各部门负责人主管本部门的档案工作，兼职档案员具体负责本部门日常工作中形成文件的收集、整理、移交归档工作，在综合档案室的具体指导下开展立卷归档工作，形成了档案工作的有效运行机制。

【队伍建设】 学院注重加强专兼职档案人员工作能力和业务素质的培养。学院为档案人员订购《山东档案》《档案法规大全》等业务书刊。选派专职档案人员参加省市组织的档案业务培训。经常组织兼职档案员到兄弟院校学习考察。定期举行档案工作例会，学习和宣传《中华人民共和国档案法》《高等学校档案管理办法》等法律法规，使专兼职档案人员的业务素质得到明显提高。

【制度与资源建设】 修订完善《山东科技职业学院档案管理制度汇编》，补充学生档案、产品生产档案和出版类档案等管理办法，每位兼职档案员人手一册，将档案工作纳入教学、科研、财会和管理人员的职责范围，使档案工作有章可循，有法可依。

档案收集、整理齐全、完整、准确。近年来，学院以部门档案为主体的各门类档案的立卷归档工作开展顺利，档案资源建设得到有效加强。

【档案利用服务】 学院编制两种检索工具，建立档案利用登记制度，按照档案借阅规定，向有关部门、师生及社会提供档案利用服务。在2004年全省高校教学评估、2008年学院30周年校庆、国家百所高职示范院校创建和验收等学院重大活动中,学院利用大量档案材料及数据。学院组织编印多种文件、材料汇编。学院3项编研成果分别获得山东省开发利用档案信息资源成果奖二等奖、三等奖。

【校史馆建设】 2012年,学院开展校史馆的设计布展工作。校史馆位于学院麓台书院一楼,建筑面积1100平方米,投入经费46万余元。划分为历史积淀、今日山科两大模块四个展区。展出了山东科技职业学院发展历程、历届领导的生平简介以及上级领导关怀。利用图片、图表800余幅,实物展品200余件,以"和衷共济,艰苦创业,务实奋进,执着创新"的学院精神为主线,将学院发展历程分为四个阶段依次展示。这里珍藏着山东科技职业学院人珍贵的回忆,记录着学院伴随着中国改革开放的进程初创、发展、腾飞的30年的发展历程,见证着山东科技职业学院人30年艰苦创业、矢志不渝、开拓拼搏、务实创新的不懈追求,激励学院不断开创更加辉煌的新篇章。

(肖　雪)

山东交通职业学院

山东交通职业学院始建于1973年12月，是专科层次的公办全日制普通高等院校，全国交通职业教育示范院校、山东省省级示范性高等职业院校建设计划和山东省首批技能型特色名校。学院占地1030余亩，建筑面积33万平方米，馆藏图书69余万册，开设专业34个，文理兼收，面向全国招生，全日制在校生10000余人。学院教职工600余人，其中全国交通高等职业教育专业带头人3人，博士8人，硕士279人，教授13人，副高级职称及以上人员150人。

【档案工作基本情况】 学院档案室始建于建校初期，1985年设立综合档案室，隶属于学院办公室。配备专职档案管理人员2人，兼职档案员30人，全部具有大学本科及以上学历。2007年9月，在全省档案管理考核中，学院综合档案室晋升为山东省特级档案室等次；2009年以来连续获得潍坊市档案工作先进集体荣誉称号，2010年在山东省教育厅、山东省档案局对全省高校贯彻落实教育部“27号令”情况档案工作检查中，学院被确定为全省高校档案工作优秀单位。

学院拥有档案库房104平方米，阅档室15平方米，办公室15平方米，档案库房（配备密集架12组）、办公室、阅档室三分开。截至2012年底，学院室藏档案资料4900余卷、5561件，照片档案2500张，实物档案230件。配备专用服务器、电脑、打印机、复印机、扫描仪等办公设备，购置防磁柜、温湿度记录仪、库房臭氧发生器、除湿机、吸尘器、空调机、监控器等设备，基本达到防火、防盗、防高温等“九防”要求，保证了档案保管安全。

【体制机制建设】 学院高度重视档案工作，专门成立了院长任组长、分管副院长任副组长、各党政部门主要负责人为成员的档案工作领导小组。学院设立档案机构并配备专职人员，各党政、教学、教辅机构确定1名兼职档案员，负责档案的收集、整理、归档工作，建立起一支由32人组成的结构合理、网络化管理的专兼职结合的档案工作队伍。学院将档案文件收集、整理和归档业务要求纳入学院工作流程、制度、部门工作计划和岗位职责以及每年学院及部门工作计划和总结中，将档案形成、管理、服务工作质量考核指标纳入学院绩效考核体系，每年年底由办公室对各部门的档案立卷归档情况和档案管理情况进行检查、评比。

【制度建设】 学院先后建立了《山东交通职业学院档案归档制度》《山东交通职业学院重大活动档案登记制度》《山东交通职业学院档案保管制度》《山东交通职业学院档案库房管理制度》《山东交通职业学院档案借阅制度》《山东交通职业学院档案鉴定、销毁制度》

《山东交通职业学院声像档案立卷归档管理制度》《山东交通职业学院实物档案归档管理制度》等12项规章制度。组织编写了各部门档案归档范围和保管期限表，保证档案的收集、整理、保管、鉴定、统计、借阅利用和保密等环节相衔接，基本形成了学院档案工作有法可依、部门立卷有章可循、档案工作依法开展的局面。

【基础业务建设】 近年来，学院加强各类档案材料的收集工作，归档率、完整率达到98%。在档案管理中，做到档案交接手续完备，文件材料严格按照分类方案进行分类，准确率达到100%。在案卷整理中，做到卷内文件排列有序，按照要求进行编号；案卷封面、卷内文件目录、备考表填写规范清晰；案卷标题简明、准确，案卷排列合理，基本实现了档案管理规范化和制度化。

【档案信息化建设】 学院注重加强档案信息化建设，明确实现档案存储数字化、档案管理信息化和档案提供利用网络化的建设目标，全面推进档案管理现代化进程。在全面实现文档一体化，纸质、电子文件同步归档，计算机辅助管理检索的基础上，本着分步实施、突出重点、资源共享、分级建设、安全保密的原则，加强电子文件归档和接收的规范管理，推进室藏档案的数字化和数据库建设，加强档案计算机及网络管理的安全保障体系建设。学院购置安装了具有档案收集、整理、编目、统计、借阅利用等功能的档案管理软件，建立档案的案卷级和文件级目录数据库，实现归档文件的数字化管理、电子档案网上查阅、登记、检索，提高了档案管理的规范化和科学化水平。

【档案利用服务】 学院编制档案分类目录、专题目录、全引目录索引等三种检索工具。组织编写了《山东交通职业学院组织机构沿革》《山东交通职业学院优秀论文集》《山东交通职业学院荣誉称号一览表》《山东交通职业学院档案利用效果典型事例》等数十项编研成果。近年来，学院利用档案开展了多种形式的档案咨询服务和信息开发利用工作，取得实际效果，档案室已成为学院档案的保管基地和利用中心。在2002年学校申请设置高职院校、2006年全国高职高专人才培养水平评估、2008年山东省高校德育暨校园文明评估、2009年省级文明单位的申报、2009年交通运输部交通职业教育示范院校评估、山东省省级示范性高等职业院校和山东省首批技能型特色名校申报、职务晋升、学院印制招生章程等工作中，档案室向有关部门提供了大量档案材料，使档案在为学院教学、科研、党政管理中发挥了积极作用。学院建立了档案信息服务网页，实时在线为教学、科研、管理和社会以及师生服务；学院邀请上级档案部门到学院举办档案信息宣传咨询活动，面对面解答关于档案法规和档案知识等相关问题；学院设立了山东交通职业学院校史馆，开展学院发展历程和校史档案展览；建立档案利用登记制度，按照档案借阅规定，档案室为往届毕业生提供学历、成绩、学籍档案认证工作，确保每名毕业生学历、学籍信息真实准确，充分发挥了"高校档案机构是学校出具档案证明的唯一机构"的作用。

（邢世敏）

山东信息职业技术学院

山东信息职业技术学院综合档案室成立于1996年，副科级机构。2002年，学院升格为山东信息职业技术学院，学院综合档案室确定为科级机构，挂靠学院办公室。截至2012年底，专职档案管理人员4人，其中，主任1人，副主任1人；馆员2人，助理馆员2人；具有硕士学位人员2人。室设面积102平方米，其中档案库房76平方米，密集架35立方米，档案橱23个。配备“南大之星”档案网络管理系统，服务器1台，计算机3台，复印机1台，空调机3台，除湿机1台，扫描仪2台，打印机2台，监控系统1套以及相应的消防设备，基本达到防火、防盗、防高温等“九防”要求。室藏各类纸质档案3850卷(册)，照片432张，年归档量为360余卷(册)，归档率为99%。1996年，在全省科技事业单位档案工作目标管理达标定级考评中，学院被批准为省一级单位，获得山东省档案管理先进单位荣誉称号；2008年、2010年学院综合档案室分别获得潍坊市档案工作先进集体荣誉称号。

【体制机制建设】 学院成立档案管理工作领导小组，负责研究、决定学院档案工作的重大问题。院长任领导小组组长、分管院长任副组长。综合档案室作为档案工作的执行机构，负责相关工作任务的具体实施。学院各部门负责人为本部门档案工作负责人，各部门选派业务能力强，政治素质高的人员任兼职档案员。建立由20人组成的专兼职结合的档案工作队伍，全面负责学院档案资料的收集、整理、移交和保管、利用等工作。

将档案工作纳入学院发展规划及年度计划，纳入分管院领导、各部门负责人岗位职责，档案工作所需经费纳入学院预算。在学院重大活动及重要工作中，同时布置、检查、总结、验收档案工作，确保所形成的文件材料及时、齐全、完整归档。

【制度建设】 2002年9月，学院制定了档案工作一系列规章制度以及业务规范、分类方案等，编印了《山东信息职业技术学院档案管理制度汇编》；2009年12月，根据教育部、国家档案局颁布的《高等学校档案管理办法》(27号令)及相关档案法律法规，学院重新修订了《山东信息职业技术学院档案管理规范》，将各类档案法律、法规，学院档案实体分类方案，学院档案业务建设规范等全部收录在内，进一步完善从档案材料的收集、整理、立卷、移交、保存、查借阅到鉴定销毁等各个环节的管理制度，从而做到有法可依、有章可循。

学院严格按照《高等学校档案管理办法》要求，落实部门、课题组立卷归档制度。加强兼职档案员的业务培训和指导，提高案卷质量，学院档案归档率、完整率、准确率均在

99%以上。学院档案设置党群、行政、学生、教学、科研、外事、出版、基建、财务、设备、产品、特殊载体12大类，门类齐全，为学院保存历史、传承文化打下了坚实基础。

学院重视档案信息的安全保障，对进馆档案全部进行涉密排查，涉密案卷、文件严禁上传档案管理系统，加强库房安全管理，晚布控、早撤防，每天坚持安全检查，严格控制库房温湿度，科学有效地保护档案信息资源安全。

【档案信息化建设】 档案信息化既可以为纸质档案提供必要的保护，也为提高档案利用效率和服务质量提供有力的保障。学院高度重视档案的信息化建设，先后开展了多番探索。1996年，学院自行研发了山东省信息工程学校档案管理系统，初步实现了档案的计算机管理、检索功能。2010年，又购置服务器，安装了网络版档案管理系统，配备了扫描仪2台、微机3台，为兼职档案员配备微机16台，各归档部门实现网上立卷、网上查阅等功能，并陆续将2008年前的室藏档案进行数字化加工，方便了档案利用，建立起档案管理网上平台，提高档案管理水平和效能，促进了学院档案信息化建设。

【档案利用服务】 学院在2002年办学条件评估、2006年人才水平评估、2008年的德育评估以及各类专业设置的评估、食堂评估、就业评估等重要工作中，利用大量档案材料、数据及图片。学院制定档案利用登记制度，按照档案借阅规定，向各部门和师生以及社会等方面提供档案利用服务。档案人员调卷迅速、准确，查全率、查准率达98%以上。档案在学院教学、科研和管理活动中发挥了积极作用。

（张彩云）

山东经贸职业学院

山东经贸职业学院综合档案室成立于2009年,副科级机构。截至2012年底,学院设置党群、行政、教学、学生、科研、设备、产品、出版、基建、外事、财会、特载12大类,室藏档案4255卷。专职档案管理人员2人,其中,馆员1人,助理馆员1人;本科学历2人。

2010年,在山东省教育厅和山东省档案局对全省高校贯彻落实教育部"27号令"情况档案工作检查中,学校被确定为全省高校档案工作合格单位。2012年,在全省档案管理考核中,学校综合档案室晋升为省一级档案室等次。

【体制机制建设】

(1)加强档案工作领导。学院高度重视档案工作,把档案工作列入领导议事日程,在党委会、院长办公会上多次组织学习有关档案工作的法律法规,并定期听取档案工作汇报,研究部署档案工作,充分认识档案工作重要性和必要性。

(2)健全档案工作网络。学院成立由院长任组长、分管院领导任副组长、各部门负责人为成员的档案工作领导小组,加强档案工作组织领导和综合协调。档案工作领导小组负责审议和通过学校档案工作的整体规划和规章制度并对学校的档案工作进行监督、检查和指导。各部门负责人负责本部门档案工作,设置兼职档案员具体负责档案材料的形成、整理、移交等工作。档案工作做到横向有人抓,纵向责任明,确保各项工作顺利开展。

(3)加强队伍建设。综合档案室配备专职档案管理人员,选配责任心强、好学上进的档案专业人员从事档案工作,不断充实和加强档案工作队伍建设。

【制度建设】 学院在认真学习《中华人民共和国档案法》《高等学校档案管理办法》(教育部27号令)等有关法律法规的基础上,制定了《山东经贸职业学院关于加强档案管理工作的意见》《山东经贸职业学院档案工作规划》《山东经贸职业学院档案实体分类方案》《山东经贸职业学院档案归档范围和保管期限表》,修订了《山东经贸职业学院综合档案室职责》《山东经贸职业学院档案保密制度》《山东经贸职业学院档案借阅制度》《山东经贸职业学院档案库房管理制度》等,建立并落实档案工作质量考核制度,逐步促进档案工作制度化、规范化。

【基础设施建设与安全管理】 学院重视档案基础设施建设,努力做到硬件和软件同步发展。在办公用房和经费紧张的情况下,学院设置专用档案库房、阅档室,做到库房、阅档室、办公室三分开,购置温湿度检测仪、灭火器、空调机、除湿机、加湿器、计算机、复印机、照相机、扫描仪、光盘刻录机等设施设备,为档案工作的顺利开展创造了有利条件。

加强档案日常安全管理。严格库房管理，坚持每天对档案库房进行温湿度检查记录，并采取措施使温湿度达到相应标准；按照保密安全要求，严格涉密档案查阅、借阅管理手续；遵守档案入库验收、鉴定、统计和销毁等环节管理制度。

【档案信息化建设】

(1)安装档案管理系统。2010年6月，学院购置安装山东政通档案管理系统，积极推进档案信息化建设。对学校形成的文件，将其电子文件与纸质文件同步归档；对归档的上级文件，将其逐一扫描进入档案管理系统，实现电子档案网上查阅、登记，登录档案管理系统即可直接查阅归档的文件目录。如部门需要相关档案材料，经分管院领导同意和综合档案室授权后，即可实现在线打印。

(2)实现文件级检索。根据国家档案局有关文件立卷改革的要求，学校坚持“简化整理，深化检索”的归档文件整理原则，以“件”为保管单位，实行文件级管理。电子档案的检索实现由案卷级检索延伸到文件级检索，方便了档案的查阅和利用。

(3)实现文档一体化管理。学校充分利用文书处理过程中形成的数据信息，使文书工作中文件的收发、登记、运转、承办、催办以及文件的收集、整理、立卷和归档、利用、统计形成一个有序的整体。

【档案利用服务】 编制案卷目录、文件归档目录、卷内文件目录、全引目录等检索工具，主动为各部门提供档案信息咨询、利用服务等，建立落实查借阅登记和档案利用效果反馈登记制度。

学院编写了《山东经贸职业学院校志(1977～2007)》《山东经贸职业学院综合管理制度汇编》等资料。根据中心工作需要，学院还举办了校史展以及开放教学、科研、学生科技创新等成果档案活动。

(胡红霞)

济宁市

曲阜师范大学

曲阜师范大学设学于孔子故里，在日照设有新校区，“儒风海韵”成为学校生动的写照。学校占地2653.41亩，校舍建筑面积102.5万平方米。截至2012年底，教职工2208人，博士、硕士在校生3430人，普通本专科在校生29284人。一级学科博士点5个，二级学科博士点31个，博士后科研流动站5个，一级学科硕士点22个，二级学科硕士点114个，硕士专业学位授权点10个，本科专业73个。设有1个独立学院(杏坛学院)，27个院(系)，28个研究所，18个省级重点学科，其中省级特色重点学科7个。7个省级高校科研创新平台，其中省级重点实验室5个，省级重点强化建设实验室2个，省级强化人文社会科学研究基地2个。学校设有国家体育总局体育社会科学重点研究基地、教育部曲阜师范大学基础教育课程研究中心等。建校57年来，学校向社会培养输送合格毕业生16万余名。

【档案工作基本情况】 1984年12月，学校设立综合档案室。2005年12月，成立档案馆，副处级建制。截至2012年底，专职档案管理人员7人，其中，副研究馆员2人，馆员2人，助理馆员2人；研究生学历1人，本科学历6人。库房面积712平方米，密集架300立方米，档案橱197个。配备“南大之星”档案网络管理系统，服务器1台，计算机11台，复印机2台，空调机7台，除湿机2台，扫描仪3台，打印机9台，光盘刻录机1台，安全监控系统1套以及相应的消防设备。

馆藏纸质档案58636卷(册)，照片95845张，机读目录113984条。年归档量为5500余卷(册)，归档率为99%。照片年归档量为10000余张。学校实行部门立卷制度，上半年党群、行政、外事、出版类组卷，下半年教学类组卷，科研、基建、财会、设备、声像类在项目完成后随时组卷。

1998年，在全省科技事业单位档案工作目标管理达标定级考评中，学校被批准为省一级单位。2007年，曲阜师范大学档案馆被授予全省档案工作优秀集体荣誉称号。建馆以来，先后两人获得全省优秀档案工作者荣誉称号。2010年，在山东省教育厅和山东省档案局对全省高校贯彻落实教育部“27号令”情况档案工作检查中，学校被确定为全省高校档案工作优秀单位。

【体制机制与制度建设】 学校领导和行政历来重视档案工作。设立专项经费购置密集架、空调机、微机等，整修档案库房。分管领导经常听取档案工作汇报、出席档案工作会议，加强对档案工作指导。2010 年，学校调整档案工作委员会，校长任委员会主任，分管校长任副主任，档案馆馆长和各职能部门等主要负责人为委员。委员会下设办公室，办公室设在档案馆。各部门各单位明确分管档案工作的负责人和兼职档案员，形成由档案工作委员会、档案馆、各部门及兼职档案员组成的三级档案工作网络。学校不断建立健全各项规章制度，完善管理机制。先后修订完善了《曲阜师范大学档案管理办法》《曲阜师范大学档案实体分类法、归档范围和保管期限规定》《事业单位法人证书和组织机构代码使用管理办法》《档案工作规章制度汇编》等一系列规章制度，使档案工作更加规范化和科学化。

【档案信息化建设】 2010 年，结合迎接省教育厅、省档案局联合开展的全省高校贯彻落实教育部“27 号令”情况档案工作检查之机，学校加强档案信息化基础建设。争取济宁移动公司投资和学校专项经费，配置档案信息化建设必要的档案管理软件和硬件设备。购置“南大之星”档案网络管理系统和发布系统以及专用服务器、计算机、扫描仪、复印机、打印机、照相机等设备。建成开通档案服务网站，实现档案案卷目录检索和主题词检索。组织开展专兼职档案人员业务培训和档案管理软件应用培训，为进一步规范档案管理和开展档案信息化建设打下了基础。

【档案开发与利用服务】 编制各类检索工具，把学校每年党群、行政文件按编号汇编成册，复印建校以来上级对学校有关方面的批件，编制《档案文献汇编》，编写人名卡片 4200 张，汇集历年的职工调出、调进、离退休人员、接收毕业生情况，学籍处理信息和独生子女名册等，主动为教学、科研、党政管理及社会各方面提供准确、快捷服务。2000 年以来，接待学校及社会各方面查档 6000 多人次，调阅案卷 20000 多卷次。

开展档案开发利用，先后编撰《曲阜师范大学校史》《曲阜师范大学大事记》《曲阜师范大学成人教育档案指南》《曲阜师范大学文书、教学资料汇编》等，更大发挥档案服务效能。

【档案工作交流与协作】 档案馆加强与省教育厅、省档案局的工作联系，积极参加省教育厅和省档案局召开的全省高校档案工作会议，认真贯彻落实会议精神。加强同兄弟院校的交流协作，先后派出人员赴山东大学、中国海洋大学、南京大学、中国科技大学、济南大学、聊城大学、临沂大学、山东农业大学等高校学习考察。先后接待山东大学、聊城大学、山东理工大学、延边大学、泰山医学院等多所院校档案人员访问。学校档案人员注重学习借鉴，积极参加档案业务培训，不断提高业务素质，有力地促进了档案基础业务和档案信息化建设。

【学校档案工作检查】 2011 年底，按照省教育厅、省档案局召开的全省高校档案工作经验会议精神要求，学校组织开展全校档案工作检查评比活动。

档案馆在多方考察和学习借鉴的基础上，制定曲阜师范大学档案工作检查评比方案和检查评分表；根据档案移交的比重将检查单位分为档案移交为主部门、档案保管为主部门以及档案既移交又保管部门，不同部门的评分侧重点不同；召开 2011 年全校档案工作会议，部署档案检查评比工作；修订了《曲阜师范大学档案管理工作规章制度》《曲阜师范大学实体分类法归档范围及保管期为主限表》《曲阜师范大学院系档案收集范围》《曲阜师范大学 2011 年各单位分管领导、专兼职档案员名单》《曲阜师范大学档案网络管理系统使用说明》等，并上传网站供各部门各单位参照学习；加强新闻宣传报道，增强全员档案与法制意识；到两校区各部门各单位督促指导档案工作，指导使用档案网络管理系统，就档案检查评比工作提出具体要求；发起建立学校档案QQ群，在群上发布信息，解答疑难问题；成立检查工作小组，选出三个各具代表性单位进行试查，总结调整检查标准及方法。2011年底至2012年初，对全校62个部门单位（其中5个单位是分设单位）进行全面检查。在量化打分的基础上，将两校区62个部门单位进行综合衡量，汇总排名，评选出档案工作优秀单位27个（优秀率为43.5%），先进个人58名，合格单位35个。5月31日，召开全校档案工作检查评比总结表彰大会。全校档案检查工作的开展，有力地推动了教育部"27号令"的贯彻落实，提高了学校档案工作制度化、规范化和科学化水平。

（王淑臣）

济宁医学院

1990 年，学校设立综合档案室，科级机构。2010 年 5 月，成立档案馆，副处级建制，隶属学校办公室。档案馆专兼职档案管理人员 3 人，其中，馆长(兼)1 人，副馆长 1 人，业务人员 1 人；教授 1 人，副研究馆员 1 人；研究生学历 2 人，本科学历 1 人。保存党群、行政、教学、科研、基建、设备、出版、外事、财会、成教、研究生 11 大类档案。截至 2012 年底，馆藏各类档案 26111 卷(册)，资料 649 册，照片 1370 张，实物档案 118 件，录音磁带、录像磁带 16 盘。文件材料收集齐全完整、分类科学、整理规范。馆舍面积 300.3 平方米，其中库房面积 220.1 平方米。配有计算机 3 台，打印机 2 台，复印机 1 台，空调 3 台，扫描仪 1 台，光盘柜 1 台，档案密集架 100 立方米，档案橱柜 66 个。

1998 年，在全省科技事业单位档案工作目标管理达标定级考评中，学校被批准为省一级单位。2010 年，在山东省教育厅和山东省档案局对全省高校贯彻落实教育部"27 号令"情况档案工作检查中，学校被确定为全省高校档案工作优秀单位。

【体制机制建设】 学校档案工作由党委书记分管，档案工作纳入学校领导议事日程。学校成立档案工作委员会，各部门配备兼职档案员，在全校形成了以档案馆为中心的档案工作网络。档案馆充分发挥指导监督作用，定期指导检查各部门的档案工作，发现问题及时解决，确保全校档案工作有序进行。档案工作委员会定期召开会议，协调、研究、解决档案工作中出现的新情况、新问题，科学制定发展规划和年度计划。

【制度建设】 学校认真贯彻落实国家、省档案法律法规，结合工作实际，制定《济宁医学院档案实体分类法》《济宁医学院归档范围及保管期限表》等各类档案管理制度和规范，使档案收集、分类、整理、保管、鉴定、借阅利用等各环节工作有序开展。

【档案与法制宣传】 以贯彻落实教育部、国家档案局颁布的《高等学校档案管理办法》(27 号令)为契机，努力营造舆论宣传氛围。宣传活动坚持讲求实效、突出重点，把宣传活动与档案普法结合起来，开展多种形式的档案普法宣传活动。学校领导带头学习，将宣传贯彻工作纳入各单位的普法规划中，制定宣传工作计划，并指派专人负责。通过《中华人民共和国档案法》等法律法规知识的宣传、教育，增强了教职工的档案与法制意识以及学法、知法、守法、依法治档的自觉性。

【设施设备建设】 2010 年新校区投入使用后，档案馆迁入新址，馆舍面积扩至 300.3 平方米，实现了档案库房、阅档室、办公室三分开。新增档案密集架 80 立方米，满足了学校档案工作的发展需要。库房配有温湿度自动记录仪、防磁柜、空调机等设备，档案装具等完全符合国家有关要求。

【档案信息化建设】 学校将档案信息化建设列入学校信息化发展规划，制定档案工作信息化实施方案并初步实施。档案馆和信息技术中心联合开发了初级档案管理软件，建立了目录数据库，实现了案卷级目录系统录入、修改和查询，不仅为学校节省了资金，而且还提高了档案工作服务学校教学、科研和各项管理活动的能力。

建立济宁医学院档案馆网站，拓宽档案服务领域。不仅实现了档案法律法规、业务规范、档案信息等及时上网发布，而且还通过档案管理信息系统模块为档案管理人员和兼职档案员提供了方便快捷的服务平台，提高了档案管理与服务效率和水平。

【档案开发与利用服务】 档案馆认真贯彻“管理以服务为本”的工作理念，在档案利用服务中，以人为本，增强服务意识，既严格履行工作制度和程序，又为档案利用者提供热情周到服务，查全率、查准率不断提高。档案馆为校内各部门各单位开展工作提供证明、凭证和参考；为毕业生、在校生在落实用人单位、专升本、英语晋级、考研、出国留学、补办毕业证等方面提供学习成绩、录取信息等查询服务；为教育部认证中心、用人单位核对毕业生毕业证（学位证）号、学习成绩等。

充分有效地开发利用档案信息资源。学校档案馆先后与宣传、科研等部门配合，编辑出版校史、大事记、年鉴、校友通讯录等文献资料；为学校举办校史展、学术研讨、文化论坛等重大活动提供档案信息资料服务；通过讲座、展览、陈列、网站等，积极开展档案宣传工作，不断丰富大学文化和大学和谐校园建设内涵，拓宽档案服务新领域，全面发挥档案的文化教育和服务功能。

（解素芳）

济宁学院

济宁学院是2007年3月经教育部批准，由原济宁师范专科学校升格设立的一所本科层次的全日制普通高校。学校经过近60年的办学砥砺，已形成"至诚至朴，求是求新"的校风和"学而不厌，切问近思"的学风，为国家和社会培养毕业生6万余名，已成为地方和区域经济社会发展重要的人才培养基地。

【档案工作基本情况】 1980年3月，原济宁师范专科学校设立文书档案室，1990年2月改设为综合档案室。2009年3月，成立济宁学院档案馆，隶属学院办公室，科级机构。配备专职档案管理人员5人，其中，馆长1人，业务人员4人；研究生学历1人，本科学历3人，专科学历1人；研究馆员1人，馆员3人，助理馆员1人。截至2012年底，馆藏档案15926卷，其中党群1748卷，行政2259卷，教学3401卷，科研454卷，产品44卷，基建1430卷，设备769卷，出版426卷，外事414卷，财会1836卷，教育学院3151卷，电子档案（光盘）16张，照片1989张，实物档案268件，专题档案472盒。

1998年11月，在全省科技事业单位档案工作目标管理达标定级考评中，学校被批准为省一级单位。学校多次被济宁市档案局授予全市档案工作先进集体等荣誉称号。2010年，在山东省教育厅和山东省档案局对全省高校贯彻落实教育部"27号令"情况档案工作检查中，学校被确定为全省高校档案工作优秀单位。

【体制机制建设】 学校不断加强档案工作的组织领导，成立了由院长任主任委员、分管院长任副主任委员、各归档部门的主要负责人为委员的档案工作委员会，建立健全由档案工作委员会、档案馆及立卷部门构成的三级档案工作网络。学校把档案工作纳入领导的议事日程，把档案工作纳入年度工作计划和工作要点，纳入领导干部年度岗位责任制考核和档案管理人员岗位职责。在学校重大活动中，专兼职档案员主动参与，协同工作，保证其所形成的档案材料齐全、完整、准确归档。

【制度建设】 2008年9月，教育部、国家档案局颁布实施《高等学校档案管理办法》（27号令）后，学校认真组织贯彻落实，多次召开全校档案工作会议，总结部署工作，表彰先进部门和个人，聘请专家开展专兼职档案人员业务培训，提高档案人员业务素质和工作能力。

建立健全各项规章制度，理顺档案工作关系，规范档案业务操作。先后制定了《济宁学院档案管理实施细则》《济宁学院档案实体分类法及档案归档范围和保管期限表》《关于建立济宁学院部门立卷归档制度的规定》《济宁学院档案工作检查、考核评比方案》《济宁学院档案保管制度》《济宁学院档案安全保密制度》《济宁学院档案库房管理制度》《济宁学院档案借阅制度》《济宁学院部门立卷归档制度》《济宁学院档案修补补充制度》《济宁学院档案统计制度》《济宁学院档案鉴定、销毁制度》《济宁学院档案管理网络工作制度》《济宁学院档案工作奖励制度》《济宁学院档案工作考评制度》等。2009 年 5 月，编制印发了《济宁学院档案管理制度汇编》，进一步明确档案工作在学校科学发展中的地位、作用，确立“档案馆是学校出具档案证明的唯一机构”的权威性地位。通过一系列规章制度的建立与落实，使学校档案工作有法可依，有章可循，促进档案工作的健康、有序发展。

【档案资源建设】 由于合校等原因，学校档案管理存在门类设置不全、档案材料收集不完整等问题。2010 年，在贯彻落实《高等学校档案管理办法》过程中，学校开始着手建立健全档案门类，完善档案资源体系。在有限的时间内健全了 11 大类档案的全引目录、案卷目录等检索工具 45 册；收集、整理、归档 2010 年以前各类档案 6000 多卷(件)。特别针对新建校区基建档案未归档，大部分工程项目资料分散在工程施工单位或学校相关部门的现状，学校召开由基建处、各工程施工单位、档案馆等相关部门参加的会议，校领导亲自部署，分解任务，责任到人，采取了各施工单位清理移交、基建处督促收集、档案馆业务指导的工作流程。由于领导重视，措施得力，真抓实干，历时 20 多天，经过 20 多位专兼职档案人员收集、分类、组卷、整理等环节，终于将新建校区全部工程的档案材料 1200 多卷齐全、完整地移交归档，同时建立纸质、电子案卷目录和全引目录，从而提高归档率、完整率，完善了档案门类和资源体系。

【安全保管】 根据国家档案局《档案馆温湿度管理暂行规定》《档案库房管理暂行条例》等规定的档案安全保护管理技术要求，学校配置了档案库房安全保护智能管理系统，实现了档案库房的温湿度自动控制、自动防火报警、自动防盗报警、实时视频监控、定时通风换气等目标，档案安全保护由人工管理向现代化、智能化、科学化、人性化管理转变。

除采取技防手段外，学校采取以下具体措施，全面加强档案安全管理：一是建立由分管档案工作的院长、院办主任、安全保卫处处长、档案馆馆长组成的档案安全领导小组；二是成立了以档案馆馆长为组长的三人检查小组，负责每学期对库房全面检查整改一次；三是邀请学校安全保卫部门作消防知识讲座及现场演习培训，确定 1 名工作人员为兼职消防员，负责馆内日常消防工作；四是固定 1 名人员为库房管理员，负责履行登记手续，温湿度的记录及开关电器、电源、更换防鼠防虫药品、库房通风等工作；五是实行保密档案专橱保管，固定专人负责保密档案的保存和利用，严格履行查借阅保密档案的审批手续等。

【数字档案馆建设】 学校领导多次对档案工作信息化同步发展问题作出部署，将档案信息化建设纳入学校工作要点。召开相关部门主要负责人会议，专题研究加强档案馆设施设备建设，特别是数字化、信息化建设。加强档案信息化建设研究，《济宁学院档案信息化建设研究》获得 2009 年济宁市科技发展计划立项。档案馆起草了《济宁学院档案信息化建设实施申请报告》和《济宁学院档案信息化建设分析和实施方案》，积极推进档案馆数字化建设。学校在全面考察、综合分析的基础上，确定购置多媒体档案网络管理软件。开展网上立卷归档与纸质文件归档同步进行，建立档案目录数据库，档案信息化建设开始起步。建立档案服务网站，在网上设立虚拟校史馆，使校史馆原有的功能得到延伸和拓展。

【设施设备建设】 学院在保障档案工作正常经费的基础上，不断加大专项经费投入，进一步加强档案馆设施设备建设、档案安全管理措施。学校建立与档案保管要求相适应的面积100多平方米的档案库房，设置独立的阅档室、办公室，实现了档案库房、阅档室、办公室三分开；购置安装44组容积108立方米的铁皮密集架；配置“南大之星”档案网络管理系统、微机、打印机、复印机、空调等设施设备。2010年初，学校设立专项经费10余万元购置安装了档案库房安全保护智能管理系统，使档案安全管理水平大幅度提高，为档案工作开展提供了有力保障。

学校将按照档案库房规定标准进一步扩大库房面积，改善库房条件，以适应不断发展的档案工作需要；进一步调整人员结构，充实计算机专业技术人员，提高全员信息化业务素质，进一步加强档案信息化建设及档案信息资源的开发利用；积极开展对外学习交流，不断为学校中心工作和为广大师生提供高效优质服务。

【档案开发与利用服务】 档案馆整理编写（编制）多种档案参考资料和检索工具，提高档案资源的利用效率，主动为各部门和教职工服务。编写了《济宁学院教学工作评价资料汇编》《济宁学院历届学生名单》《济宁学院建校以来历届毕业生名录》《济宁学院大事记》《济宁学院历届教代会简介》等资料，编制济宁师范专科学校专升本备查目录、济宁师范专科学校德育评估备查目录、案卷目录、全引目录、分类目录、人名索引、文件字号索引等检索工具176册。

在学校学校升本、迎评创优、揭牌庆典、平安校园评估、德育评估、本科教学水平评估、特色专业的评选、建章立制、校史年鉴编写等重要工作和重大活动中，档案馆提供了大量档案材料及数据。档案已成为学校教学、科研和管理等各项常规工作不可缺少的信息资源，其中学生学籍、学习成绩、招生就业等教学档案，干部任免、机构设置、职称聘任、教职工工资套改等文书档案，基建、科研项目等档案利用率较高，并取得显著社会效益。

加强校史展厅的管理和利用，充分发挥校史展厅的学校文化宣传、教育展示功能。校史展厅成为上级领导、兄弟院校等考察交流必到场所，成为认知学校、了解学校发展的窗口。

学院档案馆充分利用档案信息资源，开展档案管理研究。先后获得山东省开发利用档案信息资源成果奖二等奖2项、三等奖5项；撰写档案专业论文20余篇，分别在全国各地的核心期刊、省级刊物及高校学报上发表，其中核心期刊上发表12篇；《档案信息化建设研究》项目获得山东软科学优秀成果奖三等奖；有两篇论文获得济宁市社会科学优秀成果奖。

（刘　艳）

济宁职业技术学院

济宁职业技术学院是2000年10月经山东省人民政府批准成立的全日制普通高等职业学院。学院占地955亩，建筑面积31万平方米，固定资产总值3亿元。设置教学单位12个和研究所3个，开设制造、土建、电子信息、财经、生化与药品、环保与安全、医药卫生、农林牧渔、法律、文化教育等十大类54个专业，全日制高职在校生10000余人。学院加强专业课程建设，建成1个国家和6个省级教学改革试点、示范及特色专业，3门国家精品课程，13门省级精品课程，3个省级教学团队。人才培养模式沿着就业导向不断改革创新，招生数量和质量连年提高，毕业生就业率保持在95%以上，成为学生光彩就业、家长信任、企业满意、社会赞誉的山东省技能型人才培养特色名校。

多年来，学院在建设发展过程中各方面取得了新的成绩。先后获得山东省先进基层党组织、全省职业教育先进单位、全省技能人才培养先进单位、省级文明单位、全市职业道德建设十佳单位等荣誉称号。

【档案工作基本情况】 按照学院机构设置，2001年成立综合档案室，科级机构，配备专职档案管理人员3人，其中，主任1人，副主任1人，业务人员3人；副研究员1人，馆员3人；研究生学历1人，本科学历2人。学院设置党群、行政、学生、教学、科研、出版、基建、外事、设备、产品、财会等11大类档案，截至2012年底，室藏档案11000卷（件）。

2010年6月，在山东教育厅和山东省档案局对全省高校贯彻落实教育部“27号令”情况档案工作检查中，济宁职业技术学院被确定为全省高校档案工作优秀单位。同年12月，在全省档案管理考核中，学校综合档案室晋升为山东省一级档案室等次。

【体制机制建设】 学院领导班子高度重视档案工作，成立了以院长为组长、分管院长为副组长、各部门领导为成员的院档案工作领导小组，加强档案工作的组织领导。学院定期召开档案工作专题会议，听取档案工作情况汇报，及时研究解决档案工作发展过程中遇到的困难，先后解决了机构人员、库房建设、设备更新等重大问题，保证了档案工作的健康发展。各职能部门和系部明确了档案工作分管负责人和兼职档案员，形成了档案工作网络。随着学院各项事业的发展，档案室建设和档案工作逐步走向规范化、科学化轨道。

【制度建设】 根据国家、省法律法规，结合工作实际，学院建立健全档案工作一系列规章制度，把档案工作列入学院及各部门工作计划，并采取多种措施，保证了各项制度的贯彻落实。学院先后制定了《济宁职业技术学院档案管理办法》《济宁职业技术学院档案实体分类方案》《济宁职业技术学院档案保管制度》《济宁职业技术学院档案安全保密制度》《济宁职业技术学院档案鉴定、销毁制度》《济宁职业技术学院档案统计制度》《济宁职业技术学院档案查、借阅制度》《济宁职业技术学院档案库房管理制度》《济宁职业技术学院立卷归档制度》《济宁职业技术学院档案管理人员岗位职责》等管理制度,使学院档案工作有法可依、有章可循。

【设施设备建设】 学院不断加强档案室建设,完善设施,改善条件。学院档案室设置办公室2间,阅档室1间,实现了库房、阅档、办公三室分开,配备装订机、数码相机、消毒柜、扫描仪、计算机、打印机等先进的办公设备。档案库房面积130平方米,安装密集架,配备空调、灭火器、温湿度自动记录仪、消毒机、除湿机、电子监控等设备,可满足今后10～15年学院档案保管需要。

【档案资源建设】 注重文件材料收集、整理,确保其齐全完整与准确规范。切实落实档案材料形成单位、课题组立卷的归档制度,档案材料及时立卷,定期入库,交接手续完备,归档率、完整率均达95%。执行案卷质量标准,合格率达98%。加强电子文件的收集和整理工作,逐步实现纸制档案材料和电子档案材料同步归档。

【档案信息化建设】 档案信息化是学院数字化校园发展规划的重要组成部分,学院给予经费等方面支持,安装"南大之星"档案网络管理系统,建立档案目录数据库,逐步将现存档案文件目录转化为机读目录。依托学院校园网,建立学院档案信息网站,开展部分开放档案信息网上查询,通过讲座等形式开展档案宣传工作,普及档案与法制知识。

【安全保管】 学院重视库房安全建设,库房基本达到防火、防盗、防高温等"九防"要求,保证档案保管安全。加强安全教育,不断增强档案管理人员的安全意识,定期进行安全检查,发现问题及时整改。在楼道、办公室、库房等关键位置安装监控设备,实行24小时监控。加强保密教育,增强其责任心。实行计算机内外网分离,与有关涉密人员签订保密承诺书,在档案移交、查借阅、清点、鉴定和销毁等各环节,严格审批权限,规范出入手续,确保档案保管和利用安全。

【档案利用服务】 充分利用、挖掘档案信息资源为学院教学、科研和管理服务,开展多种形式的档案咨询服务和开发利用。为学院各方面工作提供档案材料支持。在学院高职高专人才培养工作水平评估、学院扩建等各项工作中,档案室均提供了大量档案材料和数据,为学院的建设和发展做出了贡献。加强档案编研工作,先后编辑了《济宁职业技术学院大事记》《济宁职业技术学院管理制度汇编》等文献材料,为《济宁年鉴》《山东教育年鉴》等撰写文稿材料。

(刘伯俊)

泰安市

山东农业大学

山东农业大学于1989年成立综合档案室，2009年撤室建馆，挂靠学校办公室。档案库房面积300平方米。截至2012年底，设立9个全宗，馆藏党群、行政、教学、科学研究、产品生产与科技开发、基本建设、仪器设备、出版、外事、财会、声像、实物、人物13大类档案43342卷(盒)。配备专职档案管理人员5人，其中研究馆员1人，副研究馆员2人，馆员2人。

多年来，学校领导高度重视档案工作，强调“档案是学校的宝贵财富”“要把我校的历史都存在档案里”，多次带领学校各立卷部门负责人深入档案馆召开档案工作现场办公会。学校设立档案专项经费，加强基础设施建设，不断改善档案保管条件，全面推进学校档案工作科学发展。

2010年，在全省档案管理考核中，学校档案馆晋升为山东省特级档案馆等次。2010年，在山东省教育厅和山东省档案局对全省高校贯彻落实教育部“27号令”情况档案工作检查中，学校被确定为全省高校档案工作优秀单位。

【体制机制与队伍建设】 学校成立档案工作领导小组，明确其工作职责。学校档案工作由校长领导，分管档案工作的校领导协助校长负责档案工作。实行部门立卷归档制度，各部门各单位设有分管档案工作负责人和兼职档案员，明确岗位职责，实行目标责任制，形成了学校档案工作网络。

加强档案工作队伍建设，形成了一支思想和业务素质过硬的专兼职结合的档案工作队伍。在5名专职档案管理人员中，2人具有硕士学位，全部具有大学以上文化。兼职档案员队伍保持相对稳定，坚持定期开展各立卷单位兼职档案员业务培训，坚持定期总结各部门各单位立卷归档工作，表彰表现突出的兼职档案员，调动兼职档案员工作积极性，保证案卷质量的稳步提高。

【“三重”工作档案建设】 学校把档案工作作为整体工作的重要组成部分，纳入学校发展规划和每年的学校工作计划。围绕学校中心工作，对学校的重要工作、重大活动和重点项目，严格落实“四纳入”“四同步”管理制度。在抗击“非典”、保持共产党员先进性教育、迎接教育部本科教学水平评估、学习实践科学发展观等重要工作和百年校庆、校党代会、双代会等重大活动中，在作物生物学国家重点实验室、国家苹果工程技术研究中心、土肥资源高效利用国家工程实验室等重点项目建设中，做到先期介入、同步跟踪、及时归档，确保“三重”工作形成的档案材料齐全完整，利用方便。

【制度建设与安全管理】 按照《高等学校档案管理办法》(教育部27号令)规定，结合本校实际，修订了《山东农业大学档案工作规范》，在原有的10大类的基础上，增设学生类、实物类、人物类，进一步完善档案门类。加强档案制度建设，完善学校档案制度体系。坚持“安全第一，开放利用与安全保管相结合”的原则，实现安全管理几十年无差错。学校基本实现馆藏档案全部入橱柜；卷皮、卷盒全部使用无酸纸；照明实行小区域定点控制；全方位、多角度红外线自动报警；库房全天分段温湿度自动记录。档案馆作为学校重点“安防”部门，每年与公安处、学校综合治理办公室签订安全责任书，切实把安全防护措施落实到位。

【档案信息化建设】 1994年以来，坚持实行纸质文件与电子文件同步归档的“两套制”归档法。2002年，建立档案信息主页，率先在省内高校中开展网上案卷目录开放服务。2009年，与山东政通公司联合开发山东农业大学数字化档案管理系统，实现1994年以来的所有案卷级、文件级目录以及2008年以来除基建类外的所有大类档案文件级目录与全文数字化保存、检索。

【档案开发与利用服务】 1993年以来，档案馆为学校教学、科研、管理和师生及社会各方面提供档案利用服务28581卷次，接待利用者14355人次。特别是在科研推广、成果转化、政策落实、遗留问题处理等工作中，档案发挥了重要佐证作用。1996年至今，学校先后获得山东省开发利用档案信息资源成果奖一等奖4项，2009年获得山东省优秀档案成果奖一等奖1项。

（李　燕）

泰山医学院

泰山医学院源于1891年创办的华美医院医校，1903年在华美医院医校基础上组建共合医道学堂，即后来的齐鲁大学医学院，1952年齐鲁大学医学院与创办于1932的山东医学院合并组建新的山东医学院(校址在济南)，1970年山东医学院与山东中医学院合并为山东医学院迁至泰安市新泰县楼德镇(济南设留守处)，1974年建立山东医学院楼德分院，1979年山东医学院楼德分院迁至泰安市区，改名为山东医学院泰安分院，1981年经国务院批准，山东医学院泰安分院更名为“泰山医学院”。2006年11月，学校顺利通过教育部本科教学工作水平评估并获得优秀。2012年11月，学校被国家教育部、卫生部确定为第一批卓越医生教育培养计划项目试点高校。

学院占地3000余亩，设有直属附属医院1所，非直属附属医院11所，教职工1500余人，普通本专科在校生22000余人，硕士研究生600余人，成人教育在校生13000余人。设有基础医学院、放射学院、护理学院等15个学院和社会科学部等教学院部单位、36个本科专业和专业方向，分别涵盖医学、工学、理学、文学、管理学、教育学、法学七大学科门类。“十一五”期间，学院承担各类科研课题1516项，获得各类专利30多项。拥有硕士学位授权点37个。

【档案工作基本情况】 泰山医学院综合档案室成立于1990年，科级机构，隶属院长办公室，2010年5月成立档案馆，隶属院长办公室，配备专职档案人员4人，其中，本科学历3人，专科学历1人；高级职称人员2人，中级职称人员2人。档案人员全部通过专业培训，均取得专业资格证书。

学院档案工作由院长领导，档案工作纳入学校发展规划及年度计划，纳入分管院长及各部门负责人的岗位职责，档案管理体制机制基本完善。分管领导定期听取工作汇报，了解有关档案工作文件精神，研究布置档案工作，提出任务和要求，切实解决档案工作中的具体问题及档案人员待遇问题。

截至2012年底，馆藏档案19555卷(件)，其中党群562卷、行政2014卷、教学5581卷、科研767卷、基建1225卷、设备161卷、出版163卷、外事210卷、财会7936卷、实物358件、专题档案578卷。电子档案1543件、照片294张。各类文件材料收集齐全完整，按照档案管理标准规范分类、整理、归档，符合国家案卷质量规范，归档率、完整率和准确率均已达标。涉及高校档案工作各项法规、上级文件以及自身业务管理档案保管齐全。

1992年、1998年分别被确定为档案管理省三级、省一级单位。2003年，在全省档案管理考核中，被确定为优秀等次。2010 年，在山东省教育厅和山东省档案局对全省高校贯彻落实教育部“27 号令”情况档案工作检查中，学校被确定为全省高校档案工作优秀单位。

【基础设施建设】 新校区建成后，学院不断加大经费投入，进一步加强档案管理设施设备建设和档案安全措施，改善保管条件。按照《档案馆建筑设计规范》建设库房，实行档案库房、阅档室和办公室三分开，库房建筑面积 325 平方米。2005 年 1～11 号库房添置密集架 80 立方米，2010 年投入 13 万元，1～15 号库房添置密集架 96 立方米，更新计算机 4 台、DVD 刻录机 2 台，配备中央空调、立式空调 3 台、电子温湿度仪 3 台、防磁柜 1 台、打印机 2 台、复印机 1 台、扫描仪 1 台、灭火器、切纸刀、打孔机、电子监控系统等仪器设备。库房基础设施建设基本达到防火、防盗、防高温等“九防”要求，馆藏档案得到安全有效保护，为学校教学、科研、管理以及社会利用提供优质服务创造了条件。

【制度建设】 2010 年，学院深入贯彻落实《高等学校档案管理办法》(教育部 27 号令)，进一步修订完善各项规章制度。制定了《泰山医学院档案管理办法》《泰山医学院科技档案管理办法》《泰山医学院档案灾害应急处置预案》《泰山医学院关于重大活动重要项目档案管理的规定》《泰山医学院大型精密仪器设备管理办法》。2011 年，编印《泰山医学院院长办公室制度汇编》。修订了《泰山医学院档案工作制度汇编》。学院明确“学校档案馆是出具档案证明的唯一机构”的权威地位，提升了全员档案与法制意识，规范了档案管理秩序。

【队伍建设】 学院重视档案工作队伍建设。加强专兼职档案人员培养，定期开展档案人员的业务培训和指导，组织参加山东省教育厅、山东省档案局及泰安市档案局举办的档案业务培训，并组织相关人员到各地市各高校考察学习。档案人员的素质和工作能力不断提升，学校档案管理水平逐步提高。

每年度组织开展兼职档案人员档案业务培训和业务指导，采取集中培训与单独指导相结合的方法。档案人员注重加强档案管理理论与业务研究，以适应新形势下高校档案管理的需要，为学校中心工作服务。截至 2012 年底，档案人员公开发表论文 30 余篇，主持专业课题 1 项，参与研究课题 6 项。《高校科技档案管理人员如何适应创新型社会发展需要的系列研究》项目获得学院二等奖。

【档案资源建设】 学院建立党群、行政、教学、科研、产品、基建、设备、出版、外事、财会、教学档案(分为普通本科教育、研究生教育、继续教育、国际教育)和学生、人事、电子、照片、实物、专题档案等，档案资源丰富。涉及高校档案工作的各项法规、上级文件以及自身业务管理档案保存齐全。

学院重大活动形成的专题档案资源逐步完善。2008 年，将本科教学工作水平评估形成的档案材料全部接收入馆，按照活动设立专题档案。2010 年，学院国际教育的设立和发展，充实了学校留学生教育档案资源。2003 年 9 月，学院新校区建设一期工程竣工验收并投入使用，按照高校档案实体分类要求和高校基建档案归档标准，指导基建部门收集、分类、立卷、整理新校区建设档案资料，截至 2010 年底，已立卷归档 1100 卷；二期、三期工程建设档案也陆续整理归档，在基建档案类设新校区建设档案。

【档案信息化建设】 2010 年制定了《泰山医学院档案信息化建设实施方案》。2000

年学院安装使用“南大之星”单机版软件，2008 年建立档案管理网页，2010 年更新安装符合国家设计标准的档案管理系统，建立并运行使用档案目录数据库，启动馆藏档案数字化加工。2013 年将学院 1974 年建校至今的毕业生学籍档案（学生登记表）进行扫描，建立数字档案。学院拟新增独立服务器后建立网络管理端口，逐步实现档案管理网络化，并加快数字化建设步伐。

【档案开发与利用服务】 学院编制了全引目录、案卷目录、专题目录、字号索引、人名卡片、文件卡片、档案管理软件 7 种检索工具，以准确、及时地提供利用服务。学院重视编研工作，编写了学院全宗介绍、组织机构沿革、大事记、数字汇编、档案利用效果实例选编等。学院年提供档案利用 1000 余人次，2000 卷次；核实学历学位 400 余人次。2013 年，山东省卫生厅对全省各级各类医院实施考核达标定级，各大医院整理完善人事档案，凡涉及学院的毕业生，学院集中提供学籍档案利用；2012 年底，学院筹建校史馆，档案馆承担了大量的档案信息的搜集整理和利用服务，先后搜集提供各类档案 600 余卷，其中文书档案 200 余卷，照片档案 300 余件，学生档案 126 件。

在学院迎评创优、揭牌庆典、平安校园评估、德育评估、本科教学评估、特色专业建设评选、建章立制、校史年鉴的编写等重要工作和重大活动中，馆藏档案均成为历史资料和信息数据的重要来源，其中学籍信息、学习成绩、招生录取、毕业派遣等教学档案，干部任免、机构设置、职称聘任、教职工工资套改等文书档案，科研项目、基本建设等档案利用率居高。档案资料在学院办学过程中越来越显示其价值存在，并取得显著社会效益。

（程岱峰　裴莉华　张晓莉）

泰山学院

泰山学院是经教育部批准设立的综合性普通本科院校，高等教育办学历史达55年，其前身可追溯到1905年的泰安府官立师范学堂。学校占地1445亩，建筑面积52万平方米。

【体制机制建设】 校长领导档案工作，成立由校长任主任、各职能部门主要负责人为委员的档案管理委员会。2010年5月，按照教育部"27号令"要求，成立档案馆。各部门和学院(部)设有兼职档案员44人，并明确其职责，形成以档案馆为中心的档案工作网络，为学校档案工作顺利开展提供坚实保障。

【制度建设】 学校坚持"依法治档，规范管档，丰富馆藏"的指导思想，档案材料收集、整理和归档等业务纳入学校工作流程、部门工作计划和人员岗位职责，实行部门立卷制度，档案形成、管理、服务质量考核指标纳入了学校绩效考核体系。学校制定了《专业技术职务任职条件及岗位职责试行规定》《专业技术职务聘任工作办法》《教职工年度考核工作实施办法》等。

以《中华人民共和国档案法》《山东省档案条例》《高等学校档案管理办法》(教育部27号令)等法律法规为依据，结合学校实际，先后制定修订了《泰山学院档案管理办法》《泰山学院档案工作规范》《泰山学院会计档案管理办法》等一系列档案管理制度。学院及时指导、检查重点部门、重大活动所形成文件材料的归档工作，使各项规章制度落到实处。通过制度建设进一步完善档案工作机制，使学校档案工作有法可依，部门立卷有章可循，档案工作有序开展。

【条件保障】 按照档案规范化管理要求，实行档案库房、阅档室、办公室三分开，馆舍面积280平方米，扩大库房面积，库房建设基本符合防火、防盗等"九防"要求。不断加大档案现代化设备投入，为学校档案工作发展以及档案信息化建设提供条件保障。

【档案资源与业务建设】 加强档案基础业务规范化建设，不断提高档案业务整体水平。按照原国家教委发布的《高等学校档案工作规范》要求，结合学校实际，制定切实可行的分类方案，归档文件制成材料符合质量标准，组卷、编目、橱柜排架规范合理，符合高校档案规范化及安全保管要求。在学校本科教学评估迎评工作中，进一步加强教学评估档案材料及2002年以来学校获得的各项荣誉奖牌、证书等各类档案的收集和规范整理，收集各项奖牌、证书80余件并拍照成册，加强以教学、科研为主体的各类文件材料的归档工作，归档率达到98%以上，丰富了馆藏资源。截至2012年底，馆藏档案18660卷。建立档案管理基本情况统计台账，全面、准确、及时报送各类档案统计资料。

【档案信息化建设】 把档案信息化建设纳入了学校信息化建设发展规划，与高校办公自动化同步发展。制定档案信息化建设方案，建立档案工作网站，安装符合国家标准和学校档案工作实际的档案管理软件，建立机读目录3800余条，逐步实现文档一体化管理。按照国家有关电子文件归档与管理要求，加强电子文件归档工作，学校文件、学生学籍、教学优质课程建设、学校奖牌照片等纸质档案与电子档案同步归档。

【档案开发与利用服务】 积极开展档案编研工作，利用档案资料编写组织机构沿革、全宗介绍等，编制多种切合实际需要的档案检索工具，为编写《泰安师范专科学校校史》《泰山乡镇企业职工大学史志》《泰安教育学院校史》等提供系统的档案资料。档案编研成果主要包括《泰山学院大事记汇编》《泰山学院校园文明建设规章制度汇编》《泰山学院德育工作规章制度汇编》和《泰山学院综合档案工作规章制度汇编》《泰山学院保密制度汇编》等。

近年来，通过全体档案人员的共同努力，泰山学院档案馆已由一个较为封闭的档案保存机构，成为学校一个开放的档案信息管理和服务窗口，学校档案工作也因此受到各级部门表彰与奖励。2003年，在全省档案管理考核中，学院被确定为优秀等次，获得“全省档案管理考核先进单位”荣誉称号；2004年，学院综合档案室被确定为省一级档案室等次；2010年，在山东省教育厅和山东省档案局组织的全省高校贯彻落实教育部“27号令”情况档案工作检查中，学院被确定为全省高校档案工作优秀单位；2012年，泰山学院档案馆获得泰安市档案宣传工作先进集体荣誉称号。

（周红梅）

泰山职业技术学院

泰山职业技术学院综合档案室设立于2004年，由原泰安机械电子工程学校、山东省泰安农业学校和泰安贸易学校3所学校档案室合并而成，承担着学院档案的收集、保管、利用等工作。综合档案室隶属院长办公室，由1名副主任分管，配备专职档案管理人员2人，均为副研究馆员和本科学历。各部门各单位兼职档案员19人。室舍面积120平方米，其中办公室、阅档室各1间，库房4间。计算机、打印机、复印机、扫描仪、碎纸机、空调、灭火器、安全监控、温湿度计等设施设备配置齐全，基本达到防火、防盗、防高温等"九防"要求，为档案安全保管提供了保障。

截至2012年底，室藏全宗4个，学院全宗设置党群、行政、学生、教学、科研、基建、设备、出版、外事、财会、实物、声像、人事13大类，室藏档案7092卷(件)，照片2120张，光盘85张。2005年，在全省档案管理考核中，学院综合档案室被确定为省二级档案室等次；2007年，晋升为省一级档案室等次；2010年，在山东省教育厅和山东省档案局对全省高校贯彻落实教育部"27号令"情况档案工作检查中，学院被确定为全省高校档案工作优秀单位。

【体制机制建设】 按照《中华人民共和国档案法》《高等学校档案管理办法》(教育部27号令)要求，学院档案工作围绕中心、服务大局，逐步建立学院档案工作的体制机制。成立由院长为组长、分管副院长和办公室主任为副组长，有关部门负责人、档案室业务骨干为成员的学院档案工作领导小组，负责档案工作的组织领导和综合协调。院长办公室直接管理综合档案室，每年将档案工作列入学院工作要点。将各种文件材料的形成、积累、整理、归档工作纳入各部门、系(部)的职责范围，纳入年度工作考核指标，学院档案工作体制日趋完善。

【队伍建设】 坚持梯队建设与能力提升并重，切实加强专兼结合的档案工作队伍建设。根据工作需要，适时选拔责任心强、乐于奉献、业务能力强的人员，充实到档案工作队伍中，确保学院档案工作可持续发展。根据建设"学习型，创新型，服务型"档案室目标要求，学院更加注重档案人员的业务能力培养。通过订阅《中国档案报》《历史档案》《山东档案》等报刊，邀请档案工作专家作专题讲座，开展业务技能比赛，支持档案人员参加省、市档案局举办的业务培训班，创造条件让档案人员到兄弟院校档案馆(室)学习考察等措施，不断提高档案人员的工作能力和业务水平。

【档案工作"三化"建设】 学院档案工作的"三化"(即科学化、规范化、制度化)建设步伐不断加快。学院制定了《泰山职业技术学院 2011～2015 年档案工作发展规划》，并将其纳入学院的“十二五”建设与发展规划，增强档案工作的科学性、系统性。严格档案管理程序，做到流程规范、内容完备、分类科学。建立健全档案工作规章制度，把档案工作纳入责任人的岗位职责，形成在综合档案室指导下的部门预立卷制度，使档案管理有章可循、有据可依。

【档案信息化建设】 学院历来重视档案信息化建设，坚持硬件与软件建设并重。截至 2012 年底，学院档案卷内文件目录、人事档案目录和基建档案目录，全部实现计算机检索。学院 2004～2012 年文件实现全文检索，提高了档案利用效率。

【档案开发与利用服务】 综合档案室作为学院档案保管和信息利用中心，开展多种形式的档案咨询服务和档案资源开发利用。先后编撰了《泰山职业技术学院年鉴》《泰山职业技术学院规章制度汇编》《校庆 55 周年纪念册》《校庆 55 周年画册》，组织布展泰山职业技术学院校史展，制作《建设和发展中的泰山职业技术学院》宣传片等，为学院的建设和发展发挥了特殊而重要的作用。

（马久虎）

山东服装职业学院

山东服装职业学院档案室设立于2001年，隶属学院办公室。2006年，成立档案管理工作领导小组，学院档案实行集中统一管理。截至2012年底，室藏档案3125卷，光盘45张，照片1230张，实物105件。档案室配备专职档案管理人员2人，兼职档案员21人。室舍建筑面积400平方米，其中库房面积300平方米，库房配有空调机、除湿机、防磁柜、温湿度记录仪等，基本达到防火、防盗等“九防”要求。办公室配有微机、复印机、打印机、扫描仪、照相机等设备。

2010年，在山东省教育厅和山东省档案局组织的全省高校贯彻落实教育部“27号令”情况档案工作检查中，学院被确定为全省高校档案工作优秀单位；2011年，在全省档案管理考核中，学院档案室晋升为省一级档案室等次，并获得全省档案管理先进单位荣誉称号。

【体制机制建设】 学院成立由院长为组长、分管院长为副组长、各部门负责人为成员的档案管理领导小组，加强档案工作的组织领导。每年组织召开全院档案工作会议，明确工作目标，部署工作任务。把档案工作的目标责任下达到基层，增强部门负责人和兼职档案员的工作责任感，学院要求各部门的主要负责人分管档案工作，兼职档案员具体负责本部门日常工作中所形成文件的收集、整理、移交归档工作，档案室负责业务指导，把档案工作的各项任务落到实处。形成了完善的院级档案综合管理体系，为档案工作有序开展打下了坚实基础。

院长办公室作为学院档案室的直接管理部门，每年工作计划和总结中，都把档案工作单列一项，签订工作目标责任制，认真部署，并在日常工作中注重责任落实，在年底出具各部门(系部)档案归档考核证明。

【队伍建设】 近年来，学院注重把工作认真扎实、责任心强、文化层次高、业务水平强的人员选拔到专兼职结合的档案工作队伍中来，使档案工作队伍的整体素质有了明显提高。

加强专职档案人员工作能力、业务素质培养和兼职档案员业务培训。选派专职档案人员参加省市组织的档案业务培训，学习理论知识和业务技能，不断提高其综合素质。组织兼职档案员学习和贯彻落实《高等学校档案管理办法》《山东服装职业学院档案管理办法》等法规制度，不断增强其档案与法制意识，提高其业务水平。

【制度与基础设施建设】 学院修订完善了《山东服装职业学院档案管理制度汇编》等

有关的规章制度，建立健全档案工作规范，保证档案收集齐全、完整，分类、整理规范。

建立和完善文件材料的归档制度，并纳入教学、科研、财会和管理人员职责。建立学院档案室指导下的部门立卷归档、移交手续，及时督促有关部门立卷移交，每年各部门基本在规定时间内结束各类文件材料立卷整理并移交档案室。

2010 年，学院档案室迁入新办公楼，设置专门的档案库房和阅档室，实现库房、阅档室、办公室三分开。库房面积能够满足档案保管的需要，并留有一定的增量空间。

【档案利用服务】 近年来，学院档案室编制了多种检索工具，建立档案利用登记制度，按照档案借阅规定，为学院工作、师生及社会等方面提供档案利用，查全率、查准率达 98%以上。2004 年，在全省高职高专人才培养工作水平评估、2009 年高校毕业生就业工作评估等各项重要工作和重大活动中，学院室藏档案发挥了重要的佐证和支撑作用。学院以室藏档案及声像图片为基础，每年编纂《山东服装职业学院年鉴》，至今已出版 5 卷。

（徐　红）

威海市

山东大学(威海)

山东大学(威海)创建于1984年,前身是山东大学威海分校,是山东大学与威海市政府联合共建的多学科、开放式、综合性大学校区。

【档案工作基本情况】 山东大学(威海)综合档案室成立于1988年,隶属于校长(党委)办公室,科级机构,是学校档案工作的职能管理部门,也是本校档案保管和信息利用中心。自建校以来,校领导高度重视档案工作,校长、书记、分管领导经常到档案室调查研究,多次召开党政联席会专门研究档案工作,从组织、人员、条件上给予有力保证和支持。配备专职档案管理人员3人,其中,主任1人;副研究馆员1人,馆员1人。

2012年,档案室迁至新行政办公楼,总面积215平方米,其中档案库房170平方米,办公室、阅档室45平方米。配备密集架13组,电子计算机4台,打印机、复印机、电动装订机、碎纸机、消毒柜各1台,扫描仪、除湿机、防磁柜各2台,库房配有灭火器、电子监控、防盗门等设施,基本达到防火、防盗、防高温等"九防"要求,保证了档案的完整与安全。

截至2012年底,室藏档案4125卷,排架长度117米,按照党群、行政、教学、科研、基建、设备、出版、外事、财会以及声像档案、实物档案等建立档案体系结构。

【制度建设】 学校档案工作坚持集中统一管理的原则,实行档案工作"四纳入""四同步"。2006年3月,学校召开山东大学威海分校档案工作会议,会议的主题是深入贯彻实施《中华人民共和国档案法》《山东省档案条例》等档案法律法规,部署学校档案工作。学校进一步建立完善档案管理制度,先后制定了《山东大学威海分校档案管理办法》《山东大学威海分校档案查阅、借阅制度》《山东大学威海分校档案保密制度》《山东大学威海分校档案统计制度》《山东大学威海分校档案鉴定与销毁制度》《山东大学威海分校档案库房管理制度》等规章制度。通过制度建设进一步理顺了档案工作关系,规范了档案管理,实现了学校档案工作有法可依,部门立卷有章可循,档案工作有序开展。

【档案资源建设】 学校实行文件材料形成部门立卷归档制度。档案室作为学校档案管理的职能机构,围绕学校中心工作,开展业务指导,根据学校各类档案工作规范,具体指导各部门兼职档案员立卷归档。室藏档案移交手续完备,案卷组卷合理,整理规范,归档率、完整率在95%以上。专职档案人员严格按照《档案实体分类方案》进行编目排架,分类保管。档案统计制度健全,统计内容全面,数据准确,按时填报年度统计报表。

学校安装了威海市档案局开发的科怡档案管理软件系统,加强档案信息化建设。录入案卷目录和卷内文件目录，基本满足检索和利用的需求。

【档案开发与利用服务】 档案室编制了多种检索工具，方便档案利用服务。档案人员熟悉室藏，工作积极主动，调卷迅速、准确，查全率、查准率达到99%以上。档案已经成为学校教学、科研、管理等各项工作不可缺少的信息资源。

档案人员服务意识强，主动热情地提供档案利用。通过电话、电子邮件、传真等方式为利用者提供方便，提高了档案的利用效率。据统计，2010～2012年学校提供利用900余人次，调阅案卷1100余卷次，档案资料的参考利用价值在学校办学过程中得到充分体现，并取得显著的社会效益。

近年来，学校充分利用室藏资源，编辑出版了《山东大学威海分校校志》，2005年6月获得山东省开发利用档案信息资源成果奖二等奖；为《山东大学百年校史》《山东大学年鉴》《威海教育年鉴》提供文稿或资料；参加威海市社会科学重点研究课题《文化品牌建设在威海发展战略中的特色及作用研究》（厅级），获得2006年度威海市优秀调研成果奖一等奖和威海市社会科学优秀成果奖三等奖。

档案人员立足工作实际，先后发表业务论文10余篇，其中CSSCI来源期刊2篇，人大复印资料全文转载论文2篇，核心期刊2篇，科研成果多次获得省、市表彰。

（司献英　赵林林）

哈尔滨工业大学(威海)

哈尔滨工业大学(威海)创建于1985年,前身是哈尔滨工业大学威海分校。1996年,经原国家教委批准,哈尔滨工业大学汽车学院迁址与威海分校合并。2002年,更名为“哈尔滨工业大学(威海)”,是哈尔滨工业大学的三大跨省校区之一。

国家的需要和山东省发展的需求,促使哈工大(威海)形成了船舶、海洋、汽车与先进制造、信息、管理等重点学科、新兴学科和基础学科构成的学科体系,实现了与校本部学科的交叉互补设置。威海校区设置10个院(系),2个教学部,38个本科专业,共享校本部的148个硕士点和82个博士点,单独设置的硕士学位一级学科2个、二级学科19个。建有国际微电子研究中心、网络与信息安全技术研究中心、空间结构研究中心、机器人研究所、复合材料研究所、海洋环境研究所等各类科研机构57个,其中国家级科研机构设立的分支机构3个,院士亲自领导的研究所(中心)10个。

【档案工作基本情况】 哈尔滨工业大学(威海)综合档案室成立于2001年4月,科级机构,先后隶属于学校办公室和图书馆。配备专职档案管理人员2人,其中副研究馆员1人,馆员1人。

室舍面积为150平方米,其中档案库房98平方米,涉密档案库房22平方米,阅档室15平方米,档案整理室15平方米。截至2012年底,室藏档案38009卷(件),照片14568张(含电子版),录像带105盒,特形(含实物)档案356件。

2003年,在全省档案管理考核中,学校被确定为优秀等次和全省档案管理考核先进单位。2004年,学校综合档案室被确定为省一级档案室等次。2010年,在山东省教育厅和山东省档案局对全省高校贯彻落实教育部“27号令”情况档案工作检查中,学校被确定为全省高校档案工作优秀单位。2006年、2011年,获得哈尔滨工业大学档案工作先进集体荣誉称号。

【体制机制建设】 哈尔滨工业大学(威海)的档案工作是哈尔滨工业大学档案工作的重要组成部分,隶属哈尔滨工业大学统一领导。学校档案工作始于建校初期,档案一直由哈尔滨工业大学档案机构和学校各有关部门分别管理。2002年9月,学校配置专门的档案库房,陆续收集、整理分散在各部门的各类档案,逐步实现学校档案的集中统一管理。

2008年10月,学校成立档案工作委员会,负责组织、协调、研究、解决学校档案工作中的重大问题。2002年4月,学校各部门确定了档案工作分管负责人和兼职档案员,明确了档案工作职责,并随着学校机构调整和人员变动及时确定相关人员。截至2012年底，学校各部门兼职档案员48人，负责各部门所形成的文件材料的积累、整理和移交。

学校建立健全档案机构和档案工作网络，加强档案工作的组织领导，形成了由档案工作委员会、综合档案室、各部门兼职档案员组成的档案工作网络，有效保障了学校档案工作的顺利开展。

【制度建设】 学校按照国家、省和业务主管部门的要求，结合工作实际，不断制定和修订档案管理制度和业务规范，将《哈尔滨工业大学(威海)档案工作规范》《哈尔滨工业大学(威海)档案实体分类法》《哈尔滨工业大学(威海)各单位归档范围和保管期限表》《哈尔滨工业大学(威海)档案利用制度》《哈尔滨工业大学(威海)档案工作岗位责任制》等汇编成册(17万字)，为各部门及兼职档案员学习落实档案管理制度提供便利。

通过制度建设进一步理顺了档案工作关系，规范了档案管理，使学校档案工作有法可依，保证了档案工作健康、有序开展。

【档案资源建设】 学校按照《普通高校档案工作规范》和《哈尔滨工业大学档案实体分类法》要求，结合管理和业务实际，制定切实可行的分类方案。设置党群、行政(含外事)、教学、科研、基建、设备、出版、财会、招标、人事、声像、特形(含实物)12个档案大类。

明确各单位归档范围和保管期限表。日常通过多渠道了解各部门文件材料形成与新增内容，适时明确各部门的文件材料的归档范围，基本保证了档案的归档率和完整率。

加强部门立卷归档制度，对归档难度大的基建类、设备类档案，制定相关规定。基建类档案：在学校自筹建设项目验收中，档案材料验收是其中一项重要内容，通过三期(67项)自筹建设项目验收，基建档案归档齐全、完整；设备类档案：档案室出具档案材料齐全的证明，才可办理购买设备的固定资产登记手续，未办理固定资产登记的设备不得办理财务报账等规定。近几年，学校通过一系列制度和规定，进一步丰富了学校档案信息资源，优化了室藏结构。

【队伍建设】 学校多次组织召开档案工作会议及业务培训班，全面提高专兼职档案人员的业务素质和工作能力。

专职档案人员根据学校各类档案工作规范，具体指导各部门兼职档案员进行档案的分类、整理、组卷和计算机著录，保证了文件材料归档齐全完整和整理规范。学校建立档案工作表彰奖励制度，定期表彰和奖励在学校档案工作中做出突出贡献的部门和个人，增强专兼职档案人员的集体荣誉感、工作自豪感和工作积极性。

【设施设备建设与安全管理】 学校先后配备密集架100组，电子计算机4台，打印机4台，视频监控器2台，烟感报警器9台，防盗报警器2台，灭火器4个，服务器、空调机、复印机、除湿机、加湿机、刻录机、扫描仪、电子消毒柜、防磁防火文件柜、电动切纸机、碎纸机、收录机、吸尘器各1台。

加强档案库房管理，基本达到防火、防盗等“九防”要求，确保室藏档案安全。

【档案开发与利用服务】 档案室编制各种检索工具，包括文件目录、案卷目录、分类目录、专题目录、声像目录、重要文件目录等，满足档案利用的需要。在档案利用过程中，正确处理保密和利用的关系，认真填写档案利用登记(档案利用审批表)和档案利用效果反馈信息。除传统的查阅方式外，采取电话查询、电子邮件、传真等方式，提高了档案利用效率。近三年，平均年接待500人次、利用档案3000卷次，档案利用量呈逐年增加的趋势。

2004年5月，学校编纂出版了《哈尔滨工业大学（威海）校史（1985～2004）》，迎接建校20周年；自2002年起，学校每年编纂《哈尔滨工业大学（威海）年鉴》，截至2012年底，已编辑出版11部。

【档案信息化建设】 2003年11月，学校启动了档案信息化建设，采用计算机辅助管理，建立各类档案目录信息数据库，逐步开展室藏档案数字化加工。加强电子档案归档，部分类别实现纸质档案材料与电子档案材料同步归档。

2012年3月，学校配置“南大之星”档案网络管理系统和专用服务器。截至2012年底，建立案卷级目录和文件级目录38009条、全文数据12680条。各部门兼职档案员通过身份认证，直接在系统中著录各类档案的案卷目录和文件目录，上传电子文件，提高了工作效率。

（李明玉）

威海职业学院

威海职业学院档案馆成立于2009年4月。档案馆专职档案管理人员3人,其中具有副高职称人员1人,中级(馆员)职称人员2人。各部门兼职档案员28人。截至2012年底,馆藏档案3641卷,声像档案63盘,照片2211张。设置党群、行政、教学、科研、基建、设备、产品、出版、外事、财会、声像11大类档案。

2010年,在山东省教育厅和山东省档案局对全省高校贯彻落实教育部"27号令"情况档案工作检查中,学院被确定为全省高校档案工作优秀单位。同年,在全省档案管理考核中,学院档案馆被确定为山东省特级档案室等次,获得全省档案管理先进单位荣誉称号。

【体制机制建设】 学院成立以院长为组长的档案工作领导小组,领导学院档案工作,一名副院长为副组长协助院长负责档案工作,并明确了其主要职责。按照《高等学校档案管理办法》(教育部27号令)要求,结合学院实际,撤销原档案室成立档案馆,并逐步推进档案馆建设。各部门明确分管档案工作的负责人,并设一名兼职档案员,负责本部门日常工作中形成文件的收集、整理、保管、预立卷、移交归档工作,建立了由31人组成的专兼职结合的档案工作队伍,形成了完善的档案工作网络,为档案工作有序开展奠定了坚实基础。

【制度建设】 建立健全档案管理制度,主动指导各部门开展档案业务,通过各种措施保证文件材料归档齐全、完整,分类准确,整理规范等。学院先后制定了《威海职业学院档案管理办法》《威海职业学院档案借阅制度》《威海职业学院科研档案管理办法》《威海职业学院仪器设备档案管理办法》《威海职业学院重大活动档案管理办法》等一系列规章制度,使档案管理做到了有章可循、有法可依、科学规范,进一步促进了档案管理的规范化和制度化。

【档案资源建设】 按照教育部、国家档案局颁布的《高等学校档案管理办法》(27号令)要求,实行档案材料形成单位、课题组立卷的归档制度。制定档案实体分类方案、归档范围及保管期表,将从事招生、教学、科研、管理等活动中直接形成的、具有保存价值的各种类型、各种载体形式的文件材料,按11大类收集齐全、完整,并按照规范整理归档。不断拓展档案资源的收集渠道,丰富馆藏资源。

【设施设备建设】 在经费紧张的情况下,学院加强档案硬件设施投入。2010年,投入30多万元,扩大、改造档案用房,使档案用房面积达到1000平方米,实行库房、阅档室、办公室三分开。更换档案装具，增置智能档案密集架 176 立方米，购置防磁柜 2 台和计算机、高速扫描仪、光盘刻录机、激光打印机、喷墨打印机等基础设备，以满足档案管理规范化、科学化、现代化的需要。

库房配置 4 台空调机和除湿机、消毒灭菌机、温湿度测量打印机、吸尘器等设备，安装了实时监控系统、自动灭火系统以及手提式灭火器等安全消防设施，基本达到防火、防盗、防高温、防潮湿等“九防”要求，杜绝档案安全隐患，使档案安全保管得到可靠保障，为档案工作的进一步发展奠定了基础。

【档案信息化建设】 学院从提高档案管理现代化水平、方便保管利用出发，在加强原有馆藏档案文件级目录数据库建设的同时，注重加强新增档案文件级目录数据库建设，逐步实现手工检索向计算机检索的过渡。截至 2012 年底，2000 年以后的档案目录已全部录入计算机。加强全文数据库建设，对 2000 年以来永久保存的档案进行全文扫描，实现了部分馆藏档案的数字化。

建立档案信息网站，开设档案信息查询利用窗口，提供可公开信息的公布和检索利用，实现公开档案信息的社会共享，继续拓宽信息网站的服务功能，为学院教学、科研和管理及社会提供便捷服务。

【档案开发与利用服务】 学院利用档案信息开展多种形式的档案咨询服务和信息开发利用。档案馆已成为学院档案保管和信息利用中心。在 2004 年全省高校教学工作评估、2006 年全省德育工作评估、国家示范性高等职业院校项目建设、2008 年学院 50 年校庆等各项重要工作和重大活动中，档案馆均提供了大量档案材料及数据。学院组织编印了多种文件材料汇编，先后编撰了《威海职业学院校庆 50 年画册》《威海职业学院档案工作文件汇编》《威海职业学院 1958～2008 年大事记汇编》《威海职业学院教育工作评估资料目录》《威海职业学院德育工作评估资料目录》等资料，制作国家示范院校发展建设成果展板等。

档案馆编制了 4 种检索工具，建立了档案利用登记制度，档案人员工作熟练、调卷迅速、准确，查全率、查准率达 98%以上，使档案在为学校教学、科研、管理工作服务中发挥了积极作用。

（谷祖建）

山东药品食品职业学院

山东药品食品职业学院始建于1958年，2005年经山东省人民政府批准建立高等职业院校，同年在教育部备案。实行省教育厅和省食品药品监督管理局双重领导，以山东省食品药品监督管理局为主的管理体制，是一所专科层次的全日制普通高等职业院校。

学院总占地907亩，设威海、淄博两个校区，校舍面积14.6万平方米。教职工417人，在校生8000余人。学院设有山东省食品药品监督管理系统干部培训中心、山东省执业药师培训中心培训点、山东省医药行业第二职业技能鉴定所。

【档案工作基本情况】 学院综合档案室设立于2006年，隶属院党委、院长办公室。专职档案管理人员2人，均为本科学历，从事档案工作均达7年以上。学院综合档案室室舍面积200平方米，分设档案库房、资料室、办公室，实现了库房、阅档、办公三分开。安装防盗门、防盗窗和防光窗帘，配有空调、微机、扫描仪、灭火器、防虫剂等设备物品，以及资料装订机、档案材料线缝装订机、电钻、切纸机等工具。

室藏自1958年建校以来的党群、行政、教学、科学研究、财会、基本建设、仪器设备、声像、实物等相关大类档案。

【体制机制建设】 学院成立了由院长任组长、各部门负责人为成员的档案工作领导小组，加强学院档案工作的组织领导。将档案工作纳入学院发展规划，每年在工作计划和总结中，把档案工作作为一项重要工作进行部署总结。

学院重视加强教职工档案意识教育，认真落实《中华人民共和国档案法》《高等学校档案管理办法》等法律法规，切实把从事招生、教学、科研、基建、管理等活动中直接形成的、具有保存价值的各种类型、各种载体形式文件材料收集齐全，按照高校档案实体分类方案进行分类、整理、归档，归档率达98%以上。

【制度建设】 学院重视档案工作制度建设，根据《高等学校档案管理办法》等法律法规，制定了《山东药品食品职业学院档案管理办法》《山东药品食品职业学院档案借阅制度》《山东药品食品职业学院档案销毁制度》等，立卷、归档、移交、销毁、借阅等严格按制度规定有序开展，档案工作制度化、规范化、科学化水平不断提高。

【档案利用服务】 综合档案室根据办学特色，不断拓展档案资源的收集渠道，丰富室藏资源。加强档案信息资源的开发利用，为学院教学、科研和管理服务。围绕学院中心工作，利用档案信息资源，积极编纂学院校史、大事记及其他与教学、科研相关的档案资料，为职称评定、教学评估、科技成果展览、德育评估等各项工作提供服务。

【档案信息化建设】 学院结合数字化校园建设，积极推进档案信息化建设，建立档案目录数据库，实现纸质档案材料与电子档案材料同步归档，开展部分开放档案信息网上查询。

（孙　晓）

日照市

日照职业技术学院

日照职业技术学院始建于1987年创建的日照市第三职业高级中学，1993年改建为普通中等专业学校——日照市经济学校。1998年4月，经教育部批准成为山东省第一所职业技术学院。2011年，以优秀成绩通过国家示范性高等职业院校验收，2012年被教育部确定为2011～2012年度全国高校毕业生就业典型经验高校。学院始终坚持内涵建设，不断深化教育教学改革，全面提高人才培养质量，服务地方经济社会发展，形成了规模适度、专业综合、结构合理、多元开放的办学格局。

学院地处日照大学科技园，占地1242亩，建筑面积42.6万平方米，教学仪器设备总值1.67亿元，在校生15000余人，教职工900余人。学院紧扣地方经济发展脉搏，形成了适应区域经济发展需要，以水产、食品、旅游、机电、建筑、汽车、物流等重点专业为龙头，相关专业为支撑的专业群，13个专业大类的69个专业覆盖鲁南经济带和日照市的主要支柱产业。面向全国29个省、市、自治区招生，连续多年第一志愿录取率达100%，毕业生一次性就业率在98%以上。

【档案工作基本情况】 学院档案工作始于建校初期，2004年设立综合档案室，隶属学院办公室。保存建校以来党群、行政、教学、科研、基建、财会、出版、外事、声像、设备、实物等11个大类档案。截至2012年底，学院建立全宗2个，室藏档案9690卷(件)，总排架长度110米，其中案卷档案3096卷，按件档案6594件，照片869张，音像档案182盘(张)，实物档案145件。专职档案管理人员2人，其中副研究馆员1人，馆员1人，均为本科学历。编制检索工具4种。

1999年，在全省科技事业单位档案工作目标管理达标定级考评中，学校被批准为省二级单位。2006年，在全省档案管理考核中，晋升为省一级档案室等次。2012年，晋升为省特级档案室等次。在2004年、2010年日照市档案工作年度考核中获得优秀等级，被授予全市档案管理先进单位荣誉称号。2010年，在山东省教育厅和山东省档案局对全省高校贯彻落实教育部"27号令"情况档案工作检查中，学院被确定为全省高校档案工作优秀单位。

【体制机制建设】 学院于2006年成立档案工作领导小组，2008年根据机构调整和人员变动情况，确立了以院长为组长、学院办公室主任为副组长、各部门负责人为成员的档案工作领导小组。各部门明确分管档案工作负责人，设置1名兼职档案员，全校兼职档案员29人，在专职档案人员的指导下开展档案的收集、整理、归档、移交等工作。学院建立了由档案工作领导小组、学院综合档案室和各部门、系部构成的三级档案工作网络。

【设施设备建设】 2008年以来，学院先后改造扩建档案库房以及校史展室600余平方米，购置160组(20列)档案密集架、2组音像防磁柜以及臭氧灭菌机、彩色激光打印机、扫描仪、刻录机、台式计算机、复印机等设备，基本满足了档案管理规范化、信息化需要。学院实现库房、阅档室、办公室三分开，其中库房面积105平方米，阅档室50平方米，办公室72平方米。库房配备了防盗门窗、灭火器、空调机、除湿机、温湿度自动记录仪等设施设备。

【制度建设】 学院综合档案室在原有的档案管理办法的基础上，修订各项档案管理制度和业务规范，把文件材料的收集、整理、归档和保管等环节以制度的形式确定下来，先后制定了《日照职业技术学院档案管理办法》《日照职业技术学院档案实体分类编号法》《日照职业技术学院档案工作规范》《日照职业技术学院档案借阅制度》《日照职业技术学院档案安全保密制度》等规章制度，做到了档案工作有章可循。进一步落实"四纳入""四同步"制度，在工程项目招投标、设备引进、教育教学、学生管理、科研项目验收等各项重大活动中，做到同步布置、检查、总结、验收档案工作，确保形成的文件材料齐全、完整。

【档案信息化建设】 学院结合实际情况，选择日照市档案局开发的档案管理软件，利用日照市政府的政务内网与市档案局联网，把学院的档案目录数据上传至市档案局服务器，实现了网上查询的管理模式。自2007年以来，学院在收集归档纸质档案的同时，同步收集归档电子档案，并探索数字档案信息的建设规范、安全保障和查询利用，逐步实现数字档案室(馆)的建设目标。

(乔永会)

山东水利职业学院

山东水利职业学院前身是山东省水利学校，创建于1958年，2002年经山东省人民政府批准、教育部备案，成为一所省属全日制普通高等职业院校，隶属于山东省水利厅。2006年，学院在山东省委高校工委组织的高校德育与校园文明建设工作评估中获得“双优”，同年分别被授予德育工作优秀高校和文明校园”荣誉称号；2007年，获得山东省高校体育优秀单位荣誉称号；2008年，获得全省高校公寓管理工作先进单位荣誉称号；2011年，获得全国职业院校魅力校园、山东省高校校园绿化先进单位、“十一五”全国水利职工教育先进集体等荣誉称号；学院被建设部、教育部确定为建设行业技能型紧缺人才培养基地；2012年1月，成为全国水利职业教育示范院校；2012年11月，被确定为山东省首批技能型人才培养特色名校立项建设单位。

【档案工作基本情况】 学院档案工作始于1958年建校之初，1993年3月建立综合档案室，隶属于学院办公室，配备专职档案管理人员2人。成立学校档案管理委员会，各部门明确了档案工作负责人和兼职档案员，并逐步建立起19人专兼职相结合的档案工作队伍，形成了全校档案工作网络。截至2012年底，室藏档案8892卷，其中党群类542卷、行政类1820卷、教学类1887卷、财会类2825卷、声像类910卷、实物档案271卷、基建类288卷、外事类53卷、科研类107卷、出版类106卷、设备类83卷，各类档案归档率、完整率均达到规定要求。

1995年，在全省科技事业单位档案工作目标管理达标定级考评中，学院被批准为省二级单位；2000年，经考评，学院晋升为省一级单位；2010年，在山东省教育厅和山东省档案局对全省高校贯彻落实教育部“27号令”情况档案工作检查中，学院被确定为全省高校档案工作优秀单位；2011年，经考核，被确定为省特级档案室暨全省档案管理先进单位。

【制度建设】 根据《中华人民共和国档案法》和《高等学校档案管理办法》（教育部27号令），结合学院实际情况，制定了《山东水利职业学院重大活动登记制度》《山东水利职业学院档案室分管领导职责》《山东水利职业学院综合档案室主任岗位职责》《山东水利职业学院档案工作人员岗位责任制》《山东水利职业学院文件材料归档制度》《山东水利职业学院档案保管及保密制度》《山东水利职业学院档案鉴定、销毁及统计制度》《山东水利职业学院档案库房安全管理制度》《山东水利职业学院档案设备维护使用制度》《山东水利职业学院档案查借（阅）利用制度》等规章制度。制度的制定实施，使档案工作有法可依，有据可查，有章可循，为进一步明确责任，推进规范管理奠定了坚实基础。

【设施设备与信息化建设】 学院室舍建筑面积736平方米，其中库房326平方米、办公室70平方米、阅档室74平方米、陈列室260平方米。配备计算机、刻录机、高速扫描仪、复印机、防磁柜、底图柜、除湿机、消毒灭菌机、吸尘器、自动温湿度记录仪。

2010年，学院购置安装“南大之星”档案网络管理系统，逐步建立档案信息数据库，并实现档案数字化管理及文档一体化，提高了档案管理的现代化水平。

【档案开发与利用服务】 近年来，编制档案检索工具，建立档案利用登记簿。积极探索档案信息资源开发利用新思路，努力开发档案信息资源。学院组织编撰了《山东水利职业学院档案制度》《山东水利职业学院档案实体分类方案与各类档案归档规范》《山东水利职业学院档案全宗介绍》《山东水利职业学院大事记》《山东水利职业学院年鉴》《专题目录》《山东水利职业学院组织沿革》《山东水利职业学院规章制度汇编》《山东水利职业学院历届领导人任职一览表》《山东水利职业学院干部职务变动登记表》《纪念建校50周年图册》《山东水利职业学院历届学生名单》等十多种参考资料，为学院专业论证、教学评估、德育和校园精神文明建设评估等提供翔实、可靠的档案资料。

（孙保伟）

山东外国语职业学院

山东外国语职业学院是2005年经山东省人民政府批准、教育部备案的一所高等职业院校。学院位于享有“中国魅力城市”之称的山东省日照市，坐落在人文、生态环境优雅的日照大学科技园，依山傍海，风景秀丽。学院被确定为山东省高职高专院校人才培养工作水平评估优秀单位、山东省重点服务外包人才培训基地。学院占地面积888亩，规划总建筑面积约31万平方米，教职工400余人，外籍专家30余人，其中具有研究生以上学历者占60%，具有讲师以上职称者近40%，双师型素质教师达到50%以上。建有省级教学团队1个，省级特色专业2个。学院坚持“以服务为宗旨，以就业为导向，走产学结合的发展道路”的办学理念，坚持质量立校、特色发展、鼓励创新、服务地方的办学思路，着力培养应用型、外向型、复合型、技能型高素质人才。

【档案工作基本情况】 学院综合档案室成立于2006年10月，隶属于学院办公室，科级机构。配备专职档案管理人员2人，均具有本科学历，兼职档案员18人。室舍建筑面积104平方米，其中库房面积64平方米。配置“南大之星”档案网络管理系统，配备空调、计算机、刻录机、扫描仪、复印机、防磁柜、除湿机、灭火器、消毒灭菌机、温湿度记录仪等设施设备。

截至2012年底，室藏各类纸质档案1800余件，机读目录6741条。学院设置党群、行政、教学、科研、财会、基建、学生、外事、产品、设备、出版、声像、实物等13大类和不同载体形式档案，利用计算机检索管理。

2010年，在山东省教育厅和山东省档案局对全省高校贯彻落实教育部“27号令”情况档案工作检查中，学院被确定为全省高校档案工作优秀单位。

【体制机制与制度建设】 2006年10月，学院立成了档案工作领导小组，由院长任组长，分管副院长任副组长，办公室主任和各部门、二级学院主要负责人为成员。领导小组下设办公室，办公室设在综合档案室。各部门、二级学院设有分管档案工作的负责人和兼职档案员。形成了由“档案工作领导小组—综合档案室—各部门兼职档案员”组成的三级档案工作网络。学院自成立以来，不断建立健全各项档案管理制度，先后制定和完善了《山东外国语职业学院档案管理办法》《山东外国语职业学院档案工作岗位职责》《山东外国语职业学院档案保密制度》《山东外国语职业学院档案库房管理制度》《山东外国语职业学院档案保管制度》《山东外国语职业学院各归档单位档案归档范围和保管期限表》《山东外国语职业学院档案销毁制度》《山东外国语职业学院档案服务指南》《山东外国语职业学院档案利用制度》《山东外国语职业学院证书使用管理制度》等规章制度，推动了学院档案工作的制度化、规范化和科学化发展。

【档案开发与利用服务】 学院综合档案室编制案卷目录等多种检索工具，主动为教学、科研、党政管理及社会各方面提供档案咨询和借阅服务。2006 年以来，为学院及社会各方面提供档案利用 1200 多人次，阅卷 1800 多卷次。

开展多种形式的档案信息资源开发利用。学校组织编撰了《山东外国语职业学院规章制度汇编》《山东外国语职业学院大事记汇编》《山东教育年鉴》(山东外国语职业学院文稿)、山东外国语职业学院宣传片(DVD)、《山东外国语职业学院画册》等，利用档案资料建立校史馆，发挥了档案的有效价值。

【档案信息化建设】 2012 年 8 月，学院购置安装“南大之星”档案网络管理系统，配备专用服务器、计算机、扫描仪、复印机、打印机等设施设备，组织专兼职档案员进行档案信息化业务培训，实现案卷目录和主题词系统检索，为学院中心工作提供优质、快捷服务。

(丁艳霞)

莱芜市

莱芜职业技术学院

莱芜职业技术学院是2000年10月经省政府批准建立的全日制普通高等职业院校，由原山东省莱芜师范学校、莱芜市第二职业中专、莱芜广播电视大学和莱芜市卫生职工中等专业学校4所学校合并而成。截至2012年底，学院在职教职工737人，规划占地2000亩，现占地839亩，建筑面积23万平方米，固定资产近6亿元，仪器设备总值近6600万元，馆藏图书80万册。设有8个系，3个二级学院，16个研究所，1个省级研究院，1个省级重点实验室。开设50个专业，面向19个省（自治区）招生，全日制在校生8000人。学院先后获得山东省职业教育先进单位、山东省职教师资队伍建设工作先进集体、山东省高职高专人才培养工作优秀学院、全省高校校园文明建设与德育工作“双优”学院、山东省文明单位等荣誉称号。2012年11月，学院被确定为山东省高等教育技能型特色名校立项建设单位，进入了一个崭新的发展阶段。

【档案工作基本情况】 莱芜职业技术学院档案室成立于2000年6月，是在原3校档案室的基础上成立的，隶属学院办公室。档案室舍面积320余平方米，其中库房面积200平方米，办公室70平方米，阅档室50平方米。配备专职档案管理人员3人，其中，副研究馆员1人，馆员1人，助理馆员1人；研究生学历1人，本科学历2人。学院各部门设置兼职档案员18人。截至2012年底，学院建立4个全宗，室藏档案30608件（卷），实物档案158件，照片3223张，光盘208张，录像带29盘，室藏档案最早形成年代为1952年。

2004年，在全省档案管理考核中，学院档案室被确定为省一级档案室等次。2010年，在山东省教育厅和山东省档案局对全省高校贯彻落实教育部“27号令”情况档案工作检查中，学院被确定为全省高校档案工作优秀单位。

【体制机制建设】 学院建立健全档案工作的体制机制，成立了以院长任组长，分管副院长任副组长，各处室、系部有关负责人为成员的学院档案工作领导小组，研究解决档案工作中遇到的实际问题。把档案工作纳入学院的整体发展规划和年度工作计划，档案事业发展所需经费纳入学院预算，档案文件的收集、整理和归档纳入学院工作流程，档案的形成、归档、管理、服务工作质量考核指标纳入学院的绩效考核体系，力求落实“四纳入”制度要求。

学院成立了与办学规模相适应的档案机构，学院实行档案工作集中统一领导。建立健全了学院档案工作网络，加强档案人员培养。通过培养、引进和人才流动等方式，把政治素质高，管理能力强，适应档案管理现代化、信息化建设要求的专业人才，选配到档案管理岗位上来。各处室、系部配备了兼职档案员，在学院、各处室系重大活动、工程项目、设备开箱验收、教学、科研等重要工作中，同步布置、检查、总结、验收档案工作，力求落实“四同步”制度要求。

【制度建设】 学院注重加强档案制度建设。2008 年，在原来各项制度的基础上，重新修订了《莱芜职业技术学院党群类行政类文件材料归档范围保管期限表》《莱芜职业技术学院档案实体分类方案》，完善了档案保管、保密、利用、统计、库房管理、安全消防、收集、归档、鉴定、销毁等档案工作的一系列规章制度和档案人员岗位职责等。2012 年，结合工作实际，专门下发了《莱芜职业技术学院关于做好 2012 年度文件材料归档工作的通知》。制度建设为档案工作向科学化、规范化方向发展奠定了基础。

【档案资源建设】 加强档案资源建设，采取有效措施，切实把从事招生、教学、科研、基建、管理等活动中直接形成的、具有保存价值的各种类型、各种载体形式文件材料，按照高校档案实体分类方案进行分类、整理、归档，确保档案资料齐全、完整、准确、系统。学院档案机构突出办学特色，不断拓展档案资源的收集渠道，加强各类档案的收集归档工作，各项档案管理制度落实到位，责任到人，每年文件材料归档率、完整率、准确率达到 95%以上。档案法规和自身业务管理档案保存齐全，每年按时向市档案局报送档案管理考核材料及自查报告，得到了档案局的肯定。

【基础设施建设与安全管理】 学院自 2000 年建立综合档案室以来，就着手加强档案基础设施和档案业务建设，建立了与室藏档案及年归档量相适应的档案库房、阅档室和办公室，档案库房安装了密集架、监控系统和温湿度自动控制设备，建立安全巡查记录，基本达到防火、防盗、防高温、防潮湿等“九防”要求，档案出入库手续齐全，档案清点、鉴定、统计和销毁工作符合业务规范，档案利用和保管达到安全保密要求。

【档案开发与利用服务】 档案室编制了多种档案检索工具，建立了档案基本情况统计台账、工作日志和全宗卷。开展资料汇编、大事记、组织机构沿革等编研工作，参加市档案编研、年鉴编纂工作，及时提供档案信息咨询，筹建校史展室，为编写校史积累基础资料。严格执行档案查阅制度，确保单位和个人档案信息安全。实现了“高校档案机构是学校出具档案证明的唯一机构”的要求，采取多种形式为各处室、系部、师生和社会服务，每学年提供档案利用近千次，利用效果明显。

开展档案宣传工作，普及档案知识，增强师生档案意识，不断丰富校园文化和精神文明建设内涵，拓宽档案服务新领域。鼓励档案人员积极参加学术交流活动，组织撰写了《学校档案怎样为教育教学服务》《增强档案编研工作认识　提高档案编研理论水平》《档案管理工作的思考》《对上级文件材料保管期限划分的几点看法》等多篇学术论文，使档案人员加深了对档案工作意义的认识，提高了档案理论水平。

（朱晓红　吕红波）

新汶矿业职工大学(莱芜)

新汶矿业职工大学(莱芜校区)档案室设立于1987年,隶属学校办公室。

1987～1994年,学校档案按机构分年度分类立卷;1994～2012年,根据《煤炭工业企业档案分类规则》要求,按主题分年度分类立卷,设立党群类、行政类、经营类、教学类、科学技术类、基本建设类、会计类、职工管理类、特殊载体类、设备仪器类、产品类11个一级类目。截至2012年底,学校室藏各类档案1613卷2114件,其中,文书档案721卷837件,会计档案743卷,基建档案55卷,科研档案4卷,设备档案44卷,上级文件721卷(集团公司648卷,煤炭系统39卷,市地级14卷,省级18卷,国家级2卷);录音、录像带22盘;照片409张,特殊载体78件,电子文件21件。

1996年,被山东省档案局批准,晋升为山东省机关档案工作省一级先进单位。

【体制机制建设】 学校成立了由校长、书记任组长,各部门负责人为成员的档案工作领导小组,领导小组下设办公室,学校办公室主任兼任领导小组办公室主任。配备专职档案管理人员2人,兼职档案员18人,形成了专职档案人员负责指导监督、保管利用,兼职档案员具体负责档案材料收集整理、组卷移交的档案工作网络。

【制度与基础设施建设】 根据《中华人民共和国档案法》《高等学校档案管理办法》(教育部27号令)等法律法规,结合工作实际,学校先后制定了《档案工作人员岗位责任制》《公文处理制度》《档案材料收集、文件归档制度》《档案借阅规定》《档案保密管理规定》《档案鉴定销毁管理规定》《档案库房管理规定》等多项档案管理制度和规范,逐步使档案工作有法可依、有章可循。

学校不断完善基础设施和档案保管条件建设。截至2012年底,学校实现档案库房、阅档室、办公室三分开,配备档案橱20个以及防火、防盗、防高温、防潮湿、防光、防尘、防鼠等保管设施设备。

【档案利用服务】 学校加强档案信息资源的开发和利用,不断提高档案的利用效率。2002～2012年,学校获得开发利用档案信息资源成果6项。编制案卷总目录、案卷分类目录、文件归档目录、文件卡片目录、教学档案专题目录、机构职称专题目录多种检索工具,方便档案信息的检索与查阅。

(杨仲菊)

临沂市

临沂大学

临沂大学，坐落在山东省临沂市，其前身是1941年5月为适应山东革命根据地建设需要，在中共山东分局领导下，由中共滨海区委和抗大一分校共同创建的滨海建国学院。先后经历了滨海公学、临沂师范专科学校、临沂师范学院等发展阶段。2010年11月，经教育部批准，更名为“临沂大学”。在半个多世纪的办学实践中，学校艰苦创业，现已发展成为一所以本科教育为主、学科专业较为齐全、办学条件优良的多科性普通本科院校。

【档案工作基本情况】 1989年，学校成立档案科，1990年建立综合档案室，科级机构，隶属校长办公室。2000年，建立临沂师范学院，综合档案室归属学院办公室。2009年，学院落实教育部、国家档案局颁布的《高等学校档案管理办法》(27号令)精神，成立档案馆，隶属学校办公室。2010年11月，更名为“临沂大学档案馆”。截至2012年底，学校配备专职档案管理人员7人，其中，馆长1人，副馆长1人，业务人员5人；副研究馆员4人，馆员2人，助理馆员1人；具有研究生学历人员2人，本科学历人员5人。各部门兼职档案员21人。学校建立6个全宗，馆藏党群、行政、教学、科研、基建、产品、设备、出版、外事、财会、声像、实物等类别档案约4万卷(盒)。

2012年，临沂大学档案馆迁至学校新图书馆大楼，馆舍建筑面积为3290平方米，其中库房面积2165平方米。2012年以来，更新安装档案橱柜200个，密集架280节。各库房均配置防火器材、吸尘器、空调机、除湿机、温湿度检测仪、臭氧杀菌机、电子监控器等设备，基本达到防火、防盗、防高温等“九防”要求。档案馆配有微机、打印机、复印机、照相机、传真机、扫描仪、刻录机、档案多功能装订机、防磁柜、碎纸机、服务器等办公设备。

【体制机制建设】 依据《中华人民共和国档案法》《高等学校档案管理办法》(27号令)等法律法规，学校档案工作由校长主管，副校长协助校长分管负责，学校档案实行集中统一管理。档案工作纳入学校工作计划、规划并列入重要的议事日程。学校成立档案工作委员会、档案执法监察领导小组，档案工作委员会负责组织、协调、研究、解决学校档案工作中的重大问题，落实学校主管领导—学校办公室主任—档案馆—各立卷部门兼职档案员责任制，各部门各单位行政负责人均是本部门本单位档案工作的第一责任人，档案馆全程跟踪监督、检查和指导各部门各单位档案工作，做到有组织、有领导、有措施。

【制度建设】 学校作为原国家教委、山东省教委首批进行《高等学校档案实体分类法》试点单位之一，在档案业务建设中，学校严格执行《高等学校档案实体分类法》和《高等学校档案工作规范》规定，制定《学校档案工作规范》和《数字化校园建设规划方案》《档案信息化建设实施方案》《档案管理暂行办法》《科研档案管理规定》《教学档案管理办法》《声像档案分类表》等制度规范，明确档案人员的责任分工，加强档案人员业务培训，做到依法治档，规范管理。先后修订完善了《档案管理实施细则》《档案工作人员岗位职责》《立卷归档制度》《档案鉴定销毁制度》《档案统计制度》《档案查借阅制度》《档案质量考核制度》等十几项规章制度及细则，使档案工作有章可循，并在工作中落实，在落实中提高。

【档案信息化与安全管理】 自2002年起，学校购置安装“南大之星”档案管理软件单机版。2005年，更新使用“南大之星”档案网络管理系统，2010年启用与档案网络管理系统相对接的档案信息发布系统，学校每年的文书立卷工作均按规定通过档案网络管理系统完成。学校投入50余万元，增置、完善档案设施设备。档案网络管理系统和档案信息发布系统的投入使用，提高了学校档案管理现代化、信息化水平，为学校教学、科研、管理等提供更加便捷服务。

在信息安全保密、文电管理、涉密计算机和互联网的安全管理中，学校采取档案人员专人专户、授权控制、密级设定、用户IP地址锁定等措施，在档案信息安全管理方面收到了良好效果。各有关档案人员均参加了保密培训，取得保密上岗证书。

【档案开发与利用服务】 档案馆始终围绕学校中心工作，不断创新服务理念，为学生服务，为领导决策服务，为广大教职工服务，同时也为区域经济社会发展服务。编制了案卷目录、全引目录、专题目录、分类目录、文号索引、人名卡片等各种检索工具。

加强档案信息资源的开发利用，使“死”档案发挥“活”效益。档案馆先后编写了《临沂大学大事记》《临沂大学组织沿革》《临沂大学历届党政领导情况专题》《临沂大学基础数字汇编》《临沂大学校史》《临沂大学科研成果介绍》《临沂大学全宗介绍》《临沂大学年鉴》以及著名人物文集等成果。学校拍摄新闻纪录片《创新中的临沂师范学院》《老区的热望与渴盼》《在这片奉献的土地上》等，深层次开发挖掘档案蕴藏的有价值信息，为红色馆、文化名人馆的布展及时提供翔实的历史资料和图片，充分发挥档案的文化教育功能。

多年来，档案馆为临沂市及社会各界提供了重要的档案信息服务。在领导决策、申报教学科研成果、数据统计、大学建设、解决土地纠纷、学历证明、各类评估、出国访留学、编史修志、创建市文明城、卫生城等方面学校档案均发挥了重要作用。

【荣誉与奖励】 1989年，在临沂地区档案工作检查中，学校被中共临沂地委和行署授予“全区档案工作先进单位”荣誉称号；1990年，在全省高等学校档案工作检查评估中，被省教委授予“山东省普通高等学校档案工作先进单位”荣誉称号；同年，被山东省档案局批准晋升为山东省机关档案工作省二级先进单位；1993年，圆满完成国家教委和省教委组织的高等学校档案实体分类法的试点工作；1999年，在全省科技事业单位档案工作目标管理达标定级考评中，学校被批准为省一级单位；2003年，在全省档案管理考核中，学校被确定为优秀等次和全省档案管理先进单位，同年，学校综合档案室被山东省档案局授予山东省档案工作先进集体荣誉称号（四年一次）；2004年，学校综合档案室被确定为省一级档案室等次；2010年，在山东省教育厅和山东省档案局对全省高校贯彻落实教育部“27号令”情况档案工作检查中，学校被确定为全省高校档案工作优秀单位。

（王晓真）

临沂职业学院

临沂职业学院是2008年3月经山东省人民政府批准、教育部备案，纳入国家统一招生计划的全日制高等专科院校，是一所专门培养高等职业技能人才的院校。截至2012年底，学院占地511亩，教职工545人，其中专兼职教师473人，副高以上职称118人，硕士研究生以上教师96人，双师型教师158人。学院实行院、系两级管理，设有17个党政管理机构，6个教学机构，3个教辅机构。开办普通高职、五年制大专、三二连读、三年制普通中专、职业中专，一年制高中中专等多形式的职业教育，开设22个高职专业和16个中职专业。

【档案工作基本情况】 临沂职业学院自2008年成立文秘档案科，接收原四所学校的所有档案，设立了综合档案室，具体负责学院档案资料管理。配备专职档案管理人员1人，兼职档案员24人。库房面积200平方米，档案橱200个。计算机2台，复印机1台，空调机2台，温湿度检测仪1台，扫描仪1台，打印机2台，光盘刻录机1台，碎纸机1台及相应的消防设备。实现了库房、阅档室、办公室三分开。学院建立5个全宗(临沂商业学校、临沂商业学校南校区、临沂广播电视大学、临沂市职业中专、临沂供销学校)、11大类档案(党群、行政、教学、科研、基建、设备、产品、出版、外事、财会、声像)。其中按临沂市档案局要求，将原临沂商业学校案卷移交市档案馆。截至2012年底，室藏档案2378卷、471件。年归档量为200余卷。

2012年，在全省档案管理考核中，学院综合档案室晋升为省一级档案室等次，黄坤华被授予临沂市档案工作先进个人荣誉称号。

【体制机制与队伍建设】 学院完善档案管理机构。成立以院长为组长、以分管院领导和办公室主任为副组长、有关部门负责人为成员的档案工作领导小组，理顺了工作关系。

学院专兼职档案人员已全部达到了大专以上学历。围绕提高专职档案人员的业务水平和工作能力，一方面加强档案人员的自身学习业务技能；另一方面积极选派档案人员参加业务主管部门组织的培训，并到档案工作先进单位学习，取长补短。在日常工作中，注重加强兼职档案员业务培训，指导他们开展档案的收集、整理、分类、立卷，并按要求定期移交档案。

【制度建设】 学院按照档案法规要求，结合档案工作实际，制定了档案人员职责、归档制度、借阅利用制度、安全保密制度、档案管理办法等一系列规章制度，使档案工作有章可循。

学校的各项工作逐步与档案工作相衔接，做到“四纳入”“四同步”。在加强制度建设的同时，注重档案的完整性、准确性、系统性，建立完备的交接、借阅手续，防止档案的丢失，文件材料归档率、完整率、准确率明显提高，案卷质量严格按国家标准执行，达到规范统一。

【档案利用服务】 综合档案室建立了档案总目录、分类目录等检索工具，以方便查阅。他们熟悉档案分类、保管等业务，查档迅速、准确。根据档案利用的需求，采取多种措施，及时提供档案信息服务。在方便利用的同时，重视档案的安全保管，既保证档案不丢失、不损坏，又保证档案信息不失密、不泄密。

（李晓明）

山东医学高等专科学校(临沂)

山东医学高等专科学校是一所省属普通高等医学院校。1966年3月创建于沂水县城(其前身为青岛医学院沂水分校);1972年8月经国务院批准,命名为沂水医学专科学校;1982年学校迁至临沂重建,1986年更名为“临沂医学专科学校”;2004年12月,经教育部批准,更名为“山东医学高等专科学校”;2005年1月,经山东省人民政府批准,山东省卫生学校并入山东医学高等专科学校,校本部在临沂,设济南校区。

【档案工作基本情况】 1988年12月,学校成立综合档案科;1998年12月更名为“综合档案室”,隶属学校办公室,科级机构,配备专职管理人员3人,其中具有副高职称人员2人。截至2012年底,室藏各类纸质档案7130卷。1999年,在全省科技事业单位档案工作目标管理达标定级考评中,学校被批准为省一级单位;2003年,在全省档案管理考核中,学校综合档案室被确定为优秀等次,被省档案局和省卫生厅授予全省档案管理先进单位荣誉称号;2004年,学校综合档案室晋升为特级档案室等次,被省档案局和省卫生厅授予全省档案管理考核先进单位荣誉称号;2010年,在山东省教育厅和山东省档案局对全省高校贯彻落实教育部“27号令”情况档案工作检查中,学校被确定为全省高校档案工作优秀单位。

【体制机制建设】 学校明确规定各部门主要负责人是本部门档案工作第一责任人,聘任学校各部门兼职档案员24人。实行部门预立卷制度,形成了以综合档案室为中心的档案工作网络,并于每年6月30日前结束年度立卷归档工作。学校主要领导每年多次召开专题会议和现场办公会议,听取档案工作汇报,研究解决档案工作中存在的问题,在人、财、物等各方面给予支持。

【制度建设】 学校贯彻落实教育部、国家档案局颁布的《高等学校档案管理办法》(27号令)等法规,注重加强各项制度建设,制定了《山东医学高等专科学校档案管理办法》《山东医学高等专科学校档案工作目标管理考核标准》,建立健全档案保管、借阅、统计、安全、保密、销毁、库房管理等各项规章制度。在长期学习实践《高等学校档案实体分类法》与《高等学校档案工作规范》的基础上,广泛征求和听取各部门意见和建议,结合学校实际,制定《山东医学高等专科学校档案实体分类法与档案工作规范》和《山东医学高等专科学校档案归档范围和保管期限表》。并明确提出各类档案工作基本原则、归档范围、文件材料立卷、归档流程、档案管理、开发利用,岗位职责等规范性要求,使学校的档案工作按照办法、职责、制度有序开展,为保证文件材料的收集齐全、规范整理、科学保管、有效利用奠定了基础。

【设施设备建设与安全管理】 学校不断加强档案设施设备建设，改善档案管理环境和条件。配备档案密集架和空调、除湿机、消毒杀菌机、防磁柜、灭火器、防盗门窗等设备，安装档案库房安全保护综合智能管理系统，使档案库房基本具备防火、防高温、防潮等"九防"要求。室舍建筑面积200平方米，其中档案库房130平方米，阅档室35平方米，办公室35平方米，做到三室分设。各种档案装具符合档案规范要求，配备复印机、计算机、扫描仪、激光打印机、档案管理软件等。制定严格的管理制度，定期检查落实，并建立检查记录和库房温湿度记录。档案的接收、移交、保管、利用等情况统计资料齐全。档案利用和保管达到安全保密要求，档案的入库管理及清点、统计工作符合业务规范。

【档案信息化建设】 2003年，学校建立档案管理网站，具备信息发布、文件法规浏览、业务知识培训等功能。安装使用"南大之星"档案网络管理系统，初步制定并逐步实现档案存储数字化、档案管理信息化和档案利用网络化建设规划，为全面推进档案管理现代化打下基础。

【档案开发利用】 充分开发利用档案信息资源，为学校发展服务。2005年，档案人员撰写的《档案信息资源在多媒体教学应用中的研究报告》和2006年撰写的《运用档案编纂院志，促进医院三大效益的提高》，均获得山东省开发利用档案信息资源成果奖二等奖；2007年举办的"平凡人生——法德华事"大型展览，获得山东省开发利用档案信息资源成果奖二等奖；2009年撰写的《基于法德华档案进行素质教育的探索与实践》获得山东省开发利用档案信息资源成果奖一等奖，法德华教授震撼心灵的事迹，感动和教育广大师生，成为学校德育阵地和对外宣传的窗口。2012年，在校园文化建设中，利用丰富的档案资源举办山东医专校史图片展，形象生动地向学生和社会展示了学校扎根沂蒙革命老区发展的曲折历程及大医精诚、自强不息的创业和奉献精神。

（武　红）

聊城市

聊城大学

聊城大学始建于1974年，原名山东师范学院聊城分院，1981年经国务院批准改为聊城师范学院，2002年经教育部批准更名为“聊城大学”。

【档案工作基本情况】 1984年，学校建立综合档案室，2005年学校撤销综合档案室，建立档案馆，处级建制。截至2012年底，馆藏全宗2个，档案29000余卷，电子档案（光盘）47张。配备专职档案管理人员7人，其中，研究馆员1人，副研究馆员4人，馆员2人；博士研究生学历1人，硕士研究生学历1人，本科学历4人。多年来，专职档案管理人员保持相对稳定，其中1人从事档案工作长达27年，2人从事档案工作10余年，3人从事档案工作7余年。

学校注重档案规范化建设与管理，开展档案资源开发利用，保持档案工作为教学、科研和管理服务，为社会服务的传统。2008年，中国高等教育学会档案工作分会主办的《学校档案》杂志专题介绍了聊城大学档案馆的管理经验和发展情况。

2000年，在全省科技事业单位档案工作目标管理达标定级考评中，学校被批准为省一级单位。2010年，在山东省教育厅和山东省档案局对全省高校贯彻落实教育部“27号令”情况档案工作检查中，学校被确定为全省高校档案工作优秀单位。

【体制机制建设】 综合档案室成立后，由院长分管，隶属院长办公室，明确规定学校综合档案室集中统一管理学校各类档案。1991年，学校成立档案管理委员会，各部门各单位单位明确一名档案工作分管负责人和兼职档案员。1997年，学校综合档案室调整为副处级单位，2005年学校成立档案馆，为学校直属的处级单位。多年来，学校档案管理委员会与校内各部门各单位档案工作分管负责人以及兼职档案员随机构人员变化适时作出调整。学校档案工作先后由院长、校长、党委副书记、副校长分管，现由党委副书记分管；各部门各单位档案工作先后由系主任、系党总支副书记、学院副院长分管。学校采取定期与不定期的形式研究档案工作，解决档案工作中的实际问题。先后为档案室（馆）配备了微机、扫描仪、录像机、照相机以及消毒机、空调、除湿机、加湿器、防磁柜等设备，为档案工作顺利开展提供基础保障。

【制度建设】 学校建立档案机构后，重视档案制度建设，明确了学校档案归档范围，保障档案工作的开展。1990年，国家档案局第6号令发布以后，学校制定了档案实体分类方案与学校档案工作规范。1991年，学校开始实行文书处理部门立卷制度。2004年，学校组织系统修改和完善了档案工作规范。2008年，教育部、国家档案局《高等学校档案管理办法》(27号令)颁布后，学校先后修订档案管理制度5项，编印落实“27号令”常用文件选编，使学校档案管理制度更加完备。

【档案资源建设】 学校建立综合档案室后，集中清理归档先前的有关档案材料。1987年，按照山东省教委有关规定，先后规范、整理、归档财会档案、教学档案。此后学校不断完善档案归档制度，档案门类不断健全。经过多年努力，学校依据相关法律法规，建立并形成了党群、行政、教学、科研、基建、设备、出版、外事、财会、声像、实物等11个大类档案。2003年，档案人员利用一年时间，将并入聊城大学的原聊城农校50多年的档案进行了分类整理，形成聊城农校全宗档案5000余卷。

【档案信息化建设】 学校注重档案信息化和现代化建设。2000年，学校档案人员自行研发单机版、多机版档案管理软件，为档案管理现代化奠定了基础。2008年，档案馆购置了“南大之星”档案网络管理系统，进一步提高了学校档案管理现代化水平。同年，档案馆设计建立并开通了档案信息服务网站，加强了档案与法制宣传，为广大档案利用者提供了便利。2003年以来，党群、行政类电子档案材料，均使用档案管理系统打印案卷目录与卷内文件目录，并实行网上立卷与查阅。

【档案开发与科研】 学术研究是聊城大学档案工作的特色。多年来，档案人员参与山东省社会科学“七五”规划、“八五”规划重点科研项目各1项，主持山东省教育厅重点科研项目2项，在家庭档案、武训研究、20世纪中国哲学、20世纪中国档案学研究、聊城地方文献研究、数码照片档案研究等方面取得了显著成绩。参与撰写、编辑了学校机构沿革、统计资料、大事记、年鉴资料、校史等工作，举办了校史展览、30年运动会展览、聊大“第一”展等展览，获得中国档案学会、山东省教育厅、山东省档案局、聊城市等多项科研奖励。学校编写出版了《武训研究资料大全》《武训研究论集》《家庭档案的理论与实践》《档案哲学概论》《20世纪中国哲学研究》(第二卷人物志)《聊城大学史(1974.8～2004.12)》等著作十余部。近几年，档案馆承担文学院文秘专业本科生必修课程档案管理学授课任务，连续四年为全校本科生开设档案学概论公选课。

在长期的档案工作实践中，学校形成“丰富馆藏，重在利用，以人为本，服务至上”的管理理念和“规范管理，优质服务，开拓创新，全面发展”的工作思路，坚持以改革促发展，以发展促提高，努力建立覆盖广大师生的档案资源体系和方便广大师生的档案利用体系，为把聊城大学建成综合性地方应用型人才培养特色名校做出更大的贡献。

(党安冠)

聊城职业技术学院

聊城职业技术学院是2000年由聊城卫校、聊城电大、聊城旅游学校和聊城畜牧研究所等合并成立的高等职业技术学院。面向全国13个省市招生，截至2012年底，学院全日制在校生11098人。

学院重视档案工作，以高标准、高技术、严要求为目标，在库房、设施设备建设等方面给予有力支持，加强档案管理的规范化、制度化、信息化建设。档案工作遵循"保存历史，服务现实，着想未来"的精神，坚持"尽职，尽责，尽心"的工作理念，依法治档，科学发展，围绕学校大局，突出服务主题，不断推进档案信息资源建设。

【档案工作基本情况】 2009年，学院成立信息档案科，隶属于院长办公室，科级机构，专职档案管理人员2人。学校档案工作实行综合管理，按照党群、行政、教学(学生)、科研、基建、设备、出版、外事、财会、声像、实物等11大类建立档案体系结构，设立聊城卫校、聊城电大、聊城市畜牧研究所3个全宗。截至2012年底，室藏档案7964卷件，实物档案251件，底图635张，照片3070张。室藏档案最早形成年代为1958年。馆舍总面积为145平方米，实行库房、阅档室、办公室三分开，其中库房100平方米，阅档室15平方米，办公室30平方米。配备档案管理软件、微机、复印打印机、高速扫描仪、数码照相机、空调、大容量存储器、密集架等办公设备，以及灭火器、电子监控器、除湿机、温湿度自动记录仪等安全保护设备，累计投入经费达18万元。

2004年以来，学院连续获得聊城市档案工作优秀单位荣誉称号。2010年，在山东省教育厅和山东省档案局组织的全省高校贯彻落实《高等学校档案管理办法》(教育部27号令)情况档案工作检查中，学院被确定为全省高校档案工作优秀单位。

【体制机制建设】 加强档案工作的组织领导，学校建立健全档案工作机构，构建起完备的档案工作网络，各部门各单位明确档案工作负责人和兼职档案员，实行档案工作责任制。各部门各单位配备兼职档案员26人。将档案工作纳入学校发展规划，每年将档案工作列入学校党政工作要点。把档案业务经费作为专项列入预算，保证档案工作的顺利开展，逐步建立起档案门类齐全、馆藏丰富、管理科学的馆藏体系。学校领导的重视和支持，为学院档案工作顺利开展提供有力保障。

【档案资源与信息化建设】 学院按照教育部"27号令"等规定，结合工作实际，修订《聊城职业技术学院档案管理暂行规定》和《聊城职业技术学院档案归档范围与保管期限表》，进一步完善归档范围，做到有类可归，有档可查；建立档案移交、档案借阅记录；健全档案管理基本情况统计台账和档案利用及反馈情况记录。结合工作实际，加强与各部门各单位沟通，落实部门立卷归档制度，按照业务规范要求，从源头上加强档案资源建设，实行纸质档案材料和电子档案材料同步归档。基本保证年度档案及时归档，逐步解决归档难题，不断丰富馆藏资源，优化档案结构。

学院重视档案信息化建设，将其列入学院信息化建设规划，学院印发《聊城职业技术学院档案信息化建设实施意见》。2009年，配置网络版档案管理软件，启动纸质档案数字化转换工作，逐步实现信息化的档案存储、统计、分类、管理，已实现全部档案文件级目录机读化，部分档案资料和学院文件数字化。

【档案利用服务】 建立总目录、分类目录、专题目录、底图目录、声像档案目录、文件目录、实物目录等检索工具，提高档案利用效率。在档案利用服务中，坚持以人为本，严格履行档案利用程序，及时、准确了解档案利用者需求，充分利用现代化手段，如电话、网络、传真等，主动提供档案信息服务。对能够通过校内网传输的档案信息，尽量不复印，以减少对纸质档案的损害；对异地利用者，在核实身份后，通过电话、传真、邮件回复，以缩短档案利用时间，减轻利用者资费负担；积极为部门提供咨询查档服务，如为学院评估、检查、评比、招生宣传、财务审计、房屋改造、各类报表等提供佐证材料和数据；为职工职称晋升、职务任免、出国、进修学习等提供档案证明材料。学院免费为毕业生办理升学、就业、学历认证、职称评定、出国留学、劳务输出等档案证明材料。

学院重视档案信息资源开发利用，先后编撰了《聊城职业技术学院大事记(1958～2008)》《聊城职业技术学院规章制度汇编》《聊城职业技术学院文件汇编》《聊城职业技术学院德育工作评估资料目录》《聊城职业技术学院德育工作文件制度汇编》等，撰写了《山东教育年鉴》《聊城年鉴》学院文稿，为学院录制宣传片，编印《聊城职业技术学院画册》三次。特别是在编写建校50年大事记中，调卷4800余卷，考证关键信息点，确保信息的真实性和权威性。在校友录编写中，调阅案卷126卷，核查3.5万毕业生的学籍信息。2009年在校史展室筹建过程中，调阅档案3000多卷件，提供最具代表性的实物档案和具有历史价值的照片资料。

（刘静奕）

聊城大学东昌学院

聊城大学东昌学院是由聊城大学申请举办、山东泉林集团投资建设，按新的办学模式和运行机制运作的规范化独立学院。2002年4月由山东省教育厅批准设立，2005年6月经教育部批准为独立学院，2005年8月整合具有一百多年办学历史的原聊城教育学院、聊城师范学校的优良资源。

学院设置13个教学系(部)，开设本专科专业43个，面向全国23个省、市、自治区招生。截至2012年底，教职工332人，全日制在校生5949人。

【档案工作基本情况】 2002年4月，学院设立档案室。2005年8月，整合教育资源，三校合并，室藏档案由原来的1个全宗增加为3个全宗。2006年12月，将归属原聊城师范专科学校的全部档案移交市档案局保管。2011年6月，档案室设为科级机构。室藏自1980年以来3个全宗，党群、行政、教学等11大类档案。截至2012年底，室藏档案1121卷件，实物23件，录像录音磁带132盘，照片13583张，底图397张。室藏档案最早形成年代为1980年。配备专职档案管理人员2人，均为馆员，本科学历。

【体制机制建设】 2002年，学院成立以院长为主任、分管院领导和办公室主任为副主任、有关部门负责人为成员的档案工作领导小组，加强档案工作的组织领导。2005年8月三校合并以来，学院先后两次调整学院档案工作领导小组成员，进一步健全机制，理顺关系。学院要求各部门主要负责人为本部门的档案工作第一责任人，兼职档案员具体负责本部门日常工作中形成文件的搜集、整理、归档、保管、预立卷、移交工作，档案室指导、监督各部门的立卷归档工作。学院形成完善的档案工作体制，为档案工作顺利开展打下了坚实基础。

【队伍建设】 加强队伍建设，建立由26人组成的专兼职结合的档案工作队伍，不断提高档案人员素质。近年来，学院注意专职档案人员的选拔和教育培训，订阅《山东档案》《兰台世界》等专业刊物，组织业务学习，选派人员参加省、市档案局举办的业务培训和学术研究。将文件材料的收集整理规范等制度以文件的形式下发各部门各单位供学习、参考；定期举办兼职档案员培训班，组织学习《中华人民共和国档案法》《山东省档案条例》等法律法规。通过学习和培训，提高了专兼职档案人员的业务水平和工作能力。

【制度与条件建设】 近年来，按照有关法律法规，学院先后制定、修订了《聊城大学东昌学院档案管理规章制度》《聊城大学东昌学院各类档案归档范围和保管期限明细表》等11项规章制度，并采取多项措施，把档案工作列入各部门各单位的工作计划，保障了档案材料的齐全、完整、准确。建立健全档案工作各项规章制度，实行学院的各项工作与档案工作的“四同步”管理。建立和完善文件材料收集归档制度，并纳入教学、科研管理人员的岗位职责。实行专职档案人员指导下的部门预立卷制度。注重加强与各部门的沟通，加强部门立卷归档制度，严格业务规范，案卷质量按国家标准执行，实行纸质档案材料与电子档案材料同步归档。

改善档案保管条件，实现档案库房、阅档室、办公室三分开，库房配备温湿度检测仪、灭火器、空调机等设施设备。学院加强经费投入，2005 年以来先后购置了照相机、扫描仪、刻录机、激光打印机等相关设备。2006 年 6 月，将原教育学院购置的单机版档案管理软件升级为网络版。2010 年，购置档案数字信息平台管理系统服务器，近几年累计投入经费近 10 万元。

【档案利用服务】 近年来，学院开展多种形式的档案咨询服务和利用服务，效果明显。在档案利用服务中，坚持以人为本，严格履行档案利用程序，及时准确了解利用者信息需求，积极主动提供档案信息服务。例如 2000 年，学院与西王乡母向庄发生土地确权纠纷，双方各持己见，经查阅有关档案，取得原始依据，通过法律手段申请行政复议，经行政复议后判决母向庄占用的 119.01 亩土地确属权归学院所有。在每年的职称评审、毕业生等有关信息核查工作中，免费为毕业生办理升学、就业、学历认证、出国留学等档案证明材料。在迎接 2012 年 6 月省独立学院综合检查中，提供大量档案材料的复印件、电子扫描件等。

编制多种检索工具，所有党群、行政、教学类档案目录已录入微机，建成机读目录，案卷目录和卷内目录实现网上传送和查阅。几年来，档案在学院教学、科研和管理等各项工作发挥了积极作用。

（郭玉梅）

德州市

德州学院

德州学院档案馆成立于2010年3月，挂靠党委、校长办公室，副处级建制，其前身为党委、校长办公室综合档案室，始建于1990年5月。馆藏建校以来党群、行政、教学、学生、实物等12大类档案材料。截至2012年底，馆藏档案23200卷，照片4550余张，电子档案800余张(盘)。档案馆专职档案管理人员4人，其中副研究馆员3人，馆员1人，均具有本科学历。库房面积220平方米。

1990年，学院获得山东省高校档案工作先进单位荣誉称号；1998年，在全省科技事业单位档案工作目标管理达标定级考评中，学院被批准为省一级单位；2010年在山东省教育厅和山东省档案局对全省高校贯彻落实教育部"27号令"情况档案工作检查中，学校被确定为全省高校档案工作优秀单位。

【体制机制建设】 2010年初，学校调整档案工作委员会，由校长任主任，分管档案工作的副校长任副主任，各部门负责人为委员，负责研究、决定学校档案工作的重大问题。调整完善各部门兼职档案员以及分管负责人，形成了由档案工作委员会、档案馆、各部门兼职档案员组成的集中统一、上下衔接的三维立体化档案工作管理机制。

多年来，学校领导高度重视档案工作，为档案工作顺利开展提供了重要保证。校长和分管校长定期实地检查学校档案工作，听取档案工作汇报，提出指导意见；多次出席档案工作会议，传达上级文件精神，分析新形势下高校档案管理面临的机遇和挑战，帮助解决档案事业发展中的难题。各部门将档案工作纳入本部门工作计划和有关人员的岗位职责中，认真落实年度文件材料立卷归档任务。

【制度建设】 依据《中华人民共和国档案法》《高等学校档案管理办法》(教育部27号令)等法律法规，结合学校实际，修订完善了《德州学院档案管理办法》《德州学院档案工作规范》《德州学院档案实体分类法》《各立档单位归档范围和保管期限表》《档案工作规章制度汇编》《德州学院文件材料部门立卷与归档规则》等一系列规章制度，完善档案馆各岗位职责，明确专兼职档案人员岗位职责。通过一系列规章制度的建立与落实，理顺了档案工作关系，规范了管理秩序与业务操作，使学校的档案工作步入依法治档的轨道。

【队伍建设】 加强培训交流，提升队伍水平。

(1)建立严格的选人用人机制。通过层层选拔，把责任心强、工作认真扎实、文化层次和业务水平较高的人员充实到档案工作队伍中来。

(2)开展多种形式的业务培训。聘请档案管理方面的专家学者,分层次、有针对性地开展档案人员业务知识和现代管理技术培训;开展档案业务技能大练兵;组织专兼职档案人员参加各种专业培训和业务研讨会。

(3)加强交流学习,开阔视野。组织档案人员到中国海洋大学、济南大学、聊城大学等院校学习档案管理经验,让档案人员在干中学,在学中干,档案队伍的整体素质明显提升。

【档案资源建设】

(1)实行部门立卷归档制度。在确保党群、行政、教学、科研等 11 大类文件材料收集齐全、完整的基础上,坚持以人为本,健全学生和教职工的档案资料。特别是对于科研项目、重大活动、重要会议、重大事件所形成的文件材料采取全程跟踪、直接采集、随时接收的工作方式,做到应收尽收、应归尽归。

(2)采取跟踪建档、分类分级管理。先后征集归档学校第二次党代会、四十周年校庆、毕业生就业工作评估、毕业生照片等专题档案。

(3)加强实物档案征集工作。及时下发文件,规范实物档案的保管、移交的方法和程序,主动与各教学单位和管理部门联系沟通,跟踪重大活动,及时征集入馆。

【档案信息化建设】 学校制定《德州学院信息化建设实施意见》(德院政字〔2009〕25号),将档案信息化建设纳入学校信息化建设总体规划。2010 年初,学校配置网络发布版档案管理软件,开通档案信息服务网站。档案馆根据工作实际,制定《档案信息化建设实施方案》,建立档案信息管理系统,加强电子文件积累、鉴定、著录、归档等工作。推进其他类型载体档案数字化处理和转换工作,加快馆藏档案目录数据库、全文数据库和多媒体数据库等三大数据库建设步伐。截至 2012 年底,录入档案案卷(件)目录 1.8 万余条,全文数据库 5000 多条,为学校各项事业的发展提供了档案信息服务平台。

【档案利用服务】

(1)主动服务、超前服务、跟踪服务。坚持以人为本,强化窗口服务,采取一线工作法,将档案服务政策宣传到教学一线,主动为师生员工提供档案利用指导和服务。

(2)围绕学校中心工作,开发利用档案资源。编制多种检索工具(如专题目录、文号索引、学校基础数字汇编等)和文献资料,在学校评估、检查、校史撰写、校庆等活动中发挥了重要的资料保障作用。

(3)严把档案证明关。认真落实"高校档案机构是学校出具档案证明的唯一机构"的规定,在升本、考研、就业、出国、补办毕业证、公务员录用、职称评定等方面为师生员工及社会各方面依法提供证明材料,发挥了档案利用的社会效益。

【安全保管】 牢固树立"安全第一""安全问题人人有责"的思想,切实筑牢档案安全的思想防线。完善基础设施建设,档案馆用房实行"三室"分开,配置库房安全保护智能化综合管理系统,安装与学校安全监控系统联网的摄像头、温湿度自动控制设备、消毒灭菌机、声像档案柜等,库房安全基本达到防火、防盗等"九防"要求。严格执行库房安全巡查记录制度。定时检查,发现问题及时整改,消除安全隐患。严格落实档案利用和安全保密保管措施,认真履行各项审批登记手续。运用先进的技术保障手段,如访问控制、入侵检测、数据加密、数据备份等,确保档案信息管理系统的安全。实现软件操作权限集中管理,系统管理员统一授权软件各模块操作,保证网上归档的安全性。

【档案工作检查】

(1)建立档案工作年度检查长效机制。将档案工作检查融入学校整体工作,每年9月由档案馆组织全校档案工作检查,对上一年度档案立卷归档情况进行检查测评,检查结果记入部门考评成绩,形成了档案工作专门化、制度化、常态化的工作机制。

(2)开展档案工作专项检查。学校档案工作委员会每三年开展一次档案工作专项检查,在2010～2012年档案工作专项检查中,学校检查工作小组在对全校51个单位量化打分的基础上,评选出档案工作先进集体30个,先进个人50名。

(3)定期进行内部自查。检查内容包括人员考勤、设备运转、归档时效、装订质量、归档率等,确保档案管理顺畅、高效运行。

【校史馆建设】 2011年,学校迎来建校40周年庆典,学校筹建校史馆,档案馆提供奖杯、奖牌等实物档案160余件,声像档案500余件,文献资料300余册。校史馆充分展示了学校发展的辉煌历程,受到各界校友和师生员工的广泛赞誉。

(黄子燕　张士献)

德州职业技术学院

德州职业技术学院于2005年11月1日经山东省人民政府批准建立。学院由1958年建立的德州市技术学院和1977年后相继建立的德州广播电视大学、德州财贸经济学校、德州粮食学校、德州经济学校5所学校整合组建而成。

【档案工作基本情况】 学院组建后，整合原五所学校的档案室成立德州职业技术学院综合档案室。2010年10月，成立档案馆，科级机构。截至2012年底，馆藏档案11586卷(册)，电子档案(光盘)5457张，机读目录15620条，年归档量为1000余卷(册)，归档率为99%。专职档案管理人员2人，均为副研究馆员，具有本科学历。

2006年，在全省档案管理考核中，学院综合档案室晋升为省一级档案室等次；2009年，晋升为山东省特级档案馆等次；2010年，在山东省教育厅和山东省档案局对全省高校贯彻落实教育部"27号令"情况档案工作检查中，学校被确定为全省高校档案工作优秀单位。

【体制机制建设】 学院党委、行政重视档案工作，把档案工作作为学院的重要基础工作和衡量学院教育质量与管理水平的重要标志。成立了由院长任组长、分管院领导任副组长、各部门各单位负责人为成员的档案工作领导小组，加强档案工作的组织领导。各部门各单位设立了兼职档案员，负责本部门本单位档案的收集、整理和移交工作，明确了兼职档案员的职责，形成完整的专兼结合的档案工作网络。学院把档案工作作为学院工作的重要组成部分，列入学院发展规划，提出明确的工作目标。把发展档案事业所需经费列入学院年度预算，确保档案工作需要。把文件材料的收集、整理、归档等要求纳入各部门、各单位工作计划和相关人员的岗位职责。《高等学校档案管理办法》(教育部27号令)施行以来，学院开展学习宣传贯彻落实活动，加强软硬件建设，全面提高了档案工作水平。

【制度建设】 学院适时组织专兼职档案人员学习宣传贯彻《中华人民共和国档案法》《高等学校档案管理办法》(教育部27号令)等法律法规，增强教职工的档案与法制意识。在此基础上，学院根据实际，先后制定了《德州职业技术学院档案管理办法》《文件材料档案立卷归档制度》等22项管理制度，严格各部门各单位档案工作的考核，规范档案的收集、整理、归档、鉴定、销毁和借阅等工作，学院档案工作逐步走向制度化、规范化。

【档案资源建设】 按照学院《文件材料归档范围和文书档案保管期限》要求，档案馆在各种文件材料形成和收集过程中，加强指导，做到归档齐全、分类准确、组卷合理、整理规范。各类文件材料的归档率、准确率、完整率达到99%。学院实行院系两级档案归档制度，各系部建立了档案资料室，作为系部兼职档案员收集、整理系部档案资料的场所，整理后移交学院档案馆，既便于系部资料整理归档，也便于系部利用档案资料。

【安全保管】 学院在办公场所紧张的情况下，腾出220平方米房舍作为档案馆舍。实行库房、阅档室和办公室三室分开。购置密集架100立方米，配备扫描仪、微机等档案办公设备，建成档案库房温湿度自动测控管理系统，实现了档案库房湿度自动调控。严格实行档案查(借)阅登记，认真履行保密文件查阅审批手续。档案库房、办公室安装防盗网和监控设施，实行库房安全巡查记录制度，及时消除隐患，确保馆藏档案安全完整。

【档案信息化建设】 学院注重档案信息化建设，购置了泰坦文件档案资料综合管理系统，加强电子文件归档和电子档案的规范化管理，做到纸制档案材料和电子档案材料同步归档，加快档案信息化进程。建立档案目录数据库，利用OA办公系统实现档案目录查询。

【档案开发与利用服务】 学院树立“大档案，活档案”观念，发挥档案资料在学院校园文明建设检查评估、高校德育工作评估、人才培养工作评估等重大活动中的作用。2008年，学院档案馆充分利用50周年校庆的有利时机，加强档案信息资源开发利用。学院先后编纂28万字的原五校校志、24万字的《德州职业技术学院年鉴(2006～2008)》、3万多字的《德州职业技术学院大事记(2005.11.1～2008.9.30)》等。收集、整理和编印5万名校友的《德州职业技术学院校友录》。收集、整理音像电子档案3册。建成300平方米的校史展馆，把校史展馆作为展示学院发展成就，加强校史教育的重要基地，每年组织新生参观校史展馆。本着档案“服务教育教学中心工作，服务全体师生”的宗旨，档案馆开展教师教学科研、职工补办保险金账户、毕业生学历学位认证等事项档案利用服务，做到热情接待，让每一位利用者希望而来，满意而归，树立了良好的服务形象。

(郭炳辉)

德州科技职业学院

德州科技职业学院自1988年建校起即在学院办公室下设立档案室。学院档案室藏自建立以来的党群、行政、教学、科研、财会、出版、基建、外事、设备、声像10大类档案2162卷，电子档案（光盘）342张，照片3000余张。配备专职档案管理人员4人，兼职档案员23人，其中本科学历人员18人，专科学历人员9人。

2004年1月，学院档案室被德州市档案局授予全市2003年度档案工作先进单位荣誉称号；2005年，在全省档案管理考核中，学院档案室晋升为省一级档案室等次。

【体制机制建设】 学院高度重视档案工作，成立了由分管副院长任组长、办公室主任任副组长、有关部门负责人为成员的学院档案工作领导小组，加强档案工作组织领导。学院健全档案工作职责，明确部门、人员分工，形成了从收集、整理、保管、预立卷、移交归档等严格完整的工作体系，把档案工作任务落到实处，把档案工作目标责任下达到基层，增强各部门和兼职档案员的工作责任感，并制定《档案室目标管理考评细则》，监督考核学院档案工作全过程，纳入年终综合测评，确保了档案材料及时齐全归档。学院办公室作为档案管理职能部门，每年组织召开档案工作会议，强调档案工作的目标、性质、特点及其重要性，部署年度档案工作任务，讲评上一年度档案工作，表彰档案工作先进部门和先进个人，使档案工作有序开展。

【档案人员素质培养】 学院采取多种措施提高档案人员业务素质。将责任心强、作风扎实、文化层次高、业务水平强的人员选拔到档案工作队伍中来，提高档案队伍的整体素质；分批次选送档案人员参加相关部门组织的业务培训和经验交流；按照《高等学校档案实体分类法与高等学校档案工作规范》，结合工作实际，有针对性地开展兼职档案人员业务培训，档案人员定期到各部门进行业务指导和检查；定期组织专兼职档案人员学习《中华人民共和国档案法》《高等学校档案管理办法》等法律法规和档案管理知识，要求专兼职档案人员撰写有关档案工作方面的学习体会、经验总结，并及时组织交流学习。

【制度建设】 学院依据《中华人民共和国档案法》《高等学校档案管理办法》（教育部27号令）等法律法规，结合工作实际，制定《德州科技职业学院档案立卷归档制度》《德州科技职业学院档案收集制度》《德州科技职业学院档案整理制度》《德州科技职业学院档案复制制度》《德州科技职业学院底图保管制度》《德州科技职业学院档案更改制度》《德州科技职业学院档案保密保卫制度》《德州科技职业学院档案保管制度》《德州科技职业学院档案借阅制度》等一系列管理制度。印发《德州科技职业学院文件材料收集整理归档范围和保管期限》，明确规定党委办公室、纪律检查委员会、各党支部、工会、团委等 17 个部门形成的文件材料的归档类目名称和保管期限，并严格规定各部门各院系归档移交的时限要求。文件材料分类组卷遵循文件材料的形成规律，保持彼此之间的有机联系。文件排列有序，卷内文件目录、备考表填写规范、清晰，案卷题名简明确切、体式一致。建立总目录、分类目录等检索工具，编制保管期限表。档案装具符合国家有关要求，案卷使用无酸卷皮卷盒。学院档案工作逐步走向制度化、规范化。

【设施设备建设】 学院加大档案工作经费投入。先后设立专项经费 30 万元进行档案室舍装修、维护，配备微机、打印机、扫描仪、复印机、空调、干粉灭火器等设备，安装安全监控系统。2009 年，学院配置档案信息管理软件，加快档案信息化建设。

【档案利用服务】 建校 24 年来，档案室为学院各部门及师生提供档案查（借）阅 2645 卷次，在学校建设和发展、人才培养等方面发挥着重要的作用。

(1)为领导决策服务。建校以来，学院档案室为领导决策提供了客观、全面的历史资料，为学院的发展建设做出了积极贡献。如学院在制定《德州科技职业学院“十一五”发展规划》《德州科技职业学院“十二五”发展规划》时，档案室为领导提供了师资队伍建设、设施设备建设等相关基础数据。

(2)为教育教学服务。根据学院专业调整、学生培养目标、市场需求等，档案室为教学部门提供了上级主管部门相关政策、法规文件以及历年来学校教学方面资料，为教学计划、教学大纲的制定提供参考依据。为学院迎接教育部人才培养水平评估工作等重大活动提供了大量翔实的历史文字、图片、音像等珍贵资料，确保了评估工作的顺利开展。

多年来，档案室还积极为各部门和师生提供档案查阅服务，如为教职工住房改革、财务审计、学院房屋维修改造等提供原始资料；为毕业生提供咨询，出具学籍、学历、成绩等证明材料等服务。

（訾金星）

山东华宇职业技术学院

山东华宇职业技术学院是2004年经山东省人民政府批准、教育部备案的全日制普通高职院校。2008年12月，学院作为山东省首家按照最新人才评估方案评估的试点院校，高质量通过教育部专家组的评估。

【档案工作基本情况】 2007年，学院成立综合档案室，按照集中统一管理原则，负责学院档案工作。截至2012年底，学院室藏党群、教学、学生、行政、科研、基建、声像等13大类4365卷档案。

2010年，在山东省教育厅和山东省档案局对全省高校贯彻落实教育部"27号令"情况档案工作检查中，学院被确定为全省高校档案工作优秀单位；同年，在全省档案管理考核中，学院综合档案室被确定为山东省特级档案室暨档案管理考核先进单位。

【体制机制建设】 学院认真贯彻落实《高等学校档案工作规范》《高等学校档案管理办法》，成立档案工作领导小组，建立了分管院领导督促抓、综合档案室主任亲自抓、专职档案人员具体抓、兼职档案员协助抓的档案工作层级网络，明确由29人组成的专兼职结合的档案工作队伍，为档案工作有序开展提供人员支持和组织保障。

学院遵循档案工作"四纳入""四同步"原则，从管理制度入手，从岗位职责入手，以岗定责，绩效考核。将档案工作纳入学院"十二五"发展规划和学院年度工作要点，每年将档案工作经费纳入学院预算，明确将档案工作及相关文件资料的收集、整理、归档纳入各部门工作计划和相关人员的岗位职责，将档案形成、管理、服务质量考核指标纳入学院绩效考核体系，制定了学院各职能部门档案工作考核评估办法，综合档案室根据考核指标每月定期对各部门进行考核，并将考核结果作为各职能部门工作评价内容之一，与各部门、系部表彰奖励、评先树优、工资奖金挂钩，并作为干部提拔使用的重要参考依据，发挥了激励和鞭策作用。

【制度建设】 近年来，通过开展档案工作检查、档案优质服务、档案复查核实等一系列活动，进一步加强了学院的档案工作。根据《高等学校档案管理办法》(教育部27号令)等法律法规，修订《山东华宇职业技术学院档案工作管理条例》《山东华宇职业技术学院档案工作规范》《山东华宇职业技术学院文件材料归档范围和档案保管期限规定》《山东华宇职业技术学院教学文件材料归档范围和档案保管期限规定》等一系列制度，使学院档案工作的每一个环节有章可循、有据可依，为档案工作顺利开展提供有效的制度保障。

进一步明确学院层级管理的档案管理体系，重新调整确定了各部门文件材料的归档范围及档案保管期限。增设“学生类”档案,使学生档案管理更加独立、系统。

【设施设备建设】 学院设立了档案库房、阅档室、办公室、荣誉室、声像室,配备档案密集柜 8 组、除湿机 1 台、底图柜 6 组、中央空调 1 套、录像机 2 台、照相机 2 部、计算机 3 台、打印机 2 台、复印机 1 台以及日常工作需要的切纸机、装订机等,安装档案库房温湿度自动监控系统及防火监控系统,改善了档案保管条件,确保档案库房达到档案保护技术要求。

【基础业务建设】 学院推行档案资料由兼职档案员预先收集、组卷的制度,综合档案室在接收时严格把关,认真逐卷审查,待调整完善后再移交。

从制度上入手,措施上把关,业务上指导,不断加强学院档案业务建设。每学期举办 2～3 次档案管理知识讲座,每月到各部门、系部实地指导档案收集、整理工作,不定期召开档案工作专题会议,以提高专兼职档案人员的业务水平,使学院档案工作逐步走向规范化、科学化。

学院切实落实防火、防盗等“九防”措施,坚持测量并记录库房温湿度,添置防虫、防霉药剂,定期进行安全检查,发现问题及时处理。建立档案信息服务网站和联系信箱,及时发布档案工作信息,介绍档案管理基本知识,了解和解答各部门在档案工作中出现的问题。

【档案开发与利用服务】 编制档案全引目录、案卷目录、归档目录、专题目录等多种检索工具,为档案利用提供条件。严格履行档案查(借)阅手续,填写档案利用登记簿,建立利用效果登记制度。

加强多层次、多形式开发档案信息资源,组成校内科研团队,专题研究教学档案和学生档案的归档问题(该项目已结题);编写和印发历年学院大事记和重要文件汇编,多措并举,服务学院师生。不仅深入、系统地开发了档案信息资源,而且还有效地保护了档案原件,为学院教学、科研、学生管理和基建工作等提供更加优质的服务。

(王　佳)

滨州市

滨州医学院

1992 年，滨州医学院在原学院办公室档案室的基础上设立综合档案室；2007 年，调整为副处级建制；2010 年 6 月，成立档案馆，挂靠学院办公室，并根据工作需要下设综合管理部、信息技术部 2 个科室。学院成立以院长为主任、党委副书记为副主任的档案工作委员会，将档案工作列入学校重要议事日程，及时协调解决档案工作中遇到的问题，将档案工作作为提高办学水平的重要基础工作之一。

2009 年 12 月 15～17 日，学校召开科级以上干部、业务科室负责人、学生辅导员、专兼职档案人员参加的全校档案工作会议。会议通过集中大会、专题研讨、专题报告、辅导培训等形式，传达学习教育部、国家档案局颁布的《高等学校档案管理办法》(27 号令)和《山东省教育厅　山东省档案局关于认真贯彻落实〈高等学校档案管理办法〉的意见》(鲁教办字〔2009〕4 号)。总结学校档案工作的成绩和存在的问题，明确今后一个时期学校档案工作的指导思想、目标任务和工作思路，制定印发《滨州医学院关于加强档案工作的实施意见》(滨医发〔2009〕32 号)。通过此次会议，全校上下档案与法制意识明显增强，档案工作职责和任务更加明确，有力地推动了学校档案工作发展。

1999 年，在全省科技事业单位档案工作目标管理达标定级考评中，学校被批准为省一级单位；2010 年，在山东省教育厅和山东省档案局对全省高校贯彻落实《高等学校档案管理办法》(教育部 27 号令)情况档案工作检查中，滨州医学院被确定为全省高校档案工作优秀单位。2011 年，在全省高校档案工作经验交流会上被推荐为先进经验交流单位。截至 2012 年，先后 3 人次获得“全省档案工作先进个人”荣誉称号。

【制度建设】 学校重视档案工作的规划与发展，在学校的“五年”建设与发展规划中明确了档案工作的发展目标和要求。将档案材料的形成、收集、整理、归档等纳入各部门、院(系)工作计划和职责范围；纳入分管领导和兼职档案员等岗位职责。结合工作实际，建立健全工作规范和规章制度，配套制定工作规范 16 项和规章制度 22 项，重新编印《滨州医学院档案实体分类法与档案工作规范》和《滨州医学院各部门归档范围和保管期限表》。全校档案形成单位均按档案预立卷制度扎实开展档案预立卷工作，实行档案材料形成单位、课题组立卷的归档制度，推进档案工作的制度化、规范化建设，形成责任明确、规范完备的制度体系。

【队伍建设】 学校各类档案实体实行集中统一管理，各部门、院(系)主要负责人分管本部门档案工作，并设置1～2名兼职档案员负责档案的收集、整理和移交工作。形成了以档案工作委员会为核心，档案馆整体负责，专兼职档案员密切配合的档案工作网络。专职档案管理人员4人，兼职档案员39人，均具有大学本科及以上学历，兼职档案员均为副科级以上干部。

学校重视专兼职档案人员业务知识、业务技能的培训提高。通过订阅专业书刊，使档案人员学习了解和掌握档案管理的新知识、新动态，结合日常工作有针对性地开展业务培训和学习提高；注重现代化技能的培训，以适应档案管理的新形势和信息化建设的要求，支持业务骨干参加国家和省、市档案行政管理部门及学术团体举办的各类业务培训、学术交流活动；组织专兼职档案员到兄弟院校和档案工作先进单位参观学习，以开阔工作视野，提高业务能力。

【设施设备建设】 2009年9月，学校根据工作需要，在烟台校区建成符合国家标准规范的档案室。两校区办公、库房、阅档等室舍面积470平方米，实现档案用房"三室"分开。基础设施设备齐全，配备档案橱柜120个和声像档案柜、温湿度自动控制、消毒灭菌机以及防火等设备，安装与学校安全监控系统联网的摄像头，库房安全基本达到防火、防盗等"九防"要求。配置管理系统服务器、微机、打印机、扫描仪、光盘刻录机等设备22套，库房管理和工作条件得到明显改善。

【档案资源建设】 档案馆注重档案信息资源建设，采取事前开展法规宣传和业务培训，事中全程跟踪指导，事后及时整理归档的全程工作模式，使学校文件材料归档率、准确率和完整率达到98%以上，学校重大活动和重要工作形成的文件材料全部归档。经过长期的积累，学校形成了门类齐全、馆藏丰富的档案资源体系。截至2012年底，馆藏各类档案26000余卷件，其中文书类档案17981件、7673卷，照片4158张，实物档案354件，电子档案（光盘）417张。2010～2012年，平均年归档量为2856件和330卷。

【档案信息化建设】 在全面实行纸质档案材料与电子档案材料同步归档的基础上，积极推进档案数字化工作。截至2012年底，95%以上常用馆藏档案已建立电子目录；安装网络版档案管理软件；购置数字化加工设备，文件全文数字化工作稳步开展。

【安全保管与开发利用】 严格落实档案安全保管措施，严格执行各项审批登记手续，率先开展重要档案异地备份，确保档案安全完整。

编制手工检索工具12种和机读目录27480条，档案查全率、查准率达99%以上。积极开展档案利用服务，为学校各项工作提供了档案依据，特别是在本科教学水平评估、德育评估、资产评估、党政管理考核、院庆、系庆、各年级二十周年庆、干部晋职晋级、职称评定、调资升级、全国人事档案重整补充、科技成果申报、财务工作查考、学生补办毕业证、办理出国留学手续、学历学位认证以及房屋维修、暖气管线改造等工作中，档案发挥了重要作用。学校制作了档案材料证明专用章，规范档案证明管理。

学校重视档案资源开发利用，围绕中心，开展档案编研编纂工作。2006年，学校建成校史展馆。校史展馆以翔实的资料，展示了学校历史沿革、校园文化以及改革发展取得的成果，成为学校进行校史教育和对外宣传接待的窗口。校史展馆自开放以来，学校在每年新生入校教育、毕业生离校等工作中组织广大师生参观，年参观量7100人次。每年接待到学校检查指导工作的领导、国内外访问学者、兄弟单位来宾、社会团体和单位以及各类学术会议代表等2300人次，成为推介宣传学校的重要平台。

先后组织编写文献资料20套，包括反映校友风采的《仁心妙术济苍生》和《滨州医学院大事记》《滨州医学院校史》《滨州医学院宣传画册》《风好正扬帆——蓬勃发展的滨州医学院》宣传片等，《滨州医学院年鉴》编纂工作仍在进行中。

【档案科研】 积极开展档案学术研究，提高档案管理水平。加强山东省档案局《高校电子档案异地备份模式研究》和《中小型档案库房温湿度自动控制最经济化研究》两个项目研究。在各种学术期刊发表学术论文8篇。2012年6月19～21日，在滨州医学院烟台校区组织召开烟台、泰安、滨州三地10所高校的档案机构负责人和从事档案工作多年的业务骨干参加的电子档案异地备份模式专题研讨会，就电子档案异地备份管理开展有益探索，进一步推进学校档案工作的规范化、科学化建设。

（王宝娃）

滨州学院

滨州学院成立于2004年，其前身是滨州师范专科学校。1999～2003年，滨州供销技校、滨州教育学院、滨州广播电视大学、惠民师范、博兴师范先后并入滨州师范专科学校。

【档案工作基本情况】 综合档案室设立于1990年，科级机构，隶属院党委、院长办公室。配备专职档案管理人员2名，其中，副研究馆员1人，馆员1人；研究生学历1人，本科学历1人。从事档案工作均达8年以上。综合档案室室舍面积300平方米，分设档案库房、资料室、办公室等，实现了库房、阅档、办公三分开。库房安装了防盗门、防盗窗和防光窗帘，配备铁质密码档案橱191个。资料室配备资料橱34个、阅览桌1张。配有空调、微机、扫描仪、光盘刻录机、温湿度仪、消毒灭菌机、除湿机、调档车、灭火器、防虫剂等设备物品，以及资料装订机、档案文件线缝装订机、电钻、切纸机等工具，档案基础设施齐全。

室藏建校50多年来党群、行政、教学、科研、财会、基建、出版、外事、产品类、设备、声像、实物12大类档案。截至2012年底，室藏全宗7个，档案43672卷件，其中文书类2642卷件，党群类3294卷件，行政类5769卷件，教学类10730卷件，科研类7801卷件，基建类861卷件，出版类1928卷件，外事类341卷件，财会类9771卷件，产品类135卷件，设备类400卷件。声像类(照片)4511张，电子档案141件，实物档案715件。

2010年，在山东省教育厅和山东省档案局对全省高校贯彻落实教育部"27号令"情况档案工作检查中，学校被确定为全省高校档案工作优秀单位。

【体制机制建设】 学校成立由院长任主任、党委副书记任副主任的档案工作委员会，委员会定期听取档案工作汇报，及时研究解决工作中遇到的问题。学校建立健全了学校档案工作机制，形成了以档案机构为中心的档案工作网络。学校档案实行集中统一管理，对重要的文件材料形成部门，如教务处、科研处、财务处等实行预立卷制度，各类档案归档率达98%以上。收集、保管各种资料8466册，在档案利用方面发挥了积极作用。

【制度建设】 先后制定和修订了《滨州学院档案管理办法》《滨州学院档案保密制度》《滨州学院立卷归档制度》《滨州学院档案保管制度》《滨州学院档案借阅制度》《滨州学院档案鉴定制度》《滨州学院档案销毁制度》《滨州学院档案资料统计制度》《滨州学院档案库房管理制度》《滨州学院档案修改、补充制度》等规章制度，制定移交清单、销毁清册、借阅登记等工作程序，使学校档案工作有法可依，有章可循。

发挥档案室在学校档案工作中的组织、指导作用，每年组织专兼职档案人员学习《中华人民共和国档案法》《高等学校档案管理办法》(教育部27号令)《山东省档案条例》等法律法规以及学校档案管理制度，增强专兼职档案人员的法制意识，学校档案工作制度化、规范化、科学化建设不断推进。

【档案开发与利用服务】 学校注重档案信息资源开发，编制人名索引、全引目录、专题目录、归档文件目录和机构设置目录、人事任免目录、离退休人员目录、专业设置目录四个专题目录；编印《滨州学院党务文件汇编》《滨州学院行政文件汇编》《滨州学院计划、总结汇编》《滨州学院规章制度汇编》《滨州学院人事任免汇编》《滨州学院教职工奖惩汇编》《滨州学院处分学生汇编》等资料；编写《档案利用效果典型实例》；编纂《滨州学院大事记》《滨州学院年鉴》等。

档案室设立学校荣誉室，收藏展示学校近十年来获得的各种奖状、奖旗、奖杯、获奖证书等。建立个人科研成果档案，并设立专门库房，编制个人科研成果目录(电子版)，方便查阅。个人科研成果档案在职称评定、教学评估、科技成果展览、德育评估及各项评奖等工作中发挥了重要作用。个人科研成果存放在档案室既安全，又方便查阅，得到教职工认可。

（崔　丽）

菏泽市

菏泽学院

菏泽学院是于2004年5月经教育部批准设立的全日制本科院校。学校前身是始建于1949年初的冀鲁豫区第二师范学校；1949年8月，定名为平原省立菏泽师范学校；1952年12月，更名为“山东省菏泽第一师范学校”；1958年8月，经山东省人民委员会批准，改建为菏泽师范专科学校；2002年1月，经山东省人民政府批准，原菏泽师范专科学校、菏泽教育学院、菏泽广播电视大学合并，同时并入菏泽师范学校、菏泽农业学校的有效资源，组成新的菏泽师范专科学校，筹建菏泽学院；2004年5月，教育部批准菏泽师范专科学校改建为本科层次的菏泽学院。经过六十余年的发展，菏泽学院已成为鲁西南地区基础教育师资的摇篮、应用型人才培养的基地、科技创新的平台、文化建设的窗口。

【档案工作基本情况】 菏泽学院档案馆在综合档案室的基础上，于2010年5月建立，挂靠学校办公室。配备专职档案管理人员3人，均具有大学本科学历；部门兼职档案员45人。馆舍面积390平方米，其中库房200余平方米。学校实行档案综合管理，按照党群、行政、教学、科研、基建、设备、产品、出版、外事、财会、声像、人物、实物13大类建立档案体系结构。截至2012年底，馆藏档案6589卷，以件为保管单位档案4322件，声像档案197盘，照片1510张，底图242张。

【体制机制与队伍建设】

(1)档案工作责任体系建设。2009年10月，学校调整档案工作委员会组成，院长任主任，加强档案工作的组织领导。修订《菏泽学院档案工作岗位职责规范》，进一步明确、规范档案工作委员会、主管分管领导、档案馆、专兼职档案人员等职责。学校每年通过党委会(或院长办公会)研究部署档案工作，重点查找档案工作中存在的薄弱环节，研究探讨改进档案管理和服务的办法措施。学校领导经常深入档案馆调研，帮助解决实际问题，学校在经费投入、人员配备、设备装具配置等方面给予支持，确保档案工作正常运转和档案保管安全。

(2)档案工作网络建设。各中层单位选拔业务素质高、工作责任心强的人员担任兼职档案员。兼职档案员具体负责本单位日常工作中形成的文件材料的积累、整理、预立卷、移交归档工作，档案馆主动指导各部门开展立卷归档工作。学校建立由48人组成的专兼职结合的档案工作队伍，形成了纵向到底、横向到边、完善规范、科学高效的档案工作网络，为档案工作的顺利开展打下了坚实的组织基础。

(3)档案人员业务培训。学校注重加强专兼职档案人员的思想教育和业务培训，不断提高档案人员的业务素质和工作能力。鼓励档案人员多种渠道参加校内外的学术交流，加强理论学习和研究，撰写学术论文。通过学习和培训，广大专兼职档案人员的工作能力和业务素质不断提高，不断推动档案工作再上新的台阶。

【制度建设】 学校不断加强档案工作制度建设。先后制定完善《菏泽学院档案管理暂行办法》《菏泽学院档案分类暂行规定》《菏泽学院各类档案归档范围及保管期限表》等规章制度，使档案的收集、整理、利用、保管等有法可依，促进档案工作的制度化、规范化和科学化进程。

【基础业务建设】

(1)明确立卷归档职责。学校档案工作坚持档案材料形成单位、课题组立卷的归档制度，注重在文件材料形成过程中预立卷工作。全校性、综合性材料由学院办公室负责立卷归档。科研项目的立卷归档由科研处与各科研项目承担单位双重管理监督，项目组负责立卷归档。其余按各职能部门分工负责相应文件材料的立卷归档。立卷归档涉及多个部门的，由文件的主办部门归档，其他部门协办。

(2)注重档案的完整性、准确性、系统性。编制《菏泽学院立卷归档工作规范》，明确立卷归档的分工、案卷质量要求、立卷方法、立卷程序、案卷装订和归档时间及移交手续。2004 年以来各类档案归档率、准确率达到了 98%。

(3)确保档案信息安全。学校成立档案开放与保密鉴定工作小组，负责学校档案的管理、利用、保密和鉴定工作。档案人员时刻牢记“档案安全，责任重于泰山”，牢固树立“安全第一，预防为主”的思想，坚决防止和克服松懈、侥幸心理，确保档案安全万无一失。严格档案查阅利用审批权限，规范档案利用、保管手续。

(4)严把“入库”环节。各类档案入库实行“严审及逐页比对”制度，确保档案实体与移交清单、文件目录三相符。认真落实档案保管的相关规定，定期核对库存档案数量，检查、统计档案保管及利用等情况。

【档案开发与利用服务】

(1)拓宽档案服务领域。立足需要，人机并用，编制必要的档案检索工具。加强重点热点项目的档案收集归档工作。刻制“档案工作专用章”，作为出具证明的印信凭证。开展档案编研，整理资料信息，积累校史资料。启动档案信息化建设方案，逐步提高档案管理现代化水平。建立校史展览馆、德育展览馆，多次举办档案展览，拓宽服务领域，取得教育宣传效果。

(2)提高档案工作服务水平。按照《菏泽学院信息公开实施细则》的要求，对馆藏档案材料进行分类，依据保密级别进行适当开放，或者根据申请开放。积极创建现行文件查阅服务中心，将面向师生开放实施的有关文件，复制集中起来，统一向师生提供利用。对未收集到中心的文件，负责提供代为查询服务。在严格程序的基础上，积极转变观念，增强服务意识，满足师生查询需求。

菏泽学院档案工作主动适应新形势，围绕中心，突出重点，在强化科学组织协调的行政管理职能，规范服务学校社会的业务管理职能的基础上，开发信息资源的学术研究职能，拓展促进素质教育的文化教育职能，充分发挥学校档案工作“三个基地，一个中心”职能(即作为学校档案保管基地、爱国主义教育基地、校史基地及提供档案信息管理和服务中心)，在服务学校发展、满足师生需要方面发挥了重要作用。

(李　洁)

菏泽医学专科学校

菏泽医学专科学校综合档案室成立于 1997 年 12 月，副科级建制。截至 2004 年底，室藏档案 4780 卷(其中党群类 207 卷，行政类 355 卷，教学类 715 卷，科研类 108 卷，基建类 306 卷，设备类 78 卷，出版类 57 卷，外事类 31 卷，财会类 1753 卷，照片类 40 卷，非典档案 56 卷，文件汇编 73 卷，资料 94 卷，其他 907 卷)。2005～2012 年，室藏档案 8700 件(其中党群类 959 件，行政类 1039 件，教学类 710 件，科研类 62 件，科技类 39 件，基建类 315 件，设备类 52 件，出版类 48 件，外事类 35 件，财会类 1592 件，照片类 1586 张，文明校园评估 147 件，党的先进性教育 1232 件，成人教育评估 405 件，文件汇编 511 件)，电子档案 302 件。

1998 年 12 月，在全省科技事业单位档案工作目标管理达标定级考评中，学校被批准为省二级单位；2000 年 4 月，学校被批准为省一级单位。2006 年，在全省档案管理考核中，学校综合档案室被确定为省一级档案室等次；2005 年、2007 年两年被省档案局、省卫生厅授予档案管理先进单位荣誉称号。2010 年，在山东省教育厅和山东省档案局对全省高校贯彻落实《高等学校档案管理办法》(教育部 27 号令)情况档案工作检查中，学校被确定为全省高校档案工作优秀单位。

【体制机制建设】 学校制定《菏泽医学专科学校档案管理暂行办法》，成立档案管理委员会，由校长任主任，分管副校长任副主任，协助校长领导档案工作，学校主要职能部门负责人为委员，负责组织协调、研究解决学校档案工作中的重大问题。明确档案机构的特有职能，发文公布了综合档案室是学校出具档案证明的唯一机构。充实档案管理人员力量，明确学校各部门分管负责人和兼职档案员工作职责，形成了学校领导、各部门及档案室、专兼职档案人员齐抓共管的档案工作体制机制。

【队伍建设】 学校配备专职档案管理人员 1 人，本科学历；部门兼职档案员 27 人，其中硕士研究生学历 5 人，本科学历 20 人，大专学历 2 人。加强专兼职档案人员的业务素质培养。定期举办档案人员培训班，学习档案专业、法规和现代化管理知识，使每一位档案人员充分认识档案工作的特殊地位和重要作用，肩负起管理档案的光荣职责。

【档案资源建设】 加强档案收集(征集)工作，丰富档案资源。学校将档案工作作为一项硬指标，建立档案工作质量考核制度，落实档案管理奖惩办法，责任到人，调动学校各部门兼职档案员的工作积极性，推动学校档案工作有序开展。在日常管理中，注意做到档案制度与专项检查、年度考核相结合，与教学、科研及工程竣工验收相结合，落实“四纳入”

"四同步"等制度。加强学校各部门、系(部)档案工作检查指导,重点加强教学、基建档案业务指导,发现问题及时督导整改。

【档案利用服务】 学校制定《菏泽医专信息化建设发展规划》与《菏泽医专档案信息化建设实施方案》,配置档案信息管理软件,实现档案信息传送网络化,建立档案目录数据库,将近几年的室藏重要档案扫描存入服务器。建立档案信息服务网站,开通网上服务平台,网上授权查阅档案成为档案利用的一个新途径。加快档案信息化建设步伐,实行新、老校区档案利用远程服务,学校档案在教学、科研、基建和管理等方面发挥了积极作用。

(贾先奎　陈　航)

菏泽家政职业学院

菏泽家政职业学院是2007年成立的以家政为特色的普通高等职业院校，占地744亩，建筑面积15.1万平方米。

【档案工作基本情况】 2007年，学院设立综合档案室，隶属于党委办公室，配备专职档案管理人员2人，其中主任1人，副主任1人。档案库房面积47平方米，密集架48立方米，办公室面积42平方米，配备计算机2台、复印机1台、空调机2台、除湿机1台、打印机1台、光盘刻录机1台，电子监控系统及相应的消防设备。截至2012年底，室藏档案2438卷、3938件，照片1120张，归档率为99%。

2009年，在全省档案管理考核中，学院综合档案室晋升为山东省特级档案室等次。2010年，在山东省教育厅、山东省档案局对全省高校贯彻落实教育部"27号令"情况档案工作检查中，学院被确定为全省高校档案工作优秀单位。

【体制机制建设】 2007年，学院成立档案工作委员会，党委书记任主任，副书记任副主任，各部门负责人为成员，并配备兼职档案员25人，形成了以综合档案室为中心的档案工作机制。学院定期召开专题会议，听取档案工作汇报，检查指导档案工作，研究解决工作中遇到的问题。学院将档案工作纳入总体规划，制定档案工作目标，建立档案工作责任制。

【档案与法制宣传】 学院组织专兼职档案人员学习教育部、国家档案局颁布的《高等学校档案管理办法》(27号令)等法律法规，增强专兼职档案人员的档案与法制意识，提高其业务素质。加强档案宣传工作，建立档案信息服务网站，扩大档案工作影响。截至2013年4月底，上传学院网站档案工作信息12篇，其中学院新闻《校园风采》刊发8篇。

【制度建设】 学院建立完善《菏泽家政职业学院档案管理工作制度》《菏泽家政职业学院各类档案立卷归档制度》《菏泽家政职业学院档案保管制度》等规章制度，确保学院在教学、科研和管理等活动中形成的文件材料以及电子、声像、荣誉实物等档案齐全完整，整理、保管、利用规范有序。

【档案利用服务】 增强服务中心工作的能力，为教学、科研和党政管理等提供优质、快捷服务。在校庆、德育工作评估、专业设置评估、教学水平评估等重大活动中，学院综合档案室提供大量档案支撑材料及数据。2012年，为学院和师生提供档案材料查阅、复印等500余次。

【档案信息化建设】 2010 年,学院通过招投标选用飞扬档案管理软件,建立档案目录数据库。档案信息化建设与学校数字化校园建设同步进行。配置存放声像、电子等特殊载体档案必要设备,保证电子档案安全、完整、有效。

(周向东)

政策法规选载

中华人民共和国档案法

（1987年9月5日第六届全国人民代表大会常务委员会第二十二次会议通过，根据1996年7月5日第八届全国人民代表大会常务委员会第二十次会议《关于修改〈中华人民共和国档案法〉的决定》修正）

第一章 总 则

第一条 为了加强对档案的管理和收集、整理工作，有效地保护和利用档案，为社会主义现代化建设服务，制定本法。

第二条 本法所称的档案，是指过去和现在的国家机构、社会组织以及个人从事政治、军事、经济、科学、技术、文化、宗教等活动直接形成的对国家和社会有保存价值的各种文字、图表、声像等不同形式的历史记录。

第三条 一切国家机关、武装力量、政党、社会团体、企业事业单位和公民都有保护档案的义务。

第四条 各级人民政府应当加强对档案工作的领导，把档案事业的建设列入国民经济和社会发展计划。

第五条 档案工作实行统一领导、分级管理的原则，维护档案完整与安全，便于社会各方面的利用。

第二章 档案机构及其职责

第六条 国家档案行政管理部门主管全国档案事业，对全国的档案事业实行统筹规划，组织协调，统一制度，监督和指导。

县级以上地方各级人民政府的档案行政管理部门主管本行政区域内的档案事业，并对本行政区域内机关、团体、企业事业单位和其他组织的档案工作实行监督和指导。

乡、民族乡、镇人民政府应当指定人员负责保管本机关的档案，并对所属单位的档案工作实行监督和指导。

第七条 机关、团体、企业事业单位和其他组织的档案机构或者档案工作人员，负责保管本单位的档案，并对所属机构的档案工作实行监督和指导。

第八条　中央和县级以上地方各级各类档案馆，是集中管理档案的文化事业机构，负责接收、收集、整理、保管和提供利用各分管范围内的档案。

第九条　档案工作人员应当忠于职守，遵守纪律，具备专业知识。

在档案的收集、整理、保护和提供利用等方面成绩显著的单位或者个人，由各级人民政府给予奖励。

第三章　档案的管理

第十条　对国家规定的应当立卷归档的材料，必须按照规定，定期向本单位档案机构或者档案工作人员移交，集中管理，任何个人不得据为己有。

国家规定不得归档的材料，禁止擅自归档。

第十一条　机关、团体、企业事业单位和其他组织必须按照国家规定，定期向档案馆移交档案。

第十二条　博物馆、图书馆、纪念馆等单位保存的文物、图书资料同时是档案的，可以按照法律和行政法规的规定，由上述单位自行管理。

档案馆与上述单位应当在档案的利用方面互相协作。

第十三条　各级各类档案馆，机关、团体、企业事业单位和其他组织的档案机构，应当建立科学的管理制度，便于对档案的利用；配置必要的设施，确保档案的安全；采用先进技术，实现档案管理的现代化。

第十四条　保密档案的管理和利用，密级的变更和解密，必须按照国家有关保密的法律和行政法规的规定办理。

第十五条　鉴定档案保存价值的原则、保管期限的标准以及销毁档案的程序和办法，由国家档案行政管理部门制定。禁止擅自销毁档案。

第十六条　集体所有的和个人所有的对国家和社会具有保存价值的或者应当保密的档案，档案所有者应当妥善保管。对于保管条件恶劣或者其他原因被认为可能导致档案严重损毁和不安全的，国家档案行政管理部门有权采取代为保管等确保档案完整和安全的措施；必要时，可以收购或者征购。

前款所列档案，档案所有者可以向国家档案馆寄存或者出卖；向国家档案馆以外的任何单位或者个人出卖的，应当按照有关规定由县级以上人民政府档案行政管理部门批准。严禁倒卖牟利，严禁卖给或者赠送给外国人。

向国家捐赠档案的，档案馆应当予以奖励。

第十七条　禁止出卖属于国家所有的档案。

国有企业事业单位资产转让时，转让有关档案的具体办法由国家档案行政管理部门制定。

档案复制件的交换、转让和出卖，按照国家规定办理。

第十八条　属于国家所有的档案和本法第十六条规定的档案以及这些档案的复制件，禁止私自携运出境。

第四章 档案的利用和公布

第十九条 国家档案馆保管的档案，一般应当自形成之日起满30年向社会开放。经济、科学、技术、文化等类档案向社会开放的期限，可以少于30年，涉及国家安全或者重大利益以及其他到期不宜开放的档案向社会开放的期限，可以多于30年，具体期限由国家档案行政管理部门制定，报国务院批准施行。

档案馆应当定期公布开放档案的目录，并为档案的利用创造条件，简化手续，提供方便。

中华人民共和国公民和组织持有合法证明，可以利用已经开放的档案。

第二十条 机关、团体、企业事业单位和其他组织以及公民根据经济建设、国防建设、教学科研和其他各项工作的需要，可以按照有关规定，利用档案馆未开放的档案以及有关机关、团体、企业事业单位和其他组织保存的档案。

利用未开放档案的办法，由国家档案行政管理部门和有关主管部门规定。

第二十一条 向档案馆移交、捐赠、寄存档案的单位和个人，对其档案享有优先利用权，并可对其档案中不宜向社会开放的部分提出限制利用的意见，档案馆应当维护他们的合法权益。

第二十二条 属于国家所有的档案，由国家授权的档案馆或者有关机关公布；未经档案馆或者有关机关同意，任何组织和个人无权公布。

集体所有的和个人所有的档案，档案的所有者有权公布，但必须遵守国家有关规定，不得损害国家安全和利益，不得侵犯他人的合法权益。

第二十三条 各级各类档案馆应当配备研究人员，加强对档案的研究整理，有计划地组织编辑出版档案材料，在不同范围内发行。

第五章 法律责任

第二十四条 有下列行为之一的，由县级以上人民政府档案行政管理部门、有关主管部门对直接负责的主管人员或者其他直接责任人员依法给予行政处分；构成犯罪的，依法追究刑事责任：

（一）损毁、丢失属于国家所有的档案的；

（二）擅自提供、抄录、公布、销毁属于国家所有的档案的；

（三）涂改、伪造档案的；

（四）违反本法第十六条、第十七条规定，擅自出卖或者转让档案的；

（五）倒卖档案牟利或者将档案卖给、赠送给外国人的；

（六）违反本法第十条、第十一条规定，不按规定归档或者不按期移交档案的；

（七）明知所保存的档案面临危险而不采取措施，造成档案损失的；

（八）档案工作人员玩忽职守，造成档案损失的。

在利用档案馆的档案中，有前款第一项、第二项、第三项违法行为的，由县级以上人民政府档案行政管理部门给予警告,可以并处罚款;造成损失的,责令赔偿损失。

企业事业组织或者个人有第一款第四项、第五项违法行为的,由县级以上人民政府档案行政管理部门给予警告,可以并处罚款;有违法所得的,没收违法所得;并可以依照本法第十六条的规定征购所出卖或者赠送的档案。

第二十五条 携运禁止出境的档案或者其复制件出境的,由海关予以没收,可以并处罚款;并将没收的档案或者其复制件移交档案行政管理部门;构成犯罪的,依法追究刑事责任。

第六章 附 则

第二十六条 本法实施办法,由国家档案行政管理部门制定,报国务院批准后施行。

第二十七条 本法自 1988 年 1 月 1 日起施行。

中华人民共和国档案法实施办法

（1990 年 10 月 24 日国务院批准，1990 年 11 月 19 日国家档案局令第 1 号发布，1999 年 5 月 5 日国务院批准修订，1999 年 6 月 7 日国家档案局令第 5 号重新发布）

第一章　总　则

第一条　根据《中华人民共和国档案法》（以下简称《档案法》）的规定，制定本办法。

第二条　《档案法》第二条所称对国家和社会有保存价值的档案，属于国家所有的，由国家档案局会同国家有关部门确定具体范围；属于集体所有、个人所有以及其他不属于国家所有的，由省、自治区、直辖市人民政府档案行政管理部门征得国家档案局同意后确定具体范围。

第三条　各级国家档案馆馆藏的永久保管档案分一、二、三级管理，分级的具体标准和管理办法由国家档案局制定。

第四条　国务院各部门经国家档案局同意，省、自治区、直辖市人民政府各部门经本级人民政府档案行政管理部门同意，可以制定本系统专业档案的具体管理制度和办法。

第五条　县级以上各级人民政府应当加强对档案工作的领导，把档案事业建设列入本级国民经济和社会发展计划，建立、健全档案机构，确定必要的人员编制，统筹安排发展档案事业所需经费。

机关、团体、企业事业单位和其他组织应当加强对本单位档案工作的领导，保障档案工作依法开展。

第六条　有下列事迹之一的，由人民政府、档案行政管理部门或者本单位给予奖励：

（一）对档案的收集、整理、提供利用做出显著成绩的；

（二）对档案的保护和现代化管理做出显著成绩的；

（三）对档案学研究做出重要贡献的；

（四）将重要的或者珍贵的档案捐赠给国家的；

（五）同违反档案法律、法规的行为作斗争，表现突出的。

第二章 档案机构及其职责

第七条 国家档案局依照《档案法》第六条第一款的规定，履行下列职责：

(一)根据有关法律、行政法规和国家有关方针政策，研究、制定档案工作规章制度和具体方针政策；

(二)组织协调全国档案事业的发展，制定发展档案事业的综合规划和专项计划，并组织实施；

(三)对有关法律、法规和国家有关方针政策的实施情况进行监督检查，依法查处档案违法行为；

(四)对中央和国家机关各部门、国务院直属企业事业单位以及依照国家有关规定不属于登记范围的全国性社会团体的档案工作，中央级国家档案馆的工作，以及省、自治区、直辖市人民政府档案行政管理部门的工作，实施监督、指导；

(五)组织、指导档案理论与科学技术研究、档案宣传与档案教育、档案工作人员培训；

(六)组织、开展档案工作的国际交流活动。

第八条 县级以上地方各级人民政府档案行政管理部门依照《档案法》第六条第二款的规定，履行下列职责：

(一)贯彻执行有关法律、法规和国家有关方针政策；

(二)制定本行政区域内的档案事业发展计划和档案工作规章制度，并组织实施；

(三)监督、指导本行政区域内的档案工作，依法查处档案违法行为；

(四)组织、指导本行政区域内档案理论与科学技术研究、档案宣传与档案教育、档案工作人员培训。

第九条 机关、团体、企业事业单位和其他组织的档案机构依照《档案法》第七条的规定，履行下列职责：

(一)贯彻执行有关法律、法规和国家有关方针政策，建立、健全本单位的档案工作规章制度；

(二)指导本单位文件、资料的形成、积累和归档工作；

(三)统一管理本单位的档案，并按照规定向有关档案馆移交档案；

(四)监督、指导所属机构的档案工作。

第十条 中央和地方各级国家档案馆，是集中保存、管理档案的文化事业机构，依照《档案法》第八条的规定，承担下列工作任务：

(一)收集和接收本馆保管范围内对国家和社会有保存价值的档案；

(二)对所保存的档案严格按照规定整理和保管；

(三)采取各种形式开发档案资源，为社会利用档案资源提供服务。

按照国家有关规定，经批准成立的其他各类档案馆，根据需要，可以承担前款规定的工作任务。

第十一条 全国档案馆的设置原则和布局方案，由国家档案局制定，报国务院批准后实施。

第三章 档案的管理

第十二条 按照国家档案局关于文件材料归档的规定，应当立卷归档的材料由单位的文书或者业务机构收集齐全，并进行整理、立卷，定期交本单位档案机构或者档案工作人员集中管理；任何人都不得据为己有或者拒绝归档。

第十三条 机关、团体、企业事业单位和其他组织，应当按照国家档案局关于档案移交的规定，定期向有关的国家档案馆移交档案。

属于中央级和省级、设区的市级国家档案馆接收范围的档案，立档单位应当自档案形成之日起满20年即向有关的国家档案馆移交；属于县级国家档案馆接收范围的档案，立档单位应当自档案形成之日起满10年即向有关的县级国家档案馆移交。

经同级档案行政管理部门检查和同意，专业性较强或者需要保密的档案，可以延长向有关档案馆移交的期限；已撤销的单位的档案或者由于保管条件恶劣可能导致不安全或者严重损毁的档案，可以提前向有关档案馆移交。

第十四条 既是文物、图书资料又是档案的，档案馆可以与博物馆、图书馆、纪念馆等单位相互交换重复件、复制件或者目录，联合举办展览，共同编辑出版有关史料或者进行史料研究。

第十五条 各级国家档案馆应当对所保管的档案采取下列管理措施：

(一)建立科学的管理制度，逐步实现保管的规范化、标准化；

(二)配置适宜安全保存档案的专门库房，配备防盗、防火、防渍、防有害生物的必要设施；

(三)根据档案的不同等级，采取有效措施，加以保护和管理；

(四)根据需要和可能，配备适应档案现代化管理需要的技术设备。

机关、团体、企业事业单位和其他组织的档案保管，根据需要，参照前款规定办理。

第十六条 《档案法》第十四条所称保密档案密级的变更和解密，依照《中华人民共和国保守国家秘密法》及其实施办法的规定办理。

第十七条 属于集体所有、个人所有以及其他不属于国家所有的对国家和社会具有保存价值的或者应当保密的档案，档案所有者可以向各级国家档案馆寄存、捐赠或者出卖。向各级国家档案馆以外的任何单位或者个人出卖、转让或者赠送的，必须报经县级以上人民政府档案行政管理部门批准；严禁向外国人和外国组织出卖或者赠送。

第十八条 属于国家所有的档案，任何组织和个人都不得出卖。

国有企业事业单位因资产转让需要转让有关档案的，按照国家有关规定办理。

各级各类档案馆以及机关、团体、企业事业单位和其他组织为了收集、交换中国散失在国外的档案、进行国际文化交流，以及适应经济建设、科学研究和科技成果推广等的需要，经国家档案局或者省、自治区、直辖市人民政府档案行政管理部门依据职权审查批准，可以向国内外的单位或者个人赠送、交换、出卖档案的复制件。

第十九条 各级国家档案馆馆藏的一级档案严禁出境。

各级国家档案馆馆藏的二级档案需要出境的，必须经国家档案局审查批准。各级国家档案馆馆藏的三级档案、各级国家档案馆馆藏的一、二、三级档案以外的属于国家所有的档案和属于集体所有、个人所有以及其他不属于国家所有的对国家和社会具有保存价值的或者应当保密的档案及其复制件，各级国家档案馆以及机关、团体、企业事业单位、其他组织和个人需要携带、运输或者邮寄出境的，必须经省、自治区、直辖市人民政府档案行政管理部门审查批准，海关凭批准文件查验放行。

第四章 档案的利用和公布

第二十条 各级国家档案馆保管的档案应当按照《档案法》的有关规定，分期分批地向社会开放，并同时公布开放档案的目录。档案开放的起始时间：

（一）中华人民共和国成立以前的档案（包括清代和清代以前的档案；民国时期的档案和革命历史档案），自本办法实施之日起向社会开放；

（二）中华人民共和国成立以来形成的档案，自形成之日起满 30 年向社会开放；

（三）经济、科学、技术、文化等类档案，可以随时向社会开放。

前款所列档案中涉及国防、外交、公安、国家安全等国家重大利益的档案，以及其他虽自形成之日起已满 30 年但档案馆认为到期仍不宜开放的档案，经上一级档案行政管理部门批准，可以延期向社会开放。

第二十一条 各级各类档案馆提供社会利用的档案，应当逐步实现以缩微品代替原件。档案缩微品和其他复制形式的档案载有档案收藏单位法定代表人的签名或者印章标记的，具有与档案原件同等的效力。

第二十二条 《档案法》所称档案的利用，是指对档案的阅览、复制和摘录。

中华人民共和国公民和组织，持有介绍信或者工作证、身份证等合法证明，可以利用已开放的档案。

外国人或者外国组织利用中国已开放的档案，须经中国有关主管部门介绍以及保存该档案的档案馆同意。

机关、团体、企业事业单位和其他组织以及中国公民利用档案馆保存的未开放的档案，须经保存该档案的档案馆同意，必要时还须经有关的档案行政管理部门审查同意。

机关、团体、企业事业单位和其他组织的档案机构保存的尚未向档案馆移交的档案，其他机关、团体、企业事业单位和组织以及中国公民需要利用的，须经档案保存单位同意。

各级各类档案馆应当为社会利用档案创造便利条件。提供社会利用的档案，可以按照规定收取费用。收费标准由国家档案局会同国务院价格管理部门制定。

第二十三条 《档案法》第二十二条所称档案的公布，是指通过下列形式首次向社会公开档案的全部或者部分原文，或者档案记载的特定内容：

（一）通过报纸、刊物、图书、声像、电子等出版物发表；

（二）通过电台、电视台播放；

（三）通过公众计算机信息网络传播；

（四）在公开场合宣读、播放；

（五）出版发行档案史料、资料的全文或者摘录汇编；

（六）公开出售、散发或者张贴档案复制件；

（七）展览、公开陈列档案或者其复制件。

第二十四条 公布属于国家所有的档案，按照下列规定办理：

（一）保存在档案馆的，由档案馆公布；必要时，应当征得档案形成单位同意或者报经档案形成单位的上级主管机关同意后公布；

（二）保存在各单位档案机构的，由各该单位公布；必要时，应当报经其上级主管机关同意后公布；

（三）利用属于国家所有的档案的单位和个人，未经档案馆、档案保存单位同意或者前两项所列主管机关的授权或者批准，均无权公布档案。

属于集体所有、个人所有以及其他不属于国家所有的对国家和社会具有保存价值的档案，其所有者向社会公布时，应当遵守国家有关保密的规定，不得损害国家的、社会的、集体的和其他公民的利益。

第二十五条 各级国家档案馆对寄存档案的公布和利用，应当征得档案所有者同意。

第二十六条 利用、公布档案，不得违反国家有关知识产权保护的法律规定。

第五章 罚 则

第二十七条 有下列行为之一的，由县级以上人民政府档案行政管理部门责令限期改正；情节严重的，对直接负责的主管人员或者其他直接责任人员依法给予行政处分：

（一）将公务活动中形成的应当归档的文件、资料据为己有，拒绝交档案机构、档案工作人员归档的；

（二）拒不按照国家规定向国家档案馆移交档案的；

（三）违反国家规定擅自扩大或者缩小档案接收范围的；

（四）不按照国家规定开放档案的；

（五）明知所保存的档案面临危险而不采取措施，造成档案损失的；

（六）档案工作人员、对档案工作负有领导责任的人员玩忽职守，造成档案损失的。

第二十八条 《档案法》第二十四条第二款、第三款规定的罚款数额，根据有关档案的价值和数量，对单位为1万元以上10万元以下，对个人为500元以上5000元以下。

第二十九条 违反《档案法》和本办法，造成档案损失的，由县级以上人民政府档案行政管理部门、有关主管部门根据损失档案的价值，责令赔偿损失。

第六章 附 则

第三十条 中国人民解放军的档案工作，根据《档案法》和本办法确定的原则管理。

第三十一条 本办法自发布之日起施行。

山东省档案条例

（2004年4月2日　山东省第十届人民代表大会常务委员会第七次会议通过）

第一章　总　则

第一条　为了加强对档案的管理和收集、整理工作，发展档案事业，有效地保护和利用档案，为社会主义现代化建设服务，根据《中华人民共和国档案法》（以下简称档案法）和《中华人民共和国档案法实施办法》（以下简称档案法实施办法），结合本省实际，制定本条例。

第二条　本条例所称的档案，是指过去和现在的国家机构、社会组织以及个人从事政治、军事、经济、科学、技术、医学、文化、宗教等活动直接形成的对国家和社会有保存价值的各种文字、图表、声像、电子等不同形式的历史记录。

第三条　本省行政区域内的国家机关、社会团体、企业事业单位和其他有关组织（以下统称单位）以及个人从事档案活动，均应遵守本条例。

第四条　各级人民政府应当加强对档案工作的领导，建立健全档案机构，将档案事业建设列入本地区国民经济和社会发展计划，保障发展档案事业所需经费并列入财政预算。

第五条　单位必须加强对档案工作的管理，为档案工作提供必要的条件，保障档案工作正常开展。

第二章　档案机构及其职责

第六条　省档案行政管理部门主管全省档案事业，对全省档案工作实行统筹规划，组织协调，监督指导。

设区的市、县（市、区）档案行政管理部门，主管本行政区域内的档案事业，对单位的档案工作实行监督指导。

乡（镇）人民政府和城市街道办事处应当配备专（兼）职档案工作人员负责管理本机关的档案，并对所属单位和村民委员会、居民委员会的档案工作实行监督指导。

村民委员会、居民委员会应当在本区域内开展档案收集、整理、保管和利用工作。

第七条　综合档案馆按照县级以上行政区划分级设置，负责接收、收集、整理、保管和提供利用分管范围内各种门类的档案以及其他可以由综合档案馆保管的档案。

第八条 专门档案馆和部门档案馆的设置，应当符合全国档案馆设置原则和布局方案，根据省档案行政管理部门的统筹规划，由同级档案行政管理部门审核后，报本级人民政府批准。

专门档案馆负责接收、收集、整理、保管和提供利用专门领域或者特殊载体形态的档案。部门档案馆负责接收、收集、整理、保管和提供利用本部门及其所属单位形成的档案。

第九条 企业档案馆的设置由企业自主决定。事业单位档案馆的设置，应当经过其主管部门批准。

企业事业单位档案馆负责接收、收集、整理、保管和提供利用本单位及其所属单位形成的档案。

第十条 单位应当设置档案机构或者配备专(兼)职档案工作人员，负责集中统一管理本单位的档案，并对所属单位的档案工作实行监督指导。

第十一条 档案工作人员应当忠于职守，遵守纪律，具备相应的档案专业知识、接受继续教育和岗位培训。

管理属于国家所有的档案的工作人员应当持证上岗。

第十二条 档案中介机构应当依法设立。

档案中介机构可以从事下列档案业务：

(一)档案业务咨询；

(二)档案整理；

(三)档案价值评估；

(四)档案技术服务；

(五)档案寄存保管；

(六)营业执照核准的其他档案业务。

档案中介机构应当遵守法律、法规、规章的规定并接受档案行政管理部门的监督。

第三章 档案管理

第十三条 单位及其工作人员在公务活动中形成的文件材料，按照国家和省有关规定应当归档的，单位文书或者业务部门必须收集、整理，并按照规定时间交本单位档案机构和档案工作人员集中管理。任何个人不得将应当归档的材料据为己有或者拒绝归档。

任何单位或者个人不得伪造档案。

第十四条 实行档案登记备案制度。档案行政管理部门应当对单位从事档案工作的机构、库房设备、档案藏量以及其他应予登记备案的事项进行登记备案。

第十五条 举办重大经济、政治、科学、文化、教育、体育、民族、宗教等活动的，主办单位应当事前通知同级档案行政管理部门。主办或者承办单位应当收集和保护活动中形成的档案。新闻媒体应当妥善保管活动中通过摄影、录像、录音等方式形成的档案。主办或者承办单位和新闻媒体应当在活动结束之日起六十日内，到同级档案行政管理部门办理档案登记备案；不具备保管档案条件的，应当在活动结束之日起九十日内向同级综合档案馆移交档案。

第十六条 科学技术研究成果的鉴定或者推广、产品试制、设备开箱、基本建设工程和其他技术项目进行鉴定或者验收时，应当有本单位档案工作人员参加。

县级以上人民政府确定的重点建设项目和重大科学技术研究项目的档案，应当由同级档案行政管理部门和有关主管部门验收。

第十七条 各级各类档案馆接收档案的范围按照国家有关规定执行。单位必须按照下列规定向有关档案馆移交档案：

（一）列入省综合档案馆收集范围的档案，自形成之日起满十五年，向省综合档案馆移交；

（二）列入设区的市或者县（市、区）综合档案馆收集范围的档案，自形成之日起满十年，向设区的市或者县（市、区）综合档案馆移交；

（三）列入专门档案馆收集范围的档案，自形成之日起满一年，向专门档案馆移交，但是国家另有规定的从其规定；

（四）列入部门档案馆或者企业事业单位档案馆收集范围的档案，于形成的次年六月三十日前向部门档案馆或者企业事业单位档案馆移交。

经同级档案行政管理部门审查同意，专业性较强或者需要保密的档案，可以延长移交期限；撤销或者破产单位的档案可以提前移交。

第十八条 部门档案馆保存的永久档案，在本馆保存满三十年，应当向同级综合档案馆移交，国家另有规定的除外。

第十九条 单位因撤销、解散、破产、合并、分立等档案管理权发生变化的，应当报档案行政管理部门备案；发生争议的，由档案行政管理部门作出处理决定。

第二十条 保密档案的管理和利用，密级的变更和解密，必须按照国家有关保密的法律、法规的规定办理。

第二十一条 档案馆和单位应当建立健全档案管理制度，配置适宜保存档案的设施，采用先进技术设备和现代化管理手段，按照国家和省的有关标准整理、保管档案，防止档案的破损、褪色、霉变和散失，并根据档案的不同等级或者重要程度采取相应的保护措施，对破损的重要档案及时进行抢救。

第二十二条 档案馆和单位应当定期进行档案鉴定，对失去保存价值的档案编制销毁清册，按照国家有关规定予以销毁。

第二十三条 属于集体所有、个人所有的对国家和社会具有保存价值或者应当保密的档案，因保管条件恶劣或者其他原因，可能导致档案不安全或者严重损毁的，档案行政管理部门有权采取代为保管等措施，必要时，可以收购或者征购。

档案行政管理部门对收购、征购、代为保管的档案，应当组织专家进行鉴定。

第二十四条 国家所有的档案不得赠送、交换、出卖原件；需要赠送、交换、出卖档案复制件的，按照国家有关规定办理。

第二十五条 因国有资产转让需转让有关档案的，按照国家有关规定执行。

国有企业宣布破产时，应当在档案行政管理部门监督指导下，办理档案的移交或者寄存，企业破产清算费用中应当预留档案整理、鉴定、保管、移交、寄存等费用。

第二十六条 需要出境的档案，按照规定须经省档案行政管理部门批准的，有关单位或者个人应当在出境日三十日前向省档案行政管理部门提出申请，省档案行政管理部门应当在收到申请之日起七日内决定是否批准。不予批准的，应当向申请人说明理由。

第四章 档案的利用和公布

第二十七条 档案馆应当依照档案法和档案法实施办法的规定，分期分批向社会开放档案，定期公布开放档案的目录，并为档案的利用创造条件，简化手续，提供方便。

第二十八条 省综合档案馆应当建立全省档案资料目录信息中心，各级各类档案馆和其他档案机构应当利用现代化信息手段，逐步实现信息共享，为社会提供便捷服务。

设区的市、县(市、区)综合档案馆应当定期向省档案资料目录信息中心报送档案资料目录，专门档案馆、部门档案馆、企业事业单位档案馆和其他档案机构应当定期向同级综合档案馆报送档案资料目录。

第二十九条 各级综合档案馆应当逐步建立政府信息公开服务中心，收集、管理、提供利用同级国家机关、社会团体、事业单位处理完毕的各类政府信息公开。

各级国家机关、社会团体、事业单位应当根据省有关规定向同级综合档案馆和政府信息公开服务中心移交各类非保密的政府信息公开。

第三十条 单位和个人利用已开放的档案，须凭介绍信、居民身份证、工作证等合法证明；利用未开放的档案和其他单位保存的档案，必须遵守国家有关规定，不得擅自抄录、复制档案或者泄露档案内容。

外国人或者外国组织利用已开放的档案，按照国家有关规定执行。

利用档案时，任何单位和个人不得涂改、损毁、丢弃档案。

第三十一条 利用档案的单位和个人，未经档案馆、档案保存单位同意或者有关主管部门批准，不得公布档案。

第三十二条 档案馆提供利用寄存的档案，应当经寄存者同意。

向档案馆移交、捐赠、寄存档案的，对该档案享有优先利用权，并可以对档案中不宜向社会开放的部分提出限制利用的意见，档案馆应当维护其合法权益。

第三十三条 档案馆应当加强对档案的研究整理，有计划地组织编辑出版档案材料。

第三十四条 档案馆提供档案和咨询服务，可以按照国家和省有关规定收取费用。

单位和个人利用其捐赠、寄存的档案，档案馆应当无偿提供。

第五章 法律责任

第三十五条 违反本条例，有下列行为之一的，由县级以上档案行政管理部门责令限期改正；情节严重的，由主管部门或者有关单位对有关责任人员给予行政处分或者纪律处分：

(一)擅自设置档案馆的；

(二)未按规定办理档案登记的；

（三）重点建设项目和重大科学技术研究项目的档案未经档案行政管理部门和有关主管部门验收的；

（四）未建立档案管理制度的；

（五）未按国家档案技术规范要求整理归档或者不集中统一管理档案的；

（六）未按规定向社会开放和提供利用档案的。

第三十六条 违反本条例，有下列行为之一的，由县级以上档案行政管理部门给予警告；根据有关档案的价值和数量，对单位可以并处一万元以上十万元以下的罚款，对个人可以并处五百元以上五千元以下的罚款；造成损失的，责令赔偿损失；构成犯罪的，依法追究刑事责任：

（一）损毁、丢失属于国家所有的档案的；

（二）擅自提供、抄录、公布、销毁属于国家所有的档案或者泄露档案秘密的；

（三）涂改、伪造档案的。

拒绝、阻碍档案行政执法人员依法执行职务的，由公安机关依法予以处理；构成犯罪的，依法追究刑事责任。

第三十七条 档案工作人员在档案管理工作中滥用职权、徇私舞弊、玩忽职守、失密泄密、监守自盗的，由其所在单位或者有关主管部门依法给予行政处分；构成犯罪的，依法追究刑事责任。

第六章　附　则

第三十八条 外商投资企业档案管理按照国家有关规定执行。

第三十九条 本条例自 2004 年 5 月 1 日起施行。

高等学校档案管理办法

（2008年8月20日　教育部　国家档案局令第27号公布）

第一章　总　则

第一条　为规范高等学校档案工作，提高档案管理水平，有效保护和利用档案，根据《中华人民共和国档案法》及其实施办法，制定本办法。

第二条　本办法所称的高等学校档案（以下简称高校档案），是指高等学校从事招生、教学、科研、管理等活动直接形成的对学生、学校和社会有保存价值的各种文字、图表、声像等不同形式、载体的历史记录。

第三条　高校档案工作是高等学校重要的基础性工作，学校应当加强管理，将之纳入学校整体发展规划。

第四条　国务院教育行政部门主管全国高校档案工作。省、自治区、直辖市人民政府教育行政部门主管本行政区域内高校档案工作。

国家档案行政部门和省、自治区、直辖市人民政府档案行政部门在职责范围内负责对高校档案工作的业务指导、监督和检查。

第五条　高校档案工作由高等学校校长领导，其主要职责是：

（一）贯彻执行国家关于档案管理的法律法规和方针政策，批准学校档案工作规章制度；

（二）将档案工作纳入学校整体发展规划，促进档案信息化建设与学校其他工作同步发展；

（三）建立健全与办学规模相适应的高校档案机构，落实人员编制、档案库房、发展档案事业所需设备以及经费；

（四）研究决定高校档案工作中的重要奖惩和其他重大问题。

分管档案工作的校领导协助校长负责档案工作。

第二章　机构设置与人员配备

第六条　高校档案机构包括档案馆和综合档案室。

具备下列条件之一的高等学校应当设立档案馆：

（一）建校历史在50年以上；

（二）全日制在校生规模在1万人以上；

（三）已集中保管的档案、资料在3万卷（长度300延长米）以上。

未设立档案馆的高等学校应当设立综合档案室。

第七条 高校档案机构是保存和提供利用学校档案的专门机构，应当具备符合要求的档案库房和管理设施。

需要特殊条件保管或者利用频繁且具有一定独立性的档案，可以根据实际需要设立分室单独保管。分室是高校档案机构的分支机构。

第八条 高校档案机构的管理职责是：

（一）贯彻执行国家有关档案工作的法律法规和方针政策，综合规划学校档案工作；

（二）拟订学校档案工作规章制度，并负责贯彻落实；

（三）负责接收（征集）、整理、鉴定、统计、保管学校的各类档案及有关资料；

（四）编制检索工具，编研、出版档案史料，开发档案信息资源；

（五）组织实施档案信息化建设和电子文件归档工作；

（六）开展档案的开放和利用工作；

（七）开展学校档案工作人员的业务培训；

（八）利用档案开展多种形式的宣传教育活动，充分发挥档案的文化教育功能；

（九）开展国内外档案学术研究和交流活动。

有条件的高校档案机构，可以申请创设爱国主义教育基地。

第九条 高校档案馆设馆长一名，根据需要可以设副馆长一至二名。综合档案室设主任一名，根据需要可以设副主任一至二名。

馆长、副馆长和综合档案室主任（馆长和综合档案室主任，以下简称为高校档案机构负责人），应当具备以下条件：

（一）热心档案事业，具有高级以上专业技术职务任职经历；

（二）有组织管理能力，具有开拓创新意识和精神；

（三）年富力强，身体健康。

第十条 高等学校应当为高校档案机构配备专职档案工作人员。

高校专职档案工作人员列入学校事业编制。其编制人数由学校根据本校档案机构的档案数量和工作任务确定。

第十一条 高校档案工作人员应当遵纪守法，爱岗敬业，忠于职守，具备档案业务知识和相应的科学文化知识以及现代化管理技能。

第十二条 高校档案机构中的专职档案工作人员，实行专业技术职务聘任制或者职员职级制，享受学校教学、科研和管理人员同等待遇。

第十三条 高等学校对长期接触有毒有害物质的档案工作人员，应当按照法律法规的有关规定采取有效的防护措施防止职业中毒事故的发生，保障其依法享有工伤社会保险待遇以及其他有关待遇，并可以按照有关规定予以补助。

第三章 档案管理

第十四条 高等学校应当建立、健全档案工作的检查、考核与评估制度，定期布置、检查、总结、验收档案工作，明确岗位职责，强化责任意识，提高学校档案管理水平。

第十五条 高等学校应当对纸质档案材料和电子档案材料同步归档。文件材料的归档范围是：

(一)党群类：主要包括高等学校党委、工会、团委、民主党派等组织的各种会议文件、会议记录及纪要；各党群部门的工作计划、总结；上级机关与学校关于党群管理的文件材料。

(二)行政类：主要包括高等学校行政工作的各种会议文件、会议记录及纪要；上级机关与学校关于人事管理、行政管理的材料。

(三)学生类：主要包括高等学校培养的学历教育学生的高中档案、入学登记表、体检表、学籍档案、奖惩记录、党团组织档案、毕业生登记表等。

(四)教学类：主要包括反映教学管理、教学实践和教学研究等活动的文件材料。按原国家教委、国家档案局发布的《高等学校教学文件材料归档范围》([87]教办字 016 号)的相关规定执行。

(五)科研类：按原国家科委、国家档案局发布的《科学技术研究档案管理暂行规定》(国档发〔1987〕6 号)执行。

(六)基本建设类：按国家档案局、原国家计委发布的《基本建设项目档案资料管理暂行规定》(国档发〔1988〕4 号)执行。

(七)仪器设备类：主要包括各种国产和国外引进的精密、贵重、稀缺仪器设备(价值在 10 万元以上)的全套随机技术文件以及在接收、使用、维修和改进工作中产生的文件材料。

(八)产品生产类：主要包括高等学校在产学研过程中形成的文件材料、样品或者样品照片、录像等。

(九)出版物类：主要包括高等学校自行编辑出版的学报、其他学术刊物及本校出版社出版物的审稿单、原稿、样书及出版发行记录等。

(十)外事类：主要包括学校派遣有关人员出席国际会议、出国考察、讲学、合作研究、学习进修的材料；学校聘请的境外专家、教师在教学、科研等活动中形成的材料；学校开展校际交流、中外合作办学、境外办学及管理外国或者港澳台地区专家、教师、国际学生、港澳台学生等的材料；学校授予境外人士名誉职务、学位、称号等的材料。

(十一)财会类：按财政部、国家档案局发布的《会计档案管理办法》(财会字〔1998〕32 号)执行。

高等学校可以根据学校实际情况确定归档范围。归档的档案材料包括纸质、电子、照(胶)片、录像(录音)带等各种载体形式。

第十六条 高等学校实行档案材料形成单位、课题组立卷的归档制度。

学校各部门负责档案工作的人员应当按照归档要求，组织本部门的教学、科研和管理等人员及时整理档案和立卷。立卷人应当按照纸质文件材料和电子文件材料的自然形成规律，对文件材料系统整理组卷，编制页号或者件号，制作卷内目录，交本部门负责档案工作的人员检查合格后向高校档案机构移交。

第十七条　归档的档案材料应当质地优良，书绘工整，声像清晰，符合有关规范和标准的要求。电子文件的归档要求按照国家档案局发布的《电子公文归档管理暂行办法》以及《电子文件归档与管理规范》(GB/T 18894－2002)执行。

第十八条　高校档案材料归档时间为：

(一)学校各部门应当在次学年6月底前归档；

(二)各院系等应当在次学年寒假前归档；

(三)科研类档案应当在项目完成后两个月内归档，基建类档案应当在项目完成后三个月内归档。

第十九条　高校档案机构应当对档案进行整理、分类、鉴定和编号。

第二十条　高校档案机构应当按照国家档案局《机关文件材料归档范围和文书档案保管期限规定》，确定档案材料的保管期限。对保管期限已满、已失去保存价值的档案，经有关部门鉴定并登记造册报校长批准后，予以销毁。未经鉴定和批准，不得销毁任何档案。

第二十一条　高校档案机构应当采用先进的档案保护技术，防止档案的破损、褪色、霉变和散失。对已经破损或者字迹褪色的档案，应当及时修复或者复制。对重要档案和破损、褪色修复的档案应当及时数字化，加工成电子档案保管。

第二十二条　高校档案由高校档案机构保管。在国家需要时，高等学校应当提供所需的档案原件或者复制件。

第二十三条　高等学校与其他单位分工协作完成的项目，高校档案机构应当至少保存一整套档案。协作单位除保存与自己承担任务有关的档案正本以外，应当将复制件送交高校档案机构保存。

第二十四条　高等学校中的个人对其从事教学、科研、管理等职务活动所形成的各种载体形式的档案材料，应当按照规定及时归档，任何个人不得据为己有。

对于个人在其非职务活动中形成的重要档案材料，高校档案机构可以通过征集、代管等形式进行管理。

高校档案机构对于与学校有关的各种档案史料的征集，应当制定专门的制度和办法。

第二十五条　高校档案机构应当对所存档案和资料的保管情况定期检查，消除安全隐患，遇有特殊情况，应当立即向校长报告，及时处理。

档案库房的技术管理工作，应当建立、健全有关规章制度，由专人负责。

第二十六条　高校档案机构应当认真执行档案统计年报制度，并按照国家有关规定报送档案工作基本情况统计报表。

第四章　档案的利用与公布

第二十七条　高校档案机构应当按照国家有关规定公布档案。未经高等学校授权，其他任何组织或者个人无权公布学校档案。

属下列情况之一者，不对外公布：

（一）涉及国家秘密的；

（二）涉及专利或者技术秘密的；

（三）涉及个人隐私的；

（四）档案形成单位规定限制利用的。

第二十八条 凡持有合法证明的单位或者持有合法身份证明的个人，在表明利用档案的目的和范围并履行相关登记手续后，均可以利用已公布的档案。

境外组织或者个人利用档案的，按照国家有关规定办理。

第二十九条 查阅、摘录、复制未开放的档案，应当经档案机构负责人批准。涉及未公开的技术问题，应当经档案形成单位或者本人同意，必要时报请校长审查批准。需要利用的档案涉及重大问题或者国家秘密，应当经学校保密工作部门批准。

第三十条 高校档案机构提供利用的重要、珍贵档案，一般不提供原件。如有特殊需要，应当经档案机构负责人批准。

加盖高校档案机构公章的档案复制件，与原件具有同等效力。

第三十一条 高校档案开放应当设立专门的阅览室，并编制必要的检索工具（著录标准按《档案著录规则》DA/T 18－1999 执行），提供开放档案目录、全宗指南、档案馆指南、计算机查询系统等，为社会利用档案创造便利条件。

第三十二条 高校档案机构是学校出具档案证明的唯一机构。

高校档案机构应当为社会利用档案创造便利条件，用于公益目的的，不得收取费用；用于个人或者商业目的的，可以按照有关规定合理收取费用。

社会组织和个人利用其所移交、捐赠的档案，高校档案机构应当无偿和优先提供。

第三十三条 寄存在高校档案机构的档案，归寄存者所有。高校档案机构如果需要向社会提供利用，应当征得寄存者同意。

第三十四条 高校档案机构应当积极开展档案的编研工作。出版档案史料和公布档案，应当经档案形成单位同意，并报请校长批准。

第三十五条 高校档案机构应当采取多种形式（如举办档案展览、陈列、建设档案网站等），积极开展档案宣传工作。有条件的高校，应当在相关专业的高年级开设有关档案管理的选修课。

第五章　条件保障

第三十六条 高等学校应当将高校档案工作所需经费列入学校预算，保证档案工作的需求。

第三十七条 高等学校应当为档案机构提供专用的、符合档案管理要求的档案库房，对不适应档案事业发展需要或者不符合档案保管要求的馆库，按照《档案馆建设标准》（建标 103－2008）的要求及时进行改扩建或者新建。

存放涉密档案应当设有专门库房。

存放声像、电子等特殊载体档案，应当配置恒温、恒湿、防火、防渍、防有害生物等必要设施。

第三十八条　高等学校应当设立专项经费，为档案机构配置档案管理现代化、档案信息化所需的设备设施，加快数字档案馆（室）建设，保障档案信息化建设与学校数字化校园建设同步进行。

第六章　奖励与处罚

第三十九条　高等学校对在档案工作中做出下列贡献的单位或者个人，给予表彰与奖励：

（一）在档案的收集、整理、提供利用工作中做出显著成绩的；

（二）在档案的保护和现代化管理工作中做出显著成绩的；

（三）在档案学研究及档案史料研究工作中做出重要贡献的；

（四）将重要的或者珍贵的档案捐赠给高校档案机构的；

（五）同违反档案法律法规的行为作斗争，表现突出的。

第四十条　有下列行为之一的，高等学校应当对直接负责的主管人员和其他直接责任人员依法给予处分；构成犯罪的，由司法机关依法追究刑事责任。

（一）玩忽职守，造成档案损坏、丢失或者擅自销毁档案的；

（二）违反保密规定，擅自提供、抄录、公布档案的；

（三）涂改、伪造档案的；

（四）擅自出卖、赠送、交换档案的；

（五）不按规定归档，拒绝归档或者将档案据为己有的；

（六）其他违反档案法律法规的行为。

第七章　附　则

第四十一条　本办法适用于各类普通高等学校、成人高等学校。

第四十二条　高等学校可以根据本办法制定实施细则。

高等学校附属单位（包括附属医院、校办企业等）的档案管理，由学校根据实际情况自主确定。

第四十三条　本办法自2008年9月1日起施行。国家教育委员会1989年10月10日发布的《普通高等学校档案管理办法》（国家教育委员会令第6号）同时废止。

档案管理违法违纪行为处分规定

（2013 年 2 月 22 日 监察部 人力资源和社会保障部 国家档案局令第 30 号公布）

第一条 为了预防和惩处档案管理违法违纪行为，有效保护和利用档案，根据《中华人民共和国档案法》《中华人民共和国行政监察法》《中华人民共和国公务员法》《行政机关公务员处分条例》等有关法律、行政法规，制定本规定。

第二条 有档案管理违法违纪行为的单位，其负有责任的领导人员和直接责任人员，以及有档案管理违法违纪行为的个人，应当承担纪律责任。属于下列人员的（以下统称有关责任人员），由任免机关或者监察机关按照管理权限依法给予处分：

（一）行政机关公务员；

（二）法律、法规授权的具有公共事务管理职能的组织中从事公务的人员；

（三）行政机关依法委托从事公共事务管理活动的组织中从事公务的人员；

（四）企业、社会团体中由行政机关任命的人员。

事业单位工作人员有档案管理违法违纪行为的，按照《事业单位工作人员处分暂行规定》执行。

法律、行政法规、国务院决定及国务院监察机关、国务院人力资源社会保障部门制定的规章对档案管理违法违纪行为的处分另有规定的，从其规定。

第三条 将公务活动中形成的应当归档的文件材料、资料据为己有，拒绝交档案机构、档案工作人员归档的，对有关责任人员，给予警告处分；情节较重的，给予记过或者记大过处分；情节严重的，给予降级或者撤职处分。

第四条 拒不按照国家规定向指定的国家档案馆移交档案的，对有关责任人员，给予警告或者记过处分；情节较重的，给予记大过或者降级处分；情节严重的，给予撤职处分。

第五条 出卖或者违反国家规定转让、交换以及赠送档案的，对有关责任人员，给予撤职或者开除处分。

第六条 利用职务之便，将所保管的档案据为己有的，对有关责任人员，给予记大过处分；情节较重的，给予降级或者撤职处分；情节严重的，给予开除处分。

第七条 因工作不负责任或者不遵守档案工作制度，导致档案损毁、丢失的，对有关责任人员，给予记过处分；情节较重的，给予记大过或者降级处分；情节严重的，给予撤职或者开除处分。

第八条 擅自销毁档案的，对有关责任人员，给予记过处分；情节较重的，给予记大过或者降级处分；情节严重的，给予撤职或者开除处分。

第九条 有下列行为之一的，对有关责任人员，给予记过或者记大过处分；情节较重的，给予降级或者撤职处分；情节严重的，给予开除处分：

（一）涂改、伪造档案的；

（二）擅自从档案中抽取、撤换、添加档案材料的。

第十条 携运、邮寄禁止出境的档案或者其复制件出境的，对有关责任人员，给予警告、记过或者记大过处分；情节较重的，给予降级或者撤职处分；情节严重的，给予开除处分。

第十一条 有下列行为之一的，对有关责任人员，给予警告、记过或者记大过处分；情节较重的，给予降级或者撤职处分；情节严重的，给予开除处分：

（一）擅自提供、抄录、复制档案的；

（二）擅自公布未开放档案的。

第十二条 有下列行为之一，导致档案安全事故发生的，对有关责任人员，给予记过或者记大过处分；情节较重的，给予降级或者撤职处分；情节严重的，给予开除处分：

（一）未配备安全保管档案的必要设施、设备的；

（二）未建立档案安全管理规章制度的；

（三）明知所保存的档案面临危险而不采取措施的。

第十三条 有下列行为之一的，对有关责任人员，给予记过或者记大过处分；情节较重的，给予降级或者撤职处分；情节严重的，给予开除处分：

（一）档案安全事故发生后，不及时组织抢救的；

（二）档案安全事故发生后，隐瞒不报、虚假报告或者不及时报告的；

（三）档案安全事故发生后，干扰阻挠有关部门调查的。

第十四条 在档案利用工作中违反国家规定收取费用的，对有关责任人员，给予记过或者记大过处分；情节较重的，给予降级或者撤职处分；情节严重的，给予开除处分。

第十五条 违反国家规定扩大或者缩小档案接收范围的，对有关责任人员，给予警告或者记过处分；情节较重的，给予记大过或者降级处分；情节严重的，给予撤职处分。

第十六条 拒不按照国家规定开放档案的，对有关责任人员给予警告、记过或者记大过处分。

第十七条 因档案管理违法违纪行为受到处分的人员对处分决定不服的，依照《中华人民共和国行政监察法》、《中华人民共和国公务员法》、《行政机关公务员处分条例》等有关规定，可以申请复核或者申诉。

第十八条 任免机关、监察机关和档案行政管理部门建立案件移送制度。

任免机关、监察机关查处档案管理违法违纪案件，认为应当由档案行政管理部门给予行政处罚的，应当及时将有关案件材料移送档案行政管理部门。档案行政管理部门应当依法及时查处，并将处理结果书面告知任免机关、监察机关。

档案行政管理部门查处档案管理违法案件，认为应当由任免机关或者监察机关给予处分的，应当及时将有关案件材料移送任免机关或者监察机关。任免机关或者监察机关应当依法及时查处，并将处理结果书面告知档案行政管理部门。

第十九条 有档案管理违法违纪行为，应当给予党纪处分的，移送党的纪律监察机关处理。涉嫌犯罪的，移送司法机关依法追究刑事责任。

第二十条 本规定所称的档案，是指属于国家所有的档案和不属于国家所有但保存在各级国家档案馆的档案。

第二十一条 本规定由监察部、人力资源社会保障部、国家档案局负责解释。

第二十二条 本规定自 2013 年 3 月 1 日起施行。

会计档案管理办法

（财政部　国家档案局　财会字〔1998〕32号　1998年8月21日发布）

第一条　为了加强会计档案管理，统一会计档案管理制度，更好地为发展社会主义市场经济服务，根据《中华人民共和国会计法》和《中华人民共和国档案法》的规定，制定本办法。

第二条　国家机关、社会团体、企业、事业单位，按规定应当建账的个体工商户和其他组织(以下简称各单位)，应当依照本办法管理会计档案。

第三条　各级人民政府财政部门和档案行政管理部门共同负责会计档案工作的指导、监督和检查。

第四条　各单位必须加强对会计档案管理工作的领导，建立会计档案的立卷、归档、保管、查阅和销毁等管理制度，保证会计档案妥善保管、有序存放、方便查阅，严防毁损、散失和泄密。

第五条　会计档案是指会计凭证、会计账簿和财务报告等会计核算专业材料，是记录和反映单位经济业务的重要史料和证据。具体包括：

(一)会计凭证类：原始凭证，记账凭证，汇总凭证，其他会计凭证。

(二)会计账簿类：总账，明细账，日记账，固定资产卡片，辅助账簿，其他会计账簿。

(三)财务报告类：月度、季度、年度财务报告，包括会计报表、附表、附注及文字说明，其他财务报告。

(四)其他类：银行存款余额调节表，银行对账单，其他应当保存的会计核算专业资料，会计档案移交清册，会计档案保管清册，会计档案销毁清册。

第六条　各单位每年形成的会计档案，应当由会计机构按照归档要求，负责整理立卷，装订成册，编制会计档案保管清册。

当年形成的会计档案，在会计年度终了后，可暂由会计机构保管一年，期满之后，应当由会计机构编制移交清册，移交本单位档案机构统一保管；未设立档案机构的，应当在会计机构内部指定专人保管。出纳人员不得兼管会计档案。

移交本单位档案机构保管的会计档案，原则上应当保持原卷册的封装。个别需要拆封重新整理的，档案机构应当会同会计机构和经办人员共同拆封整理，以分清责任。

第七条　各单位保存的会计档案不得借出。如有特殊需要，经本单位负责人批准，可以提供查阅或者复制,并办理登记手续,查阅或者复制会计档案的人员,严禁在会计档案上涂画、拆封和抽换。各单位应当建立健全会计档案查阅、复制登记制度。

第八条 会计档案的保管期限分为永久、定期两类。定期保管期限分为 3 年、5 年、10 年、15 年、25 年 5 类。

会计档案的保管期限,从会计年度终了后的第一天算起。

第九条 本办法规定的会计档案保管期限为最低保管期限,各类会计档案的保管原则上应当按照本办法附表所列期限执行。

各单位会计档案的具体名称如有同本办法附表所列档案名称不相符的,可以比照类似档案的保管期限办理。

第十条 保管期满的会计档案,除本办法第十一条规定的情形外,可以按照以下程序销毁:

(一)由本单位档案机构会同会计机构提出销毁意见,编制会计档案销毁清册,列明销毁会计档案的名称、卷号、册数、起止年度和档案编号、应保管期限、已保管期限、销毁时间等内容。

(二)单位负责人在会计档案销毁清册上签署意见。

(三)销毁会计档案时,应当由档案机构和会计机构共同派员监销。国家机关销毁会计档案时,应当由同级财政部门、审计部门派员参加监销。财政部门销毁会计档案时,应当由同级审计部门派员参加监销。

(四)监销人在销毁会计档案前,应当按照会计档案销毁清册所列内容清点核对所要销毁的会计档案;销毁后,应当在会计档案销毁清册上签名盖章,并将监销情况报告本单位负责人。

第十一条 保管期满但未结清的债权债务原始凭证和涉及其他未了事项的原始凭证,不得销毁,应当单独抽出立卷,保管到未了事项完结时为止。单独抽出立卷的会计档案,应当在会计档案销毁清册和会计档案保管清册中列明。

正在项目建设期间的建设单位,其保管期满的会计档案不得销毁。

第十二条 采用电子计算机进行会计核算的单位,应当保存打印出的纸质会计档案。

具备采用磁带、磁盘、光盘、微缩胶片等磁性介质保存会计档案条件的,由国务院业务主管部门统一规定,并报财政部、国家档案局备案。

第十三条 单位因撤销、解散、破产或者其他原因而终止的,在终止和办理注销登记手续之前形成的会计档案,应当由终止单位的业务主管部门或财产所有者代管或移交有关档案馆代管。法律、行政法规另有规定的,从其规定。

第十四条 单位分立后原单位存续的,其会计档案应当由分立后的存续方统一保管,其他方可查阅、复制与其业务相关的会计档案;单位分立后原单位解散的,其会计档案应当经各方协商后由其中一方代管或移交档案馆代管,可查阅、复制与其业务相关的会计档案。

单位分立后原单位解散的,其会计档案应当经各方协商后由其中一方代管或移交档案馆代管,各方可查阅、复制与其业务相单位因业务移交其他单位办理所涉及的会计档案,应当由原单位保管,承接业务单位可查阅、复制与其业务相关的会计档案,对其中未结清的会计事项所涉及的原始凭证，应当单独抽出由业务承接单位保存，并按规定办理交接手续。

第十五条 单位合并后原各单位解散或一方存续其他方解散的，原各单位的会计档案应当由合并后的单位统一保管；单位合并后原各单位仍存续的，其会计档案仍应由原各单位保管。

第十六条 建设单位在项目建设期间形成的会计档案，应当在办理竣工决算后移交给建设项目的接受单位，并按规定办理交接手续。

第十七条 单位之间交接会计档案的，交接双方应当办理会计档案交接手续。

移交会计档案的单位，应当编制会计档案移交清册，列明应当移交的会计档案名称、卷号、册数、起止年度和档案编号、应保管期限、已保管期限等内容。

交接会计档案时，交接双方应当按照会计档案移交清册所列内容逐项交接，并由交接双方的单位负责人负责监交。交接完毕后，交接双方经办人和监交人应当在会计档案移交清册上签名或者盖章。

第十八条 我国境内所有单位的会计档案不得携带出境。驻外机构和境内单位在境外设立的企业（简称境外单位）的会计档案，应当按照本办法和国家有关规定进行管理。

第十九条 预算、计划、制度等文件材料，应当执行文书档案管理规定，不适用本办法。

第二十条 各省、自治区、直辖市人民政府财政部门、档案管理部门，国务院各业务主管部门，中国人民解放军总后勤部，可以根据本办法的规定，结合本地区、本部门的具体情况，制定实施办法，报财政部和国家档案局备案。

第二十一条 本办法由财政部负责解释，自1999年1月1日起执行。1984年6月1日财政部、国家档案局发布的《会计档案管理办法》自本办法执行之日起废止。

（备注：附表一、附表二略。）

基本建设项目档案资料管理暂行规定

（国家档案局　国家计委　国档发〔1998〕4号　1988年3月17日发布）

第一章　总　则

第一条　为了做好基本建设项目档案资料管理工作，充分发挥档案资料在工程建设、生产（使用）管理、工程维护和改建扩建中的作用，根据《中华人民共和国档案法》，结合基本建设工作的具体情况，特制定本暂行规定。

第二条　基本建设项目档案资料是指在整个建设项目从酝酿、决策到建成投产（使用）的全过程中形成的、应当归档保存的文件，包括基本建设项目的提出、调研、可行性研究、评估、决策、计划、勘测、设计、施工、调试、生产准备、竣工、试生产（使用）等工作活动中形成的文字材料、图纸、图表、计算材料、声像材料等形式与载体的文字材料。

各有关单位要按照统一领导，统一管理档案的原则，管理好基本建设项目的档案材料，确保档案资料的完整、准确、安全和有效利用。

第二章　档案资料的管理

第三条　各级基本建设主管部门、档案行政管理部门要负责监督、检查和指导本部门、本地区建设项目的档案资料工作。档案行政管理部门应参加重点建设项目档案资料的检查验收。重要的国家重点建设项目由国家档案行政管理部门参加验收，部门、地方的重点建设项目由部门地方档案行政管理部门参加验收。

第四条　基本建设项目的档案资料工作要与项目建设进程同步。项目申请立项时，既应开始进行文件材料的积累、整理、审查工作；项目竣工验收时，完成文件材料的归档和验收工作。

第五条　项目建设过程中，建设单位、工程总承包单位、工程建设现场指挥机构、勘察设计单位、施工单位应在各自的职责范围内搞好建设项目文件材料的形成、积累、整理、归档和保管工作。属于建设单位归档范围的档案资料，有关单位应按时整理、移交建设单位。

第六条　档案资料的汇总整理

1. 建设项目实行总承包的，各分包单位负责收集、整理分包范围内的档案资料，交总包单位汇总、整理。竣工时由总包单位向建设单位提交完整、准确的项目档案资料。

实行工程建设现场指挥机构管理的建设项目，竣工时由现场指挥机构向建设单位提交完整、准确的项目档案资料。

2. 建设项目由建设单位分别向几个单位发包的，各承包单位负责收集、整理所承包工程的档案资料，交建设单位汇总、整理、或由建设单位委托一个承包单位汇总、整理。

第七条　建设单位、工程总承包单位、工程现场指挥机构、施工单位、勘察设计单位必须有一位负责人分管档案资料工作，并建立与工程档案资料工作任务相适应的管理机构，配备档案资料管理人员，制定管理制度，统一管理建设项目的档案资料。施工过程中要有能保证档案资料安全的库房和设备。

第八条　凡有引进技术或引进设备的建设项目，要做好引进技术和引进设备的图纸、文件的收集、整理工作，无论通过何种渠道得到的与引进技术或引进设备有关的档案资料，均应交档案部门统一管理。档案部门要加强提供利用的手段和措施，保证使用。

第九条　归档的文件材料要字迹清楚，图面整洁，不得用易褪色的书写材料书写、绘制。

第十条　对超过保管期限的基本建设项目档案资料必须进行鉴定，对已失去保存价值的档案资料，经过一定的审批手续，登记造册后方可处理。保密的档案资料应按保密规定进行管理。

第十一条　设计建设大、中型建设项目时，均应设计建设与工作任务相适应的，符合要求的档案资料库房，并为档案资料保管和提供利用配置必要的设备，其费用列入工程总概算。

第三章　竣工档案资料的管理要求

第十二条　竣工图是工程的实际反映，是工程的重要档案，工程承发包合同或施工协议中要根据国家对编制竣工图的要求，对竣工图的编制、整理、审核、交接、验收做出规定，施工单位不按时提交合格竣工图的，不算完成施工任务，并应承担责任。

第十三条　施工单位要做好施工记录、检验记录、交工验收记录和签证等，整理好变更文件，按规定编制好竣工图。工程竣工验收前，由主管部门、建设单位组织检查竣工图的质量，基本建设主管部门、施工企业的主管部门应检查施工单位编制施工档案的质量。

第十四条　编制竣工图的费用，按下列办法处理

1. 因设计失误造成设计变更较大，施工图不能代用或利用的，由设计单位负责绘制竣工图，并承担其费用。

2. 因建设单位或主管部门要求变更设计，需要重新绘制竣工图时，由建设单位绘制或委托设计单位负责绘制，其费用由建设单位在基建投资中解决。

3. 第1、2项规定以外的，则由施工单位负责编制竣工图，所需费用，由施工单位自行解决。

第四章 归档范围和保管期限

第十五条 建设项目文件材料归档范围和保管期限，一般可根据本规定附表《基本建设项目文件材料归档范围和保管期限表》执行。特殊专业的建设项目可参照附表制定补充规定。

第十六条 建设单位应根据工程规模和工程全过程中应产生的文件材料规定详细的归档范围和内容，以确保归档文件材料的完整性。

第十七条 基本建设项目档案资料的保管期分为：永久、长期、短期三种。

长期保管的基本建设项目档案资料实际保管期限不得短于建设项目的实际寿命。

第五章 附 则

第十八条 技术改造项目可按照本暂行规定执行。

第十九条 本暂行规定由国家计委、国家档案局负责解释。

第二十条 本暂行规定自公布之日起施行。

附：基本建设项目文件材料归档范围和保管期限表

基本建设项目文件材料归档范围和保管期限表

序号	归档文件	保管期限			
		主管机关	建设单位	施工单位	设计单位
一	可行性研究、任务书				
	1. 项目建议书及批复	长期	永久		长期
	2. 可行性研究报告	长期	永久		长期
	3. 项目评估	长期	永久		长期
	4. 环境预测、调查报告	长期	永久		长期
	5. 设计任务书、计划任务书	长期	永久		长期
二	设计基础材料				
	1. 工程地质、水文地质、勘察设计、勘察报告、地质图、勘察记录、化验、试验报告、重要土、岩样及说明		永久		*永久
	2. 地形、地貌、控制点、建筑物、构筑物及重要设备安装测量定位、观测记录		永久		长期
	3. 水文、气象、地震等其他设计基础材料		永久		长期
三	设计文件				
	1. 初步设计		永久	永久	

续表

序号	归档文件	保管期限			
		主管机关	建设单位	施工单位	设计单位
	2.技术设计		永久	永久	
	3.施工图设计		短期	永久	
	4.技术秘密材料、专利文件		永久		
	5.设计计算书		*长期	永久	
	6.关键技术试验		永久		
	7.总体规划设计		永久	永久	
	8.设计评价、鉴定及审批	长期	永久	永久	
四	工程管理文件				
	1.征用土地批准文件及红线图、拆迁、补偿协议书		永久		
	2.承发包合同、协议书、招标、投标、租赁文件		永久	永久	长期
	3.施工执照		永久		
	4.环保三同时、消防、卫生等文件、水、暖、电、煤气供应协议书		永久		
五	施工文件				
	1.土建施工文件				
	(1)开工报告、工程技术要求、技术交底、图纸会审纪要		短期	长期	
	(2)施工组织设计、施工方案、施工计划、施工技术措施、施工安全措施、施工工艺			长期	
	(3)原材料及构件出厂证明、质量鉴定		长期		
	(4)建筑材料试验报告		长期	长期	
	(5)设计变更、工程更改洽商单、材料代用核定审批		永久	短期	
	(6)施工定位测量、地质勘察		永久	短期	
	(7)土、岩试验报告、基础处理、基础工程施工图		永久	长期	
	(8)施工记录、日记、大事记			短期	
	(9)隐蔽工程验收记录		永久	长期	
	(10)工程记录及测试、沉陷、位移、变形、观测记录、事故处理报告		永久	长期	
	(11)分项、分部、单位工程质量检查、评定		长期	长期	
	(12)交工验收记录证明		长期	长期	

续表

序号	归档文件	保管期限			
		主管机关	建设单位	施工单位	设计单位
	(13)施工总结、技术总结			永久	
	(14)竣工报告、竣工验收报告		永久	永久	
	2.设备及管线安装施工文件				
	(1)开工报告、工程技术要求、技术交底、图纸会审纪要		短期	短期	
	(2)施工组织设计、施工方案、施工计划、技术措施			长期	
	(3)设计变更、工程更改洽商单、材料、零部件、设备代用审批		长期	短期	
	(4)焊接试验记录、报告、施工检验、探伤记录		长期	短期	
	(5)隐蔽工程检查验收记录		长期	长期	
	(6)强度、密闭性试验报告		长期	短期	
	(7)设备调试记录		短期	短期	
	(8)施工安装记录、安装质量检查、评定、事故处理报告		长期	长期	
	(9)系统调试、试验记录		长期	短期	
	(10)管线清洗、通水、消毒记录		短期	短期	
	(11)管线标高、位置、坡度测量记录		长期	长期	
	(12)中间交工验收记录证明、工程质量评定		长期	长期	
	(13)竣工报告、竣工验收报告		长期	长期	
	3.电气、仪表安装施工文件				
	(1)开工报告、工程技术要求、技术交底、图纸会审		短期	短期	
	(2)施工组织设计、施工方案、施工计划、技术措施			长期	
	(3)设计变更、工程更改洽商单、材料、零部件、设备代用审批		长期	短期	
	(4)调试、整定记录		长期	长期	
	(5)性能测试和校核		长期	长期	
	(6)施工安装记录、质量检查评定事故处理报告		长期	长期	
	(7)操作、联动试验		短期	短期	
	(8)电气装置交接记录		短期	短期	
	(9)中间交工验收记录工程质量评定		长期	长期	

续表

序号	归档文件	保管期限			
		主管机关	建设单位	施工单位	设计单位
	(10)竣工报告、竣工验收报告		长期	长期	
六	竣工文件				
	1.项目竣工验收报告	永久	永久		
	2.全部竣工图		永久		
	3.项目质量评审材料		永久		
	4.工程现场声像材料		永久		
	5.竣工验收会议决议文件	短期	永久		
七	生产技术准备、试生产				
	1.技术准备计划		短期		
	2.试生产管理、技术责任制		短期		
	3.开停车方案		短期		
	4.设备试车、验收、运转、维护记录		长期		
	5.试生产产品质量鉴定报告		短期		
	6.安全操作规程、事故分析报告		长期		
	7.运行记录		短期		
	8.技术培训材料		短期		
	9.产品技术参数性能、图纸		永久		
	10.工业卫生、劳动保护材料		短期		
八	工艺、设备				
	1.工艺说明、规程、路线、试验、技术总结		长期		
	2.产品检验、包装、工装图、检测记录		长期		
	3.设备、材料出厂合格证		长期		
	4.设备、材料装箱单、开箱记录、工具单、备品备件单		短期		
	5.设备、图纸说明书		长期		
	6.设备测绘、验收记录		长期		
	7.设备安装调试、测定数据、性能鉴定		长期		
九	涉外文件				
	1.询价、报价、投标文件		短期		
	2.合同、合同附件	*长期	永久		

续表

序号	归档文件	保管期限			
		主管机关	建设单位	施工单位	设计单位
	3.谈判协议、议定书	*长期	永久		
	4.谈判记录	长期			
	5.谈判过程中外商提交的材料		短期		
	6.出国考察及收集来的有关材料		短期		
	7.国外各设计阶段文件		永久		
	8.各设计阶段审查议定书		永久		
	9.技术问题来往函电		永久		
	10.国外设备材料检验及设计联络		永久		
	11.国外设备储存、运输		短期		
	12.开箱检查记录、商检及索赔		永久		
	13.国外设备、材料的防腐、保护措施		短期		
	14.外国技术人员现场提供的文件材料		长期		
十	财务、器材管理				
	1.财务计划、年度计划		短期		
	2.工程概算、预算、决算		永久		
	3.主要材料消耗、器材管理		短期		
	4.交付使用的固定资产		永久		
十一	其他资料				
	1.有关的国外技术标准		短期		
	2.有关的专利说明		短期		
十二	科研项目				
	1.开题报告、任务书、批准书	*长期	永久		
	2.协议书、委托书、合同		永久		
	3.研究方案、计划、调查研究报告		永久		
	4.试验记录、图表、照片		永久		
	5.实验分析、计算、整理数据		永久		
	6.试验装置及特殊设备图纸、工艺技术规范说明书		永久		
	7.实验装置操作规程、安全措施、事故分析		长期		
	8.阶段报告、科研报告技术鉴定		永久		

续表

序号	归档文件	保管期限			
		主管机关	建设单位	施工单位	设计单位
	9.成果申报、鉴定、审批及成果推广应用材料	永久	永久		
	10.考察报告、重要课题研究会议、专业会议文件		长期		

注：* 保存该单位工作必需的文件材料。

科学技术研究档案管理暂行规定

（国家科委　国家档案局　国档发〔1987〕6 号　1987 年 3 月 20 日发布）

第一章　总　则

第一条　为了加强科学技术研究档案(以下简称科研档案)管理工作,充分发挥科研档案在社会主义现代化建设中的作用,制定本规定。

第二条　科研档案是指在科学技术研究过程中形成的,具有保存价值的文字、图表、数据,声像等各种形式载体的文件材料。

第三条　科研档案是科学技术研究活动的真实记录,是科学技术储备的一种形式,是一项重要的信息资源,是国家的宝贵财富,必须实行集中统一管理,确保完整、准确、系统、安全,以利开发利用。

第四条　科研档案工作是科研管理的重要组成部分,是科研活动的重要环节,各级科技管理部门和有关单位应把科研档案工作与计划管理、课题管理和成果管理紧密结合。

科研工作和建档工作实行"四同步"管理:下达计划任务与提出科研文件材料的归档要求同步;检查计划进度与检查科研文件材料形成情况同步;验收、鉴定科研成果与验收、鉴定科研档案材料同步;上报登记和评审奖励科技成果以及科技人员提职考核与档案部门出具专题归档情况证明材料同步。

第五条　有关单位要把科研档案工作列入本单位的发展计划,在经费、库房、设备和人员配备等工作条件上给予保证。每年从本单位科研经费总额中拨出一定的数额作为科研档案工作经费。

第二章　科研文件材料的形成和归档

第六条　各承担项目单位要按照科研工作程序,建立健全科研文件材料的形成、积累、整理和归档制度,确保每一项科研活动归档文件材料的完整、准确、系统。

第七条　科研文件材料的归档范围主要包括:

1. 研究准备阶段:科研课题审批文件、任务书、委托书,开题报告,调研报告,方案论证和协议书、合同等文件。

2. 研究实验阶段：各种载体的重要原始记录，实验报告，计算材料，专利申请的有关文件材料，设计文件、图纸，关键工艺文件，重要的来往技术文件等。

3. 总结鉴定验收阶段：工作总结，科研报告，论文，专著，参加人员名单，技术鉴定材料，科研投资情况，决算材料等。

4. 成果和奖励申报阶段：成果和奖励申报材料及审批材料，推广应用的经济效益和社会效益证明材料等。

5. 推广应用阶段：推广应用方案、总结，扩大生产的设计文件、工艺文件，生产定型鉴定材料，转让合同，用户反馈意见等。

各单位要从实际出发，根据不同学科、不同类型科研工作的特点，制定本单位的归档范围。

第八条　科研文件材料归档要求：

1. 实行由科研课题（项目）负责人主持立卷归档的责任制。每项科研项目（包括中断或取得负结果的项目）完成或某部分结束后，对所形成的科研文件材料加以系统整理，经审查验收后归档。科研人员应负责科研文件材料的形成、积累、立卷、归档，并作为对其进行考核的内容之一。

2. 科研文件材料应在科研项目完成后及时归档，研究周期长的项目，可分阶段归档。归档的科研文件材料必须是原件（定稿），根据需要可复制若干份。

3. 凡归档的科研文件材料，要做到审查手续完备，制成材料优良，格式统一，字迹工整，图样清晰，装订整洁，禁用字迹不牢固的书写工具。

4. 几个单位协作的科研项目的归档可按《科学技术档案工作条例》第二十二条规定或协议条款立卷归档。如确系涉及协作单位或该单位科技人员的合法权益，应在协议书或委托书中明确科研文件材料归档和归属，协作单位应将承担项目的档案目录提供主持单位。

第九条　各单位对已完成的每个科研项目进行鉴定、验收之前，必须通知本单位档案部门对准备归档的科研文件材料加以审查验收。科研文件材料归档不符合要求的成果项目，不得进行鉴定、验收。

凡重点科研项目鉴定、验收，按照专业分级管理的原则，其档案应由相应的档案管理部门审查验收。未经档案部门验收的科研项目，各级科技管理部门不予承认。各单位档案管理部门，对已获得奖励或正在上报的科研成果，如检查发现其档案不符合要求，有权建议有关部门推迟或撤销对该项成果的奖励。

第三章　科研档案的管理和检查

第十条　各有关单位档案部门要抓好标准化、规范化工作，严格按照规则，对接收的科研档案进行分类、编目。同时，结合本单位业务管理工作的现代化进程，逐步实现科研档案的现代化管理。

第十一条　科研档案应有专用库房保管。绝密级科研档案必须严加保管。档案库房门窗要坚固，库房内必须保持适当的温、湿度，并有防盗、防火、防腐、防光。防有害生物和防污染等安全措施。对破损的档案，须及时修复。

第十二条 各单位档案部门对接收的科研档案，按有关规定划分保管期限和密级，要定期组织专家和有关人员对科研档案进行鉴定。对保管期限变动、密级调整和需要销毁的档案提出建议。报主管领导批准后实施。

第十三条 各单位要建立保密、利用、统计、更改等各项管理制度。单位撤销、合并和科研人员调动时，必须办理档案和科研文件材料的交接手续。

第十四条 各级档案管理部门和科技管理部门，要对科研档案工作进行定期的检查。检查的内容是：

1. 分管领导、机构、人员、设备、经费等条件落实情况；
2. 技管理中，科研档案建档与科技管理工作四同步的情况；
3. 完成的科研项目科研文件材料归档情况；
4. 档案管理制度建立和执行情况；
5. 档案集中统一管理和保管情况；
6. 科研档案开发利用情况。

第十五条 经过检查，对科研档案工作搞得好的单位，要给予表扬或奖励；凡因档案管理混乱而影响科研进程和造成严重损失的单位，要追究主管领导和直接责任人员的责任。对科研档案质量未达到要求的，必须限期改进；超过期限仍未改进的，要采取不准报成果和不发成果奖等强制性措施，促其尽快改进。

第十六条 档案管理部门和各有关单位，对政治思想好，责任心强，有创新精神，并在工作中取得显著成绩的科技档案人员，应按《中华人民共和国科学技术进步奖励条例》和国家档案局制订的有关奖励办法等有关规定给予表彰和奖励。对工作失职，违反规定，泄露机密，造成工作损失者，应视其情节轻重，给予惩处。

第四章 科研档案的开发利用

第十七条 各单位要大力开发科研档案信息资源，面向单位领导、科研人员，面向社会，为经济建设、科技进步和技术市场服务。

第十八条 加强横向联系。省、自治区、直辖市有关部门可试行建立科研档案目录中心，开展科研档案信息交流。

第十九条 各单位的科技档案部门要加强科技档案的信息加工工作。编制必要的检索工具，编撰简介、文摘、汇编、手册、史料等。要改进服务方式，搞好咨询服务工作。

第五章 科研档案人员

第二十条 科技档案人员属科技管理人员或档案专业人员，要保持相对稳定。实行专业技术职务聘任制。

第二十一条 科研档案人员的基本任务和职责是：

1. 贯彻国家有关科技档案工作的方针政策和法规，制订本单位的实施细则和有关规章制度。

2. 参与本单位的科研计划管理、成果管理和技术市场的开发活动，及时提出对科研档案的管理要求。

3. 指导、监督、检查和协助本单位各部门的科研人员做好科研文件材料的形成、积累和立卷归档工作。检查、验收科研项目或上报评奖成果的档案是否完整、准确、系统。

4. 负责本单位科研档案的接收、整理、保管、组织鉴定、统计等项业务工作。

5. 积极组织开发利用本单位的科研档案，充分发挥其作用。

6. 按有关规定，做好科研档案移交工作。

7. 遵守国家有关科技保密的规定，保证科技机密及档案的安全，维护本单位和科研人员的知识产权。

8. 承办领导交办的其他有关科技档案工作事宜。

第二十二条 有关部门和各科研单位，要有计划地对科研档案人员进行业务培训和职业教育，逐步提高业务素质，建设一支具有较高质量的科研档案队伍。

第六章 附 则

第二十三条 本暂行规定适用于有科研项目的全民所有制单位和集体所有制单位。

第二十四条 本暂行规定自公布之日起施行。

山东省重大活动档案管理办法

（2011年12月30日　山东省政府令第247号公布）

第一条　为了规范本省重大活动档案的收集、整理、移交、保管和利用工作，保证重大活动档案的真实、完整，促进政治、经济、文化和社会发展，根据《中华人民共和国档案法》等法律、法规，结合本省实际，制定本办法。

第二条　本办法所称重大活动档案，是指在重大活动中直接形成的对国家和社会具有保存价值的文字、图表、声像、电子、标志性实物等不同形式的历史记录。

第三条　本办法所称重大活动，是指下列活动：

（一）中央、国务院在本省召开的重要会议；

（二）党和国家领导人在本省的视察、调查研究和工作指导等活动；

（三）外国元首、政府首脑等高级政界人士和境外各界知名人士、友好团体在本省的考察、访问等重要外事活动；

（四）本省各级党委、人大、政府、政协、纪委召开的重要会议；

（五）上级党委、人大、政府、政协、纪委主要负责人以及知名学者在本行政区域内参加的重要会议、考察、调查研究和工作指导等活动；

（六）本省各级党委、人大、政府、政协、纪委主要负责人出国访问、考察等外事公务活动；

（七）本行政区域内重大经济、科技、文化、体育、外事、宗教活动；

（八）本行政区域内严重自然灾害和重大责任事故抢救处理活动；

（九）本行政区域内其他具有重大影响或者较大规模的活动。

第四条　重大活动档案管理工作遵循统一协调、加强督导、各负其责、集中管理的原则。

第五条　县级以上人民政府应当协调解决重大活动档案管理工作中的重大问题，建立健全档案行政管理部门参与重大活动的工作机制，并将重大活动档案管理工作所需经费列入本级财政预算。

第六条　省人民政府档案行政管理部门负责监督、指导全省重大活动档案管理工作；设区的市、县（市、区）人民政府档案行政管理部门按照职责分工，监督、指导本行政区域内重大活动档案管理工作。

第七条　重大活动的主办、承办单位负责重大活动档案的收集、整理、移交工作。

第八条　重大活动的主办、承办单位在制定重大活动实施计划时，应当同时制定重大活动档案管理方案，明确重大活动档案管理的责任部门和人员，制定并落实相应的收集、整理、移交、保管等措施，保证活动档案的齐全、完整、准确和系统。

第九条　负责重大活动档案管理的工作人员应当具备档案工作职业素养，认真履行职责，保守工作秘密。

第十条　需要档案行政管理部门参与拍摄和档案资料收集工作的重大活动，主办或者承办单位应当在重大活动确定后及时通知本级档案行政管理部门，档案行政管理部门可以根据需要安排专业人员参与拍摄和档案资料收集。

重大活动由指定的新闻媒体进行录像、录音、拍摄照片的，新闻媒体应当在活动结束之日起60日内向本级国家综合档案馆移交一套原素材声像档案。

第十一条　重大活动结束后档案的归属与移交：

(一)设立临时办事机构的，重大活动档案移交本级国家综合档案馆；

(二)未设立临时办事机构的，重大活动档案移交主办、承办单位档案室。

第十二条　重大活动结束后，主办、承办单位应当在活动结束之日起60日内向本级档案行政管理部门办理档案登记，移交一套档案全引目录，并对活动档案管理制订的方案和落实的人员、措施及收集情况做出书面说明。

第十三条　主办、承办单位应当为重大活动档案提供符合国家档案标准规范的保管条件和档案装具，按照国家档案标准规范进行整理归档；不具备保管条件的，应当在活动结束之日起90日内移交本级国家综合档案馆保存。

第十四条　依据法律、法规的规定，没有向国家综合档案馆移交档案义务的单位和个人，对保存的重大活动档案，应当妥善保管；未经县级以上人民政府档案行政管理部门批准，不得向国家综合档案馆以外的任何单位或者个人出售、转让、赠送，不得私自携运出境。

对前述单位或者个人因保管条件所限以及其他原因不利于档案安全保管的，档案行政管理部门可以依法采取代为保管、收购、征购等确保档案完整和安全的措施。

第十五条　鼓励有关组织和公民向国家综合档案馆捐赠、出售重大活动档案。

第十六条　向国家综合档案馆捐赠、寄存重大活动档案的单位，可以对其档案中不宜向社会开放的部分提出限制利用的意见，并可以无偿利用其捐赠、寄存的档案资料，国家综合档案馆应当维护其合法权益。

第十七条　各级国家综合档案馆可以通过报刊、图书等出版物和广播、电视、计算机网络等媒介以及陈列、展览等形式，向社会公布已开放的重大活动档案。

第十八条　各级国家综合档案馆应当建立重大活动档案专题目录，加强档案信息化，提高重大活动档案的利用水平。

第十九条　在重大活动档案收集、整理、移交、保护和提供利用等工作中做出突出贡献的单位和个人，县级以上人民政府或者有关部门应当给予表彰和奖励。

第二十条　违反本办法规定，有下列行为之一的，县级以上人民政府档案行政管理部门应当责令其限期改正，逾期未改正的，给予通报批评，并由任免机关或者监察机关对直接负责的主管人员或者其他直接责任人员给予处分；根据情节轻重，县级以上人民政府档案行政管理部门可以给予主办、承办单位500元以上1000元以下的罚款：

（一）主办、承办单位未及时通知或者拒绝、阻挠档案行政管理部门参加重大活动档案工作，并造成档案资料损失的；

（二）重大活动期间未按照规定开展档案收集、整理工作的；

（三）未按照规定保管、移交重大活动档案的；

（四）未按照规定办理档案登记、提供档案目录和情况说明的；

（五）未按照规定向社会开放重大活动档案的。

第二十一条 违反本办法规定，有下列行为之一的，县级以上人民政府档案行政管理部门应当给予通报批评，并由任免机关或者监察机关对直接负责的主管人员或者其他直接责任人员给予处分；依据《中华人民共和国档案法实施办法》，并根据有关档案的价值和数量，对单位处以1万元以上10万元以下的罚款，对个人处以500元以上5000元以下的罚款；造成损失的，依法承担赔偿责任：

（一）涂改、伪造、损毁、丢失属于国家所有的重大活动档案的；

（二）擅自提供、抄录、公布、销毁属于国家所有的重大活动档案的。

第二十二条 非法买卖重大活动档案或者将重大活动档案出售、赠送给外国人的，依照《中华人民共和国档案法》等法律、法规的有关规定处理。

第二十三条 本办法自2012年3月1日起施行。

高等学校档案实体分类法

（国家教育委员会　教办〔1993〕429号发布　自1994年1月1起施行）

第一章　编制说明

一、编制目的

为了适应高等学校档案工作日益发展的需要，统一全国高等学校的档案实体分类，实现高等学校档案实体分类、编号、排架、检索的标准化和规范化，达到加强高等学校档案和档案工作的科学管理，促进整体业务建设的深化，充分发挥高校档案的作用，更好地为学校工作和社会主义建设服务，特编制本法。

二、编制原则

本法的编制，以辩证唯物主义为指导，引入系统论的观点和现代化管理的方法，源于实践，高于实践，把高等学校档案工作的历史、现状和发展前景结合起来，具有较强的思想性，科学性和适用性。

（一）体现思想性

档案工作是党性、政治性很强的工作。高等学校档案实体分类的体系结构、类目设置、序列编排，都必须以辩证唯物主义为指导，以国家的有关档案工作的法规标准为依据。要坚持党的“一个中心，两个基本点”的基本路线的原则精神，从实际出发，突出教学、科研档案在高等学校档案中的中心地位，党政管理档案统率全局的作用，力求反映新时期高等学校职能活动的新情况、新特点。

（二）符合科学性

本法规定的各项内容，既要实事求是，符合高等学校档案工作的实际，又要遵循档案学基础理论和形式逻辑原则，在理论与实践的结合方面，有较强的科学性，力求有所发展，有所创新。

1. 采用“高等学校档案”这一综合概念，以高等学校全部档案为对象，按照高校档案形成的领域范畴将形成于同一活动领域的档案作为一个整体归入相同的类别。

2. 在充分反映高等学校档案的形成规律和内容、特点的前提下，确定统一的实体分类体系，把同一门类档案的管理性和业务性材料集中在一起，适度注意与《中国档案分类法教育档案分类表（即信息分类）》体系的协调。

3. 类目设置必须有相对稳定性。不受偶然因素、短期行为的影响，在较长时期内不随意改变。

4. 类目排列，档号结构的确定须符合逻辑原则。要充分考虑到高等学校档案记述和反映事物的本质属性和非本质属性的不同，严格按从总到分，从一般到具体原则划分。做到各类之间，各类相同级位之间的划分标准一致。下位类目的外延之和，等于上位类目的外延。同位类目之间界限清楚，不互相交叉和包容。

（三）重视适用性

本法采用多元、灵活的处理方法，在强调大的原则统一的同时，照顾不同类型、规模、层次院校的特点。根据各校档案实际情况和发展水平，给各校在类目设置、序列编排、上架检索等方面以较多的自由度，留有较大的余地。

为了方便掌握使用，本法在类目名称、档号模式、标识符号等方面，力求做到准确、简明、易懂、好记。

三、体系结构

本法由编制说明和主表两部分组成。

编制说明是本法的编制目的、编制原则、体系结构、类目设置、档号模式、标识符号以及若干重要问题的说明，是使用本表的指南。

主表由类目、标识符号、注释等组成。

（一）一级类目的划分与标识

一级类目是高等学校档案实体分类的最高层位。根据高等学校档案产生的领域范畴，结合档案记述的内容性质，确定为 10 个一级类目，其名称、标识符号和主要内容如下：

DQ　党群

主要包括学校党群部门在工作中形成的文件材料。

XZ　行政

主要包括行政职能部门（教务、科研、开发、基建、设备、外事、财务等部门除外）工作中形成的文件材料。

JX　教学

主要包括教学管理和教学实践活动中形成的文件材料。

KY　科学研究

主要包括科学研究管理和科研实践活动过程中形成的文件材料。

CP　产品生产与科技开发

主要包括产品生产、科技开发管理及活动过程中形成的文件材料。

JJ　基本建设

主要包括基本建设管理和项目建设中形成的文件材料。

SB　仪器设备

主要包括仪器设备工作管理和仪器设备申请购置、开箱验收、安装调试、管理使用、维修改造、申请报废等各个环节中形成的文件材料

CB　出版

主要包括出版工作管理和出版活动过程中形成的文件材料。

WS　外事

主要包括外事工作管理和外事活动中形成的各种文件材料。

CK　财会

主要包括财务工作管理和会计核算活动中形成的文件材料。

一级类目的标识，采用类目名称主词的汉语拼音的第一个字母，如："XZ"即"Xing Zheng"（行政）的简称。

（二）二级类目的设置和标识

二级类目是对上级类目的细分。细分的标准是根据该类档案的形成规律和特点，结合档案记述和反映的内容性质，进行设置。设置的标准，在大原则统一的情况下，各校可视具体情况对随机类目进行选择。例如：科学研究的二级类目，本法只规定按学科或专业或项目设置，具体到一个档案馆（室）如何选择，由各校自定。产品生产与科技开发、基本建设、仪器设备的二级类目设置，亦依此办法处理，一经确定，不得随意变动。

二级类目的标识，采用"双位制"。如："综合"为"11"，其余二级类目依次层累为12、13…99，但10、20…等带"0"的数字不用。

（三）三级类目的扩展和标识

在二级类目确定的设置原则、范围、方法的基础上，由各校根据需要和可能，自行决定是否扩展三级类目，其标识方法与符号和二级类目相同。

四、档号的编制

（一）档号

是存取档案的代号，排架的依据。必须反映高等学校档案的分类体系和物理位置。

（二）档号编制的原则

必须符合唯一性、合理性、稳定性的要求，即同一档案部门内的档案不得重号；方便插卷，使其有充分扩展的余地；不能随意变动；能适应计算机管理的需要，发挥排架、检索的双向功能。

（三）档号结构、模式和标识

1. 档号包括年度号、分类号、案卷号三个部分

年度号由四位阿拉伯数字组成。

分类号是档号的主体，一般由一、二级类目代号组成，也可仅由一级类目组成。少数扩展到三级类目者，还应把三级类目代号包括进去。分类号究竟包含几级类目，由各校自行掌握。比如："党委会议记录"的分类号，由一级类目组成者为"DQ"；由二级类目组成者为"DQ11"；由三级类目组成者为"DQ11××"。

案卷号同样有特定的含义。它是按所选择的分类号中最下位类顺序编码。由于案卷数量不同，案卷号可不限级数。

2. 档号的模式

本法规定为：

年度号＋分类号＋案卷号

对于库藏有多个全宗的院校，原则上应在年度号前加全宗号。标识到文件级的，还应在案卷号后面加件号。

3. 档号的标识

采用汉语拼音和阿拉伯数字相结合的混合号码制。全宗号、年度号、分类号、案卷号、件号之间，用连接符号“—”连结。例如：1990 年内容是学籍管理的第 23 号卷的档案，可标为：1990—JX14—23。

（四）档案的实体排架问题

从维护档案的整体性和方便查找考虑，可不考虑保管期限。但编定档号前，在不影响案卷之间有机联系的前提下，可将永久、长期排在前面。

本法规定的档号模式属分段开放型编号方法，各校在按档号排架时，可根据案卷数量、自身条件，既可按一级类目—年代纵向排列，也可按年度—类目横向排列。

五、关于实体分类中几个问题的处理

（一）关于声像载体档案

声像载体档案主要包括照片、录音带、录像带、幻灯片、磁盘、影视胶片、缩微胶片、光盘等不同载体的文件材料。它与纸质载体的文件材料同为高等学校档案的重要组成部分。随着现代科学技术的发展，电化教学的普及，管理自动化程度的提高，其数量越来越多，重要性越来越明显。

从当前高校声像载体档案归档的内容看，基本不超出十个一级类目的范围，故暂不将它与十个一级类目并列，但由于载体和幅面尺寸（类型）不同，保管要求不同，拟作特殊处理：按载体类型分别单独编号排架，同时注明与相应载体档案的参照号。其编号模式为：

年度号＋声像档案代号（SX）＋载体代号（代码）＋保管单位号

保管单位是声像档案最低限度的数量词，可以是卷、册、盒，也可以是张、件。

例如：某中央领导同志 1990 年来校视察，照片册序号是 23，录像带序号是 102，则可分别标引为：

1990—SX12—23

1990—SX13—102

CB15 音像出版类档案中的声像载体材料，亦依此办法处理。

（二）关于教学类档案类目的划分

教学类档案是高校档案中数量最多的一部分。考虑到不同规模、类型学校的差异性，为保持其有机联系和便于管理、利用，在二级类目的设置上采用了二种分类方案，供各校根据实际情况选择。但一个学校只能选一种，并保持稳定。

（三）关于外事档案问题

外事档案有其特殊形成规律，而且内容涉及学校工作的各个方面，其他 9 个一级类目都包含有涉外内容，从维护档案的有机联系和查找利用方便考虑，将各种涉外文件材料集中起来，单独设立了“外事”一级类目。其中考虑到国际合作与会议、外国留学生工作的档案数量较多，价值和重要程度较高，有其特殊性，在二级类目中增设了“国际合作与会议”、“外国留学生工作”。

（四）关于纳入管理的人事档案的分类编号

按 1991 年 4 月 2 日中央组织部、国家档案局联合发布的组通字〔1991〕13 号文件，即《关于印发〈干部档案管理工作条例〉的通知》办理，本法不另作规定。

(五)关于人物档案、教师业务档案和其他特殊类型的档案的列类问题由各校根据本法的上述原则、内容、方法自行决定。

第二章 主 表

DQ 党群

11 党务综合

分党委、总支、直属支部综合材料入此。

12 纪检

13 组织

14 宣传教育

15 统战

民主党派材料入此。

16 工会

妇女工作材料入此。

17 团委

学生社团材料入此。

XZ 行政

11 综合

教职工代表大会和院、系、所等单位综合材料入此。

12 人事

师资培养材料入此。

13 监察审计

14 武装保卫

15 总务

16 档案、图书、文博

JX 教学工作

11 综合

学生运动会、教学评估、优秀教学评奖材料入此。

12 学科与实验室建设

专业设置入此。

13 招生

14 学籍管理

学生奖惩材料入此。

15 课堂教学与教学实践

16 学位

17 毕业生

毕业生信息反馈工作入此。

18 教材

注:此类二级类目的划分,也可以采用以下分类方法:

11 综合

12 研究生教育

13 全日制本、专科教育

14 成人教育

KY 科学研究

11 综合

科研经费管理、学术活动材料入此。

[12]按学科或专业或项目设置类目

CP 产品生产与科技开发

11 综合

[12]按产品种类或项目设置类目

JJ 基本建设

11 综合

[12]按单项工程设置类目

SB 仪器设备

11 综合

[12]按仪器设备种类或型号设置类目

CB 出版

11 综合

12 报纸

13 刊物

14 书稿

15 音像

WS 外事

11 综合

12 出国(境)

国际合作与会议材料入 WS14。

13 来校

外国留学生工作材料入 WS15。国际合作与会议材料入 WS14。

14 国际合作与会议

15 外国留学生工作

CK 财会

11 综合

12 会计报表

13 会计账簿

14 会计凭证

15　工资清册

奖金、助学金入此。

注:“[]”代表随机符号。

附:

SX 声像

12　照片

13　录音带

14　录像带

15　幻灯片

16　磁盘

17　影视胶片

18　缩微胶片

19　光盘

高等学校档案工作规范

（国家教育委员会　教办〔1993〕429 号发布　自 1994 年 1 月 1 日起施行）

第一章　编制说明

一、为了适应高等学校档案工作的发展和管理现代化的需要，实现高校档案业务建设各个环节的标准化和规范化，提高档案干部的政治、业务素质，加强对高校档案工作的监督、指导，更好地开发利用档案信息资源，有效地为高校和社会主义建设服务，特编制本规范。

二、本规范以辩证唯物主义和档案学基本理论为指导，以档案工作的法律、法规、规章为依据，引入系统论的观点和现代化管理的方法，把高校档案工作的历史、现状和发展前景结合起来，充分吸取我国高校档案工作数十年发展的经验教训，源于实践，高于实践，既尊重历史，又有所创新；既突出共性，又照顾个性；既统一标准，又灵活运用。

三、本规范是一个较重大的系统工程，涉及面广，熔法律、法规、规章、技术标准、实施细则于一炉，把档案基础标准、业务工作组织标准、管理工作程序标准和现代化设施技术标准结合用到规范中，使之符合高等学校档案工作的现实需要和长远发展。

四、规范是《中华人民共和国档案法》及其实施办法、《普通高等学校档案管理办法》的某些重要原则的具体化。上述法规属宏观、原则、概括的导向，偏重于“做什么”；规范则是根据高等学校档案工作的规律和特点，进行微观、具体、量化的落实，偏重于“怎样做”。

五、本规范与《高等学校档案实体分类法》配套使用，互为补充。引入、采用“高等学校档案”这一综合概念，编制了偏重于业务工作组织标准的总体规范《高等学校档案部门业务建设规范》；同时，根据档案产生的领域范畴，结合档案记述的内容性质，按党群、行政管理、教学、科学研究、产品生产与科技开发、基本建设、仪器设备、出版、外事、财会 10 个一级类目设 10 个具体工作规范。声像载体档案由于其载体和幅面尺寸不同，有特殊的形成规律、内容特点和特殊的管理要求，我们为它单独列出工作规范。

六、本规范的体例。除总体的业务建设规范外，每个门类的工作规范均包括九个大项、四个附件。

九个大项是：

1. 引言

2. 主题内容

3. 引用标准

4. 档案工作的基本原则

5. 归档范围的确定

6. 文件材料的部门立卷和归档流程

7. 档案的管理

8. 档案开发利用的主要内容和方法

9. 档案工作的各级岗位责任制

四个附件是：

1. 归档范围和保管期限表

2. 二级类目代号简表

3. 案卷(装具)规格

4. 常用表格、卡片

本规范依据的是已发布的国家标准，同时又考虑高校的实际，九大项中，归档范围、文件材料的部门立卷和归档流程两大项最能体现高校该门类档案的特色，其余有的部分如“档案的管理”等属于共性的，或《高等学校档案部门业务建设规范》已有明确规定的，则从简，标明见该规范的某条某款。

七、本规范编写中，我们对一些重大的技术问题是这样处理的：

1. 关于交叉问题的处理

我们的原则是，各门类档案关系密切的管理文件，除涉及全校、全局的外，一般归入相应门类档案保存；各门类档案中，除密不可分配套的声像材料外，其余均归入声像档案单独保存，在编号上用参见号的方式相互呼应，以方便查找利用。这样一来，行政管理类档案中，除综合性的外，教学(包括教务、研究生、成人教育)、科研、产品生产与科技开发、基建、设备、出版、外事、财会等方面管理工作的文件材料就归入了相应各类，保持各类的相对的完整、准确、系统，显得更加科学，更便于管理和查找利用。对不设分室而对部分门类档案实行二级管理问题，尚需实践，宜慎重处理。

2. 分类编号问题的处理

分类编号——是检索分类号，一是实体分类号，前者主要供分类标引，后者主要供组织馆藏。从理论上讲，二者应该有联系，也有区别。检索(信息)分类号，国家教委组织编制的《中国档案分类法——教育档案分类表》，已作了规定。实体(排架)分类号，按国家教委组织编制的《高等学校档案实体分类法》处理。充分考虑高校档案工作的历史、现状和未来，考虑这些年来档案学理论和实践的发展，考虑到国家标准的新要求，既科学又实在，既简明又概括。归纳起来，主要是这么几层意思：A. 根据各类档案的领域范畴、形成规律和内容特点，融类目体系和归档范围为一体，分别编制用于档号的二级类目代号简表；B. 分类号由一级类目代号和二级有类目代号组成；C. 从一个学校档案部门最好用统一的档号模式的认识出发，在比较了国内通行的“文书档案”和“科技档案”的档号内涵之后，确定档号＝年度号＋分类号＋案卷号。这只是一般而言，如一个档案部门有多个全宗的，原则上还应在前后加上“全宗号”和“件号”。

3. 关于排架问题的处理

在编定档号之后，一律按档号排架，而不是通常的按保管期限排架。《规范》在考虑了高等学校档案的归宿，它的成套性特点，它们彼此之间的有机联系之后，大胆在一个卷内把文件材料划定不同的保管期限，在不影响自然形成规律的情况下按永久、长期、短期顺序排列。将来鉴定时，只需把该销毁的部分清出来即可，这样既方便插卷调整，又不缺号，不空档。

4. 关于常用表格、卡片和案卷（装具）规格问题的处理

我们的原则是少而精，各类档案的案卷（装具）、表格、卡片、从通用、节约、方便、易懂考虑，其规格尺寸都应既符合国家标准，又能体现高校特点。能通用者尽量通用，有特殊要求者从严控制。本规范所列的这些案卷（装具）、表格、卡片，由高校档案部门自行决定采用。

第二章　高等学校档案部门业务建设规范

1. 引言

1.1　为了加强高等学校档案部门的业务建设，做到门类齐全，结构合理，管理科学，有效服务，必须实行目标管理，使档案工作各个环节规范化，提高管理水平，更有效地保护及利用档案，为学校和社会服务。根据《中华人民共和国档案法》、《中华人民共和国档案法实施办法》和国家教委《普通高等学校档案管理办法》等法律、法规和规章制定本规范。

1.2　本规范为评估学校档案工作的重要依据之一。

1.3　本规范适用于高等学校档案部门。中等职业技术学校可参照执行。

2. 高等学校档案工作的基本原则

2.1　高等学校在教学、科研、党政管理和其他各项活动中直接形成的具有保存价值的文字、图表、声像等不同载体的文件材料、均属高等学校档案。

2.2　高等学校档案工作是办好学校的重要基础工作之一，也是衡量学校教育质量和管理水平的一个重要标志，档案工作应是学校评估的重要内容之一。

2.3　高等学校档案必须实行集中统一管理，确保完整、准确、系统和安全，便于开发利用。

2.4　高等学校应严格实行部门立卷归档制度，逐步做到“三纳入”、“四同步”：纳入学校计划和规划，纳入管理制度，纳入有关人员的职责范围；在布置、检查、总结、验收各项工作的同时，布置、检查、总结、验收档案工作。

2.5　高等学校应有一位校领导分管档案工作，各立卷部门要有一位负责人分管本单位的档案工作，并确定适当的专（兼）职档案干部具体承办。

2.6　高等学校要把档案工作列入学校计划，在人员、经费、库房、设备各方面给予保证。

2.7　高等学校档案工作要努力从经验管理转向科学管理，逐步采用先进技术，大力开发档案信息资源，满足学校和社会的需要。

3. 高等学校档案部门的任务

3.1 贯彻执行国家关于档案工作的政策法规，规划全校档案工作。

3.2 制定本校档案工作规章制度，监督、指导、检查执行情况。

3.3 负责收集、征集、整理、分类、鉴定、保管、统计全校各类档案及有关资料。

3.4 开展档案的开放和利用工作。

3.5 参加信息工作的整体化建设，负责编辑档案参考资料，编制检索工具，积极开发档案信息资源。

3.6 参加档案工作协作、学术研究和交流活动。

3.7 培训全校专(兼)职档案工作人员。

3.8 开展档案宣传工作和利用者教育活动。

3.9 完成学校领导交办的其他任务。

4. 高等学校档案部门的制度建设

4.1 综合性的规章制度，包括各种综合性的实施办法、细则、规定。

4.2 立卷归档制度，包括校内各部门立卷要求，各种门类和载体的档案归档范围、归档时间和归档办法。

4.3 档案保管制度，包括档案的安全保护和库房、设备管理措施。

4.4 档案的保密、保卫制度，包括档案的保密、保卫措施和对档案人员的相应要求。

4.5 档案统计制度，包括统计时间、项目、内容、办法。

4.6 开放档案的利用制度，包括确定档案开放与控制使用的具体范围和开放档案的管理办法等。

4.7 未开放档案的利用制度，包括利用手续、方式、要求、批准权限和管理办法等。

4.8 档案的鉴定制度，包括鉴定范围、组织、办法、程序、手续等。

4.9 档案部门及下属科室负责人、全体人员的岗位责任制度，包括目标、职责、权限、任务、考核、奖惩措施等。

5. 高等学校档案干部素质要求

5.1 高等学校档案部门应配备政治上可靠、具有高中以上(大部分应为大专以上)文化水平和一定专业知识、年龄结构合理、数量足够的档案干部。

5.2 高等学校档案干部要努力学习马列主义、毛泽东思想，坚持四项基本原则，执行党和国家方针政策，公正廉洁、严守党和国家机密。

5.3 高等学校档案干部要热爱档案专业，忠于职守、埋头苦干，全心全意为人民服务。

5.4 高等学校档案干部要认真学习档案专业知识，管理科学知识，还要学习自然科学、社会科学方面的知识，刻苦钻研业务，以保证工作的顺利进行。

5.5 各级领导应为档案干部提高政治、业务素质和经济待遇创造条件，关心他们的思想、工作、生活。档案干部应相对稳定，一般不要轻易调离档案部门。

6. 档案的收集

6.1 收集范围

6.1.1 学校在教学、科研、管理各项活动中直接形成的对学校和社会有保存价值的各种文字、图表、声像等不同载体的文件材料：

6.1.1.1 《高等学校档案实体分类法》规定应归档的党群、行政、教学、科研、产品生产和科技开发、基本建设、仪器设备、出版、外事、财会十大类文件材料；

6.1.1.2 反映学校工作和活动的有保存价值的声像载体材料；

6.1.1.3 征集国内外与学校有关的各种具有保存价值的其他材料；

6.1.1.4 校内个人在其非职务活动中形成的文件材料，可按征集、代管、捐赠的方式处理。

6.1.2 建国前学校的各类档案。

6.1.3 并入学校的单位的档案。

6.1.4 上级决定由本馆（室）保管的撤销单位的档案。

6.2 立卷归档分工

6.2.1 部门、课题组立卷归档是高校档案工作的基本制度和基础，各部门必须分工明确，协同配合。

6.2.2 学校分管某个方面工作的校领导，各部门分管档案工作的负责人，都应把涉及相应的范围的档案工作列入自己的职责范围，督促有关部门、有关人员认真做好工作。

6.2.3 全校性、综合性的由党委办公室、校长办公室负责立卷归档。其余按职能部门分工负责相应门类的立卷归档。

6.2.4 立卷归档涉及多个部门的大类，由一个或几个主要职能部门归口，其他部门可向它们集中或靠拢。

6.3 案卷的质量要求

6.3.1 各门类档案的质量要求，总的是：遵循文件材料的形成规律，保持彼此之间的有机联系，区别不同价值，便于保管和利用。

6.3.2 卷内文件材料必须准确反映高等学校教学、科研和管理活动的真实内容，手续完备，制作和书写材料利于长期保存。

6.3.3 管理内容的档案按问题、时间或重要程度排列，要注意密不可分的材料排列顺序：批复在前，请示在后；正件在前，附件在后；印件在前，定稿在后；定稿在前，历次重要讨论稿在后；结论性材料在前，依据性材料在后。

6.3.4 专题性、成套性档案（含教学、科研、产品与科技开发、基建、设备、出版档案）按阶段、结构、部件等分别组卷。具体请参阅各工作规范。

6.3.5 在充分照顾前述原则和不影响文件的有机联系情况下，同一内容的卷内文件可按永久、长期、短期先后排。

6.3.5.1 确定文件材料的保存价值，要根据学校工作需要和为国家积累历史文化财富的需要，准确进行判断：

凡反映学校主要职能活动和基本历史面貌，对本校、国家建设、历史研究有长远利用价值的，列为永久保管；

凡反映学校一般工作活动，在长期内对学校和社会有查考利用价值的，列为长期保管；

凡在较短时期内对学校工作有查考价值的，列为短期保管。

6.3.5.2 对上级发来的文电，除少数直接针对本校，并要执行的重要文件，应永久保管外；其余多数为长期、短期保管。

6.3.6 卷内文件要求文字材料在前，图样在后。图样按目录或图号排列，配套的特殊载体的文字材料按有关规定整理。

6.3.7 立卷视文件材料数量的多寡进行。当同一问题的文件多时，可采用硬卷皮成卷或单份装订，一般不超过 200 页；当问题单一，文件较少，又不便一起归类时，可立薄卷。

6.3.8 卷内文件材料按顺序排好后，装订的案卷无论单面或双面，只要是书写的文件材料，均应依次在非装订线一侧下角编页号；不装订的案卷，应在卷内每份文件材料右上方加盖有单位名称、档号、件号的戳记，并逐项填写。

6.3.9 每个案卷必须按规定格式逐件填写卷内目录，对文件材料原有题名不要随意更改和简化，若原有题名无实质内容或无题名的，要重新拟定并在前后加[]。没有责任者、年、月、日的文件，要考证清楚，及时补上。会议记录应概括出主要内容。声像材料应按规定内容标出与纸质载体、不同声像载体之间的参见号。

6.3.10 卷内文件材料情况说明，应填在备考表内。若无说明，也应将立卷人、检查人姓名、时间写上。检查人应是立卷单位负责人。

6.3.11 案卷题名应简明确切，体式一致。一般包括主要责任者、内容、名称(文种)等。部分案卷题名可以是项目的名称代字、代号及其组件、部件、阶段的代号和名称。一般写在卷面，不超过 50 字。

6.3.12 要去掉卷内文件上的金属物，托裱破损文件，字迹稍模糊的应复制与原件放在一起。装订用三孔一线，不装订的案卷，应按标准用细线逐件装订。

6.3.13 除有特殊要求的外，档案的案卷格式和各种表格、卡片的内容、规格、用纸应统一。卷皮一般用 250 克以上较厚实的牛皮纸制成的全封闭式，规格为 300 毫米×220 毫米，厚度由各校自定，一般为 10、15、20、30、40、50、60 毫米或自定；表格用纸为 260 毫米×185 毫米，卡片为 125 毫米×75 毫米，用 70 克以上的白色书写纸。某些特殊规格以国家制定的有关标准为准。

6.4 归档时间和手续

6.4.1 党政部门和能按年度归档的部门在次年六月底以前归档。

6.4.2 教学部门和能按教学年度归档的部门应在次年寒假前归档。

6.4.3 科研、基建项目和专题性、成套性档案，在项目完成通过鉴定验收后两个月内归档。

6.4.4 随时接收上级规定应接收的档案。

6.4.5 接收档案必须履行手续，填写移交清册，一式二份，写明案卷标题，卷内文件页数，案卷数量，移交时间，交接双方要签名盖章。

7. 档案的整理

7.1 划分全宗

7.1.1 档案必须按全宗整理，同一个全宗的档案不能分散，不同全宗的档案不能混杂。

7.1.2 建国前档案有两个以上全宗的，按全宗分别整理。

7.1.3 建国后各校形成的包括各门类和载体的档案，全宗名称不因学校名称变动而改变。

7.2 档案的分类、编号、排架

7.2.1 档案分类编号是在文件收集齐全的基础上，按一定原则和属性逐卷分别归类编号。有检索分类号和实体分类号(档号)。

7.2.2 检索分类是按专题、类别，系统揭示档案内容，属大范围组织检索工具的分类，其编号按《中国档案分类法——教育档案分类表》确定。

7.2.3 实体分类是以全宗为单位按档案产生的领域范畴，结合记述的内容性质，对库存档案整理、编号，排架组织馆藏。

7.2.4 档案实体按档号顺序排架。档号一般是各类档案的最下位类目顺序编码。年度为自然年度或教学年度，按各类规范要求确定。

7.2.5 档案分类、编号、排架，一经确定，不可随意变动。

7.3 档案检索工具的编制

7.3.1 案卷目录应根据不同门类档案的具体情况分年度编制，做到不出现重复的档号。

7.3.2 从实际出发逐步编制配套的其他检索和参考工具：档案馆(室)指南、全宗介绍、分类目录、全引目录、专题目录和文件字号索引，有条件的学校，还应按《档案著录规则》要求编制人物卡片、著录卡片及资料目录。

8. 档案的计算机管理

8.1 档案部门应纳入学校自动化信息管理网络，积极开发和利用国家教委推荐的、与本规范配套的计算机档案管理系统，提高开发利用档案信息资源的能力。

8.2 计算机档案管理系统应用软件的配置环境、机种选型要和本单位自动化信息管理网络相一致。最好尽可能选用容量较大、档次较高的计算机，软件编程语言为关系型数据库系统，输出设备为较为先进的打字机。以保证档案科学管理的需要和高校教育管理信息系统联网要求。

9. 档案的保管

9.1 库房要求

9.1.1 新建的库房基本符合国家档案局、建设部发布的《档案馆库房建筑设计规范》，对于原有不合格库房，应按该规范要求逐步改造。

9.1.2 库房应有防盗、防火、防潮、防尘、防虫、防鼠、防高温、防强光等设施。

9.1.3 库房标准温度为14℃～24℃，标准相对湿度为45％～60％。

9.2 档案部门应纳入学校自动化管理系统，根据工作需要逐步设置计算机、复印机、照相(翻拍)机、录像机、去湿机、空调机、吸尘器等。

9.3 案卷入库时应检查账、卡、物是否相符。以全宗为单位，按不同门类、载体、依档号顺序排列。

9.4 案卷应依档号顺序排放，库房柜架应编顺序号，各柜、各库和全馆(室)均应有档案资料存放标志图、示意图。

9.5 档案部门应对档案的安全定期组织检查，记录在案。发现问题，及时解决。对破损、褪变档案要及时修补复制。

9.6 声像载体档案的保管,按本规范第四章执行。

10. 档案的鉴定和统计

10.1 档案部门要按规定进行鉴定。

10.1.1 档案部门应根据本规范并结合国家有关保管期限原则规定,对已满期的档案进行鉴定。

10.1.2 在分管校长领导下,档案部门和有关部门组成鉴定小组,采用直接鉴定的方法,以一个年度和一个项目的成套档案材料为基础,按照分工,个人初鉴,集体审查,对到期的档案,提出销毁或延长保管期的意见,登记造册经分管校长批准后,方可存毁。

10.1.3 销毁档案时必须有两人监销,并在销毁清册上签字。

10.2 档案部门要确定专人负责统计。

10.2.1 建立健全统计台账,掌握档案的收进、整理、利用、移出、销毁和馆(室)内各种情况数据,按省、市档案部门和院校主管部门的要求及时报送各种报表。

10.2.2 按上级主管部门和学校要求进行定期的综合或专项统计分析。

10.2.3 对统计数字进行综合分析,找出存在的问题,提出改进措施、建议,报告学校领导。

11. 档案的开放利用

11.1 档案部门人员要熟悉馆藏,主动提供利用,起好领导和有关部门的助手和参谋作用。

11.1.1 要充分发扬各校优势,加强内外信息的综合开发利用,发挥档案的信息功能,定题跟踪服务,提高其社会效益和经济效益。

11.1.2 馆(室)内应有检索、阅览室和复制设备,为利用者提供方便。

11.2 珍贵档案应以复制件或缩微片代替原件提供利用。

11.3 已建馆的学校,对馆藏档案,自形成之日起满三十年的,除未解密或需要控制使用部分外,均应按国家规定,报校长批准后,分期分批向社会开放,未建馆的不向社会开放。其他单位或个人需利用时,应持单位介绍信,经室主任或校办主任同意后,方可查阅。科技档案开放利用按国家档案局、国家科委《开发利用科学技术档案信息资源暂行办法》执行。涉及重大问题和机密的,还要报请校领导批准。

11.3.1 对开放的档案,应认真审查内容,严格区分开放与控制使用的界限。

11.3.2 利用开放档案,对国内利用者与台湾、香港、澳门同胞及外国人应有不同的要求。

11.3.3 开放档案,应另编目录和检索工具,供利用者检索。

11.3.4 专利成果档案的利用按《中华人民共和国专利法》的规定执行。

11.4 利用手续

11.4.1 凡利用馆(室)藏档案,均应按本馆(室)规定办理利用手续,填写《档案借阅登记簿》,对校外单位和有关人员还应照国家规定收费。

11.4.2 利用结束后,利用者应如实填写《档案利用效果登记表》,留馆(室)存查。

11.4.3 对借出档案,档案部门要定期催还,发现损坏或丢失,应写出书面报告,根据不同情况,报学校按规定严肃处理。

12. 档案的编研和学术研究

12.1 高校档案部门应加强编研工作,对档案资料进行研究整理,编辑出版。参加学校信息网络整体建设和校内外编史修志,编写或配合有关部门编写重要参考资料。

12.1.1 编研的重要参考资料包括:学校沿革表;历任校领导(含副职)职务名称及任免;学校各种基础数据汇编;年鉴、学校大事记(可与党办、校办合编);重要档案史料汇编;重要专题档案汇编(如学生运动、规章制度、科研成果、重要教材、基建工程、大型设备等);重要会议简介等等。

12.1.2 档案部门对编纂的各种汇编要注意把关,保证质量。必要时应报有关部门或分管校领导审查。

12.2 高校档案部门要管好学校(校史)陈列馆(室),加强与图书馆、博物馆(室)的联系,根据学校和社会需要,经校长批准,在适当时候通过展览和新闻媒介公布一定数量的档案资料。

12.3 档案部门应认真组织本单位学术理论研究,参加本系统、本地区的档案协会(学会、研究会)活动,并起重要作用。

第三章 高等学校各类档案工作规范

第一至二节 高等学校党群、行政类档案工作规范

1. 引言

1.1 为了加强高校党群、行政类档案(以下简称党、政档案)工作的业务建设,逐步实现高校党、政档案工作的规范化,不断提高科学管理水平,有效地为高校工作和社会服务,并为考核党、政档案工作提供依据,特制定本规范。

1.2 本规范依据《中华人民共和国档案法》、国家档案局《机关档案工作业务建设规范》及国家教委发布的《普通高等学校档案管理办法》等有关法律、法规、规章。

2. 主题内容

本规范规定了高等学校党、政档案工作的基本原则,归档范围的确定,文件材料的部门立卷和归档流程,党、政档案的管理,开发利用的主要内容与方法,各级岗位责任制,归档范围和保管期限表,二级类目代号简表,党、政档案的装具规格,常用工作表格、卡片式样等。

3. 引用标准

GB 3792.5—85 《档案著录规则》

GB 9705—88 《文书档案案卷格式》

《文书档案案卷质量标准》

4. 党、政档案工作的基本原则

4.1 凡是学校在党群、行政管理活动中直接形成的具有保存价值的文字、图表和声像载体材料,均属党、政档案。

4.2 党、政档案必须集中统一管理，确保完整、系统、准确和安全，便于开发利用。

4.3 党、政文件材料应严格实行文书处理部门立卷归档制度。

4.4 党、政文件材料的归档工作应实行“三纳入”，即纳入学校各部、处、室、系、所的计划和规划，纳入管理制度，纳入管理人员的职责范围；做到“四同步”管理：布置、检查、总结、验收各项工作时，要同时布置、检查、总结、验收党、政档案工作。

4.5 学校各部、处、室、系、所要有一位负责人分管本单位的档案工作，并确定适当的专(兼)职档案人员，协同院校档案部门认真做好党、政档案的收集、整理、归档工作。

4.6 要努力实现党、政档案工作从手工管理向现代化管理的转变，逐步采用先进的管理技术手段，大力开发档案信息资源，最大限度地发挥党、政档案的作用。

5. 归档范围的确定

5.1 确定的原则

5.1.1 归档的党、政文件材料必须对学校和社会当前与长远具有参考作用、凭证作用和研究价值。

5.1.2 归档的党、政文件材料必须反映学校党政部门职能活动的全过程，保证完整、准确、系统。

5.1.3 归档的党、政文件材料必须遵循其自然形成规律，保持彼此间的有机联系，照顾不同部门的不同特点。

5.2 归档的主要内容和重点

5.2.1 归档的主要内容包括党务、行政(教学、科研、基建、产品、设备、出版、外事、财会管理文件除外)、工会、团委四个系统的内容，具体范围见附件一、附件二。

5.2.2 归档的重点以本校形成的不同载体、形式的文件材料为主，特别是全局性、综合性的文件材料。其次才是上级和其他单位发来的文、电及附件。上级来文中，应以针对学校的指令性、指导性文件为主。

5.3 不归档的文件材料

5.3.1 上级机关普发供参阅、不办的文件材料；

5.3.2 上级机关发来供工作参考的抄件；

5.3.3 上级机关征求意见未定稿的文件；

5.3.4 重份文件；

5.3.5 无查考利用价值的事务性、临时性文件；

5.3.6 未经会议讨论，未经学校领导审阅、签发的未生效文件、电报草稿，一般性文件的历次修改稿，铅印文件的各次校对稿(学校主要领导人亲笔修改稿和负责人签字的最后定稿除外)；

5.3.7 从正式文件、电报上摘录的供工作参阅的非证明材料；

5.3.8 无特殊保存价值的信封，一般性表态、询问一般性问题、提出一般性建设性意见的人民来信；

5.3.9 学校内部互相抄送的文件材料，不应履行公文的行文、介绍信等；

5.3.10 本校负责人兼任外机关职务形成的与本校无关的文件材料；

5.3.11 为参考目的从各方面收集的文件材料；

5.3.12　非隶属机关抄送的不需要办理的文件材料。

以上某些方面如果需要，也可以选择作资料暂存。

6. 党、政文件材料的部门立卷和归档流程

6.1　形成积累

6.1.1　学校各院、部、处、室、馆、总支、系、所、社、中心、工会、团委和直属部门均为立卷单位，分工归口立卷。

6.1.2　各立卷单位根据本单位历年文件材料形成规律，预计新的一年可能产生新的内容，参照附件一，编制案卷类目。

6.1.3　每一个立卷归档单位的专职文书处理人员或兼职档案人员，在平时应严格按文书处理制度做好文件材料的收集工作，根据案卷类目分别归卷。

6.2　立卷

6.2.1　立卷原则

文书处理部门立卷应按问题、时间、重要程度和文件材料的自然形成规律，保持其有机联系，适当照顾保存价值，分类组卷，以能准确、全面反映学校真实面貌和部门的主要职能活动，便于查找利用为原则。

6.2.2　立卷分工

6.2.2.1　中共中央、国务院、省、地、市党委、人民政府，国家教委以及国务院有关部、委下达的文、电材料，综合性的，由党办、校办立卷归档，专业性的或具体业务性的，由各承办单位立卷归档。

6.2.2.2　以党委、学校名义的发文，由党办、校办分别立卷归档（一般应保存两份以上）。以部门名义的发文，由各部门立卷归档，重要的也应有两份以上。

6.2.2.3　党委和学校召开的代表大会、全委会、常委会、扩大会、办公会所形成的材料，由党办、校办分别立卷归档。职能部门以党委和学校名义召开的全校性专门会议、干部会议所形成的材料，由主办单位立卷归档。

6.2.2.4　校内各单位向党委、学校的请示报告正文及相应的批复、批转的原件，由党办或校办立卷归档；请示报告的原稿及批转、批复的复制件，则由报文单位立卷归档。

6.2.2.5　两个以上单位共同办理的文件，由主办单位立卷归档，非主办单位只保存复制本。

6.2.2.6　各临时机构、撤销机构形成的材料，应于机构撤销前做好整理工作，移交学校档案部门保存，任何人不得带入其他单位。

6.2.2.7　重要的人民来信来访材料，由承办单位立卷归档。

6.2.3　立卷程序

按照归档时间要求由专（兼）职档案员按案卷类目将文件收齐归卷，并对文件进行调整检查，依照如下程序进行：

6.2.3.1　检查案卷的文件成分。文件是否收集齐全完整，同时检查案卷有无不需要立卷归档的文件材料。

6.2.3.2　检查案卷文件的联系。依照案卷类目纠正案卷之间文件归卷不统一，相互混淆重复或拆散文件联系的现象。

6.2.3.3　检查案卷文件保存价值。察看各案卷中文件保存价值是否有差异，各部分之间是否大体一致。

6.2.3.4　检查案卷文件数量。一般不超过200页。对同一问题文件数量多的，宜酌情适当分卷。问题单一、文件数量少者可组薄卷。

6.2.4　立卷分类

6.2.4.1　分年度

先将文件按其形成或针对的年度分开，一般文件归入文件形成年度；跨年度的请示与批复，归入批复年度；跨年度规划、计划，一般可归入文件内容针对的第一个年度；跨年度的总结、报告，归入文件内容针对的最后一个年度；跨年度的会议文件，一般可归入会议开幕的年度；跨年度的非诉讼案件材料，应归入结案年度；法规性文件归入公布或批准年度；按学年处理的文件归入专门年度。

6.2.4.2　分问题

将文件按其内容所反映的问题、事物分开。

6.2.4.3　分期限

将文件按照规定的不同保管期限分开。

6.2.5　立卷组合

6.2.5.1　立卷组合的基本要求

立卷组合一般应以问题为主，兼顾其他特征，使之联系紧密。

6.2.5.2　立卷组合形式，一般按下述内容和顺序进行：

会议文件，按会议的届次组合，根据文件的数量，可以一会一卷；一会数卷或数会一卷；

非诉讼案件材料，按立案问题或人头组合，可以一案一卷或一案数卷；

人民来信材料，可按信件作者，信件的处理形式或信件所反映的问题组合；

统计、报表、名册等文件，按照格式名称组合，根据文件的数量，可组成一卷或数卷；

学校管理和业务活动形成的业务文件、调研材料等，一般按单一问题组合；

工作计划、总结等文件，一般可按责任者或名称组合；

简报按名称或期号组合；

其他文件材料可按照特殊的形式组合。

6.2.6　卷内文件材料按重要程度或时间顺序排列：

批复、批示在前，请示、报告在后；

正件在前、附件在后；

正本在前，定稿在后；

转发件在前，被转发件在后；

非诉讼案件结论性材料在前，依据性材料在后；

其他文件材料按时间顺序排列。

6.2.7　对在装订线以外有字迹的文件材料或破损的文件材料，以及与本卷文件材料不可分割的照片、小字条等，要进行加边、修补和裱糊；对较大的表格，要适当地折叠；拆除文件材料上的金属物。

6.2.8 成卷装订的卷内文件编页号,按件装订的卷内文件编件号。

卷内文件无论单面或双面只要有书写文字,均应一面编写一个页号;页号的位置在每面材料非装订线一侧的下角。

卷内文件应逐件加盖档号章;并填写档号章的各个项目,编制件号;档号章的位置在每件文件首页的右上角、卷内文件的件数、一般以每份文件单独计算为一件;请示与批复,来文与复文一般应分别计算件数;正本、定稿、历次修改稿应分别计算件数;正件与附件,按一件计算。

6.2.9 填写卷内文件目录

顺序号:以卷内文件排列先后顺序填写的序号。

文号:文件制发机关的发文字号。

责任者:形成该文件的单位或对该文件负有责任的署名者。

题名:即文件标题,一般应照实抄录。没有标题或标题不能说明文件内容的文件,可自拟标题,外加“[]”号。

日期:文件的形成时间。填写时可省略“年”、“月”、“日”字,在表示年、月、日数的右下角加“.”号。

页号:卷内文件起止之页的编号。

6.2.10 填写卷内备考表

本卷情况说明:填写卷内文件缺损、修改、补充、移出、销毁等情况。案卷立好后发生或发现的问题由有关的档案管理人员填写并签名标注时间。

立卷人:由组成本卷的责任者签名。

检查人:由对案卷质量进行审核的责任者签名。

6.2.11 对采用立薄卷方式的案卷,必须用软卷皮,几卷再装入硬卷皮(盒)内。

6.2.12 拟写案卷标题。要求结构完整,一般应准确概括卷内文件主要责任者、内容、名称(文种)。除会议文件外,不得用“×××文件材料”;除一般函件外,不得用“×××来往文书”;除了非诉讼案件材料外,不得用“×××案件”。

6.3 归档验收

文书立卷部门整理好案卷,学校档案部门派人检查合格后,填写移交目录,在次年六月份以前,双方履行签字盖章手续,办理移交,并各执一份存查。

7. 党、政档案的管理

7.1 分类编号

7.1.1 按《中国档案分类法——教育档案分类表》分类标引,给出检索分类号。

7.1.2 根据学校党、政档案的内容特点和形成规律,编制用于档号的二级类目代号简表。

7.1.3 党群(行政)类档案档号=年度号+党、政档案分类号+案卷号

其模式如下:

19××—DQ00—1~n(略)

案卷号按最下位类目流水。年度用自然年度。

7.2 编目

7.2.1　档案部门对接收的案卷的卷脊档号栏书写档号，也可以贴上注有档号的标签。标签下沿的位置距案卷脊背底边40毫米处。

7.2.2　按分类原则编制党、政档案案卷目录。

7.2.3　依据GB 3972.5—85《档案著录规则》，对每个案卷进行填写案卷级和文件级著录标引卡片，作为手工检索和计算机采集卡使用。

为了方便调阅档案，应编制全引目录、分类目录、专题目录、主题目录卡片作为检索工具。

7.2.4　及时将著录数据存储到计算机中，用计算机进行管理，并与学校信息系统联网。

7.3　排架、保管

7.3.1　将案卷按档号顺序在档案柜内依次自上而下，从左到右竖立排放。

7.3.2　与文件材料配套的特殊载体记录的党、政档案，按《声像载体档案工作规范》的有关条款处理。

7.3.3　保管要求按《高等学校档案部门业务建设规范》第9条执行。

7.4　鉴定和销毁

按《高等学校档案部门业务建设规范》第10条执行。

7.5　统计

按《高等学校档案部门业务建设规范》第10条执行。

8. 党、政档案的开发利用

8.1　阅览

8.1.1　应设检索、阅览室，改善阅览条件并配置必要的复制设备，为利用者提供方便。

8.1.2　健全借阅制度，规定借阅档案的审批权限、期限、数量、手续等事项。

8.1.3　档案查、借、归还时，由利用者和档案部门共同进行清点检查，并在档案查阅或借阅登记簿上登记，借出档案要从严掌握，要定期催还，需续借者，应重新办理借阅手续，对无故逾期不还者，应停止其借阅。如果发现档案损坏或丢失，根据有关规定，区别不同情况，严肃处理。

8.1.4　对离校及离退休人员，在办理调离手续前，必须清还档案。

8.2　根据工作需要，编制配套的检索工具和参考资料、档案馆(室)指南等。

8.3　对党、政档案进行加工汇编工作，编制全宗介绍、年鉴、学校大事记、组织机构沿革、基础数字汇编等。

8.4　学校档案部门应根据社会和学校需要，在适当时候通过展览和新闻媒介公布一定数据的档案资料。

8.5　古老、珍贵的档案，应备有缩微或复制件，以代替档案原件提供利用。

8.6　已建馆的学校，对馆藏档案从形成之日起满三十年的，除未解密和需要控制的部分外，均应按国家规定，报分管校长批准后，分期分批向社会开放。

8.6.1　对开放的档案，应认真审查内容，严格区分开放与控制使用的界限；

8.6.2　利用开放档案，对国内利用者与台、港、澳同胞及外国人应有不同的要求；

8.6.3　开放党、政档案，应另行编制开放档案目录和检索工具，供利用者检索。

8.7　各校要结合本校管理工作现代化的进程，创造条件，逐步应用计算机进行档案资料的检索、汇编，提高开发利用档案的能力。

9. 党、政档案工作岗位责任制

9.1　分管档案工作的校领导职责

9.1.1　组织全校性的宣传、贯彻执行《中华人民共和国档案法》和上级关于档案工作的各项方针政策的活动；

9.1.2　加强对学校档案工作的领导，把档案工作纳入学校的整体发展规划，并列入学校议事日程，督促分管部门按上级和学校档案部门要求做好应做的工作；

9.1.3　关心档案工作和档案馆(室)的建设与发展，从人力、财力、物力上给予支持，及时解决工作中的重大问题和困难，逐步改善工作条件，使档案工作与学校的各项工作协调发展。

9.2　分管档案工作的各处、系(含副处级)部门领导职责

9.2.1　组织本单位人员学习档案法规，执行学校档案工作规章制度，把档案工作纳入本单位的议事日程，每季度或每学期研究一次档案工作；

9.2.2　加强与学校档案部门联系，共同做好业务监督、指导、检查工作，保证归档档案的质量；

9.2.3　做好文秘工作人员和专(兼)职档案人员的工作，提出具体要求并帮助他们解决工作中的实际困难。

9.3　各立卷部门专(兼)职档案干部职责

9.3.1　坚持平时立卷，根据本部门(单位)不同种类文件材料形成的特征，制定其案卷类目，合理分类存放，便于利用和立卷归档；

9.3.2　负责本部门(单位)文件材料的形成、积累、保管和整理立卷归档工作，保证归档文件材料完整、准确、系统；

9.3.3　归档案卷做到组卷合理，编写页号准确，案卷目录填写清楚，案卷标题简明扼要；

9.3.4　主动接受档案馆(室)的业务指导和督促检查；按规定时间向档案部门归档；

9.3.5　积极参加业务学习，不断提高档案工作水平；

9.3.6　注意文件材料的安全和保密工作。

9.4　学校档案部门负责人职责

9.4.1　负责制定党、政档案的工作计划、规划，进行季、学期、年度的本室工作总结，拟制(修订)业务工作的各项规章制度，并认真地组织实施；

9.4.2　对本室人员进行合理分工，随时掌握工作情况，按计划完成任务；

9.4.3　组织本室人员参加政治和业务学习，组织文书处理部门专(兼)职人员的业务培训；

9.4.4　负责接待、处理有关单位和群众的来访、来函、负责有关党、政档案业务工作对外联系；

9.4.5　调查了解本校党、政档案工作情况，并就党、政档案的改革等有关问题，提出

意见和建议；

9.4.6 完成馆和有关领导交办的事宜。

9.5 党、政档案管理人员职责

9.5.1 根据国家和学校有关档案工作的政策和法规，制定本单位的党、政档案工作的各项管理制度；

9.5.2 指导、监督、检查、协助文书立卷人员做好文件材料的形成、积累和整理归档工作；

9.5.3 对接收入库的党、政档案进行分类、整理、编制多种检索工具，有计划、有步骤地进行档案史料汇编，积极做好档案信息资源的开发工作，为学校各项工作及社会利用档案史料服务；

9.5.4 贯彻执行党和国家关于保守党和国家机密的规定，维护涉密档案的安全；

9.5.5 做好“八防”工作，确保档案材料完整、安全；

9.5.6 对保存的党、政档案数量进行准确的统计。

附件一 高等学校党群类档案归档范围和保管期限表（略）

附件二 高等学校行政类档案归档范围和保管期限表（略）

附件三 高等学校党群类档案二级类目代号简表

DQ

11 党务综合

分党委、总支、直属支部综合材料入此

12 纪检

13 组织

14 宣传教育

学生思想政治工作入此

15 统战

民主党派材料入此

16 工会

妇女工作入此

17 团委

学生社团材料入此

附件四 高等学校行政类档案二级类目代号简表

XZ

11 行政综合

学校评估、教代会、校史和院、系、所等单位综合材料入此

12 人事

师资工作材料入此

13 监察、审计

14 武装、保卫

15 总务

16 档案、图书、文博

第三节 高等学校教学类档案工作规范

1. 引言

1.1 为了加强教学类档案(以下简称教学档案)工作,充分发挥教学档案在学校教育管理、教学活动、教学研究等各项工作中的作用,提高教学档案的质量和科学管理水平,逐步实现教学档案工作的标准化、规范化和现代化,并为今后考核教学档案工作提供依据,特制订本规范。

1.2 本规范依据《中华人民共和国档案法》,国务院批准的《科学技术档案工作条例》,国家教委、国家档案局(87)教办字 016 号文件、《普通高等学校档案管理办法》等法律、法规、规章,结合高校实际拟订。

2. 主题内容

本规范规定了教学档案工作的基本原则,归档范围的确定,文件材料的部门立卷和归档流程,教学档案的管理,开发利用的主要内容和方法,各级岗位责任制,归档范围与保管期限表,二级类目代号简表以及表格、装具的规格式样等。

3. 引用标准

GB 3792.5—85 《档案著录规则》

《文书档案案卷质量标准》

GB 9705—88 《文书档案案卷格式》

GB/T 11822—89 《科学技术档案案卷构成的一般要求》

4. 教学档案工作的基本原则

4.1 凡在教学管理和教学实践活动中直接形成的具有保存价值的文字、图表、声像载体材料均属教学档案。

4.2 教学档案是衡量院校教学管理水平和教育质量的重要标志之一,是高等学校档案的主体、核心和重点。

4.3 教学档案实行集中统一管理,确保完整、准确、系统和安全,便于开发利用。规模大的学校,对教学档案中的少数不属永久保存的类目,如本科生毕业论文、实习报告等可由系保存,学校档案部门只按一定的比例择优接收。

4.4 教学档案是教学管理的重要组成部分,应实行"三纳入"、"四同步",即纳入教学计划、规划,纳入教学管理制度,纳入各级管理人员岗位责任,作为考核教学质量和管理水平的标准之一。下达教学任务与提出教学文件材料的归档要求同步;检查教学工作与检查教学文件材料形成积累情况同步;评审、鉴定教学质量、教材、毕业论文、优秀教学成果与审查、验收档案材料同步;毕业分配、上报评审材料、教师考核晋升与档案部门出具归档证明同步。

4.5 各教学管理和教学业务部门应明确一名分管档案工作的负责人和配备相应专(兼)职档案干部,统一管理本部门、本系统的教学文件材料,并按期向学校档案部门办理移交。

4.6 努力实现教学档案工作从经验管理向科学管理转变，分散管理向集中统一管理转变，手工管理向现代化管理转变，逐步参与教学管理，成为教学管理和教改的参谋部门，成为教学业务工作的信息咨询部门之一。

4.7 逐步建立教学档案数据库，并纳入全校信息系统统一管理和开发利用。

4.8 要把教学档案工作列入本校教育发展计划，在经费、库房、设备和人员配备等方面给予保证，每年从教学经费中给予教学档案工作适当资助。

5. 教学档案归档范围的确定

5.1 确定的原则

5.1.1 归档的教学管理和教学实践活动过程中形成的文件材料，必须对学校和社会当前与长远具有参考价值和凭证作用。

5.1.2 归档的教学文件材料，必须反映教学管理、教学实践活动的全过程，保证完整、准确、系统。

5.1.3 归档的教学文件材料，必须遵循其自然形成规律，保持有机联系，符合教学管理和教学实践活动的成套性特点。

5.2 归档的主要内容和重点

5.2.1 归档的主要内容包括综合管理、学科与实验室建设、招生、学籍管理、课堂教学与实践、学位工作、毕业生工作、教材等方面，具体范围见附件一。

5.2.2 归档的重点是本校在教学工作，特别是教学实践各个环节活动中形成的不同载体的文件材料。

5.3 不归档的文件材料

5.3.1 上级有关教学的普发的(非专指高校)、不办的文件；

5.3.2 上级有关教学的未定稿的文件；

5.3.3 重份文件；

5.3.4 无查考利用价值的事务性临时性文件；

5.3.5 非隶属单位抄送的不需办理、也无参考价值的文件；

5.3.6 校内其他单位发来的文件；

5.3.7 与校外单位交换来的材料；

以上不归档材料如认为必要，也可自行作资料暂存。

6. 教学文件材料的部门立卷与归档流程

6.1 形成与积累

6.1.1 每年新学年开始后，由分管档案工作的校(院)长向各系、处部署新学年工作时，同时向系(处)办公室主任、教学秘书布置形成积累教学文件材料的任务。

6.1.2 教务部门会同档案部门向各系(处)发放各种教学文件材料表格，学籍登记表(卡)，积累用卷宗(袋)等。

6.1.3 系(处)兼职档案员按文件材料分类表分别积累教学文件材料，并定期进行整理。

6.1.4 档案馆(室)随时了解、督促、检查、指导专(兼)职档案员做好文件材料的积累工作。

6.1.5 归档的教学文件材料必须字迹工整,格式统一,签字手续完备。

6.1.6 教学档案管理文件一般归档一份,重要的教学文件(研究生论文、专著、优秀教材等)除原稿外,各校根据实际情况,酌加副本。

6.2 整理组卷

6.2.1 坚持由教学文件材料形成部门立卷归档的原则,由各系所或教学管理部门的专(兼)职档案员负责将积累的文件材料向档案部门归档。

6.2.2 根据教学文件材料的形成规律,保持其有机联系和便于利用查考的原则进行组卷。原则上相同内容的文件材料组成一卷便于利用,同一内容的文件材料数量多时可分别组成若干卷,每卷不超过200页。也可以根据文件材料的内在联系,对问题单一、文件较少者按不同内容分别组成薄卷。

6.2.3 在不影响卷内文件自然形成规律和有机联系的前提下,同一内容的卷内文件可按永久、长期、短期顺序排列。

6.2.4 卷内密不可分的文件材料按正件在前、附件在后;印件在前,定稿在后;批复在前,请示在后的要求排列。

6.2.5 卷内材料一律拆掉金属物,分别用线装订,对破损的文件材料应进行修补。

6.2.6 凡是文件材料未注明标题的应加制封面,注明题名、责任者、时间。

6.2.7 各种材料大小均为16开,图件按此规格叠成手风琴式,图名、图签折在外面。

6.2.8 文中密不可分的插图、照片应贴入文字材料内;附图册、表册、照片应贴上标签,填写件号及档号附在文字材料之后共同组成保管单位。其他载体材料可专柜保管,但需填写与文字材料卷一致的档号。

6.2.9 透明图纸用缝纫机打图边,并贴上标签,填写张号及与文字报告一致的档号。

6.2.10 按顺序编排页号,无论单面或双面只要有书写文字,均应一面编写一个页号,页号位置在非装订线一侧的下角。不装订的以件为单位者,应在右上角加盖有单位名称、档号、件号的戳记,并逐项填写。

6.2.11 填写卷内目录及备考表。

6.2.12 凡教师业务档案中规定的内容已分别归入其他类档案的,如专著、论文已归入出版类,科研成果已归入科研类,应在卷内目录中注明相应类目的档号。

6.2.13 文件形成部门提出每个案卷的密级并会同档案馆(室)确定。

6.2.14 填写案卷封面各栏目,标题要简短、准确。

6.3 归档验收

6.3.1 由归档人员填写归档说明书,说明书放在第一卷卷内目录之前。

6.3.2 移交档案时交接双方必须当面检查验收,检查文件材料是否完整、齐全、排列、书写是否符合要求,标题是否确切,凡不符合规定要求者,接收人应拒绝接收,并限期改正补交。

6.3.3 移交时填写移交目录。移交目录一式两份,双方各执一份。

6.3.4 教学综合管理文件次年6月底前归档,其他各类材料完成一个培养周期(即一届学生从入学到毕业)当年寒假前一次性归档。

7. 教学档案的管理

7.1 分类编号

7.1.1 按《中国档案分类法——教育档案分类表》进行分类标引，给出检索分类号。

7.1.2 根据教学档案的内容和特点，编制用于组成档号的二级类目代号简表。

7.1.3 教学类档案档号＝年度号＋教学档案分类号＋案卷号

模式如下：

l9××－JX00－l～n(略)

案卷号按最下位类目流水。

属于教学管理内容的采用自然年度。其余可采用教学年度。涉及学籍问题的，可采用入学时的年度(“级”)。

7.2 编目

7.2.1 每卷档案脊背上填写档号，也可另行贴上注有档号的标签，标签下沿的位置距离底边40毫米处。

7.2.2 按照GB 3972.5－85 《档案著录规则》，编制教学类档案案卷级、文件级著录卡，作为手工检索卡和计算机采集卡使用。

7.2.3 登录教学档案目录，按档号顺序，以案卷为对象填写。

7.2.4 编制各种分类目录和专题目录，积累到一定程度后，打印汇编出版。

7.2.5 有条件的单位将编制的教学档案数据输入计算机数据库，逐步实现与本系统的信息库联网。

7.3 排架、保管

7.3.1 按档号顺序排架。

7.3.2 保管要求按《高等学校档案部门业务建设规范》第9条执行。

7.3.3 与文件材料配套的特殊载体记录的教学档案，按《声像载体档案工作规范》有关条款处理。

7.4 鉴定和销毁

按《高等学校档案部门业务建设规范》第10条执行。

7.5 统计

按《高等学校档案部门业务建设规范》第10条执行。

7.6 档案的补充与修改

7.6.1 各系、处随时将收集到的教学文件材料经整理后向档案馆(室)补充归档，档案馆(室)负责教学档案的人员应及时将补充材料插入卷内相应的位置，并在卷内目录、账本上补充填写。

7.6.2 凡已归档的文件材料需要修改时，必须经所在部门主管领导批准；未经批准，不得修改任何文件材料。

8. 教学档案的开发利用

8.1 借阅

按《高等学校档案部门业务建设规范》第11条执行。

8.2 咨询服务、报道交流

8.2.1 指导利用者查找、利用档案，解答有关问题。

8.2.2 根据本校教学需要，开展定题跟踪服务。

8.2.3 定期编制书本式目录，发本单位各部门使用，并有选择地进行外部交流。

8.3 编辑各种形式的参考资料，如数据汇编、专题文摘、文件汇编、论文汇编、信息交流等，为领导和师生服务。

8.4 注意收集登记利用档案的社会效益和经济效益，并将实例汇集成册，印发宣传。

8.5 积极创造条件开展复印、计算机检索、打印服务。

9. 教学档案工作岗位责任制

9.1 分管教学工作的校领导的职责

9.1.1 组织学习贯彻《中华人民共和国档案法》及有关档案工作的方针、政策，把教学档案工作列入本校工作计划，在经费、用房、设备、人员配备及档案干部的各种待遇等方面提供条件。

9.1.2 定期检查和研究教学档案工作中存在的实际问题。

9.2 教学管理部门领导的职责

9.2.1 制订和健全有关管理制度，切实做到把教学档案全面纳入教学管理之中，并监督各部门执行。

9.2.2 加强与学校档案部门联系，共同做好业务指导和监督检查工作，保证教学档案质量。

9.2.3 对本部门管理干部和专(兼)职教学档案员提出具体要求，并帮助他们解决一些实际困难。

9.3 学校档案部门职责

9.3.1 认真贯彻执行党和国家关于档案工作的方针、政策和法规，制订本校教学档案工作各项管理制度并付诸实施。

9.3.2 督促、指导和检查全校教学档案工作，验收各部门移交的教学档案。

9.3.3 按照《教学类档案工作规范》要求做好教学档案的各项业务工作。

9.3.4 努力开发教学档案信息资源，充分发挥其作用。

9.3.5 积极开展教学档案理论研究，参加各种学术活动，不断提高工作质量。

9.3.6 组织全校专(兼)职教学档案员的业务学习，经验交流。

9.4 各部门专(兼)职教学档案干部职责。

9.4.1 做好本单位教学文件材料的形成积累工作。

9.4.2 将收集、积累的文件材料整理组卷装订，做到组卷合理、编目清楚、标题准确、装订整齐，并及时向学校档案馆(室)移交。

9.4.3 做好存放在本单位的教学档案的组卷、分类、编目、登记、保管、利用等工作。

9.5 教研室主任的职责

9.5.1 负责收集教研室的典型教案，集体备课记录、试题、试卷等向所在部门专(兼)职档案员移交。

9.5.2 督促教师向学校档案部门归档移交各种业务档案。

附件一　高等学校教学类档案归档范围和保管期限表(略)

附件二　高等学校教学类档案二级类目代号简表

JX

11　综合

学生运动会、教学评估、优秀教学评奖材料入此

12　学科与实验室建设

专业设置入此

13　招生

14　学籍管理

学生奖惩材料入此

15　课堂教学与教学实践

16　学位工作

17　毕业生工作

毕业生信息反馈工作入此

18　教材

注：此大类也可以划分为如下二级类目

JX

11　综合

12　研究生教育

13　全日制本、专科教育

14　成人教育

第四节　高等学校科学技术研究类档案工作规范

1. 引言

1.1　为了提高高等学校科学技术研究类档案(以下简称科研档案)的质量和管理水平，充分发挥高校科研档案在学校和四化建设中的作用，并为考核高校科研档案工作提供依据，特制定本规范。

1.2　本规范依据《中华人民共和国档案法》、国务院批准的《科学技术档案工作条例》、国家科委、国家档案局联合发布的《科学技术研究档案管理暂行规定》，国家教委颁布的《普通高等学校档案管理办法》等法律、法规、规章拟定。

2. 主题内容

本规范规定了高校科研档案工作的基本原则，归档范围的确定，文件材料的部门立卷与归档流程，科研档案的管理，开发利用，各级岗位责任制，以及归档范围和保管期限表，二级类目代号简表，案卷装具规格式样，工作常用表格，卡片等。

3. 引用标准

GB 3792.5－85　《档案著录规则》

GB/T 11822－89　《科学技术档案案卷构成的一般要求》

4. 科研档案工作的基本原则

4.1 凡在科学研究管理和实践活动中直接形成具有保存价值的文字、图表及声像载体材料，均属科研档案。

4.2 科研档案必须实行集中统一管理，确保完整、准确、系统和安全、便于开发利用。

4.3 科研档案工作是科研管理工作的重要组成部分，是科研活动的重要环节，必须纳入科研计划、规划、管理制度和有关人员职责范围之中，与计划管理、课题管理、成果管理等工作紧密结合。实行科研工作和建档工作"四同步"管理。即下达计划任务与提出归档要求同步；检查计划进度与检查科研文件材料形成情况同步；验收、鉴定科技成果与验收、鉴定科研档案材料同步；上报登记、评审科技成果与档案部门出具科研课题归档情况的证明材料同步。

4.4 要努力实现高校的科研档案工作从经验管理向科学管理转变，并逐步采用先进管理技术手段，大力开发档案信息资源，为学校工作和社会发展服务。

4.5 把科研档案工作列入本单位科研工作的发展计划中，在经费、库房、设备和人员配备等工作条件上给予保证，每年从本单位科研经费总额中拨出一定的数额作为高校科研档案工作经费。

5. 科研档案归档范围的确定

5.1 确定的原则

5.1.1 归档的科研管理和科研实践活动过程中形成的文件材料，必须对学校和社会当前与长远具有参考价值和凭证作用。

5.1.2 归档的科研文件材料，必须反映科研管理、科研项目(课题)活动的全过程，保证完整、准确、系统。

5.1.3 归档的科研文件材料，必须遵循其自然形成规律，保持其有机联系，照顾不同学科、专业的科研文件材料的不同特点和成套性。

5.1.4 几个单位协作完成的研究课题，由主持单位归档保存一整套档案，协作单位保存自己所承担任务中形成的科研文件材料，并将有关的复制件送交主持单位。如确系涉及协作单位的合法权益，应在协议、合同或委托书中明确其科研文件材料的归属，但协作单位应将承担课题部分的有关档号及案卷目录提供主持单位。

5.1.5 与国外合作的研究课题、经协商在协议、合同中明确科研文件材料的归档办法。一般应归入外事类。

5.2 归档的主要内容和重点

5.2.1 归档的主要内容包括综合管理、科研准备、研究实验、总结鉴定、申报奖励、推广应用等方面。具体范围见附件一。

5.2.2 归档的重点是本校承担的科研项目(课题)各个阶段形成的不同载体的文件材料，特别是研究实验阶段形成的作为研究结果依据的原始材料。

5.2.3 取得负结果或因故中断的重要课题的科研文件材料也应归档。

5.3 不归档的文件材料

5.3.1 上级有关科研的普发的(非专指高校)、不办的文件。

5.3.2 上级有关科研的未定稿的文件，未生效的合同、协议书。

5.3.3　未按科研管理程序列入计划、未经鉴定和不计工作量的个人项目。

5.3.4　重份文件。

5.3.5　无查考利用价值的事务性、临时性文件。

5.3.6　非隶属单位抄送的不办、也无参考价值的文件。

5.3.7　校内其他单位发来的文件。

5.3.8　与校外单位交换来的材料。

以上不归档材料如认为必要，也可有选择地作资料暂存。

6. 科研文件材料的部门立卷与归档流程

6.1　形成积累

6.1.1　课题组长在制订和讨论工作计划安排时，向课题组成员布置平时积累科研文件材料的任务和方法，并指定专人做兼职档案员。

6.1.2　由课题组兼职档案员到学校科研管理部门领取文件积累袋、实验记录本、科研报告等统一用纸。

6.1.3　学校科研管理部门和各课题组，按各自的职责范围，分别形成积累和整理科研工作各阶段的有关文件材料。

6.1.4　档案部门应深入课题组了解课题进展情况，督促、指导科技人员做好科技文件材料的积累工作。

6.1.5　归档的科研文件材料必须字迹工整、格式统一、图样清晰、签字手续完备。

6.1.6　科研管理性文件材料归档一份，科研报告底稿一份，复制稿两份，原始资料全部。

6.2　整理组卷

6.2.1　坚持实行科研文件材料形成部门和课题组立卷制度。课题结束后，由本课题组负责人主持立卷。兼职档案员将形成积累的全部文件材料按要求与课题组的业务性文件汇总整理成卷。

6.2.2　根据科研文件材料形成规律，保持其有机联系和便于利用查考的组卷原则，以及科研文件材料的内容、价值、数量和载体形式等实际情况，将每个研究课题的科研文件材料进行系统整理，视其材料多少，组成一题一卷或一题数卷。将最能反映课题概况的科研文件材料，如开题文件、论文、专著、鉴定材料，成果申报与获奖材料，科研投资与经费核算材料等整理组成综合卷，排放在研究课题全部案卷之首，其余科研文件材料按科研阶段依次系统整理组卷。

6.2.3　内容不可分的科研文件材料按以下要求排列：正件在前，附件在后；印件在前，原稿在后；批复在前，请示在后。

6.2.4　拆除案卷内的金属物，对破损的科研文件材料进行修补。

6.2.5　科研文件材料根据实际情况采用科技档案袋、盒（夹）等方式保管，每件科研文件材料用线装订。

6.2.6　科研管理部分的文件材料，按党、政档案要求组卷装订。并编写件号及每件材料的标题。装订卷的全部科研文件材料按顺序编写页号，无论单面或双面只要有书写文字，均应一面编写一个页号，每卷页号均从1开始，页号位置在非装订线一侧的下角。

不装订卷的全部科研文件材料，以件为单元，在每件文件材料的右上角盖上有单位名称、档号、件号戳记，并逐项填写。

6.2.7 除密不可分的配套的声像载体材料外，其余均应分别组卷专柜保管，档号必须与文字材料卷保持一致，并按《声像载体档案工作规范》要求处理。

6.2.8 课题组组织归档前的鉴定工作，提出每个案卷的保管期限和密级划分的具体意见，密级分为绝密、机密、秘密三种，按《科学技术保密条例》办理。

6.2.9 填写卷内目录、备考表和案卷封面。

6.2.10 课题组长填写归档说明书，放入每个研究课题第一卷的卷内目录之前。

6.3 归档验收

6.3.1 科研管理部门负责管理性文件归档，各课题组直接向档案部门归档。

6.3.2 归档时间

6.3.2.1 研究课题在鉴定验收后两个月内归档。

6.3.2.2 暂不申报或中断、停止的研究课题，在课题结束或中断、停止后两个月内归档。

6.3.3 重大科研项目的鉴定、评审工作必须有学校档案部门参加。

6.3.4 归档时档案部门应进行审查、验收、并在成果登记表上签署意见，加盖档案部门专用章。凡归档不完整、不齐全者，学校档案部门拒绝出具证明，科研管理部门不得申报成果。

6.3.5 课题组填写科研档案移交目录一式两份，连同案卷向档案部门移交，然后经档案部门清点无误后，交接双方在移交目录上签字，并各执一份存查。

7. 科研档案的管理

7.1 分类编号

7.1.1 按《中国档案分类法——教育档案分类表》进行分类标引、给出检索分类号。

7.1.2 根据科研档案的内容和特点，编制用于组成档号的二级类目代号简表。

7.1.3 科研类档案档号＝年度号＋科研档案分类号＋案卷号

模式如下：

l9××—KY00—l～n(略)

案卷号按最下位类目流水。综合类用自然年度。项目用完成年度。

7.2 编目

7.2.1 档案部门对接收的案卷在卷脊上填写档号，也可以另行贴上注有档号的标签，标签下沿的位置距离案卷脊背底边40毫米处。

7.2.2 登记科研档案目录，按档号先后顺序，以案卷为对象填写。

7.2.3 编制各种分类目录、专题目录，按照GB 3792.5－85《档案著录规则》编制课题案卷级，文件级科研档案著录卡，作为手工检索卡和计算机采集卡使用。

7.3 有条件的单位将编制的科研档案著录卡的数据存储到计算机数据库中，并在各校信息系统建立后，按要求与之联网。

7.4 排架、保管

7.4.1 按档号顺序排架

7.4.2 与文件材料配套的声像文件材料，按《声像载体档案工作规范》有关条款处理。

7.4.3 保管按《高等学校档案部门业务建设规范》第9条执行。

7.5 鉴定和销毁

7.5.1 由课题组、科研管理部门和档案馆(室)三结合小组，根据科研档案科学价值，以及对经济建设、科技发展、社会进步的作用，进行档案价值的鉴定。鉴定包括对研究课题档案进行整体鉴定和确定每个案卷的保管期限。

7.5.2 对研究课题档案进行整体鉴定，以整套研究课题档案为单元，按课题的任务来源、意义、科技水平、经济和社会效益以及历史价值，划分重大、重要、一般三级。

7.5.2.1 属于重大级研究课题档案主要是指：国家和各部、委下达的重要研究项目，以及重要的国际合作项目的档案；获得国家级各类成果或部、省级二等科技成果以上奖(含二等奖)的项目档案；对自然现象(如天文、地震、药物、疾病等)的系统观测和资源、疾病等的调查、考察中积累的重要基础档案资料。

7.5.2.2 属于重要级研究课题档案主要有：国家各部门和省下达的较重要的研究项目，以及一般国际合作项目的档案；获得各部委、省级三等以下科技成果奖(含三等)的档案；属国家级、部级重大研究项目，因故中断研究，但在较长时期内具有较高查考应用价值的档案。

7.5.2.3 属于一般级研究课题的档案主要是除上述二类以外的一般性研究项目或未取得成果的科研档案。

7.5.3 确定具体案卷的保管期限，以每个案卷为单元，根据附件一结合不同学科专业、不同类型科研工作的特点，确定卷内文件的保管期限。

7.5.4 鉴定工作分为归档前鉴定和归档后鉴定两个阶段。

7.5.4.1 归档前鉴定，见本规范第6.2.8款。

7.5.4.2 归档后鉴定

按《高等学校档案部门业务建设规范》第10条执行。

7.5.5 销毁

按《高等学校档案部门业务建设规范》第10条执行。

7.6 统计

按《高等学校档案部门业务建设规范》第10条执行。

7.7 档案的补充与修改

7.7.1 科研管理部门和课题组随时收集在科技成果申报获奖及推广应用阶段形成的科研文件材料，经整理后向档案部门归档，并根据获得成果奖情况，及时对有关课题档案的案卷保管期限进行调整。

7.7.2 对已归档的科研文件材料需要修改时，必须填写修改申请单，经所、室主任或有关主管负责人及相应厂家批准同意，未经批准，严禁修改已归档的任何科研文件材料。

7.7.3 档案部门对补充归档的科研文件材料应及时整理、编目。归档材料不多的，可归入相关的案卷内，并填写卷内目录；归档材料较多的，可单独组卷、编目。

8. 科研档案的开发利用

8.1 努力开发利用科研档案，为提高本校教学、科研水平，提高社会效益和经济效益服务。

8.2 借阅

按《高等学校档案部门业务建设规范》第11条执行。

8.3 咨询服务、报道交流

8.3.1 指导利用者使用各种检索工具，回答利用者提出的问题。

8.3.2 根据科研工作需要和条件的可能，选择若干重点研究课题，主动介绍有关档案材料，进行定题跟踪服务。

8.3.3 了解与本单位有关的技术市场动态，积极为开拓技术市场提供服务。

8.3.4 定期编制科研档案目录或内容摘要，在单位内部提供利用并有选择地进行外部交流。

8.3.5 充分发挥科研档案的法律凭证作用，为保护科技成果所有权及正确处理科研工作中的各种权益问题提供凭证。

8.4 根据科研和管理工作的需要，积极创造条件，编辑各种形式的参考资料，如档案文摘，科技成果简报、论文汇集、专业数据、汇编、专题资料等，为利用者服务。

8.5 注意收集、登记利用科研档案后取得的社会、经济效益，并将实例汇集成册，印发宣传。

8.6 在科研档案的利用开发中，必须严格执行国家和科技保密、专利等法规制度。

8.7 结合本单位管理工作现代化的进程，创造条件，逐步应用计算机进行档案材料的检索、汇编等，提高开发利用档案的能力。

9. 科研档案工作岗位责任制

9.1 分管科研工作的校领导的职责

9.1.1 组织贯彻国家和本单位有关档案工作的方针、政策和法规，把科研档案工作列入本单位科研工作的发展计划中，在经费、库房、设施和人员配备等方面为发展科研档案工作提供条件。

9.1.2 定期检查和研究解决档案工作中存在的实际问题。

9.2 科研管理部门领导职责

9.2.1 将科研档案工作纳入科研管理的长远规划和年度计划。

9.2.2 制定和健全有关的管理制度，把科研档案工作全面纳入科研管理工作之中并督促各部门执行。

9.2.3 要及时催促课题负责人、专(兼)职档案员及时按规定将应归档的文件材料归档。

9.2.4 支持档案部门的工作，关心工作条件的改善和档案干部素质的提高。

9.2.5 组织参加对科研档案组卷质量及保管情况的检查。

9.2.6 指导科研档案的鉴定和密级的确定等工作。

9.3 学校档案部门职责

9.3.1 根据国家有关档案工作的方针、政策和法规、制定本单位科研档案工作的各项管理制度。

9.3.2 监督、指导、检查、协助科技人员做好科研文件材料的形成、积累和整理归档工作，检查、验收研究课题档案是否完整、准确、系统。

9.3.3 负责科研档案的接收、整理、保管、组织鉴定、统计、利用等业务工作。

9.3.4 积极组织开发科研档案信息资源，充分发挥其作用。

9.3.5 遵守国家关于科技保密的规定，保证科技机密及档案的安全、维护本单位和科技人员的合法权益。

9.4 研究所(室)、教研室主任职责

9.4.1 把建立科研档案列为研究所(室)、教研室的工作内容之一。提出要求，定期检查，做到各课题组积累科研文件材料的工作与科研进展同步。

9.4.2 研究课题结束后，审查科研文件材料是否完整、准确、系统，确定保管期限和密级，并签署意见。

9.5 课题组长职责

9.5.1 主持研究课题科研文件材料的整理和归档工作，提出建档计划，明确课题组成员形成积累有关科研文件材料的任务，在课题结束后，组织收齐并系统组卷，做到归档质量符合完整、准确、系统的要求。

9.5.2 提出科研档案案卷保管期限和密级，填写科研档案归档说明书，并组织填写卷内目录，备考表及档案移交清单。

9.5.3 向科研管理部门办理移交手续。

9.6 科技人员职责

9.6.1 按规定做好平时科研文件材料的形成，积累工作。

9.6.2 课题完成后，整理出由本人承担任务部分的科研文件材料，做到质量符合要求。

附件一 高等学校科学研究类档案归档范围和保管期限表(略)

附件二 高等学校科学研究类档案二级类目代号简表

KY

11 综合

科研经费管理、学术活动材料入此

[12] 按学科或专业或项目设置类目

第五节 高等学校产品生产与科技开发类档案工作规范

1. 引言

1.1 为了提高产品生产与科技开发类档案(以下简称产品档案)的质量和管理水平，更好地为学校教学、科研提供有效服务，并为考核产品档案提供依据，特制定本规范。

1.2 本规范依据《中华人民共和国档案法》，国务院批准的《科学技术档案的工作条例》、国家教委发布的《普通高等学校档案管理办法》以及国家档案局《工业企业档案分类试行规则》等法律、法规、规章，结合高校实际制定。

2. 主题的内容

2.1 本规范规定了产品生产与科技开发档案工作的基本原则，归档范围的确定，部门立卷和归档流程，产品档案的管理，开发利用的主要内容和工作方法，各级岗位责任制以及归档范围和保管期限表，二级类目代号简表，装具(案卷)、常用表格、卡片规格。

2.2 各校产业档案在无新的规定前，可参照此规范处理。

3. 引用标准

GB 3792.5－85 《档案著录规则》

GB/T 11822－89 《科学技术档案案卷构成的一般要求》

4. 产品生产与科技开发档案工作的基本原则

4.1 学校设计、试制、生产、经营和销售产品过程中直接形成的、有保存价值的文字、图表、声像载体材料等均属产品生产与科技开发档案。

4.2 产品档案必须实行集中统一管理，保证档案的完整、系统、准确和安全，方便开发利用。

4.3 产品档案工作是办好校办工厂和实体的重要基础工作之一，也是衡量校办工厂和实体管理水平重要标准之一，必须与生产单位的计划管理、质量管理和岗位责任制工作紧密配合。在布置、检查、验收、总结产品工作时，同时布置、检查、验收、总结产品档案工作。

4.4 实现产品档案的科学管理，逐步采用先进管理手段，大力开发档案信息资源，为学校工作和四化建设服务。

4.5 把产品档案工作列入学校发展计划，配备必需的设备和人员，拨给一定的经费。

5. 产品生产与科技开发档案归档范围的确定

5.1 确定的原则

5.1.1 归档的产品生产与科技开发活动过程中形成的文件材料，必须对学校和社会当前与长远具有参考价值和凭证作用。

5.1.2 归档的产品生产与科技开发文件材料，必须反映产品生产管理、经营、销售管理和产品生产各个环节的全过程，保证完整、准确、系统。

5.1.3 归档的产品生产与科技开发文件材料，必须遵循自然形成规律。保持其有机联系，必须与实物一致并且有成套性。

5.2 归档的主要内容和重点

5.2.1 归档的主要内容包括综合管理、经营、销售项目的计划准备、设计、试制与鉴定、规模生产等六个方面。具体范围见附件一和参考《工业企业档案分类试行规则》。

5.2.2 归档的重点是各经济实体的申办报告、审批材料，业务往来合同、经济财务和产品设计、试制、生产、营销各个阶段形成的不同载体、形式的文件材料，特别是全套设计、工艺图纸、关键性的材料。

5.3 不归档的文件材料

5.3.1 未定稿的材料和未定型的草图、蓝图、工时定额。

5.3.2 重份文件和重份图纸。

5.3.3 无查考价值和临时性、事务性文件。

5.3.4 未定稿的计划、制度。

5.3.5 未生效的合同、协议书。

6. 产品生产与科技开发文件材料的部门立卷及归档流程

6.1 形成积累

6.1.1 产品生产与科技开发单位接受任务后,应向各级管理和技术人员布置文件材料形成、积累的任务,并指定专人负责整个过程(从设计到销售)中文件材料的形成积累工作。

6.1.2 工厂技术管理部门和产品设计组按产品生产工作不同阶段分别积累和整理有关的文件材料。

6.1.3 档案部门应深入工厂、公司,了解各部门文件材料的形成情况。督促、指导有关人员做好归档材料的积累工作。

6.1.4 归档材料必须字迹工整、图像清晰、纸质优良、图纸幅面大小要按国家统一格式,图纸签字手续完备。

6.1.5 归档材料一般归档一份(原件),重要和经常使用的可酌加副本。蓝图、底图应各存一份。

6.2 整理组卷

6.2.1 产品鉴定或定型后,产品设计组负责人把本产品形成的文件材料按其自然形成规律和有机联系,整理组卷交技术管理部门。技术管理部门负责检查归档材料的完整、准确、系统情况并与积累的管理性材料整理成卷后,再送交校档案部门。

6.2.2 根据产品生产与科技开发中技术文件材料的自然形成规律,保持其有机联系和便于利用查考的组卷原则,将每个产品项目组成一卷或多卷,反映整个产品项目关键材料放在首卷,底图单独存放。

6.2.3 若一个项目文件材料少时,应将文字材料在前,蓝图在后进行组卷,底图单独存放。

6.2.4 与各产品项目关系密切的管理性文件,应列入产品项目类中组卷。

6.2.5 底图、蓝图的格式和编号,必须符合国家标准。配套图必须附有目录。

6.2.6 幅面大于卷盒的文件材料以及图纸,按4号图纸规格折叠成手风琴式。底图一律平放或卷放,严禁折叠。对透明底图应用缝纫机打边。

6.2.7 卷内文件材料应按正件在前,附件在后排列。

6.2.8 对组好卷的技术文件材料进行逐页编号,每卷页号从1开始,无论单面或双面只要有书写、印刷的文件材料,每面均为一页。页号位置标在非装订线一侧的下角。以件为单位的应在右上角加盖有单位名称、档号、件号戳记章,并逐项填写。

6.2.9 填写卷内目录和备考表。卷内目录应放在卷内材料首页之上,备考表放在卷内材料尾页之后。

6.2.10 对蓝图、底图等不装订的文件材料,要按照卷内目录的编排次序、图号顺序进行排列。

6.2.11 产品技术负责人应填写归档说明书,归档说明书应放在产品项目内首卷卷内目录之前。

6.2.12 草拟案卷封面，经档案部门审查后，用毛笔填写。标题应简明、准确。

6.2.13 产品技术负责人在归档前提出划定案卷保管期限和密级的意见，经技术管理部门同意后确定。

6.2.14 产品生产与科技开发文件材料采用案卷或卷盒两种方式保管。

6.2.15 和产品生产与科技开发档案配套的照片、底片、录音带、录像带、计算机磁盘等特殊载体档案材料应分别组卷，专柜保管，档号应与有关文字材料卷一致。

6.3 归档验收

6.3.1 新产品在成型鉴定前，档案部门应会同技术管理部门对应归档文件材料进行审查，并出具证明材料。没有档案部门的证明材料，不能进行鉴定投产工作。

6.3.2 在产品定型鉴定(或验收)后两个月内，应完成立卷归档任务。在生产销售过程中产生的科技文件材料，由各有关部门按年度向技术管理部门移交。

6.3.3 因某种原因工作中断的产品，应在中断后两个月内完成立卷归档工作。

6.3.4 技术管理部门应认真填写档案移交目录一式二份。连同案卷一起交档案部门清点后，双方在移交目录上签字盖章，各执一份，以备查用。

6.3.5 凡设分室的学校，每年向校档案部门移交案卷目录。

6.3.6 管理性材料，应在次年六月底前完成归档任务。

7. 产品生产与科技开发档案的管理

7.1 分类编号

7.1.1 按《中国档案分类法——教育档案分类表》进行分类标引，给出检索分类号。

7.1.2 根据产品档案的内容构成和形成特点，编制用于档号的二级类目代号简表。

7.1.3 产品生产类档案档号＝年度号＋产品生产与开发档案分类号＋案卷号

模式如下：

19××—CP00—l～n(略)

案卷号按最下位类目流水。年度采用产品投入生产和科技开发的自然年度。

7.2 编目

7.2.1 档案部门应对产品档案编制目录，按档号先后顺序登录。

7.2.2 按照 GB 3792.5－85《档案著录规则》编制产品档案案卷级、文件级著录卡、作为手工检索和计算机采集卡使用。

7.2.3 为了方便利用，应编制各种分类目录、系列产品专题目录。

7.2.4 每卷档案脊背上填写档号，也可以另行贴上有档号的标签，标签下沿位置，底边 40 毫米处。

7.3 排架、保管

7.3.1 按档号顺序排架。

7.3.2 保管按《高等学校档案部门业务建设规范》第 9 条执行。

7.4 档案的补充与修改

7.4.1 已归档的技术文件材料需要更改时，必须填写更改通知单，经产品设计(研制)组负责人或有关主管负责人批准同意后，方可更改有关技术文件材料。

7.4.2 对修改后的各种底图、应重新绘制蓝图、连同更改通知单一并归档。

7.4.3 更改一般是谁设计谁更改,协作单位应会同主要设计单位进行更改,按协议、合同办理。更改必须履行审批手续,未经批准,任何人不得任意更改已归档的技术文件材料。

7.4.4 对归档后补充的技术文件材料应及时整理编目,补充材料少可归入有关案卷内,材料多时应单独组卷编目。

7.5 鉴定和销毁

按《高等学校档案部门业务建设规范》第10条执行。

7.6 统计

按《高等学校档案部门业务建设规范》第10条执行。

8. 产品生产与科技开发档案的开发利用

8.1 借阅

按《高等学校档案部门业务建设规范》第11条执行。

8.2 咨询服务、报道交流。

8.2.1 档案人员应下厂了解生产情况,掌握其需要,积极主动准确提供档案为产品试制、生产服务。

8.2.2 档案部门要定期编制本单位产品档案目录及摘要,编写各种参考资料,在单位内部提供利用。

8.3 在档案管理中,必须严格执行国家保密法、专利法等有关法律,确保生产档案的安全,维护科技人员的合法权益。

8.4 注意收集、登记利用产品档案后取得的经济效益和社会效益,并编印成册,广泛宣传。

9. 产品生产与科技开发档案工作岗位责任制

9.1 主管产品生产与科技开发的校领导职责

9.1.1 认真贯彻执行《档案法》,组织有关人员学习档案工作的方针政策、把档案工作纳入本单位的发展计划,合理安排档案工作人员、设施、经费,确保档案工作的顺利进行。

9.1.2 经常检查本单位技术文件材料形成、积累、归档情况,发现问题,及时解决。

9.2 产品生产与科技开发部门领导职责。

9.2.1 认真贯彻执行《档案法》,组织职工学习档案工作的方针政策,贯彻执行有关档案工作的规定,提高职工的档案意识。

9.2.2 深入基层检查各单位文件材料的形成、积累、归档情况,发现问题,及时解决。

9.2.3 把档案工作纳入有关部门及有关人员职责范围。对本单位所需人员、设备、经费要给予支持,保证档案工作的顺利进行。

9.3 产品生产与科技开发部门职责

9.3.1 制定各种管理细则和实施办法,把技术文件材料形成、积累、立卷、归档工作纳入有关部门及人员的岗位职责。

9.3.2 了解各岗位技术文件材料的形成积累情况,督促他们做好立卷归档工作。

9.3.3 按照归档要求,负责检查归档材料的完整、准确、系统情况,负责向校档案部门的移交工作。

9.3.4 协助产品设计组做好档案鉴定及密级的确定工作。

9.4 学校档案部门职责

9.4.1 制定本校产品生产与科技开发档案工作的规章制度。

9.4.2 指导、督促、检查技术文件材料的立卷归档工作。

9.4.3 负责学校产品与科技开发档案的接收、整理、保管、统计、鉴定、利用等业务工作。

9.4.4 执行国家有关科技保密制度，确保产品档案的安全，维护科技人员的合法权益。

9.5 生产部门负责人职责

9.5.1 应把归档工作列入车间工作内容，及时检查技术文件材料的归档情况。

9.5.2 加强有关档案工作知识的宣传教育，提高车间工作人员的档案意识，自觉做好档案的归档工作。

9.6 产品设计室(组)负责人职责

9.6.1 负责组织检查本室(组)技术文件材料的积累和立卷归档工作，负责验收归档材料是否完整、准确、系统。

9.6.2 负责提出案卷密级和保管期限、填写归档说明书，并指定有关人员填写卷内目录和备考表。

9.6.3 办理向技术管理部门移交档案手续。

9.7 科技人员及有关人员职责

9.7.1 按归档要求做好平时文件材料的形成、积累工作。

9.7.2 产品定型后，应把自己所承担部分的技术文件材料整理后交产品设计(研制)组兼职档案员。

9.7.3 自觉做好档案工作，任何人不得以任何借口将应该归档的文件材料据为己有。

附件一 高等学校产品生产与科技开发类档案归档范围和保管期限表(略)

附件二 高等学校产品生产与科技开发类档案二级类目代号简表

CP

11 综合

[12]按产品种类或项目设置类目

第六节 高等学校基本建设类档案工作规范

1. 引言

1.1 为提高基本建设档案(以下简称基建档案)工作的质量和管理水平，充分发挥基建档案在社会主义建设中的作用，并为考核基建档案工作提供依据，特制定本规范。

1.2 本规范依据《中华人民共和国档案法》、国务院批准的《科学技术档案工作条例》，国家档案局、国家计委联合颁布的《基本建设项目档案资料管理暂行规定》、国家教委发布的《普通高等学校档案管理办法》等法律、法规、规章制定。

2. 主题内容

本规范规定了基建档案工作的基本原则，归档范围的确定，文件材料的部门立卷和归档流程，基建档案的管理，开发利用的主要内容和方法，各级岗位责任制，以及归档范围与保管期限表，二级类目代号简表，案卷装具，常用表格规格式样等。

3. 引用标准

GB 3792.5－85 《档案著录规则》

GB/T 11822－89 《科学技术档案案卷构成的一般要求》

4. 基建档案工作的基本原则

4.1 凡在基本建设管理和基本建设工程项目活动过程中直接形成的，有保存价值的文字、图表及声像载体材料等，均属基建类档案。

4.2 基建档案必须实行集中统一管理的原则，确保档案材料完整、准确、系统、安全和有效利用。

4.3 基建档案工作要纳入基建规划、计划，管理制度和基建人员职责范围之中，做到基建工程一开始就与建立档案工作同步进行；工程建设过程中，要与竣工材料的积累、整编、审定工作同步进行；工程竣工验收时，要与提交一整套合格的竣工图的验收同步进行。

4.4 把基建档案工作列入学校的发展计划，在经费、库房、设备和人员配备等工作条件上给予保证，每年从本单位基建经费总额中拨出一定数额作为基建档案工作经费。

5. 基建档案归档范围的确定

5.1 确定的原则

5.1.1 归档的基建管理和项目建设中形成的文件材料必须对学校和社会当前与长远具有参考价值和凭证作用。

5.1.2 归档的基建文件材料必须反映基建管理和项目建设的全过程，保证完整、准确、系统。

5.1.3 归档的基建文件材料，必须遵循其自然形成规律，保持其有机联系，与实物完全一致并具有成套性。

5.2 归档的主要内容和重点

5.2.1 归档主要内容包括综合管理、可行性研究、设计基础材料、设计文件、工程管理文件、施工文件、竣工文件、生产技术准备、试生产基建预算、概算、决算、器材管理等八个方面，具体范围见附件一。

5.2.2 归档的重点是项目建设各个阶段形成的不同载体、形式的文件材料，特别是包括竣工图在内的全套图纸。

5.3 不归档的文件材料

5.3.1 上级机关有关基建的普发性（非专指高校）、不办的文件。

5.3.2 正式施工前的草图，未定型图纸。

5.3.3 重份文件和重份图纸。

5.3.4 无查考价值的临时性、事务性文件。

6. 基建文件材料的部门立卷与归档流程

6.1 形成积累

6.1.1 学校基建部门要有一位负责人分管基建档案工作，并配备相应专(兼)职档案人员，负责基建文件材料的形成、积累、归档工作。

6.1.2 基建部门接到基建项目后，在布置工作计划的同时布置形成积累基建文件材料的任务。

6.1.3 基建项目实行总承包给外单位的，由各分承包单位负责收集、整理分包范围内的基建文件材料，交总承包单位汇总、整理，竣工时由总承包单位向学校基建部门提交完整、准确、系统的基建档案材料。

6.1.4 基建项目由几个单位分别承包的，各承包单位负责收集、整理所承包工程的基建文件材料，交学校基建部门汇总、整理。

6.1.5 学校档案部门应随时了解大型基建项目主要的工程进度、督促、指导专(兼)职档案员及工程技术人员做好基建文件材料的积累工作。

6.1.6 基建部门应严格执行基建文件材料的审签制度，明确职责，把好文件材料形成的质量关。

6.1.7 学校的基建部门要检查设计、施工单位基建文件材料的编号是否统一，要与它所反映的对象一致，能揭示其性质与特征。

6.1.8 使用基建文件材料过程中不允许随便更改。如有更改，必须填写变更通知单，并履行批准手续。

6.1.9 归档的基建文件材料格式要统一，字迹工整，图像清晰。

6.1.10 归档的底图，格式须按国家制图标准绘制完成。

6.1.11 归档的蓝图，规格必须符合国家标准，字、图清晰，用纸优良。

6.1.12 工程承包合同或施工协议中要依据国家对编制竣工图的要求，对竣工图的编制、整理、审核，交接、验收作出规定，做好施工记录、交工验收记录和签证等，编制好竣工图。

6.1.13 凡是重要和经常使用的文件材料要有副本。其他文件材料一般归档一份。

6.1.14 学校基建部门要定期检查、绘制本校的总平面图以及水、电、气、通信等管网图。

6.2 整理组卷

6.2.1 基建项目结束(含最终完成、阶段完成)后，基建部门分管基建档案材料工作的负责人，组织本项目形成的应归档的基建文件材料的整理组卷工作。

6.2.2 根据基建文件材料的形成规律，按保持其有机联系和便于利用查考的组卷原则，对基建文件材料的内容、价值、数量和载体形式进行系统整理，按工程项目组卷，一项一卷或若干卷。管理性文件材料排在整个项目首卷，其余材料按文件性质分别组成案卷。

6.2.3 文字材料的排列：正件在前，附件在后；印件在前，原稿在后；批复在前，请示在后。图纸按图的类别序号排列(即：地质图、初步设计图、建筑施工图、结构施工图、水工图、电工图、气管图、更改图)。

6.2.4 拆除卷内金属物，对破损的材料进行修补。

6.2.5 基建文件材料采用卷皮、卷盒(袋)方式保管。蓝图大于卷盒的,以手风琴式折叠成四号图纸的规格,底图采用卷筒或平放两种方式保管。蓝图、底图可以不装订,透明底图必须用缝纫机打图边。

6.2.6 无论单面或双面只要有书写文字,均作为一页编写页号,每卷页号均从1开始,页号位置在非装订线一侧的下角,蓝图、底图可以一组有机联系的图纸为一件,以件为单元,在每件文件材料的右上角加盖有单位名称、档号、件号的戳记章,并逐一填写。

6.2.7 填写卷内目录和备考表

6.2.8 确定保管期限。

6.2.9 草拟案卷封面各栏目,经档案部门审查后填写案卷封面。

6.2.10 工程技术人员填写归档说明,交基建部门分管负责人审查后,放在第一卷的卷内目录之后。

6.3 归档验收

6.3.1 基建项目在验收前,档案部门对准备归档的基建文件材料进行预验收,出具证明,否则不能组织工程竣工验收。

6.3.2 学校档案部门应是工程验收小组成员,会同学校基建部门负责基建文件材料的验收工作。

6.3.3 基建项目在验收后两个月内归档。档案部门要认真进行审查、验收归档的档案资料,并在基建档案资料归档说明书上签署意见。

6.3.4 学校基建部门应从基建总投资中扣留5%,作为基建档案保证金,待基建档案材料归档验收合格后发还。

6.3.5 填写基建档案资料移交目录,一式两份,连同案卷经档案部门清点无误后,交接双方在移交目录上签字盖章,各执一份存查。

7. 基建档案的管理

7.1 分类编号

7.1.1 按《中国档案分类法——教育档案分类表》进行分类标引,给出检索分类号。

7.1.2 根据基建档案的内容构成和形成特点,编制用于组成档号的二级类目代号简表。

7.1.3 基建类档案档号=年度号+基建档案分类号+案卷号

模式如下:

19××—JJ00—l~n(略)

案卷号按最下位类目流水,综合管理用自然年度,项目用竣工年度。

7.2 编目

7.2.1 在每盒档案背脊上填写档号,也可以另行贴上注有档号的标签。标签下沿的位置距离底边40毫米处。

7.2.2 登录基建档案目录,按档号先后顺序,以案卷为对象填写。

7.2.3 编写专题目录、分类目录并按照GB 3972.5—85《档案著录规则》标准编制案卷级,文件级基建档案著录卡,作为手工检索和计算机采集卡使用。

7.3 有条件的单位可将编制的基建档案著录卡的数据存储到计算机中。

7.4 排架、保管

7.4.1 按档号顺序排架。

7.4.2 保管要求

按《高等学校档案部门业务建设规范》第9条执行。

7.5 鉴定和销毁

按《高等学校档案部门业务建设规范》第10条执行。

7.6 统计

按《高等学校档案部门业务建设规范》第10条执行。

7.7 档案补充与修改

7.7.1 基建文件材料归档后，在改建、维修中所产生的基建文件材料，基建部门应随时整理，向档案部门补充归档。

7.7.2 对已归档的基建文件材料需要更改时，必须填写更改审查清单，经基建部门分管负责人同意。未经批准，严禁更改已归档的任何基建档案材料。

7.7.3 档案部门对补充归档的基建文件材料应及时整理编目。归档材料不多的，可归入相关案卷内并填写卷内目录；归档材料较多的，可单独组卷、编目。

8. 基建档案的开发利用

8.1 借阅

按《高等学校档案部门业务建设规范》第11条执行。

8.2 咨询、交流

8.2.1 指导利用者使用各种检索工具，回答利用者提出的问题。

8.2.2 定期编制基建档案内容摘要以及各种检索卡片、目录等，在单位内部提供利用，并有选择地进行外部交流。

8.2.3 充分发挥基建档案资料的法律凭证作用，为保护房地产等权益提供凭证。

8.3 注意收集、登记利用基建档案资料后取得的社会、经济效益，并将实例汇集成册，印发宣传。

8.4 结合本单位管理工作现代化的进程，创造条件，逐步应用计算机进行档案资料的检索、汇编等，提高开发利用档案的能力。

9. 基建档案工作岗位责任制

9.1 分管基建工作的校领导职责

9.1.1 组织贯彻国家有关档案工作的方针政策和法规，把档案工作列入本单位的发展计划，在经费、库房、设施和人员配备等方面为发展档案工作提供条件；

9.1.2 定期检查和研究解决基建档案工作存在的实际问题。

9.2 基建管理部门领导的职责

9.2.1 会同档案部门编制基建档案工作的长远规划和年度计划，制订和健全有关的管理制度；

9.2.2 把基建档案工作全面纳入基建管理工作之中，并监督各部门执行；

9.2.3 定期检查，做到各工程项目形成积累基建文件材料与基建进展同步；

9.2.4 项目结束后，组织收齐基建档案，审查归档质量是否符合完整、系统、准确的要求；

9.2.5 提出基建档案资料的案卷保管期限和密级；

9.2.6 参加基建档案资料的鉴定工作。

9.3 学校档案部门职责

9.3.1 贯彻、执行国家有关档案工作的方针政策和法规，制定本单位基建档案工作各项规章制度；

9.3.2 监督、指导、检查、协助基建部门做好基建文件材料的形成、积累和整理归档工作；

9.3.3 负责基建档案资料的接收、整理、保管、组织、鉴定、统计、利用等业务工作；

9.3.4 积极组织开发基建档案资料信息资源，充分发挥其作用。

9.4 基建部门专(兼)职档案人员职责

9.4.1 负责基建文件材料的形成、积累、保管和整理立卷归档工作，保证文件材料的完整、准确、系统；

9.4.2 根据文件材料不同种类的特征，合理分类存放，便于平时利用和立卷归档。

9.4.3 归档案卷要组卷合理，编写页号准确，卷内目录、备考表、案卷目录填写清楚，案卷标题简明扼要；

9.4.4 接受档案部门的业务指导和督促检查，按规定时间向档案部门归档；

9.4.5 参加业务学习，提高工作水平。

附件一 高等学校基本建设类档案归档范围和保管期限表(略)

附件二 高等学校基本建设类档案二级类目代号简表

JJ

11 综合

[12]按单项工程设置类目

第七节 高等学校仪器设备档案工作规范

1. 引言

1.1 为了提高高校仪器设备类档案(以下简称设备档案)的质量和管理水平，充分发挥仪器设备档案在社会主义建设和高校教学科研中的作用，并为考核高校仪器设备档案工作提供依据，特制定本规范。

1.2 本规范依据《中华人民共和国档案法》，国务院批准的《科学技术档案工作条例》和国家教委发布的《普通高等学校档案管理办法》等法律、法规、规章结合高校情况制定。

2. 主题内容

2.1 本规范规定了仪器设备档案工作的基本原则，归档范围的确定，文件材料的部门立卷和归档流程，设备档案管理，开发利用的主要内容和工作方法，各级岗位责任制以及归档范围和保管期限表，二级类目代号简表、装具、常用表格、卡片规格。

3. 引用标准

GB 3792.5—85 《档案著录规则》，

GB/T 11822—89 《科学技术档案案卷构成的一般要求》

4. 设备档案工作的基本原则

4.1 凡作为学校固定资产的仪器、设备，在其购置、验收、调试、运行、管理、维修、改造、报废等全部活动过程中直接形成的、具有保存利用价值的文字、图表、声像载体材料，以及随机材料均属仪器设备档案。

4.2 设备档案的管理，必须坚持集中统一管理的原则，便于开发利用，确保设备档案完整、准确、系统和安全，设备档案工作量大的院校，可设分室。

4.3 设备档案是国家的重要技术储备，是学校仪器、设备管理工作的组成部分和重要环节。设备档案工作必须纳入学校设备管理工作之中，与设备计划管理，设备采购供应和设备使用等工作紧密结合，保证设备文件材料的完整、准确、系统，应作为学校设备管理部门的职责之一。

4.4 要努力实现设备档案工作由经验管理向科学管理的方向转变，逐步采用先进的管理技术手段，大力开发档案信息资源，为学校的科技进步和经济建设服务。

4.5 把设备档案工作列入本校发展计划，配备必要的库房、设备以及人员，每年从设备费中拨给一定的数额，作设备档案经费。

5. 设备档案归档范围的确定

5.1 确定的原则

5.1.1 归档的设备管理工作和仪器设备申购、验收、使用、维修、改造各个环节中形成的文件材料，必须对学校和社会当前与长远具有参考价值和凭证作用。

5.1.2 归档的文件材料必须反映设备管理和仪器设备项目从申购到改造的全过程，保证完整、准确、系统。

5.1.3 归档的仪器设备文件材料必须遵循其自然形成规律、保持其有机联系，必须与实物一致并有成套性。

5.1.4 作为学校固定资产的各种国产、进口的高、精、尖、新、稀的仪器设备，均须归档；

5.2 归档的主要内容和重点

5.2.1 归档的主要内容包括综合管理、仪器设备项目依据性材料、开箱验收、安装调试、运行维修、随机图样等六个方面，具体范围见附表一。

5.2.2 归档的重点是仪器设备项目(特别是价值5万元以上的)各个环节形成的不同载体的文件材料，包括全套随机图样。

5.2.3 本校自制、作为学校固定资产符合建档条件的仪器设备，除研制文件材料作为科研成果归入科研类档案外，其余均按仪器设备类档案要求处理。

5.3 不归档的文件材料

5.3.1 上级普发(非专指高校)、不办的文件。

5.3.2 未定稿的管理性文件材料。

5.3.3 未生效的合同、协议书。

5.3.4 重份文件、校内单位发来的文件。

5.3.5 无查考价值的一般性函件。

5.3.6 仪器设备广告、宣传材料、订货会、展销会宣传品。

6. 仪器设备文件材料的部门立卷及归档流程

6.1 设备文件材料的形成与积累

6.1.1 学校设备管理部门是学校设备文件材料的形成积累、汇总部门，必须有专（兼）职档案员集中管理本校的设备文件材料。学校的设备计划、采购供应、使用单位都应指定专人负责设备文件的收集、积累、管理工作。

6.1.2 从申购设备到验收完毕（进口设备到索赔期满）过程中的管理性文件和技术性文件，均归口设备管理部门负责收集、积累，过程结束后移交档案部门。

6.1.3 设备保管使用部门要负责设备随机文件材料以及设备开箱、调试验收、使用记录等文件材料的收集、积累并及时整理登记，移交设备管理部门。

6.1.4 重大设备的开箱验收必须有学校档案部门参加，以监督、检查、指导设备文字材料和技术文件的清点、验收工作，并在验收记录上签字、盖章。对文字材料和技术文件不全的设备，有权拒绝签字并通知财务部门暂缓结算，待设备定购部门让厂家补齐后，方可办理相应手续。

6.1.5 建立设备档案分室的单位，其档案员应负责做好设备文件材料的积累、整理分类、编目、装订、保管工作，并按要求向学校档案部门移交案卷目录。

6.1.6 学校档案部门随时了解、督促、检查、指导专（兼）职档案员做好设备文件材料的积累工作。

6.1.7 学校各级设备使用单位的负责人，要认真抓好设备文件材料的形成、积累、管理工作，科技人员和实验人员要爱护设备的技术文件，对设备的使用、维修、改造做到有活动就有完整的记录，确保设备文件的完整、系统、准确。

6.1.8 设备文件材料，必须用钢笔书写，严禁用圆珠笔、水彩笔。要求字迹工整，图样清晰。

6.1.9 设备文件材料一般归档一份，重要和经常使用的应酌加副本。

6.2 整理组卷

6.2.1 坚持由设备文件材料形成部门立卷的原则。设备验收完成和进口设备索赔期满后，设备计划、采购供应部门的专（兼）职档案员应及时将形成的设备管理文件材料整理组卷。

6.2.2 根据设备文件材料的形成规律以及设备文件材料的内容、价值、数量和载体形式等实际情况；在坚持文件之间有机联系和便于利用查找的组卷原则下，将每项设备的文件材料进行系统整理，组成一个或若干个案卷。

6.2.3 将最能反映设备购置概况的文件材料，如申购报告、批复文件、论证文件、投资文件、订购合同、验收报告、索赔文件等整理组成案卷，排放在各卷之首，其余设备技术文件材料按设备的工作程序及重要程度，依次系统排列。

6.2.4 设备文件材料中的非纸质载体材料，除密不可分者外，应放入特殊载体档案的专柜保管，并按要求标明参见号。

6.2.5 卷内的文件材料按文字材料在前，图表在后的要求排列。

6.2.6 拆除卷内文件中的金属物，用线装订，对破损的文件材料进行修补，对引进设备中专用文件夹，可以保持原状。

6.2.7　设备文件材料采用卷盒和卷皮的保管形式，图件按卷盒规格叠成手风琴式。引进设备文件用卷盒保管有困难的，可按其自然状态保管。

6.2.8　全部设备文件无论单面或双面只要有书写符号，每面均为一页，每卷页号均从1开始，页号位置在非装订线一侧的下角，对不装订卷在每件文件加盖上有单位名称、档号、件号的戳记章并依次编写件号。

6.2.9　认真填写卷内目录和备考表。归档的案卷必须填写卷内目录。卷内目录可打印或用钢笔正楷填写，字迹要工整、清晰，文面要整洁，不得涂改。

每个案卷组成以后，都应填写备考表，写明本案卷图纸和文件材料的总页数，并对文件材料的完整、准确程度、损坏、缺少情况加以说明。日后案卷内的图纸和文字材料需要变更、修改时，由档案管理人员随时在备考表上注明；

6.2.10　拟定案卷封面各栏目，案卷标题要简明、准确。对进口设备的外文案卷标题、控制在100个字符以内。

6.2.11　确定设备档案卷内文件的保管期限。对最能反映设备购置概况和设备技术性能的文件材料，如申购报告、批复文件、论证文件、投资文件、订购合同、验收报告、索赔文件等，定为长期保管，设备随机的技术文件和使用维修、改造等文件，由于其价值是作为设备的组成部分而存在的，原则上随设备而存在，保管期限定为与设备共存。

6.2.12　设备档案的密级，除自制设备的科研部分随科研成果档案定密级外，设备档案文件材料原则上无密级。

6.3　归档验收

6.3.1　设备管理部门的专(兼)职档案员，填写移交目录。内容包括设备文件材料名称、份数、移交时间。移交目录一式二份。将移交目录连同案卷送单位负责人审查，再向档案部门归档，归档时双方签字，各持一份备查。

6.3.2　设备档案的归档时间为设备验收完毕投入使用后两个月，引进设备为索赔期满后两个月。

7. 设备档案的管理

7.1　分类编号

7.1.1　按《中国档案分类法——教育档案分类表》进行分类标引，给出检索分类号。

7.1.2　根据设备档案文件材料的内容构成和形成特点，并参照国家教委1989年5月编制的高等学校固定资产分类目录，自行按设备种类或型号编制用于档号的二级类目代号简表。

7.1.3　仪器设备类档案档号＝年度号＋设备档案分类号＋案卷号

模式如下：

19××—SB00—l～n(略)

案卷号按最下位类目流水。年度用仪器设备购置的年度。

7.2　编目

7.2.1　每卷档案背脊上填写档号，也可另行贴上注有档号的标签；标签下沿的位置，距离底边40毫米处。

7.2.2 编写设备档案目录;按档号先后顺序,以案卷为对象填写。

7.2.3 按照《档案著录规则》编制设备档案案卷级、文件级著录卡,作为手工检索和计算机采集卡使用。

7.2.4 认真登记设备档案的分类目录和专题目录。

7.3 排架、保管

7.3.1 按档号顺序排架。

7.3.2 按《高等学校档案部门业务建设规范》第 9 条执行。

7.4 鉴定和销毁

按《高等学校档案部门业务建设规范》第 10 条执行。

7.5 统计

按《高等学校档案部门业务建设规范》第 10 条执行。

8 设备档案的开发利用

8.1 借阅

按《高等学校档案部门业务建设规范》第 11 条执行。

8.2 咨询服务、指导交流

8.2.1 指导利用者使用各种检索工具,回答利用者提出的问题。

8.2.2 了解和掌握本单位设备和技术状态,定期编制设备档案目录和编辑参考资料,积极为利用者提供服务,为设备管理部门做参谋。

8.2.3 努力提高档案人员的业务素质,发挥档案人员熟悉和掌握学校设备分布情况和技术状态的优势,为科技人员牵线搭桥,充分发挥学校设备潜力,提高设备利用率,提高经济效益。

8.2.4 结合学校管理现代化的进程,创造条件,逐步应用计算机进行设备档案的检索,提高开发利用设备档案的能力。

9. 设备档案工作岗位责任制

9.1 分管设备工作的校领导职责

9.1.1 重视和关心各级设备管理使用部门有关设备档案工作规章制度的建立并要求认真执行。把设备档案工作列入学校设备工作计划,在经费、用房、设备、人员配套及专(兼)职档案人员各种工作条件方面提供支持。

9.1.2 定期检查和研究解决设备档案工作中存在的实际问题。

9.2 设备管理部门领导职责

9.2.1 制定和健全有关的管理制度,确保设备档案工作全面纳入设备计划、采购、管理工作之中,并监督各部门执行。

9.2.2 指导专(兼)职档案人员的工作,关心其工作条件的改善和干部素质的提高。

9.2.3 指导设备档案的鉴定等工作。

9.3 学校档案部门职责

9.3.1 根据国家有关档案工作的方针、政策和法规,制定本单位设备档案工作各项管理制度。

9.3.2 指导、监督、检查、协助设备计划管理人员、使用部门做好设备文件材料的形成、积累和整理归档工作，检查验收档案是否完整、准确和系统。

9.3.3 负责设备档案的接收、整理、保管、组织鉴定、统计和利用等业务工作。

9.3.4 积极组织开发利用设备档案资源，充分发挥其作用。

9.3.5 遵守国家有关法规，保证设备档案的机密和档案的安全，维护本单位和科技人员的合法权益。

9.4 设备使用部门领导职责

9.4.1 建立健全本单位设备文件材料的保管制度，确保设备文件材料的完整、准确、系统、检查督促使用设备人员坚持设备使用、维修、检修做工作记录，并使之制度化。

9.4.2 指导本单位设备文件材料的形成积累工作，检查专(兼)职档案人员的组卷归档工作。

9.4.3 参加设备档案的鉴定工作。

9.4.4 帮助和支持档案部门做好设备档案工作。

9.5 专(兼)职档案人员职责

9.5.1 督促科技人员形成和积累设备文件材料，并定期收集。

9.5.2 按设备计划，采购供应工作的程序，形成、积累设备管理技术文件材料。设备验收或索赔结束后整理移交给设备管理部门。

9.5.3 认真做好设备随机文件材料的清点、组卷工作并及时向档案部门归档。

9.5.4 对设备使用、维修、检修、改造工作形成的技术文件，按规定整理后移交档案部门。

附件一 高等学校仪器设备类档案归档范围和保管期限表(略)

附件二 高等学校仪器设备类档案二级类目代号简表

SB

11 综合

[12]按设备仪器种类或型号设置类目

第八节 高等学校出版类档案工作规范

1. 引言

1.1 为了提高高等学校出版类档案(以下简称出版档案)的工作质量和管理水平，充分发挥其作用，有效地为学校和社会服务，并为考核出版档案工作提供依据，特制定本规范。

1.2 本规范依据《中华人民共和国档案法》,《中华人民共和国著作权法》国务院批准的《科学技术档案工作条例》，国家出版局、国家档案局《出版社书稿档案工作规定》，国家教委《普通高等学校档案管理办法》等法律、法规、规章，结合高校情况制定。

2. 主题内容

本规范规定了高等学校出版档案工作的基本原则，归档范围的确定，部门立卷和归档流程，出版档案的管理，开发利用的主要内容和工作方法，各级岗位责任制。归档范围和保管期限表，二级类目代号简表以及装具、表格、卡片的规格。

3. 引用标准

GB 3792.5－85 《档案著录规则》

GB/T 11822－89 《科学技术档案案卷构成的一般要求》

4. 出版档案工作的基本原则

4.1 高等学校在编辑出版报纸、刊物、图书、音像出版物活动中直接形成的具有保存价值的文字、图表及声像等载体材料，均属出版档案。

4.2 出版档案必须实行集中管理，以确保其完整、系统、准确和安全，方便开发利用。

4.3 出版档案是国家科学文化和学校教学科研发展的历史纪录，是高等学校档案的重要组成部分。出版档案工作要纳入出版编辑单位的管理制度，纳入出版工作计划和规划，纳入各社、部(室)负责人和责任编辑、出版印制人员的职责范围。出版、编辑部门在布置计划、检查、总结、验收工作时，要同时布置计划、检查、总结、验收出版档案工作。

4.4 院校出版社、编辑部，出有刊物的各系、所，要有一位负责人分管出版档案工作，并确定适当的专(兼)职档案人员，协同院校档案部门认真做好出版档案的收集、整理、立卷、归档工作。

5. 出版档案归档范围的确定

5.1 确定的原则

5.1.1 归档的编辑出版管理和出版活动中形成的文件材料必须对学校和社会当前与长远具有参考价值和凭证作用。

5.1.2 归档的出版文件材料必须反映编辑出版管理职能和出版活动的全过程，保证完整、准确、系统。

5.1.3 归档的出版文件材料必须遵循其自然形成规律，保持其有机联系，特别注意出版材料的成套性特点。

5.2 归档的主要内容和重点

5.2.1 归档的主要内容包括综合管理、出版物的编审、出版等方面的内容，具体范围见附件一。

5.2.2 归档的重点是出版活动各个阶段形成的不同载体、形式的文件材料，尤其是出版物本身。

5.3 不归档的文件材料

5.3.1 上级机关有关出版的普发(非专指高校)、不办的文件。

5.3.2 未生效的合同、协议书。

5.3.3 不退、不用的稿件，非定稿的稿件。

5.3.4 重份文件及校内单位发来的文件。

5.3.5 无查考价值的事务性、临时性函件。

5.3.6 校外单位交换来的材料。

以上某些文件如认为必要，也可有选择地作资料暂存。

6. 出版文件材料的部门立卷及归档流程

6.1 形成积累

6.1.1 出版物出版前，责任编辑应注意归档材料的积累与保管，将全部材料收集整理放入材料积累袋内，并随时检查归档材料是否完整、系统、准确、及时进行补救。

6.1.2　出版物出版后，责任编辑必须将归档材料加以整理，按彼此间的自然联系进行系统排列，放入案卷内，拟出标题，经部(室)主任审查和专(兼)职档案员检查后，编好卷内目录，连同原稿、清样、样书(均须写入目录内)，顺序放入袋内。

6.2　整理组卷

6.2.1　出版档案以出版物名称立卷，一书一刊组成一卷或数卷，期刊视情况几期一卷，注意分清年度，不可混年立卷。

6.2.2　跨年度的出版档案，放在出版物的出版年度立卷。

6.2.3　出版档案内的原稿、清样，均须除去金属物，修补破损处，用线装订。

6.2.4　卷内材料以左下方对齐，在左侧装订。照片和不便装订的手迹，应放入特制的小纸袋内装订，装订线外有重要批注者，须进行贴边处理；

6.2.5　页、件号的编制，按《高等学校档案部门业务建设规范》第 6.3.8 条处理。样书只编件号。

6.2.6　卷末备考表应逐项认真填写。

6.2.7　出版档案案卷标题以书籍著(译)者、书名为标题，刊物以刊名加刊期为标题。

6.3　归档验收

6.3.1　书刊出版后一个月内，责任编辑应向本社、部(室)专(兼)职档案员归档，经验收合格后，发给凭据，社部(室)负责人和财务部门始可按此签发稿费通知单和发放稿费。

6.3.2　各社、部(室)的专(兼)职档案员应在次年六月底前，将上年应归档的出版档案，集中向院校档案部门移交，移交时填写移交目录一式二份，双方各执一份。

6.3.3　出版物版权转移到校外出版社时，档案一般应随同转移，或者将有关材料退还给作者。

7. 出版档案的管理

7.1　分类编号

7.1.1　按《中国档案分类法——教育档案分类表》进行分类标引，给出检索分类号。

7.1.2　根据出版档案文件材料的内容构成和形成特点编制用于档号的二级类目代号简表。

7.1.3　出版类档案档号＝年度号＋出版档案分类号＋案卷号

模式如下：

19××—CB00—l～n(略)

案卷号按最下位类目流水。年度用出版物的出版年度。

7.2　编目

7.2.1　在案卷脊背上填写档号，也可另行在脊背下端 40 毫米处，贴上记有档号的标签。

7.2.2　以案卷为单位登录目录。按档号先后次序填写。

7.2.3　按出版物类型登录分类目录和专题目录。

7.2.4　按照 GB 3792.5—85《档案著录规则》，编制图书、校样保管卡、案卷级、文件级出版档案著录卡，作为手工检索卡和计算机采集卡使用。

7.2.5　已配置计算机的高等学校档案部门,应将所编制的各种出版物档案数据储存于计算机数据库,进行检索和管理,条件具备时可与学校信息系统联网检索。

7.3　排架、保管

7.3.1　案卷入库必须做到物、账、卡相符。然后按档号顺序排放。

7.3.2　保管和其他技术要求,按《高等学校档案部门业务建设规范》第9条规定执行。

7.3.3　音像出版物类只保存纸质文字材料部分,不同载体的音像出版物本身,编制相同档号另设专柜保存。具体要求参照《声像载体档案工作规范》的有关条款执行。

7.4　鉴定和销毁

7.4.1　根据出版物的历史价值、科学价值和使用价值,保管期限分永久、长期、短期三种。到期经过鉴定,根据价值和需要,也可以对保管期限的升降,进行适当调整。

7.4.2　鉴定、销毁程序、手续,均按《高等学校档案部门业务建设规范》第10条执行。

7.5　统计

按《高等学校档案部门业务建设规范》第10条执行。

8. 出版档案的开发利用

8.1　开放的原则和查阅、借用的手续均按《高等学校档案部门业务建设规范》第11条,国家档案局、国家科委《开放利用科学技术档案信息资源暂行办法》执行。

8.2　出版档案在一定时期内须保密或控制使用的部分,特别是专家审稿意见,应严格划清界限,规定不同的要求,利用时经过馆(室)领导或出版、编辑部门负责人批准。

8.3　定期编制出版档案汇编或内容摘要,在院校内部提供利用,并有选择地进行外部交流。

9. 出版档案工作岗位责任制

9.1　院校出版、编辑部门领导职责

9.1.1　在组织编制出版物的长远规划和年度计划时,要把档案工作列为重要内容。

9.1.2　制定和健全有关管理制度,确保出版档案工作能纳入管理工作中,并督促各科、室负责人和责任编辑执行。

9.1.3　给本部门专(兼)职档案干部开展工作提供条件。

9.1.4　定期检查和研究出版档案存在的问题,并认真予以解决。

9.2　院校出版、编辑部门室(科)主任职责

9.2.1　把建立和做好出版档案工作列为室(科)的重要工作内容,对全室(科)人员提出要求,定期检查,做到档案材料的形成积累与出版工作同步;

9.2.2　审查责任编辑对出版档案材料收集是否完整、系统、准确。组卷是否符合要求,保管期限是否定得恰当,并签注意见。

9.3　院校编辑、出版部门责任编辑职责

9.3.1　负责所编辑的书刊应归档的材料、样书的收集、整理工作,并送科(室)主任审查。

9.3.2　负责向所在出版、编辑部门的专(兼)职档案员办理归档手续。

9.4　出版、编辑部门专(兼)职档案干部职责

9.4.1 在部门负责人的领导下，指导、监督、协助责任编辑做好出版档案材料的平时积累工作。

9.4.2 会同室(科)主任检查、接收责任编辑归档的案卷是否完整、系统、准确，组卷是否符合要求，经检查合格并办理移交手续后，发给凭据始可给作者汇出稿费。

9.4.3 将已收集的案卷，按规定装订后，于每年6月底以前集中向档案部门办理移交手续。

9.4.4 完成学校档案部门委托办理的其他有关任务。

9.5 学校档案部门职责

9.5.1 根据国家有关出版工作的方针、政策和法规，制定本校出版档案工作的各种规章制度。

9.5.2 指导、监督、监察、协助出版部门做好出版物文件材料的形成、积累和整理归档工作。

9.5.3 负责出版档案的接收、保管、鉴定、统计、利用等业务工作。

附件一 高等学校出版类档案归档范围和保管期限表(略)

附件二 高等学校出版类档案二级类目代号简表

CB

11 综合

12 报纸

13 刊物

14 书稿

15 音像

第九节 高等学校外事类档案工作规范

1. 引言

1.1 为了提高高等学校外事类档案(以下简称外事档案)的质量和管理水平，充分发挥外事档案在学校对外交流、教学、科研活动中的作用，并为考核外事档案工作提供依据，特制定本规范。

1.2 本规范依据《中华人民共和国档案法》、国务院批准的《科学技术档案工作条例》、国家档案局《机关档案工作建设规范》、国家教委《普通高等学校档案管理办法》等法律、法规、规章，结合高校实际制定。

2. 主题内容

本规范规定了外事档案工作的基本原则，归档范围的确定，文件材料的部门立卷和归档流程，外事档案的管理，开发利用的主要内容和方法，各级岗位责任制以及归档范围和保管期限表，二级类目代号简表，常用装具、表格、卡片规格式样。

3. 引用标准

GB 3792.5－85 《档案著录规则》

GB 9705－88 《文书档案案卷格式》

《文书档案案卷质量标准》

GB/T 11822－89 《科学技术档案案卷构成的一般要求》

4. 外事档案工作的基本原则

4.1 学校在与外国团体或个人在学术研究、科技合作、人才交流、友好往来等活动中直接形成的具有保存价值的文字、图表及声像载体材料，均属外事档案。

4.2 外事档案必须实行集中统一管理，确保完整、系统、准确和安全，便于开发利用。

4.3 外事档案工作必须纳入学校外事工作计划、管理制度之中，落实到学校有关部门外事人员的职责范围，做到与布置、检查、总结外事工作同步进行。

4.4 外事部门要有一位领导分管外事档案工作，由本部门专(兼)职档案员负责收集、积累、归档。

4.5 努力实现外事档案的科学化管理，大力开发信息资源，为学校教学、科研、人才交流服务。

5. 外事档案归档范围的确定

5.1 确定的原则

5.1.1 归档的外事管理和外事活动中形成的文件材料，必须对学校和社会当前与长远具有参考价值和凭证作用。

5.1.2 归档的外事文件材料，必须反映外事管理、外事活动的全过程，保证其完整、准确、系统。

5.1.3 归档的外事文件材料必须遵循其自然形成规律，保持其有机联系，体现涉外工作的职能和特点。

5.2 归档的主要内容和重点

5.2.1 归档的主要内容包括综合管理，出国(境)、来校任教、讲学、进修、访问、考察、参加国际会议、国际合作、留学生工作等方面，具体范围见附件一。

5.2.2 归档的重点是重大涉外和国际合作项目、留学生工作活动中形成的不同载体的文件材料。

5.2.3 本校人员在国外获得的证书、奖状、奖章、奖品，可采取不同方式归档，或存复印、影印件；外国赠送学校的纪念品、礼品，有保存意义的，应归档，不宜长期保存的可存影印件和清单。

5.3 不归档的材料

5.3.1 上级关于外事工作普发(不专指高校)、不办的文件；

5.3.2 未定稿的各种文件；

5.3.3 未生效的合同、协议书；

5.3.4 无查考利用价值的一般性、临时性函件；

5.3.5 重份文件、校内各单位发来的文件；

5.3.6 与校外单位交换来的材料。

以上不归档的某些材料，也可有选择地做资料暂存。

6. 外事文件材料的部门立卷及归档流程

6.1 形成积累

6.1.1 学校外事管理部门是学校外事管理、涉外教学、科研文件材料的归口部门，在来校、出国（境）、国际合作、国际会议活动结束后，负责将与此项工作有关的单位形成的各种外事文件材料，收集、汇总，整理组卷，按规定向学校档案馆（室）移交。

6.1.2 归档的外事文件材料，必须用钢笔或毛笔书写，字迹工整、图样清晰。

6.1.3 外事文件材料一般归档一份，重要和经常使用的应酌加副本。

6.2 凡出国（境）学习、访问、考察、讲学、参加国际会议的人员，应在归国后将在国（境）外各项活动中形成的材料交给外事管理部门进行验收后，出具证明，财务部门方可准予报账结算，师资管理部门才准予报到上班。

6.3 整理组卷。

6.3.1 根据外事文件材料的形成规律以及内容、价值、数量、密级和载体等实际情况，保持文件材料之间有机联系和便于查找利用的组卷原则，以内容为主，将每组外事文件材料进行整理，组成一个或数个案卷。

6.3.2 对来校、出国（境）和国际合作、国际会议的文件材料中，上级文件、请示报告、上级批复与国外来往信函等准备阶段的材料，按年度分类组卷，将国内和国（境）外活动期间形成的材料及派出回国后的综合性材料按活动性质，分类组卷，各阶段密不可分的材料按正件在前，附件在后，印件在前，原稿在后，批复在前，请示在后排列。

6.3.3 拆除卷内文件中的金属物，对破损的文件材料进行修补。

6.3.4 外事文件材料，采用卷皮或卷盒方式保管，也可整卷装订，可以组成薄卷，也可以每件文件用缝纫机装订后装盒保管。

6.3.5 幅面大于卷皮或卷盒（袋）的文件材料要进行折叠。除与文字材料密不可分者外，其余声像载体的材料、礼品实物，应保持其原状，另行专柜保管。档号与文字材料一致。

6.3.6 以案卷形式保管的外事文件材料，按顺序编写页码，无论单面或双面只要有书写符号的文件材料，每面均为一页，每卷页号均从1开始，页号位置标在非装订线一侧的下角。

以盒（袋）装形式保管的外事文件材料，以件为单位，在每件文件材料的右上角盖上有单位名称、档号、件号的戳记章逐项填写。

6.3.7 填写卷内目录。归档的案卷必须填写卷内目录。卷内目录可打印或用钢笔正楷填写，字迹要工整、清晰，文面要整洁，不得涂改。

每个案卷组成以后，都要填写备考表，写明本案卷图纸和文件材料的总页数，并对文件材料的完整、准确程度，损坏缺少情况加以说明，案卷内文件材料需要变更、修改时，由档案管理人员随时在备考表上注明。

6.3.8 外事管理部门要进行归档前的鉴定工作，按规定提出每个案卷内部文件的保管期限和密级的意见，经单位主管领导同档案馆（室）协商后确定。

6.4 归档验收

6.4.1 由归档人员填写归档说明书，说明书放在第一卷的卷内文件目录之前。

6.4.2 移交档案时交接双方必须当面检查验收，凡不符合要求者，档案部门应拒绝接收，要求限期补正。

6.4.3 移交时填写移交目录，移交目录一式二份，双方各执一份备查。

6.4.4 外事档案在次年6月底前归档。

7. 外事档案的管理

7.1 分类编号

7.1.1 按《中国档案分类法——教育档案分类表》进行分类标引，给出检索分类号。

7.1.2 根据外事档案的内容构成和形成特点，编制用于档号的二级类目代号简表。

7.1.3 外事类档案档号＝年度号＋外事档案分类号＋案卷号

模式如下：

l9××—WS00—l～n(略)

案卷号按最下位类目流水。年度按自然年度，留学生按入学的年度（“级”）。

7.2 编目

7.2.1 每卷档案脊背上填写档号，也可另行贴上注有档号的标签，标签下沿的位置距离底边40毫米处。

7.2.2 编写外事档案目录，按档案归档时间先后顺序，以案卷为对象填写。

7.2.3 按照GB 3792.5—85《档案著录规则》编制外事档案案卷级、文件级著录卡，作为手工检索和计算机采集卡使用。

7.2.4 认真登记外事档案专题目录、分类目录。

7.3 排架、保管

7.3.1 按档号顺序排架。

7.3.2 按《高等学校档案部门业务建设规范》第9条要求进行保管。

7.4 鉴定和销毁

按《高等学校档案部门业务建设规范》第10条执行。

7.5 统计

按《高等学校档案部门业务建设规范》第10条执行。

8. 外事档案的开发利用

8.1 大力开发利用外事档案，为提高本校教学、科研水平，社会效益和经济效益服务。

8.2 借阅

按《高等学校档案部门业务建设规范》第11条执行。

8.3 咨询服务、指导交流

8.3.1 指导利用者使用各种检索工具，回答利用者提出的问题。

8.3.2 了解和掌握本单位外事活动状态，定期编制外事档案汇编和编辑参考资料，积极为利用者提供服务。

8.3.3 结合本单位管理现代化的进程，创造条件，逐步应用计算机进行外事档案的检索，提高开发利用外事档案的能力。

9. 外事档案工作岗位责任制

9.1 分管外事工作的校领导职责

9.1.1 组织学习贯彻《档案法》及有关档案工作的方针政策，把档案工作列入工作计划；

9.1.2　定期检查和研究外事档案工作中存在的实际问题。

9.2　与外事活动有业务联系的各部门领导职责

9.2.1　重视和健全有关的管理制度，确保外事档案工作全面纳入本部门工作之中，并认真执行；

9.2.2　按本部门外事业务活动的程序、形式、积累收集外事文件材料。在工作结束后，将材料汇集、检查，送交外事管理部门。

9.3　学校外事管理部门领导职责

9.3.1　制定和健全外事工作管理制度，确保外事文件材料的形成积累，将外事档案工作纳入外事管理之中，并监督各部门执行；

9.3.2　指导本部门专(兼)职档案人员的工作，关心其工作条件的改善和工作素质的提高；

9.3.3　指导、监督按外事活动的程序，将整个活动中形成积累的外事材料整理组卷，按期向学校档案管理部门移交；

9.3.4　指导外事档案的鉴定工作。

9.4　外事管理部门专(兼)职档案员职责

9.4.1　在部门负责人的领导下，做好外事档案材料的平时积累工作；

9.4.2　会同部门领导，检查与外事活动有关单位交来的外事文件材料是否完整、系统、准确，经检查合格后再办理移交手续；

9.4.3　将收集、积累的外事文件材料，整理组卷装订，做到组卷合理，编目清楚，标题准确，装订整齐，并及时向档案馆(室)移交；

9.4.4　完成学校档案部门委托办理的其他有关任务。

9.5　学校档案部门职责

9.5.1　根据国家有关档案工作的政策和法规，制定本单位外事档案工作各项管理制度；

9.5.2　监督、指导、检查、协助外事部门做好科技文件材料的形成、积累、整理、归档工作，检查验收外事档案是否完整、准确和系统；

9.5.3　负责外事档案的接收、保管，组织鉴定、统计和利用等业务工作；

9.5.4　积极开发利用外事档案资源，充分发挥其作用；

9.5.5　遵守国家有关法规，保证外事档案的安全。

附件一　高等学校外事类档案归档范围和保管期限表(略)

附件二　高等学校外事类档案二级类目代号简表

WS

11　综合

12　出国(境)

　　国际合作与会议材料入 WS14

13　来校

外国留学生工作材料入 WS15，国际会议与合作材料入 WS14

14　国际合作与会议

15　外国留学生工作

第十节　高等学校财会类档案工作规范

1. 引言

1.1　为加强高等学校财会类档案(以下简称财会档案)工作的业务建设，不断提高会计档案的质量和科学管理水平，更好地为学校和社会主义经济事业服务。并为考核会计档案工作提供依据，特制定本规范。

1.2　本规范根据《中华人民共和国档案法》，财政部、国家档案局《会计档案管理办法》，国家教委《普通高等学校档案管理办法》，以及《中华人民共和国会计法》等法律、法规、规章，结合高校情况制定。

2. 主题内容

本规范规定了高等学校财会档案工作的基本原则，财会档案的归档范围的确定，部门立卷和归档流程，财会档案的管理，开发利用的主要内容和方法，与财会档案有关的各级岗位责任制，财会档案归档范围和保管期限表，二级类目代号简表以及常用装具、表格、卡片的规格。

3. 引用标准

GB 3792.5－85　《档案著录规则》

GB 9705－88　《文书档案案卷格式》

《文书档案案卷质量标准》

4. 财会档案工作的基本原则

4.1　高等学校在财务管理和会计活动中直接形成的具有保存利用价值的文字材料、凭证、账簿、报表等材料，均属财会档案。

4.2　高校财会档案是记录和反映学校经济业务的重要史料和证据，是高校全部档案的重要组成部分。

4.3　财会档案必须实行集中统一管理，以确保其完整、准确、系统和安全、便于开发利用。

4.4　财会档案工作应纳入财会部门管理制度，纳入财会工作计划、规划，纳入财会部门人员的岗位责任制。在布置、检查、总结、验收财会工作的同时，要同时布置、检查、总结、验收财会档案工作。

4.5　财会档案工作应逐步采用先进的管理技术手段，将所编制的财会档案数据存储于计算机中。大力开发档案信息资料，为高等学校进行会计监督、分析、决策和制定教育发展计划服务。

4.6　要把财会档案工作列入学校发展规划，在经费、库房、设备和人员分配等工作条件上给予保证。

5. 财会档案归档范围的确定

5.1　确定的原则

5.1.1　归档的财务工作管理和会计活动中形成的文件材料，必须对学校和社会当前与长远具有参考价值和凭证作用。

5.1.2　归档的财会文件材料，必须反映财务管理、会计活动的全过程，保证完整、准确、系统。

5.1.3　归档的财会文件材料，必须遵循其自然形成规律，保持其有机联系，充分考虑财会档案的类型特点。

5.2　归档的主要内容和重点

5.2.1　归档的主要内容包括综合管理、会计凭证、会计账簿、会计报表、工资清册等方面。具体范围见附表一。

5.2.2　归档的重点是会计活动中各个阶段形成的不同类型的具有长期保存价值的文件材料。

5.3　不归档的文件材料

5.3.1　上级有关财务的普发性(非专指高校)、不办的文件；

5.3.2　未定稿的文件；

5.3.3　重份文件及校内其他单位发来的文件；

5.3.4　未生效的合同、协议、单据；

5.3.5　无查考利用价值的一般性、临时性文件；

5.3.6　与校外单位交换来的材料(可作资料保存)。

6. 财会文件材料的部门立卷及归档流程

6.1　形成积累

6.1.1　学校财会部门领导，在制定财会计划时，要向会计经办人员布置形成积累财会材料的任务，确定本部门的专(兼)职档案员。

6.1.2　财会部门的专(兼)职档案员，要督促会计承办人员，做好平时材料的收集、积累，注意材料的完整、系统和准确。

6.1.3　学校档案部门应了解会计业务，监督、指导、检查财会部门的档案业务工作。

6.2　整理组卷

6.2.1　学校财会部门及校内在专业银行开户的以及办有经济实体的单位，均为一个立卷部门，分工归口立卷。

6.2.2　坚持财会文件材料形成部门立卷归档的原则，各财会部门专(兼)职档案员负责将积累的文件组卷成册，向学校档案部门移交。

6.2.3　遵循会计核算材料的形成规律和特点，保持其有机联系，便于保管和利用的组卷原则，将归档的会计核算材料收集齐全、完整，根据各类材料的时间顺序、内容价值、数量，保管期限分别整理组卷。

6.2.4　按照会计年度时间进行组卷，不同年度的会计核算材料不能放在一起立卷。

6.2.5　财会部门将各种记账凭证按时间顺序整理，组成一卷或多卷，每卷不超过200页，厚度2cm为宜。

6.2.6　案卷封面应逐项按规定填写清楚，标题要简明，确切地反映卷内材料内容，包括责任者，内容和文件类型、名称，用毛笔书写，字迹工整、清晰。

6.2.7 卷内目录表应用于永久、长期保管的案卷，按规定格式填写，用钢笔或毛笔书写，禁止使用圆珠笔、铅笔。

6.2.8 编写页号，每卷页号均从1开始，位置在有书写文字的页上非装订线一侧的下角。

6.2.9 对于未了结的债权、债务及涉外的原始凭证，应单独立卷，由档案部门保管到结清债权债务时为止。

6.2.10 备考表记载案卷内材料的缺损、修复、补充、移出、损毁等需要说明的情况。

6.2.11 卷内文件材料要去掉金属物，对破损的材料要修复。字迹模糊、扩散的应复制并与原件一并立卷。

6.2.12 案卷采用三孔一线的方法，粗线装订成册。卷内材料以左下方对齐，在左侧装订。若装订线处有重要批注者，须进行贴边处理。

6.3 归档验收

6.3.1 当年产生的会计材料，财会部门应于次年第一季度内整理组卷，请档案部门进行审查。

6.3.2 高校财会部门移交财会档案时间：当年财会档案，在会计年度终了后可暂由财会部门保管3年，期满后的次年6月底前由财会部门的专(兼)职档案员，将应归档的财会档案编制移交目录一式二份送领导审核签字后，连同案卷集中向学校档案馆(室)办理移交手续。

6.3.3 财会部门移交档案时，交接双方必须当面验收归档材料是否完整、系统、准确，卷内材料排列、编号、书写是否符合要求。凡不符合要求者，档案馆(室)有权拒绝接收，并要求限期改正后归档。

6.3.4 学校档案部门接收保管的财会档案，原则上应保持原装，个别需要拆封重新整理的，应当会同财会部门经办人员共同拆封整理，以分清责任。

6.3.5 档案部门对违反财会档案管理制度的有权进行检查纠正。

7. 财会档案的管理

7.1 分类编号

7.1.1 按《中国档案分类法——教育档案分类表》进行分类标引，给出检索分类号。

7.1.2 根据财会档案的内容构成和形成特点，编制用于档号的二级类目代号简表。

7.1.3 财会类档案档号＝年度号＋财会档案分类号＋案卷号

模式如下：

19××—CK00—1～n(略)

案卷号按最下位类目流水。类目下面依内容集中顺序排列。次序可参考附件一。凭证、报表按年月序，账簿按总账、日记账、分类账、明细账序。

7.2 编目

7.2.1 学校档案部门以案卷为对象登录目录，并编制分类目录、专题目录等。

7.2.2 按照GB 3792.5—85《档案著录规则》，编制案卷级、文件级档案著录卡，作为手工检索和计算机采集卡使用。

7.2.3 每个案卷脊背应贴上有财会档案档号的标签，其位置距离底边40毫米处。

7.3 保管

7.3.1 案卷入库时，应全面检查账、物、卡是否相符。然后按档号排列。

7.3.2 库房保管条件和其他技术要求，按《高等学校档案部门业务建设规范》第9条执行。

7.4 鉴定和销毁

7.4.1 财会档案的鉴定、销毁程序和手续均按财政部和国家档案局制发的规定及《会计档案保管期限表》和《高等学校档案部门业务建设规范》第10条执行。

7.4.2 根据财会档案的历史价值、使用价值，将保管期限分别定为永久、长期、短期三种，对保管期限满的案卷应及时组织鉴定，决定存毁。

7.4.3 鉴定工作，在高等学校分管档案工作的负责人领导下，由档案部门和财会部门抽人组成鉴定小组进行。

7.4.4 对已无保存价值的财会档案经校领导批准后，由学校档案部门和财会部门各派一人监销，监销人在销毁前应认真清点，核对无误后，在销毁清册上签字盖章，方可进行销毁。

7.4.5 鉴定工作结束后，写出鉴定工作总结，内容包括：小组成员名单，工作概况，鉴定范围做法及财会档案保管期限调整，销毁档案数量。销毁清册一式三份，一份经主管领导审查批准后归档，一份送上级主管部门备案，一份留财会部门存查。

7.4.6 档案部门在档案销毁后，应及时调整档案柜架，并在相应的存放地点，检索工具中注明。

7.5 统计

按《高等学校档案部门业务建设规范》第10条执行。

8. 财会档案的开发利用

8.1 查阅财会档案的原则

按《高等学校档案部门业务建设规范》第11条执行。

8.2 咨询服务和指导交流

8.2.1 指导利用者查找、利用档案，解答有关问题。

8.2.2 编制各种形式的参考资料，如数据汇编等，积极为利用者提供服务。

8.3 建立利用档案效果登记制度，注意收集。登记利用档案后取得的社会效益和经济效益，以促进档案的收集工作，将实例汇成册，印发宣传。

8.4 积极将数据输入计算机，用计算机开展服务，并与学校信息系统联网。

9. 财会档案工作岗位责任制

9.1 分管财会工作的校领导职责

9.1.1 组织贯彻《档案法》、《普通高等学校档案管理办法》和上级档案工作的方针、政策和法规，把财会档案工作列入计划，纳入学校议事日程，在经费、用房人员配备、干部培养、待遇等方面提供条件。

9.1.2 定期检查和研究档案工作中存在的实际问题。

9.2 财会部门领导职责

9.2.1 组织编制本部门的财会档案工作计划、规划。

9.2.2　制定管理制度，切实做到财会档案工作纳入议事日程，纳入财会管理工作之中，监督承办人员执行。

9.2.3　为本部门的专(兼)职档案干部开展工作提供必要条件。

9.2.4　对经办人员提出要求，定期检查，做到各类会计核算材料的形成、积累、归档工作与财会工作进展同步。

9.3　财会部门的专(兼)职档案干部职责

9.3.1　在部门负责人领导下，协助各会计承办人员做好平时各类会计核算材料的收集、积累工作。

9.3.2　将已收集、积累的材料，检查是否完整、系统、准确，然后按要求进行整理、组卷。

9.3.3　做好暂时存在本部门的档案的分类、编目、登记、保管、利用等工作。

9.3.4　接受学校档案部门的业务指导、监督、检查，并做好交办的有关档案工作任务。

9.4　财会部门会计人员职责

9.4.1　按规定做好平时会计核算材料的收集、积累工作。

9.4.2　整理本人承担办理的会计档案材料并组卷。

9.4.3　主动配合相关材料的合并组卷事宜。

9.5　学校档案部门职责

9.5.1　贯彻执行党和国家关于档案工作的方针、政策和法规，并制订本校财会档案工作有关制度。

9.5.2　督促、指导、检查全校财会部门做好财会档案工作。

9.5.3　努力开发财会档案信息资源，积极提供利用，充分发挥其作用。

附件一　高等学校财会类档案归档范围和保管期限表(略)

附件二　高等学校财会类档案二级类目代号简表

CK

11　综合

12　会计报表

13　会计账簿

14　会计凭证

15　工资清册

奖金、助学金入此

第四章　高等学校声像载体档案工作规范

1. 引言

1.1　为了提高高等学校声像载体档案(以下简称声像档案)工作的质量和管理水平，有效地为学校工作服务，充分发挥声像档案在社会主义现代化建设中的作用，并为考核声像档案工作提供依据，特制定本规范。

1.2 本规范依据《中华人民共和国档案法》，中共中央宣传部、国家档案局关于印发《新闻单位宣传报道档案管理暂行办法》的通知（有关声像档案部分），及国家教委颁布的《普通高等学校档案管理办法》等法律、法规、规章制定。

2. 主题内容

本规范规定了声像档案工作的基本原则，归档范围的确定，部门立卷和归档流程，声像档案管理，开发利用的主要内容和方法，各级岗位责任制，以及保管期限表，代码——类目代号简表，案卷（装具）规格式样，工作常用表格、卡片。

3. 引用标准

GB 3792.4—85 《非书资料著录规则》

4. 声像档案工作的基本原则

4.1 凡反映高等学校教育活动和历史发展，具有保存价值的各种以音响、画面形象等方式记录的专门载体及其相配套的文字材料均属声像档案。

4.2 声像档案的主体是声像载体材料。声像载体材料的记录反映形式以及制作方法、保管条件、利用方式均和纸质载体不同，必须遵循声像载体的特点和规律，进行特殊整理和特殊管理。

4.3 声像档案必须实行集中统一管理，确保档案的完整、准确、系统和安全，便于开放利用。声像档案形成数量大、利用率高的部门，经批准可设分室。

4.4 声像档案工作必须纳入高校党政、教学、科研、外事等有关部门的管理制度中，与各项管理工作紧密结合，实行制作工作和建档工作同步管理。即制作人员接受任务与接受声像材料的归档要求同步。

4.5 要努力实现声像档案工作从经验管理向科学管理的方向转变，并逐步采用计算机管理手段，大力开发声像档案信息资源，为提高本校的教学、科研和管理工作水平服务。

4.6 声像档案工作应列入学校的发展计划，在经费、库房、设备和人员配备等工作条件上予以保证。

5. 声像档案归档范围的确定

5.1 确定的原则

5.1.1 归档的学校各项活动中形成的、或校外单位形成的与本校有关的声像载体材料，必须对学校和社会当前与长远具有参考价值和凭证作用。

5.1.2 归档的声像载体材料必须反映声像制作活动的全过程，保证完整、准确、系统。

5.1.3 归档的声像载体材料必须遵循其自然形成规律，保持声像载体与纸质载体、不同声像载体之间的自然联系，注意其成套性特点。

5.2 归档的主要内容和重点

5.2.1 归档的主要内容包括综合管理、制作工作和声像载体材料三个方面，具体范围见附件一。

5.2.2 归档的重点是本校各项活动中直接形成的声像载体材料，尤其是声像载体材料的原件。

5.3 不归档的文件材料

5.3.1 不能反映本校工作、活动的声像材料；

5.3.2 音响、画面严重失真、内容残缺无使用价值的声像材料；

5.3.3 重份声像材料。

6. 声像载体材料部门立卷和归档流程

6.1 形成积累

6.1.1 视听(电教)中心、宣传、报刊、出版部门和其他声像材料形成部门，均为立卷单位，分工归口立卷。

6.1.2 声像项目负责人、编导和其他制作人员，要按分工认真作好制作记录，整个工作结束后，按归档要求向本单位专(兼)职档案员移送全套案本。

6.1.3 单位专(兼)职档案员对收集上来的声像载体材料，按规定程序进行系统整理后向档案部门(含分室)移交。

6.2 整理组卷

6.2.1 立卷原则

根据声像文件材料形成规律和多种载体的特点，分类组成保管单位。对单件声像载体材料，要附以文字说明，对同一载体多项内容的，采用按主题内容逐一著录的方法(见表13)，对同一内容、多载体合成的档案，应注明参见号，既保持声像载体档案的原始顺序，又凭借著录，保证不同内容的声像材料具有独立的使用性。

6.2.2 立卷分类

6.2.2.1 按介质分为纸质文件材料和声像载体材料；

6.2.2.2 纸质文件材料指综合管理工作文件材料和制作项目的文件材料；

6.2.2.3 声像载体材料按类型分为照片、录音制品、录像制品、幻灯片、磁盘、影视胶片、缩微胶片、光盘等；

6.2.2.4 同一类型的声像载体材料又可按幅面尺寸再细分。

6.2.3 立卷分工

6.2.3.1 综合管理材料，由视听(电教)中心立卷归档；

6.2.3.2 制作项目文件材料和声像制品，由制作项目单位或个人立卷归档；

6.2.3.3 两个以上单位共同制作的，由主办单位立卷归档；

6.2.3.4 外单位制作的反映本校活动的声像载体材料，由档案部门负责征集或委托征集。

6.2.4 归档材料的整理

6.2.4.1 检查归档的材料是否完整、准确、系统、配套，音响、画面是否清楚，对有局部划伤、断裂者，应及时修补、黏结，生霉、发潮的，要及时冲淡、风干。根据声像载体材料的形成规律，保持其有机联系和便于查考利用的原则，结合内容、价值、数量和载体类型、尺幅，进行系统整理，组成保管单位。

6.2.4.3 照片及底片要有文字说明(包括内容、时间、地点、人物和制作者)，其他载体形式要有相应的文字材料，包括完成原本、定稿本、长度、时间、内容简介、色彩、密级、制作单位和人员等。

6.2.4.4 声像制作材料和声像制品的档号要与文字材料的档号互相照应，互记参见号，声像制作的文字材料整理要求按《高等学校档案部门业务建设规范》第6条第3款执行。封面项目暂以本规范为准(见表12)。

6.2.4.5 声像制品的装具，一般应使用原装具。经制作后的单件声像制品和照片，可用符合规范的专门的盒、册、封套装载。

6.3 归档验收

6.3.1 声像材料形成部门应在规定时间向档案部门(含分室)办理移交手续，填写移交目录一式二份，各执一份备查(见表14)。

6.3.2 归档的声像载体的文件材料，必须符合本规范的案卷质量要求。

6.3.3 综合管理材料归档时间为次年6月底以前。声像载体材料在完成制作后三个月内归档。照片档案的归档时间和要求，按各校规定执行。

7. 声像档案的管理

7.1 分类编号

7.1.1 按《中国档案分类法——教育档案分类详表》进行分类标引，给出检索分类号。

7.1.2 根据声像档案的内容、特点、不同类型的载体，编制用于档号的二级类目(载体)代号(代码)简表。

7.1.3 声像档案档号＝年度号＋声像档案分类号＋保管单位号

模式如下：

l9××—SX00—l～n(略)

保管单位依不同载体而定，可以是卷、册、盒、盘，也可以是张、件。保管单位号依载体代号(代码)流水。年度用声像档案形成的自然年度。

7.2 编目

7.2.1 档案部门对接收的声像档案在装具脊背上填写档号，也可另行在底边20毫米处贴上注有档号的标签。

7.2.2 登录声像档案目录，按不同载体档号先后顺序，以保管单位为对象填写，并注明相应的参见号。

7.2.3 按照GB 3792.4－85《非书资料著录规则》编制题名，案卷级声像档案和资料著录卡，作为手工检索和计算机采集卡使用。

7.2.4 为方便查阅档案，应编制各种分类目录和专题目录(见本章8.1)。

7.3 将编制的声像档案和资料著录卡数据存储到计算机的数据库中，在本校的信息系统建立后，按要求与之联网。

7.4 排架、保管

7.4.1 按照不同类型、不同规格声像载体分别编制的档号排架。

7.4.2 照片库房保持温度15℃～25℃，湿度55％～65％。其他声像档案库房，应做到恒温、恒湿、清洁，温度宜18℃～24℃，相对湿度宜35％～45％，要有专用的设备和必要的保护措施，要避开30奥斯特以上的磁场。

7.4.3 每年定期检查库房的“八防”(防火、防潮、防高温、防光、防尘、防虫、防鼠、防盗)情况。定时记录库房温、湿度,保持库房整洁。

7.4.4 每两年对库存档案进行一次全面核对检查,写出检查总结,发现问题及时处理。

7.4.5 照片、底片要定期进行检查,有发黄、发霉、变质等现象,要及时进行清洗和技术处理。

7.4.6 录像带、录音带、影片等使用完毕后应及时倒带,并马上入盒,以防止污染。要定期进行检查,如发现变形断裂、磁粉脱落等现象,应及时进行补救。

7.4.7 声像档案的保管期限与相应文字材料的保管期限一致。需长期、永久保管的声像材料,在保管一定时间后,应转录复制。

7.4.8 母带(片)与复制带(片)保管方法一致。母带(片)必须专柜保管,并特别标明。

7.5 鉴定与销毁

按《高等学校档案部门业务建设规范》第10条执行。在销毁方式上,应注意按不同载体声像材料的性能,采用不同的销毁方式,如洗掉、去磁等。

7.6 统计

按《高等学校档案部门业务建设规范》第10条执行。

8. 声像档案的开发利用

8.1 检索工具的编制

由于声像档案按载体类型、尺幅,依档号顺序分类排架,因此在检索工具上应比一般的纸质文件材料有更高要求。

8.1.1 按载体制成材料和载体规格编制载体检索目录。

8.1.2 按本规范附件一编制主题检索目录。

8.1.3 按《中国档案分类法——教育档案分类表》编制专业学科分类检索目录。

8.1.4 编制检索到题名、内容的著录卡片,全面标引声像制作、载体及内容。

8.2 借阅

8.2.1 有条件的学校档案部门应设立或由有关部门设立审片室(听音室),提供检索工具,为利用者查找、阅览声像档案创造条件。

8.2.2 建立借阅制度,规定借阅档案的审批权限、期限、对象、观看人次、数量、手续等。若需借出、抄录、复制档案材料,应经有关领导批准。

8.2.3 档案借阅或归还时,由利用者和档案部门共同进行清点、检查,并在档案借阅登记簿上登记,对借出的档案,档案部门定期催还,需续借者,应重新办理借阅手续。对过期不还者,应停止其借阅并给予经济处罚。如发现档案损坏或丢失,应写书面报告,经有关领导人签署意见后,根据不同情况进行处理。

8.2.4 对调出及离、退休人员,在办理调离手续前,必须清还档案,没有档案部门签字,人事部门不得办理调离手续。长期出国人员在出国前应及时向档案部门清退档案材料。

8.2.5 对需经常查阅、不涉及保密的档案材料应复制。

8.2.6 母带(片)一般不借出,特殊情况需按档案部门规定经过批准手续。

8.3 咨询服务、指导交流

8.3.1 指导利用者使用各种检索工具，回答利用者提出的问题。

8.3.2 根据工作需要和条件可能，选择若干重点声像档案的题名，主动介绍给有关部门，进行定题跟踪服务。

8.3.3 了解与本校有关的动态，积极开拓服务。

8.3.4 服务方式，可复制、征订、出售等。

8.3.5 各高等学校要结合现代化进程，逐步应用计算机进行档案资料的检索、汇编等，提高开发利用档案的能力。

9. 声像档案工作人员岗位责任制

9.1 学校分管形成声像档案部门的校领导职责

9.1.1 应加强全校声像档案工作的指导、监督，把声像档案形成部门工作纳入学校声像工作发展规划，并列入学校声像工作议事日程，定期加以研究。

9.1.2 关心声像档案的建设与发展，特别是声像档案库房的建设，从人力、物力、财力上给予支持，及时解决工作中的重大问题和困难，逐步改善工作条件，使声像档案工作能与学校各项工作协调发展。

9.1.3 关心档案人员的工作情况以及他们的待遇等。

9.2 学校声像档案形成部门负责人职责

9.2.1 贯彻执行上级有关声像档案工作的指示、规定，草拟本单位声像档案工作的规划和制度，并组织实施。

9.2.2 对本校各部门声像档案的形成、积累、立卷、归档工作进行检查、督促、业务指导，确保声像档案材料的完整、准确。

9.2.3 负责声像档案的鉴定工作，按规定销毁已无保存价值的档案材料。

9.2.4 严格执行保密制度，维护声像档案的完整和安全。

9.2.5 积极做好六防（防火、防盗、防虫、防光、防潮、防高温、防鼠）工作。

9.3 各级声像部门科技人员职责

9.3.1 各级声像工作部门及负责声像工作的科技人员在每项工作完成后，立即将声像材料和文字简介整理好，向声像档案室归档。

9.3.2 填好声像材料归档的有关表格，办完移交手续。

9.4 学校档案部门职责

9.4.1 学校档案馆（室）的领导要定时或不定时地对校声像档案形成部门的相应工作进行检查、督促、指导。

9.4.2 对声像材料部门专（兼）职档案人员提出的疑难问题，应及时与有关领导研究解决。

9.4.3 关心档案人员的学习、工作等情况。

9.5 声像档案形成部门专（兼）职档案人员职责

9.5.1 部门负责人领导下，监督、指导、协助科技人员做好声像档案的平时积累工作，接收本部门人员交来的声像材料，并检查是否完整、准确、系统，组卷是否符合要求。

9.5.2 将已收集的案卷，于次年6月底以前向档案部门办理移交。

9.5.3 完成学校档案部门委托办理的其他任务。

附件一 高等学校声像档案归档范围和保管期限表(略)

附件二 高等学校声像载体档案二级类目代号简表

SX		代码
12	照片	
13	录音带	A
14	录像带	V
15	幻灯片	L
16	磁盘	RP
17	影视胶片	F
18	缩微胶片	M
19	光盘	PG

第五章 高等学校档案装具、表格、卡片规范

第一节 高等学校档案装具规格式样

1. 高校档案的装具样式、制作尺寸和制作质量要求

主要依据 GB 9705－88《文书档案案卷格式》和 GB/T 11822－89《科学技术档案案卷构成的一般要求》,结合高校实际确定。

2. 高校档案装具主要有硬卷皮、软卷皮和卷盒三种格式

2.1 硬卷皮格式

2.1.1 硬卷皮外形尺寸

封面尺寸采用长×宽为 300mm×220mm。

封底尺寸同封面尺寸。

封底三边(上、下、翻口处)要另有 60mm、60mm、80mm 宽的折叠纸舌。

卷脊可根据需要分别设 10mm、15mm、20mm、30mm、40mm、50mm、60mm 七种厚度或自定。

用于成卷装订的卷皮,上、下侧装订处要各有 20mm 宽的装订纸舌。

本标准推荐使用 250 克牛皮纸制作案卷硬卷皮。

2.1.2 硬卷皮案卷封面项目

封面项目包括:学校或全宗名称、案卷题名、归档单位、起止时间、保管期限、密级、档号、档案馆(室)号、缩微号。各项目具体位置、尺寸见图 1。也可自行调整。

2.1.3 硬卷皮卷脊项目

卷脊项目包括:学校或全宗名称(也可不要)、档号。其排列格式尺寸见图 2。

2.2 软卷皮格式

使用软卷皮装订的案卷,必须装入硬卷皮或卷盒内保存。

2.2.1 软卷皮外形尺寸

软卷皮设封皮和封底。其封皮和封底可根据需要采用长×宽为297(260)mm×220(185)mm(供16开型纸用)的规格,也可自行适当调整。

2.2.2 软卷皮封面项目

软卷皮封面项目及填写方法均同硬卷皮格式。

2.2.3 软卷皮封二项目同“卷内目录”(见表1),封三项目同“卷内备考表”(见表3)。

2.3 卷盒格式

2.3.1 卷盒外形尺寸采用长×宽为300mm×220mm,其高度可根据需要分别设置20mm、30mm、40mm、50mm、60mm的规格或自定。在盒盖翻口处中部要设置绳带(或钩),使盒盖能紧扣住盒身。

2.3.2 卷盒封面和卷脊格式

卷盒封面和卷脊项目同硬卷皮(见图1、图2)。

3. 有某些特殊要求的会计、声像档案装具比较复杂,不作统一规定

第二节 高等学校档案工作常用表格、卡片

1. 卷内目录

案卷内的文件材料的明细账。置于卷首。

格式见表1,幅面尺寸为260mm×185mm。

2. 归档说明书

以表格形式简要介绍归档流程和基本情况。

格式见表2,幅面尺寸为260mm×185mm。

3. 卷内备考表

记载卷内文件材料缺损、修改、补充、移出、销毁等需要说明的情况。置于卷末。也可印在案卷封三上。

格式见表3,幅面尺寸为260mm×185mm。

4. 案卷移交目录

立卷部门向档案部门归档的案卷目录。

格式见表4,幅面尺寸为260mm×185mm。

5. 案卷目录

主要用于以案卷为对象登记目录。

格式见表5,幅面尺寸为260mm×185mm。

6. 档案借阅登记簿

以表格形式记录档案查、借、还的情况。

格式见表6,幅面尺寸为260mm×185mm。

7. 档案利用效果登记表

用以记载档案开发利用情况及其社会效益、经济效益。

格式见表7,幅面尺寸为260mm×185mm。

8. 档案材料鉴定表

以案卷为对象,经直接鉴定后逐一填写。

格式见表8,幅面尺寸为260mm×185mm。

9. 档案材料的销毁清册

用于登记需要鉴定销毁的档案,以办理销毁手续。

格式见表9,幅面尺寸为260mm×185mm。

10. 文件级著录卡片

以单份文件材料为著录对象,用作卡片式检索工具和计算机采集卡。

格式见表10,幅面尺寸为125mm×75mm。

11. 案卷级著录卡片

以案卷为著录对象,用作卡片式检索工具和计算机采集卡。

格式见表11,幅面尺寸为125mm×75mm。

12. 声像载体档案封面格式

作不同载体声像档案用。

格式见表12,幅面尺寸为140mm×90mm或自定。

13. 声像载体档案接收目录登记表

作声像档案目录用。

格式见表13,幅面尺寸为376mm×260mm。

14. 声像载体档案著录格式

声像档案检索用。

格式见表14,幅面尺寸为376mm×260mm。

注:260mm×185mm,幅面尺寸若按国际标准,也可统一为297mm×210mm。

备注:本规范所引用的有关国家(行业)标准的现行版本为:《档案著录规则》(DA/T 18—1999)、《文书档案案卷格式》(GB 9705—2008)、《科学技术档案案卷构成的一般要求》(GB/T 11822—2008)、《高等学校档案管理办法》(教育部27号令)。《文书档案案卷质量标准》未正式发布。(编者)

全宗卷规范

(DA/T 12－2012)

(国家档案局　2012年11月15日发布　2013年1月1日实施)

1. 范围

本标准规定了全宗卷的编制原则、内容构成、整理方法和基本格式。

本标准适用于各级各类档案馆和档案室。

2. 规范性引用文件

下列文件中的条款通过本标准的引用而成为本标准的条款。凡是注日期的引用文件,其随后所有的修改单(不包括勘误的内容)或修订版均不适用于本标准,然而,鼓励根据本标准达成协议的各方研究是否可使用这些文件的最新版本。凡是不注日期的引用文件,其最新版本适用于本标准。

GB/T 9705　文书档案案卷格式

GB/T 12967　全宗单

DA/T 14　全宗指南编制规范

DA/T 18　档案著录规则

DA/T 1　档案工作基本术语

DA/T 22　归档文件整理规则

3. 术语和定义

下列术语和定义适用于本标准。

3.1　全宗卷　fonds descriptive file

由记录和说明全宗立档单位及档案历史和现状的有关文件材料组成的专门案卷,是管理全宗档案的重要工具。

3.2　综合全宗卷　synthesize fonds descriptive file

由记录和说明多个全宗立档单位及档案历史和现状的综合性文件材料组成的专门案卷,是管理馆(室)藏档案的重要工具。

3.3　全宗属类　fonds category

馆藏量较大的档案馆,根据馆藏全宗的历史时期、机构性质、机构级别等特征,对全宗进行的属性分类。档案馆通常对全宗属类赋予特定的标识,作为全宗编号的属性代码。

4. 全宗卷编制原则

4.1 档案馆(室)应以全宗为单位编制全宗卷,收集、保管在档案管理过程中以单个全宗为对象形成的相关文件材料。

4.2 全宗卷中收集的文件材料应做到齐全、完整、真实,力求全面反映全宗及其管理的历史面貌。

4.3 全宗卷的整理应做到分类合理、方法科学、格式规范。

4.4 综合全宗卷可以按馆(室)藏、全宗属类、全宗群或联合全宗进行编制,收集、保管在档案管理过程中以馆(室)藏、全宗属类、全宗群或联合全宗等多个全宗为对象形成的相关文件材料。

5. 全宗卷的内容构成

5.1 全宗(馆藏)介绍类:全宗指南(全宗介绍)、大事记等说明全宗背景和档案状况的文件材料。

5.2 档案收集类:档案接收和征集工作的办法、标准,档案(资料)交接文据及相关目录,档案来源和档案历史转移过程说明材料等。

5.3 档案整理类:文件材料分类、保管期限和归档范围的规定,档案整理工作方案、整理工作说明和小结等。

5.4 档案鉴定类:档案保管期限鉴定、档案开放鉴定、档案分级鉴定、档案销毁鉴定、珍贵档案考证鉴定等鉴定工作的制度、组织、方案和标准,鉴定工作形成的报告、请示及批复,鉴定及销毁处置档案的目录(清册)等。

5.5 档案保管类:档案保管工作制度,档案安全检查、档案破损情况调查与修复(抢救)、重点档案保护、珍贵档案仿真复制件制作等工作的记录和说明材料,档案保管状况分析和工作总结、报告等。

5.6 档案统计类:档案基础统计台账,档案工作基本情况统计报表,档案工作统计分析材料等。

5.7 档案利用类:档案利用制度,检索工具编制情况,档案开放与控制情况,档案编研与出版情况,档案展览与公布情况,珍贵档案介绍,档案利用效果典型事例等。

5.8 新技术应用类:应用现代技术管理档案的情况记录、工作报告及说明材料,档案信息化和数字化工作情况,电子档案(文件)创建和应用环境(硬件和软件)及数据格式说明等。

5.9 综合全宗卷:管理馆藏、全宗属类、全宗群或联合全宗的综合性业务工作规范和管理制度,5.1～5.8 中涉及多个全宗的文件材料。

6. 全宗卷的整理

6.1 文件材料装订。文件材料以件为单位进行装订。

6.2 文件材料分类。属于同一全宗卷的文件材料,按本标准第 5 章“全宗卷构成”中 5.1～5.8 条进行分类。

6.3 文件材料排序。文件材料分入不同类目后,按形成时间顺序排列。新增文件材料插入相关类目,向后接续排列。

6.4 文件材料编号。在文件材料首页上方的空白处进行编号。文件材料的编号由全宗号—类号—件号三部分组成。

6.4.1 全宗号填写文件材料所属全宗的编号。综合全宗卷的全宗号，填写档案馆(室)编号或档案属类代号。

6.4.2 类号填写5.1～5.8条的序号。

6.4.3 件号填写文件材料在相关类目中的流水排列序号。

编号举例：

SZ1－1－2(中共湖北省委全宗，全宗介绍类，第2件)

6.5 编制文件材料目录。全宗卷中的文件材料，分类别，以件为单位，按照排列顺序编制文件目录。目录格式见8.2。新增文件材料在相关类目中接续编制目录。当相同材料出现新旧几种版本时，应在目录备注栏中，注明新版本文件替代旧版本文件的名称和时间。

6.6 文件材料装盒。全宗卷文件材料按照分类编号顺序装盒。文件材料较多，一盒装不下时，可按分类编号顺序装入数盒。装有文件材料的全宗卷应填写卷盒封面和脊背。卷盒式样见8.1。

6.7 编制全宗卷盒号。全宗卷卷盒区分全宗，按卷盒排列顺序编制流水号。综合全宗卷单独编制盒号。

7. 全宗卷的管理

7.1 档案馆和保管全宗较多的档案室，宜将全部馆(室)藏档案的全宗卷集中保管，按照全宗编号顺序组织排列。

7.2 区分馆藏档案全宗属类的档案馆，也可按照全宗属类分别集中管理全宗卷。

7.3 保管单一全宗的档案室，全宗卷宜与档案一并保管，将全宗卷置于该全宗档案的卷首。也可以将全宗卷与书本式检索工具放在一起管理。

7.4 档案室建立全宗卷，宜采用双套制。档案室向档案馆移交档案时，应同时移交与该批移交档案相关的全宗卷文件材料。

8. 卷盒及目录格式

8.1 全宗卷装具采用无酸纸制作的翻盖式卷盒。封面与脊背分别设置“全宗号”、“全宗名称”、“盒号”等填写项目，卷盒的外形尺寸为310mm×220mm(长×宽)，盒脊厚度为30mm、40mm两种规格。卷盒式样见图A.1。

8.2 全宗卷文件目录采用A4(长×宽为297mm×210mm)纸张、表格形式，设置“类目名称”、“件号”、“责任者”、“题名”、“日期”、“备注”等项目。目录式样见图A.2。

附　录 A(规范性附录)

全宗卷盒及目录图示

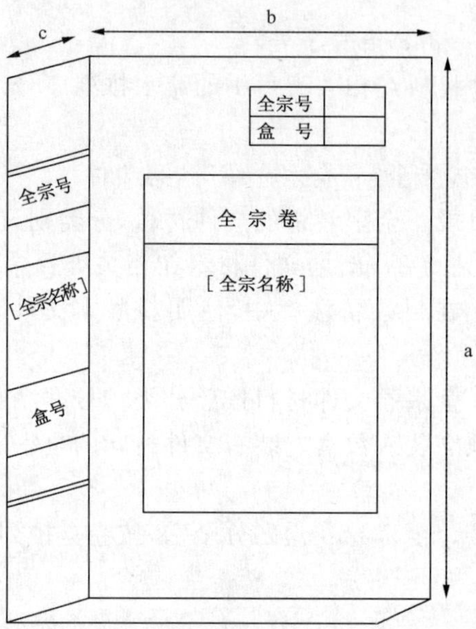

a=310mm
b=220mm
c=30mm、40mm

注：方括号“[]”及括号内的文字，是该处填写内容说明，并不印制在卷盒上。

图 A. 1(a)　全宗卷盒外观式样

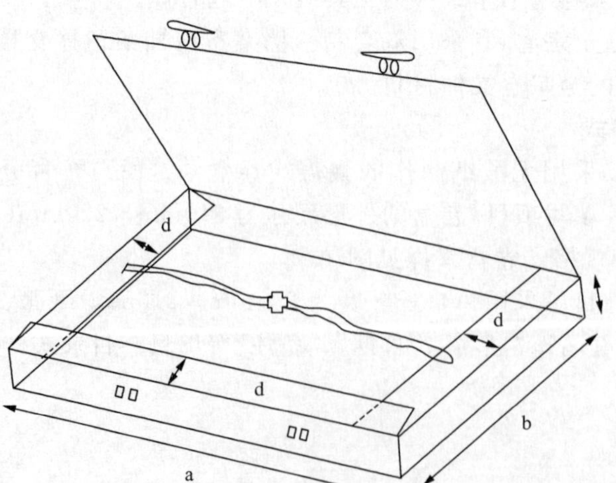

a=310mm
b=220mm
c=30mm、40mm
d=40mm

图 A. 1(b)　全宗卷盒立体图

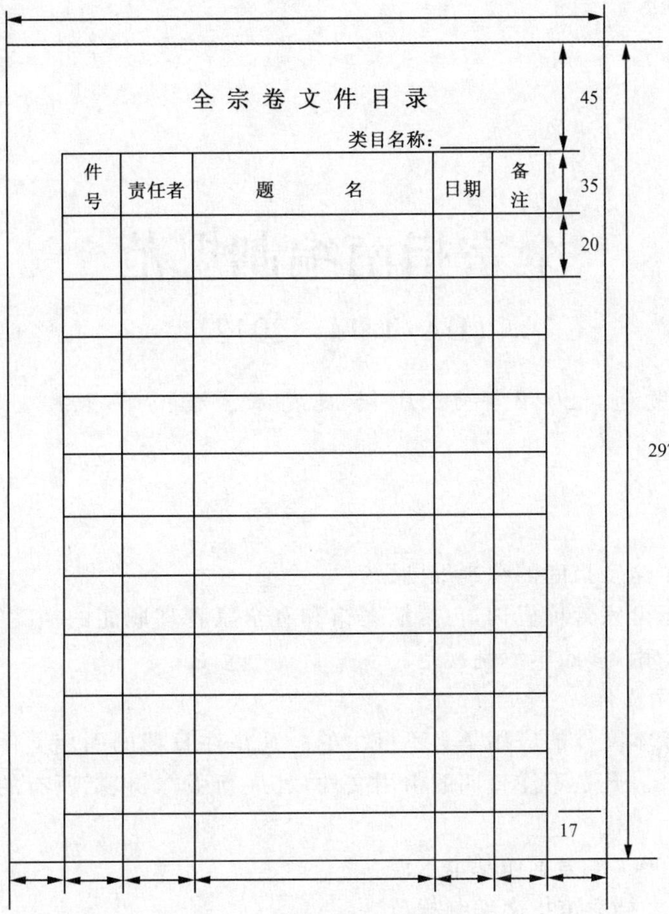

图 **A.** 2　全宗卷文件目录格式

全宗指南编制规范

(DA/T 14－2012)

(国家档案局　2012 年 11 月 15 日发布　2013 年 1 月 1 日实施)

1. 范围

本标准规定了全宗指南的编制细则。

本标准适用于全宗管理机构,包括档案馆和有全宗管理职能的档案室。编制介绍非全宗形式档案的指南,参照本编制规范。

2. 规范性引用文件

下列文件对于本文件的应用是必不可少的。凡是注日期的引用文件,仅所注日期的版本适用于本文件。凡是不注日期的引用文件,其最新版本(包括所有的修改单)适用于本文件。

DA/T 1－2000　档案工作基本术语

DA/T 3－92　档案馆指南编制规范

DA/T 13－94　档号编制规则

3. 术语和定义

3.1　全宗 fonds

一个国家机构、社会组织或个人形成的具有有机联系的档案整体。

3.2　全宗号 fonds number

管理全宗的代码,由具备全宗管理权限的档案馆按全宗排架或收藏时间顺序流水编制。

3.3　全宗管理机构 fonds manager

具备全宗管理权限的档案馆或档案室。

3.4　全宗构成者 fonds constituting unit

形成档案全宗的国家机构、社会组织或个人。也称作"立档单位"。

3.5　检索工具 finding aid

用于存储、查找和报道档案信息的系统化文字描述工具,是目录、索引、指南等的统称。

4. 全宗指南的结构

为段落式条目信息,由全宗指南名称、全宗来源简况、档案内容与成分介绍、检索查阅注意事项四部分组成。

5. 全宗指南名称

全宗指南名称由全宗号、全宗构成者的名称(全称或通用简称)、"全宗指南"、起止时间构成,并列成分之间用空格位分开。

例:

a)J211　北京市计划委员会全宗指南 1949～1990 年

b)R322　钟南山全宗指南 1936～2000 年

5.1　全宗号

照录档号四位全宗代码。第一位用汉语拼音字母,后三位用阿拉伯数字。

5.2　全宗构成者的名称

全宗构成者的名称按全称书写,通用简称书写在全称后面的圆括号内。

例:

中共中央纪律检查委员会(中纪委)

联合全宗和汇集全宗的全宗构成者名称从其联合或汇集的全宗构成者实有名称。

例:

中国共产党广东省高等院校党委　广东省高等教育局

5.2.1　中华人民共和国成立前形成的档案全宗,全宗构成者的名称后应加圆括号注明的政权名称限定词。

例:

a)教育部(民国)

b)重庆市民政局(民国)

c)外交部(民国汪、伪)

d)礼部(清)

e)端方(清)

f)冯玉祥(民国)

5.2.2　全宗构成者所有曾用名称按时间顺序书写在全宗来源简况中。

5.3　起止时间

涉及全宗构成者和其档案形成的时间跨度标识。一般采用公元纪年表示,使用"～"连接起止年份。必要时可使用朝年或其他特殊纪年方式表示,亦可以其一为主,另一为辅,为辅者加圆括号书于为主者正下方。

例:

a)1928～1948

b)光绪三十二年至宣统三年

(1906～1911)

6. 全宗来源简况

列表登记下列依时间变化,记录和反映全宗来源背景的内容。其顺序为:

a)全宗构成者形成和职能；

b)全宗构成者所有曾用名称；

c)全宗管理机构和全宗档案数量；

d)全宗档案收集、征集、接收、移交、寄存数量。

个人全宗来源简况，登记其个人姓名、别名、生卒年月日、籍贯、职务、职称和个人主要经历、业绩、荣誉称号、家族简况以及全宗档案收集、征集、接收、移交、寄存数量。

7. 档案内容与成分介绍

7.1 档案内容与成分介绍一般应使用综合概括的方法介绍。介绍内容包括：

a. 反映全宗构成者基本职能和主要活动方面的档案。

b. 反映全宗构成者每个阶段中心工作或特殊工作所形成的档案。

c. 具有重要历史价值和地方特色的档案。

d. 涉及具有全国和国际意义知名人物的档案。

e. 馆藏年代久远和特殊载体的档案。

7.2 档案内容与成分介绍一般应按全宗内档案的实际分类体系，文字叙述全宗构成者基本职能和主要活动的内容，并列举文种名称。

7.2.1 以组织机构分类的档案全宗，分别简介机构基本职能和主要活动的内容，并列举文种名称。

7.2.2 以问题分类的档案全宗，分别简介问题涉及的全宗构成者基本职能和主要活动的内容，并列举文种名称。

7.2.3 以其他体系分类的档案全宗，应根据该全宗分类的特点结合问题简介全宗构成者基本职能和主要活动的内容，并列举文种名称。

7.3 需要专门说明的档案按下列方法介绍：

a. 指明该档案文件的名称、责任者和文件形成的时间。

b. 列出该档案文件的检索要素。

c. 对其档案文件内容单独介绍。

7.4 一般性文件介绍不使用引用原文的方式，特殊性文件介绍如需使用引用原文应符合下列条件和原则：

a. 引用原文有助于阐述文件的内容实质。

b. 引用原文时不详细转述文件中叙述的事实和事件。

7.5 与全宗构成者基本职能和活动没有直接关系的上级文件不做介绍，必要时只做简要交代。

7.6 人物全宗应按全宗构成者的活动特点，结合全宗内档案材料的实际情况介绍，内容包括：

a. 个人手稿、著作、作品、题词、日记、回忆录的名称和特点。

b. 履历、自传、证书、来往信件以及公务活动与社会活动中形成的文件名称和特点。

c. 财产状况与经济活动材料的名称和特点。

d. 家庭亲属与主要社会关系材料的名称和特点。

e. 图片、照片、录音、录像材料的名称和特点。

7.7 未开放的档案，注明档案数量和使用范围。

7.8 涉密档案，注明档案数量，不做任何内容和成分介绍。

7.9 非纸质档案应简介其种类、特色和数量。

8. 检索查阅注意事项

8.1 检索注意事项

包括以下内容：

a)可使用的检索工具和已编制的参考资料的名称；

b)机读目录、手工检索工具条目的数量；

c)纸质档案数字化副本的画幅数量以及占全宗档案总数比例的情况；

d)纸质档案缩微副本的数量以及占全宗档案总数比例的情况；

e)非纸质档案副本的形式、数量以及占全宗档案总数比例的情况。

8.2 查阅注意事项

包括以下内容：

a)档案的完整和完好程度以及遗失、销毁的情况；

b)档案的分类与整理方法以及不同载体组卷、装订和保管的情况；

c)档案的利用价值以及鉴定的情况；

d)划分的保管期限种类以及各类保管期限档案的数量；

e)档案内容向社会开放的情况；

f)本全宗指南完成时间和编制者的情况；

g)其他有关问题的说明。

档案馆建筑设计规范

(JGJ 25－2010)

(中华人民共和国住房和城乡建设部　国家档案局
2010 年 8 月 3 日发布　2011 年 2 月 1 日实施)

1. 总　则

1.0.1　为适应档案馆建设的需要,使档案馆建筑设计满足功能、安全、节能环保等方面的基本要求,制定本规范。

1.0.2　本规范用于新建、改建、扩建的档案馆建筑设计。

1.0.3　档案馆可分特级、甲级、乙级三个等级。不同等级档案馆的适用范围耐火等级要求应符合表 1.0.3 的规定。

表 1.0.3　　档案馆等级与适用范围及耐火等级

等级	特级	甲级	乙级
适用范围	中央级档案馆	省、自治区、直辖市、计划单列市、副省级市档案馆	地(市)及县(市)档案馆
耐火等级	一级	一级	不低于二级

1.0.4　特级、甲级档案馆的抗震设计应符合现行国家标准《建筑工程抗震设防分类标准》GB50223 的规定。位于地震基本烈度七度及以上地区的乙级档案馆应按基本烈度设防,地震基本烈度六度地区重要城市的乙级档案馆宜按七度设防。

1.0.5　档案馆建筑的节能设计应符合现行国家标准《公共建筑节能设计标准》GB50189 的规定。

1.0.6　档案馆建筑设计除应符合本规范外,尚应符合国家现行有关标准的规定。

2. 术　语

2.0.1　档案馆　archives

集中管理特定范围档案的专门机构。

2.0.2　中央级档案馆　national archives

收藏党和国家中央机构的以及具有全国意义档案的、并经国家有关部门批准建立的档案馆。

2.0.3　档案库区　area of repository

档案库及为其服务的更衣室、缓冲间和交通通道占用区域的总称。

2.0.4　馆区　archives area

档案馆各类业务用房及附属公共设施所占的整个区域。

2.0.5　档案库　archival repository

收藏档案的专门用房。

2.0.6　对外服务用房 opening areas for public

档案馆中对公众开放的用房，包含阅览室、展览厅、报告厅等。

2.0.7　利用者　user

查阅利用档案的人员。

2.0.8　缓冲间　buffer room

在进入档案库区或档案库的入口处，为减少外界气候条件对库内的直接影响而建的沟通库内外并能密闭的过渡房间。

2.0.9　封闭外廊　closed corridor

为减少外界气候对档案库的直接影响，在档案库外建的、用墙和窗与外界隔开的走廊（一面或多面以及绕一圈的环廊）。

2.0.10　档案装具　archives container

用于存放档案的器具，包括档案柜、档案架、密集架等。

2.0.11　主通道　main passageway

档案库内的主要交通、运输通道。

2.0.12　密集架　compact shelving

为节省空间而设计的可沿轨道水平移动的活动存储装置。

2.0.13　消毒室 disinfection room

用化学或物理方法杀虫、灭菌工作的专设房间。

2.0.14　珍贵档案 precious archives

具有重要凭证作用和价值的、不可替代的、年代久远的档案。

2.0.15　特藏库 repository for precious archives

存放珍贵档案的高标准的档案库。

2.0.16　母片库 repository for master

专门存放缩微母片的档案库。

3. 基地和总平面

3.0.1　档案馆基地选址应纳入并符合城市总体规划的要求。

3.0.2　档案馆的基地选址应符合下列规定：

(1)应选择工程地质条件和水文地质条件较好的地段，并宜远离洪水、山体滑坡等自然灾害易发生的地段；

(2)应远离易燃、易爆场所和污染源；

(3)应选择交通方便、城市公用设施较完备的地段；

(4)应选择地势较高、场地干燥、排水通畅、空气流通和环境安静的地段。

3.0.3 档案馆的总平面布置应符合下列规定：

(1)档案馆建筑宜独立建造。当确需与其他工程合建时，应自成体系并符合本规范的规定；

(2)总平面布置宜根据近远期建设计划的要求，进行一次规划、建设，或一次规划、分期建设；

(3)基地内道路应与城市道路或公路连接，并应符合消防安全要求；

(4)人员集散场地、道路、停车场和绿化用地等室外用地应统筹安排；

(5)基地内建筑及道路应符合现行行业标准《城市道路和建筑物无障碍设计规范》JGJ 50 的规定。

4. 建筑设计

4.1 一般规定

4.1.1 档案馆建筑应根据其等级、规模和功能设置各类用房，并宜由档案库、对外服务用房、档案业务和技术用房、办公用房和附属用房组成。

4.1.2 档案馆的建筑布局应按照功能分区布置各类用房，并应达到功能合理、流程便捷、内外相互联系又有所分隔，避免交叉。各类用房之间进行档案传送时，不应通过露天通道。

4.1.3 档案馆建筑设计应使各类档案及资料保管安全、调阅方便；查阅环境应安静；工作人员应有必要的工作条件。

4.1.4 四层及四层以上的对外服务用房、档案业务和技术用房应设电梯。两层或两层以上的档案库应设垂直运输设备。

4.1.5 锅炉房、变配电室、车库等可能危及档案安全的用房不宜毗邻档案库。

4.2 档案库

4.2.1 档案库可包括纸质档案库、音像档案库、光盘库、缩微拷贝片库、母片库、特藏库、实物档案库、图书资料库，其他特殊载体档案库等，并应根据档案馆的等级、规模和实际需要选择设置或合并设置。

4.2.2 档案库应集中布置、自成一区。除更衣室外，档案库区内不应设置其他用房，且其他用房之间的交通也不得穿越档案库区。

4.2.3 档案库区的平面布局应简洁紧凑。

4.2.4 档案库区或档案库入口处应设缓冲间，其面积不应小于 $6m^2$；当设专用封闭外廊时，可不再设缓冲间。

4.2.5 档案库区内比库区外楼地面应高出 15mm，并应设置密闭排水口。

4.2.6 每个档案库应设两个独立的出入口，且不宜采用串通或套间布置方式。

4.2.7 档案库净高不应低于 2.60m。

4.2.8 档案库内档案装具布置应成行垂直于有窗的墙面。档案装具间的通道应与外墙采光窗相对应，当无窗时，应与管道通风孔开口方向相对应。

4.2.9 档案装具排列的各部分尺寸应符合下列规定：

(1)主通道净宽不应小于 1.20m；

(2)两行档案装具间净宽不应小于 0.80m；

(3)档案装具端部与墙的净距离不应小于0.60m；

(4)档案装具背部与墙的净距离不应小于0.10m。

4.2.10 档案装具的档案存储定额的计算指标应符合下列规定：

(1)当采用五节档案柜时，库房每平方米(使用面积)存储档案长度不小于2.70延长米；

(2)当采用双面档案架时，库房每平方米(使用面积)存储档案长度不小于3.30延长米；

(3)当采用密集架时，库房每平方米(使用面积)存储档案长度不小于7.20延长米。

4.2.11 档案库楼面均布活荷载标准值不应小于$5kN/m^2$，采用密集架时不应小于$12kN/m^2$。

4.2.12 当档案库与其他用房同层布置且楼地面有高差时，应满足无障碍通行的要求。

4.2.13 母片库不应设外窗。

4.2.14 珍贵档案存储应专设特藏库。

4.3 对外服务用房

4.3.1 对外服务用房可由服务大厅(含门厅、寄存处等)、展览厅、报告厅、接待室、查阅登记室、目录室、开放档案阅览室、未开放档案阅览室、缩微阅览室、音像档案阅览室、电子档案阅览室、政府公开信息查阅中心、对外利用复印室和利用者休息室、饮水处、公共卫生间等组成。规模较小的档案馆可合并设置。

4.3.2 阅览室设计应符合下列规定：

(1)自然采光的窗地面积比不应小于1：5；

(2)应避免阳光直射和眩光，窗宜设遮阳设施；

(3)室内应能自然通风；

(4)每个阅览座位使用面积：普通阅览室每座不应小于$3.5m^2$；专用阅览室每座不应小于$4.0m^2$；若采用单间时，房间使用面积不应小于$12.0m^2$；

(5)阅览桌上应设置电源；

(6)室内应设置防盗监控系统。

4.3.3 缩微阅览室设计应符合下列规定：

(1)应避免阳光直射；

(2)宜采用间接照明，阅览桌上应设局部照明；

(3)室内应设空调或机械通风设备。

4.4 档案业务和技术用房

4.4.1 档案业务和技术用房可由中心控制室、接收档案用房、整理编目用房、保护技术用房、翻拍洗印用房、缩微技术用房、音像档案技术用房、信息化技术用房组成，并应根据档案馆的等级、规模和实际需要选择设置或合并设置。

4.4.2 中心控制室设计应符合下列规定：

(1)室内应设空调；

(2)与其他用房的隔墙的耐火极限不应低于2.0h，楼板的耐火极限不应低于1.5h，隔墙上的门应采用甲级防火门。

4.4.3 接收档案用房可由接收室、除尘室、消毒室等组成。

4.4.4 消毒室设计应符合下列规定：

(1)应采用单独的密闭门；

(2)应设有单独的直达屋面外的排气管道，废气排放应符合国家现行有关环境保护标准的规定；

(3)室内顶棚、墙面及楼、地面材料应易于清洁；

(4)消毒室应在室内外分设控制开关，其排气管道不应穿越其他用房。

4.4.5 整理编目用房可由整理室、编目室、修史编志室、展览加工制作室、出版发行室组成。

4.4.6 保护技术用房可由去酸室、理化试验室、档案有害生物防治室、裱糊修复室、装订室、仿真复制室等组成。

4.4.7 裱糊修复室内应设电热装置、给水排水设施，并应采取相应的安全防护措施。

4.4.8 装订室内应设摆放裁纸设备、压力机及装订机的位置。

4.4.9 翻拍洗印用房应由翻拍室、冲洗室、印像放大室，水洗烘干室、翻版胶印室组成，其中翻拍室和冲洗室可与缩微用房的缩微摄影室和冲洗处理室合用。

4.4.10 缩微技术用房可由资料编排室、缩微摄影室(分大型机室和小型机室)、冲洗处理室、配药和化验室、质量检测室、校对编目室、拷贝复印室、放大还原室和备品库组成。缩微技术用房宜设于首层，应自成一区，并应符合下列规定：

(1)缩微摄影室应远离振源及空气污染源。各设备之间严禁灯光干扰。室内地面应坚实平整，便于清洗，墙面不宜采用强反射材料。

(2)拷贝复印室应环境清洁，地面应防止产生静电，门窗应密闭、防紫外光照射，并应有强制排风和空气净化设施。

(3)冲洗处理室应严密遮光；室内墙面、地面和管道应采取防腐措施，并应有满足冲洗要求的水质、水压、水温和水量的设施设备；冲洗池污水应单独集中处理。

4.4.11 音像档案技术用房可由音像档案技术处理室、编辑室等组成。

4.4.12 信息化技术用房可由服务器机房、计算机房、电子档案接收室、电子文件采集室、数字化用房组成。数字化用房由档案前期处理室、纸质档案扫描室、其他载体档案数字化室、数字化质量检测室、档案中转室组成。

4.4.13 服务器机房和计算机房的设计应符合现行国家标准《电子信息系统机房设计规范》GB 50174 的规定。

4.5 办公用房和附属用房

4.5.1 办公用房应符合现行行业标准《办公建筑设计规范》JGJ 67 的规定。

4.5.2 附属用房可包括警卫室、车库、卫生间、浴室、医务室、变配电室、水泵房、电梯机房、空调机房、通信机房、消防用房等，并应根据档案馆的等级、规模和实际需要选择设置或合并设置。

5. 档案防护

5.1 一般规定

5.1.1 档案防护内容应包括温湿度要求,外围护结构要求,防潮、防水、防日光及紫外线照射,防尘、防污染、防有害生物和安全防范等。

5.1.2 温湿度要求应根据档案的重要性和载体等因素确定。

5.1.3 音像、缩微、电子文件等非纸质档案储存库设计,除应符合本规范有关规定外,尚应满足使用保管的特殊要求。

5.2 温湿度要求

5.2.1 纸质档案库的温湿度要求应符合表5.2.1的规定。

表5.2.1 纸质档案库的温湿度要求

用房名称	温度(℃)	相对湿度(%)
纸质档案库	14~24	45~60

5.2.2 特藏库、音像磁带库、胶片库等特殊档案库的温湿度要求应符合表5.2.2的要求。

表5.2.2 特殊档案库的温湿度要求

用房名称		温度(℃)	相对湿度(%)
特藏库		14~20	45~55
音像磁带库		14~24	40~60
胶片库	拷贝片	14~24	40~60
	母片	13~15	35~45

5.2.3 档案库在选定温、湿度后,每昼夜温度波动幅度不得大于±2℃、相对湿度波动幅度不得大于± 5%。

5.2.4 部分技术用房和对外服务用房温湿度要求应符合表5.2.4的规定。

表5.2.4 部分技术用房和对外服务用房温湿度要求

用房名称	温度(℃)	相对湿度(%)
裱糊室	18~28	50~70
保护技术试验室	18~28	40~60
复印室	18~28	50~65
音像档案阅览室	20~25	50~60
阅览室	18~28	——
展览厅	14~28	45~60
工作间(拍照、拷贝、校对、阅读)	18~28	40~60

5.3 外围护结构要求

5.3.1 档案库应减少外围护结构面积。外围护结构应根据其使用要求及室内温湿度、当地室外气象计算参数和有无采暖、通风、空调设备等具体情况，通过技术经济比较，合理确定其构造，并应符合下列规定：

1 当需要设置采暖设备时，外围护结构的传热系数应在现行国家标准《公共建筑节能设计标准》GB 50189 规定的基础上再降低 10%；

2 当需要设置空气调节设备时，外围护结构的传热系数应符合现行国家标准《公共建筑节能设计标准》GB 50189 的规定。

5.3.2 库房屋顶应采取保温、隔热措施，并应符合下列规定：

1 平屋顶上采用架空层时，基层应设保温、隔热层；架空层应通风流畅，其高度不应小于 0.30m；

2 炎热多雨地区的坡屋顶其下层为空间夹层时，内部应通风流畅。

5.3.3 档案库门应为保温门；窗的气密性能、水密性能及保温性能分级要求应比当地办公建筑的要求提高一级。

5.3.4 档案库每开间的窗洞面积与外墙面积比不应大于 1∶10，档案库不得采用跨层或跨间的通长窗。

5.4 防潮和防水

5.4.1 馆区内应排水通畅，不得出现积水。

5.4.2 室内外地面高差不应小于 0.50m；室内地面应有防潮措施。

5.4.3 档案库应防潮、防水。特藏库和无地下室的首层库房、地下库房应采取可靠的防潮、防水措施。屋面防水等级应为Ⅰ级；地下防水等级应为一级，并应设置机械通风或空调设备。

5.5 防日光直射和紫外线照射

5.5.1 档案库、档案阅览、展览厅及其他技术用房应防止日光直接射入，并应避免紫外线对档案、资料的危害。

5.5.2 档案库、档案阅览、展览厅及其他技术用房的人工照明应选用紫外线含量低的光源。当紫外线含量超过 75μW/lm 时，应采取防紫外线的措施。

5.6. 防尘和防污染

5.6.1 档案馆区内的绿化设计，应有利于满足防尘、净化空气、降温、防噪声等要求。

5.6.2 档案库应防止有害气体和颗粒物对档案的危害。

5.6.3 锅炉房、除尘室、消毒室、试验室以及洗印暗室等的位置应合理安排，并应结合需要设置通风设备。

5.6.4 档案库楼、地面应平整、光洁、耐磨。档案库内部装修、档案装具和固定家具等应表面平整、构造简洁，并应选用环保材料。

5.7 有害生物防治

5.7.1 管道通过墙壁或楼、地面处均应用不燃材料填塞密实，其他墙身孔洞也应采取防护措施，底层地面应采用坚实地坪。

5.7.2 库房门与地面的缝隙不应大于 5mm，且宜采用金属门。

5.7.3 档案馆应设消毒室或配备消毒设备。

5.7.4 档案库外窗的开启扇应设纱窗。

5.8 安全防范

5.8.1 档案馆建筑的外门及首层外窗均应有可靠的安全防护设施。

5.8.2 档案馆应设置入侵报警、视频监控、出入口控制、电子巡查等安全防范系统。

5.8.3 档案馆的重要电子档案保管和利用场所应满足电磁安全屏蔽要求。

6. 防火设计

6.0.1 档案馆建筑防火设计,应符合现行国家标准《建筑设计防火规范》GB 50016、《高层民用建筑设计防火规范》GB 50045 和《建筑内部装修设计防火规范》GB 50222 的有关规定。

6.0.2 档案库区中同一防火分区内的库房之间的隔墙均应采用耐火极限不低于 3.0h 的防火墙,防火分区间及库区与其他部分之间的墙应采用耐火极限不低于 4.0h 的防火墙,其他内部隔墙可采用耐火极限不低于 2.0h 的不燃烧体。档案库中楼板的耐火极限不应低于 1.5h。

6.0.3 供垂直运输档案、资料的电梯应临近档案库,并应设在防火门外;电梯井应封闭,其围护结构应为耐火极限不低于 2.0h 的不燃烧体。

6.0.4 特藏库宜单独设置防火分区。

6.0.5 特级、甲级档案馆和属于一类高层的乙级档案馆建筑均应设置火灾自动报警系统。其他乙级档案馆的档案库、服务器机房、缩微用房、音像技术用房、空调机房等房间应设置火灾自动报警系统。

6.0.6 馆区应设室外消防给水系统。特级、甲级档案馆中的特藏库和非纸质档案库、服务器机房应设惰性气体灭火系统。特级、甲级档案馆中的其他档案库房、档案业务用房和技术用房,乙级档案馆中的档案库房可采用洁净气体灭火系统或细水雾灭火系统。

6.0.7 档案库内不得设置明火设施。档案装具宜采用不燃烧材料或难燃烧材料。

6.0.8 档案馆库区建筑及每个防火分区的安全出口不应少于 2 个。

6.0.9 档案库区缓冲间及档案库的门均应向疏散方向开启,并应为甲级防火门。

6.0.10 库区内设置楼梯时．应采用封闭楼梯间,门应采用不低于乙级的防火门。

6.0.11 档案馆建筑应配置灭火器,并应符合现行国家标准《建筑灭火器配置设计规范》GB 50140 的规定。

7. 建筑设备

7.1 给水排水

7.1.1 馆区内应设给水排水系统。

7.1.2 档案库区内不应设置除消防以外的给水点,且其他给水排水管道不应穿越档案库区。

7.1.3 给水排水立管不应安装在与档案库相邻的内墙上。

7.1.4 各类用房的污水排放,应符合国家规定的排放标准。

7.2 采暖通风和空气调节

7.2.1 档案库及档案业务和技术用房设置空调时,室内温湿度要求应符合本规范表

5.2.1、表 5.2.2 和表 5.2.4 的规定。

7.2.2 档案库不宜采用水、汽为热媒的采暖系统。确需采用时，应采取有效措施，严防漏水、漏气，且采暖系统不应有过热现象。

7.2.3 每个档案库的空调应能够独立控制。

7.2.4 通风、空调管道应有气密性良好的进、排风口。

7.2.5 母片库应设独立的空调系统。

7.3 电 气

7.3.1 档案馆供电等级应与档案馆的级别、建设规模相适应。

7.3.2 特级档案馆应设自备电源。

7.3.3 特级档案馆的档案库，变配电室、水泵房、消防用房等的用电负荷不应低于一级。

7.3.4 甲级档案馆宜设自备电源，且档案库、变配电室、水泵房、消防用房等的用电负荷不宜低于一级；乙级档案馆的档案库、变配电室、水泵房、消防用房等的用电负荷不应低于二级。

7.3.5 库区电源总开关应设于库区外，档案库的电源开关应设于库房外，并应设有防止漏电、过载的安全保护装置。

7.3.6 档案馆的电源线、控制线应采用铜质导体。

7.3.7 档案库、服务器机房、计算机房、缩微技术用房内的配电线路应穿金属管保护，并宜暗敷。

7.3.8 空调设备和电热装置应单独设置配电线路，并应穿金属管槽保护。

7.3.9 档案库灯具形式及安装位置应与档案装具布置相配合。缩微阅览室、计算机房照明宜防止显示屏出现灯具影像和反射眩光。

7.3.10 档案馆照明的照度标准应符合表 7.3.10 的规定。

表 7.3.10　　档案馆照明的照度标准

房间名称	参考平面及其高度	照度标准值(lx)
阅览室	0.75m 水平面	300
出纳台	0.75m 水平面	300
档案库	0.25m 垂直面	≥50
修裱、编目室	0.75m 水平面	300
计算机房	0.75m 水平面	300

7.3.11 档案馆建筑防雷设计应符合现行国家标准《建筑物防雷设计规范》GB 50057 的规定，且特级、甲级档案馆应为第二类防雷建筑物，乙级档案馆应为第三类防雷建筑物。

7.3.12 档案馆应适应档案信息化建设的要求，并应根据办公自动化及安全、保密等要求进行综合布线、预留接口，通信与计算机网络设施应满足工作需要。

本规范用词说明

1. 为便于在执行本规范条文时区别对待，对要求严格程度不同的用词说明如下：

(1)表示很严格，非这样做不可的：

正面词采用“必须”，反面词采用“严禁”；

(2)表示严格，在正常情况下均应这样做的：

正面词采用“应”，反面词采用“不应”或“不得”；

(3)表示允许稍有选择，在条件许可时首先应这样做的：

正面词采用“宜”，反面词采用“不宜”；

(4)表示有选择，在一定条件下可以这样做的，采用“可”。

2. 条文中指明应按其他有关标准执行的写法为“应符合……的规定”或“应按……执行”。

引用标准名录

1.《建筑设计防火规范》 GB 50016

2.《高层民用建筑设计防火规范》 GB 50045

3.《建筑物防雷设计规范》 GB 50057

4.《建筑灭火器配置设计规范》 GB 50140

5.《电子信息系统机房设计规范》 GB 50174

6.《公共建筑节能设计标准》 GB 50189

7.《建筑内部装修设计防火规范》 GB 50222

8.《建筑工程抗震设防分类标准》 GB 50223

9.《城市道路和建筑物无障碍设计规范》 JGJ 50

10.《办公建筑设计规范》 JGJ 67

科学技术档案案卷构成的一般要求

(GB/T 11822－2008)

(2008年11月13日发布　2009年5月1日实施)

1. 范围

本标准规定了科学技术档案案卷的组卷原则和方法、案卷和案卷内文件材料的排列、案卷的编目、案卷的装订、卷盒、表格规格及其制成材料的质量要求。

本标准适用于一般科学技术档案的案卷整理。专业性较强和非纸质载体科学技术档案的整理可参照本标准。

2. 规范性引用文件

下列文件中的条款通过本标准的引用而成为本标准的条款。凡是注日期的引用文件，其随后所有的修改单(不包括勘误的内容)或修订版均不适用于本标准，然而，鼓励根据本标准达成协议的各方研究是否可使用这些文件的最新版本。凡是不注日期的引用文件，其最新版本适用于本标准。

GB/T 10609.3　技术制图　复制图的折叠方法

3. 术语和定义

下列术语和定义适用于本标准

3.1　科学技术文件材料 scientific and technological records

记录和反映科学研究、生产运营、项目建设活动和设备仪器运行、维护及其管理工作的文字、图表、声像等不同形式文件材料的总称，以下简称科技文件。

3.2　科学技术档案 scientific and technological archives

国家机构、社会组织以及个人从事各项社会活动形成的，对国家、社会、本单位和个人具有保存价值的，应当归档保存的科技文件，以下简称科技档案。

3.3　案卷 file

由互有联系的若干文件组合而成的档案保管单位。

3.4　卷内文件目录 inner-file item list

登录卷内文件题名和其他特征并固定文件排列次序的表格，排列在卷内文件之前，以下简称卷内目录。

3.5　卷内备考表 file note

卷内文件状况的记录单。

3.6 档号 archives code

以字符形式赋予档案实体的用以固定和反映档案排列顺序的一组代码。

3.7 案卷目录 file list

登录案卷题名、档号、保管期限及其他特征，并按案卷号次序排列的档案目录。

4. 案卷组织

4.1 组卷原则

遵循科技文件的形成规律，保持案卷内科技文件的有机联系和案卷的成套、系统，便于档案的保管和利用。

4.2 组卷要求

4.2.1 案卷内科技文件应齐全、完整、签章手续完备。

4.2.2 案卷内科技文件的载体和书写印制材料应符合档案保护要求。

4.3 组卷方法

4.3.1 针对具体项目的管理性科技文件应放入所针对的项目文件中，按阶段或分年度组卷。

4.3.2 科研课题、产品、建设项目、设备仪器方面的科技文件，应按其项目、结构、阶段或台(套)等分别组卷。

4.4.3 成册、成套的科技文件宜保持其原有形态。

4.3.4 通用图、标准图可放入相应一项目文件中或单独组卷。其他涉及这些通用图、标准图的项目，应在卷内备考表中注明并标注通用图、标准图的图号和档号。

4.3.5 底图以张或套为保管单位进行整理。

4.3.6 产品局部或零部件变更、建设项目和设备仪器在维修和维护中所形成的科技文件，宜采取插卷方式放入原案卷中；亦可单独组卷排列在原案卷之后，并在原案卷的备考表中予以说明和标注。

4.3.7 产品升级换代、建设项目后评估、改扩建或重建所形成的科技文件应单独组卷排列。

5. 案卷和案卷内科技文件排列

5.1 科技文件宜按系统、成套性特点进行案卷或卷内文件排列。卷内文件一般应文字材料在前，图样在后；译文在前，原文在后。

5.2 案卷内管理性文件按问题结合时间(阶段)或重要程度排列。一般应印件在前，定稿在后；正件在前，附件在后；复文在前，来文在后。

5.3 科研类案卷宜按课题可行性研究立项、方案论证、研究实验、总结鉴定、成果和知识产权申报、推广应用等阶段排列。

5.4 产品类案卷宜按产品设计(含初步设计、基础设计、技术设计)、工艺、工装、制造、定型等工作程序，或按其产品系列、结构等排列。

5.5 建设项目类案卷宜按项目前期、项目设计、项目施工、项目监理、项目竣工、项目验收及项目后评估等阶段排列。

5.6 设备仪器类案卷应按设备仪器立项审批、外购设备仪器开箱验收(自制设备仪器的设计、制造、验收)、设备仪器安装调试、随机文件材料、设备仪器运行、设备仪器维护等阶段或工作程序排列。

6. 案卷编目

6.1 卷内科技文件页号编写

6.1.1 案卷内科技文件以件为单位编写页号,以有效内容的页面为一页。

6.1.2 已有页号的文件可不再重新编写页号。

6.1.3 卷内目录、卷内备考表不编写页号。

6.2 案卷封面编制

6.2.1 案卷封面应印制在卷盒正表面,亦可采用内封面形式(封面式样见图 A.1。虚线内为提示项,下同)。

6.2.2 案卷题名,应简明、准确地揭示卷内科技文件的内容,主要包括产品、科研课题、建设项目、设备仪器名称或代字(号)、结构、阶段名称、文件类型名称等。

6.2.3 立卷单位,应填写负责组卷部门或单位。

6.2.4 起止日期,应填写案卷内科技文件形成的最早和最晚的时间——年、月、日(年度应填写四位数字,下同)。

6.2.5 保管期限,应填写组卷时依照有关规定划定的保管期限。

6.2.6 密级,应填写卷内科技文件的最高密级。

6.2.7 档号,由全宗号、分类号(或项目代号或目录号)、案卷号组成。

全宗号:需向档案馆移交的档案,其全宗号由负责接收的档案馆给定;

分类号:应根据本单位分类方案设定的类别号确定;

项目代号:由所反映的产品、课题、项目、设备仪器等的型号、代字或代号确定;

目录号:应填写目录编号;

案卷号:应填写科技档案按一定顺序排列后的流水号。

6.3 案卷脊背编制

6.3.1 案卷脊背印制在卷盒侧面,脊背式样见图 A.2。

6.3.2 案卷题名、保管期限、档号,填写方法同 6.2。

6.3.3 案卷脊背项目可根据需要选择填写。

6.4 卷内目录编制

6.4.1 卷内目录应排列在卷内文件首页之前,式样见图 A.3。

6.4.2 序号,应依次标注卷内文件排列顺序。

6.4.3 文件编号,应填写文件文号或型号或图号或代字、代号等。

6.4.4 责任者,应填写文件形成者或第一责任者。

6.4.5 文件题名,应填写文件全称。文件没有题名的,应由立卷人根据文件内容拟写题名。

6.4.6 日期,应填写文件形成的时间——年、月、日。

6.4.7 页数,应填写每件文件总页数。

6.4.8 备注,可根据实际填写需注明的情况。

6.4.9 档号,填写方法同 6.2.7。

6.5 卷内备考表编制

6.5.1 卷内备考表式样见图 A.4。

6.5.2 卷内备考表应标明案卷内全部文件总件数、总页数以及在组卷和案卷提供使用过程中需要说明的问题。

6.5.3 立卷人,应由立卷责任者签名。

6.5.4 立卷日期,应填写完成立卷的时间。

6.5.5 检查人,应由案卷质量审核者签名。

6.5.6 检查日期,应填写案卷质量审核的时间。

6.5.7 互见号,应填写反映同一内容不同载体档案的档号,并注明其载体类型。

6.5.8 档号,填写方法同 6.2.7。

6.5.9 卷内备考表,应排列在卷内全部文件之后,或直接印制在卷盒内底面。

6.6 案卷目录编制

6.6.1 案卷目录式样见图 A.5。

6.6.2 序号,应填写登录案卷的流水顺序号

6.6.3 档号、案卷题名、保管期限,填写方法同 6.2。

6.6.4 总页数,应填写案卷内全部文件的页数之和。

6.6.5 备注,可根据管理需要填写案卷的密级、互见号或存放位置等信息。

7. 案卷装订

7.1 案卷内文件可整卷装订或以件为单位装订。

7.2 以件为单位装订的应在每件文件首页空白处加盖档号章,式样见图 A.7。档号填写方法同 6.2.7,序号填写方法同 6.4.2。

7.3 案卷内超出卷盒幅面的科技文件应叠装。图纸折叠方法见 GB/T 10609.3。破损的文件应修复。

8. 卷盒、表格规格及其制成材料

8.1 卷盒式样见图 A.6。

8.2 卷盒规格和制成材料

8.2.1 卷盒外表面规格为:310mm×220mm。脊背厚度可根据需要设定。

8.2.2 卷盒宜采用 220g 以上的单层无酸牛皮纸板双裱压制。

8.3 表格规格和制成材料

8.3.1 案卷目录、卷内目录、卷内备考表表格规格为:297mm×210mm。

8.3.2 表格宜采用 70g 以上白色书写纸制作。

8.4 表格字迹应清晰端正。

(备注:所附图表略。)

纸质档案数字化技术规范

(DA/T 31－2005)

(国家档案局　2005 年 4 月 30 日发布　2005 年 9 月 1 日实施)

1. 范围

本标准规定了纸质档案数字化的主要技术要求。

本标准适用于采用各种设备对纸质档案的数字化加工处理及数字化成果的管理。

2. 规范性引用文件

下列文件中的条款通过本标准的引用而成为本标准的条款。凡是注日期的引用文件,其随后所有的修改单(不包括勘误的内容)或修订版均不适用于本标准,然而,鼓励根据本标准达成协议的各方研究是否可使用这些文件的最新版本。凡是不注日期的引用文件,其最新版本适用于本标准。

GB/T17235.1－1998　信息技术连续色调静态图像的数字压缩及编码第 1 部分:要求和指南

GB/T17235.2－1998　信息技术连续色调静态图像的数字压缩及编码第 2 部分:一致性测试

GB/T18894－2002　电子文件归档与管理规范

3. 术语和定义

下列术语和定义适用于本标准。

3.1　数字化 digitization

用计算机技术将模拟信号转换为数字信号的处理过程

3.2　纸质档案数字化 digitization of paper-b ased records

采用扫描仪或数码相机等数码设备对纸质档案进行数字化加工,将其转化为存储在磁带、磁盘、光盘等载体上并能被计算机识别的数字图像或数字文本的处理过程。

3.3　数字图像 digital image

表示实物图像的整数阵列。一个二维或更高维的采样并量化的函数,由相同维数的连续图像产生。在矩阵(或其他)网络上采样——连续函数,并在采样点上将值最小化后的阵列。

3.4　黑白二值图像 binary image

只有黑白两级灰度的数字图像。它对应于黑白两种状态的文字稿、线条图等。

3.5 连续色调静态图像 continuous-tone still image

以多于两级灰度的不同浓淡层次或以不同颜色通道组合成的静态数字图像。在纸质档案数字化过程中，通常表现为灰度扫描和彩色扫描两种模式。

3.6 分辨率 resolution

单位长度内图像包含的点数或像素数，一般用每英寸点数(dpi)表示。

3.7 失真度 distortion measure

对档案进行数字化转换后，数字图像与档案原件在色彩、几何等方面的偏离程度。

3.8 可懂度 intelligibility

数字图像向人或机器提供信息的能力。

3.9 图像压缩 image compression

清除图像冗余或对图像近似的任一种过程，其目的是对图像以更紧凑的形式表示。纸质档案数字化过程中，较常见的有 TIFF(G4)、JPEG 等压缩格式。

4. 纸质档案数字化基本要求

4.1 基本原则

纸质档案数字化的基本原则是使档案信息资源准确、方便、快捷地提供利用，使可以公开的档案信息资源得到共享，以满足社会对档案利用的需求。

4.2 数字化对象的确定原则

应当对所要进行数字化的对象按照一定的原则和方法进行确认，只有符合一定要求的纸质档案文献才能进行数字化。

4.2.1 符合国家法律法规的原则

纸质档案的数字化，必须符合国家档案开放规定以及有关规定。

4.2.2 价值性原则

属于归档范围且应永久或长期保存的、社会利用价值高的档案可列入数字化加工的范围。

4.3 基本环节

纸质档案数字化的基本环节主要包括：档案整理、档案扫描、图像处理、图像存储、目录建库、数据挂接、数据验收、数据备份、成果管理等。

4.4 过程管理

4.4.1 应加强纸质档案数字化各环节的安全保密管理机制，确保档案原件和数字化档案信息的安全。

4.4.2 纸质档案数字化的各个环节均应进行详细的登记，并及时整理、汇总，装订成册，在数字化工作完成的同时建立起完整、规范的记录。

5. 档案整理

在扫描之前，根据档案管理情况，按下述步骤对档案进行适当整理，并视需要作出标识，确保档案数字化质量。

5.1 目录数据准备

按照《档案著录规则》(DA/T 18)等的要求，规范档案中的目录内容。包括确定档案目录的著录项、字段长度和内容要求。如有错误或不规范的案卷题名、文件名、责任者、起止页号和页数等，应进行修改。

5.2 拆除装订

在不去除装订物情况下，影响扫描工作进行的档案，应拆除装订物。拆除装订物时应注意保护档案不受损害。

5.3 区分扫描件和非扫描件

按要求把同一案卷中的扫描件和非扫描件区分开。普发性文件区分的原则是：无关和重份的文件要剔除，有正式件的文件可以不扫描原稿。

5.4 页面修整

破损严重、无法直接进行扫描的档案，应先进行技术修复，折皱不平影响扫描质量的原件应先进行相应处理(压平或熨平等)后再进行扫描。

5.5 档案整理登记

制作并填写纸质档案数字化加工过程交接登记表单，详细记录档案整理后每份文件的起始页号和页数。

5.6 装订

扫描工作完成后，拆除过装订物的档案应按档案保管的要求重新装订。恢复装订时，应注意保持档案的排列顺序不变，做到安全、准确、无遗漏。

6. 档案扫描

6.1 扫描方式

6.1.1 根据档案幅面的大小(A4、A3、A0 等)选择相应规格的扫描仪或专业扫描仪(如工程图纸可采用 0 号图纸扫描仪)进行扫描。大幅面档案可采用大幅面数码平台，或者缩微拍摄后的胶片数字化转换设备等进行扫描，也可以采用小幅面扫描后的图像拼接方式处理。

6.1.2 纸张状况较差，以及过薄、过软或超厚的档案，应案，以及页面为多色文字的档案，可采用灰度模式扫描。方式以提高工作效率。

6.2 扫描色彩模式

6.2.1 扫描色彩模式一般有黑白二值、灰度、彩色等。通常采用黑白二值。

6.2.2 页面为黑白两色，并且字迹清晰、不带插图的档案，可采用黑白二值模式进行扫描。

6.2.3 页面为黑白两色，但字迹清晰度差或带有插图的档案，以及页面为多色文字的档案，可以采用灰度模式扫描。

6.2.4 页面中有红头、印章或插有黑白照片、彩色照片、彩色插图的档案，可视需要采用彩色模式进行扫描。

6.3 扫描分辨率

6.3.1 扫描分辨率参数大小的选择，原则上以扫描后的图像清晰、完整、不影响图像的利用效果为准。

6.3.2 采用黑白二值、灰度、彩色几种模式对档案进行扫描时，其分辨率一般均建议选择大于或等于 100dpi。特殊情况下，如文字偏小、密集、清晰度较差等，可适当提高分辨率。

6.3.3 需要进行OCR汉字识别的档案,扫描分辨率建议选择大于或等于200dpi。

6.4 扫描登记

认真填写纸质档案数字化转换过程交接登记表单,登记扫描的页数,核对每份文件的实际扫描页数与档案整理时填写的文件页数是否一致,不一致时应注明具体原因和处理方法。

7. 图像处理

7.1 图像数据质量检查

7.1.1 对图像偏斜度、清晰度、失真度等进行检查。发现不符合图像质量要求时,应重新进行图像的处理。

7.1.2 由于操作不当,造成扫描的图像文件不完整或无法清晰识别时,应重新扫描。

7.1.3 发现文件漏扫时,应及时补扫并正确插入图像。

7.1.4 发现扫描图像的排列顺序与档案原件不一致时,应及时进行调整。

7.1.5 认真填写相关表单,记录质检结果和处理意见。

7.2 纠偏

对出现偏斜的图像应进行纠偏处理,以达到视觉上基本不感觉偏斜为准。对方向不正确的图像应进行旋转还原,以符合阅读习惯。

7.3 去污

对图像页面中出现的影响图像质量的杂质,如黑点、黑线、黑框、黑边等应进行去污处理。处理过程中应遵循在不影响可懂度的前提下展现档案原貌的原则。

7.4 图像拼接

对大幅面档案进行分区扫描形成的多幅图像,应进行拼接处理,合并为一个完整的图像,以保证档案数字化图像的整体性。

7.5 裁边处理

采用彩色模式扫描的图像应进行裁边处理,去除多余的白边,以有效缩小图像文件的容量,节省存储空间。

8. 图像存储

8.1 存储格式

8.1.1 采用黑白二值模式扫描的图像文件,一般采用TIFF(G4)格式存储。采用灰度模式和彩色模式扫描的文件,一般采用JPEG格式存储。存储时的压缩率的选择,应以保证扫描的图像清晰可读的前提下,尽量减小存储容量为准则。

8.1.2 提供网络查询的扫描图像,也可存储为CEB、PDF或其他格式。

8.2 图像文件的命名

8.2.1 纸质档案目录数据库中的每一份文件,都有一个与之相对应的唯一档号,以该档号为这份文件扫描后的图像文件命名。

8.2.2 多页文件可采用该档号建立相应文件夹,按页码顺序对图像文件命名。

9. 目录建库

9.1 数据格式选择

目录建库应选择通用的数据格式。所选定的数据格式应能直接或间接通过 XML 文档进行数据交换。

9.2 档案著录

按照《档案著录规则》(DA/T 18)的要求进行著录，建立档案目录数据库。

9.3 目录数据质量检查

采用人工校对或软件自动校对的方式，对目录数据库的建库质量进行检查。核对著录项目是否完整、著录内容是否规范、准确，发现不合格的数据应要求进行修改或重录。

10. 数据挂接

10.1 汇总挂接

档案数字化转换过程中形成的目录数据库与图像数据库，通过质检环节确认为“合格”后，通过网络及时加载到数据服务器端汇总。通过编制程序或借助相应软件，可实现目录数据对相关联的数字图像的自动搜索、加入对应的电子地址信息等，实现批量、快速挂接。

10.2 数据关联

以纸质档案目录数据库为依据，将每一份纸质档案文件扫描所得的一个或多个图像存储为一份图像文件。将图像文件存储到相应文件夹时，要认真核查每一份图像文件的名称与档案目录数据库中该份文件的档号是否相同，图像文件的页数与档案目录数据库中该份文件的页数是否一致，图像文件的总数与目录数据库中文件的总数是否相同等。通过每一份图像文件的文件名与档案目录数据库中该份文件的档号的一致性和唯一性，建立起一一对应的关联关系，为实现档案目录数据库与图像文件的批量挂接提供条件。

10.3 交接登记

认真填写纸质档案数字化转换过程交接登记表单，记录数据关联后的页数，核对每一份文件关联后的页数与档案整理、扫描时填写的页数是否一致，不一致时应注明具体原因和处理办法。

11. 数据验收

11.1 数据抽检

11.1.1 以抽检的方式检查已完成数字化转换的所有数据，包括目录数据库、图像文件及数据挂接的总体质量。

11.1.2 一个全宗的档案，数据验收时抽检的比率不得低于 5%。

11.2 验收指标

11.2.1 目录数据库与图像文件挂接错误，或目录数据库、图像文件之一出现不完整、不清晰、有错误等质量问题时，抽检标记为“不合格”。

11.2.2 一个全宗的档案，数字化转换质量抽检的合格率达到 95%以上(含 95%)时，予以验收“通过”。

合格率＝抽检合格的文件数/抽检文件总数×100%

11.3 验收审核

验收“通过”的结论，必须经分管领导审核、签字后方有效。

11.4 验收登记

认真填写纸质档案数字化验收登记表单。

12. 数据备份

12.1 备份范围

经验收合格的完整数据应及时进行备份。

12.2 备份方式

为保证数据安全,备份载体的选择应多样化,可采用在线、离线相结合的方式实现多套备份,并注意异地保存。

12.3 数据检验

备份数据也应进行检验。备份数据的检验内容主要包括备份数据能否打开、数据信息是否完整、文件数量是否准确等。

12.4 备份标签

数据备份后应在相应的备份介质上做好标签,以便查找和管理。

12.5 备份登记

填写纸质档案数字化备份管理登记表单。

13. 数字化成果管理

13.1 应加强对纸质档案数字化成果的管理,确保其安全、完整和长期可用。

13.2 纸质档案数字化成果提供网上检索利用时,应有制作单位的电子标识,并根据具体情况分别采用可下载或不可下载的数据格式。

照片档案管理规范

(GB/T 11821—2002)

(2002 年 12 月 4 日发布　2003 年 5 月 1 日实施)

1. 范围

本标准规定了银盐感光材料照片档案的收集要求、整理程序和保管条件。本标准适用于各级各类档案室、档案馆的照片档案管理。

2. 规范性引用文件

下列文件中的条款通过本标准的引用而成为本标准的条款。凡是注日期的引用文件,其随后所有的修改单(不包括勘误的内容)或修订版均不适用于本标准,然而,鼓励根据本标准达成协议的各方研究是否可使用这些文件的最新版本。凡是不注日期的引用文件,其最新版本适用于本标准。

GB/T 7156　文献保密等级代码

GB/T 15418　档案分类标引规则

DA/T 18　档案著录规则

DA/T 19　档案主题标引规则

JGJ 25　档案馆建筑设计规范

中华人民共和国档案法实施办法

国家档案局关于机关档案保管期限的规定　国档发〔1987〕27 号

中华人民共和国保守国家秘密法

中华人民共和国保守国家秘密法实施办法

3. 术语和定义

下列术语和定义适用于本标准。

3.1　照片档案 photographic archives

国家机构、社会组织或个人在社会活动中直接形成的以静止摄影影像为主要反映方式的有保存价值的历史记录。照片档案一般包括底片、照片和说明三部分。

3.2　芯页 photo holder

用以固定照片或底片,并标注说明的中性偏碱性纸质载体,是照片册、底片册的组成单元。

4. 照片档案的收集

4.1 收集范围

4.1.1 记录本单位主要职能活动和重要工作成果的照片。

4.1.1.1 领导人和著名人物参加与本单位、本地区有关的重大公务活动的照片。

4.1.1.2 本单位组织或参加的重要外事活动的照片。

4.1.1.3 记录本单位、本地区重大事件、重大事故、重大自然灾害及其他异常情况和现象的照片。

4.1.2 记录本地区地理概貌、城乡建设、重点工程、名胜古迹、自然风光以及民间风俗和著名人物的照片。

4.1.3 其他具有保存价值的照片。

4.2 收集要求

4.2.1 对属于收集与归档范围的照片,应按照规定定期向本单位档案机构或档案工作人员归档,集中管理,任何单位或个人不得据为己有。

4.2.2 对存有真伪疑义的照片应采取必要措施进行鉴定。

4.2.3 对反映同一内容的若干张照片,应选择其主要照片归档。主要照片应具备主题鲜明、影像清晰、画面完整、未加修饰剪裁等特点。

4.2.4 底片、照片、说明应齐全。

4.2.5 底片与照片影像应一致。

4.2.6 对无底片的照片应制作翻拍底片;对无照片的底片应制作照片。

4.2.7 照片档案的移交和征集应符合有关标准的要求。

4.3 收集时间

4.3.1 对具有归档价值的照片,其摄影者或承办单位应及时整理,向档案室归档,一般不应跨年度。

4.3.2 依照《中华人民共和国档案法实施办法》的规定,照片档案随立档单位其他载体形态的档案一起向有关档案馆移交。在特殊情况下,经同级档案行政管理部门同意可以提前或延迟移交。

4.3.3 档案馆应按收集范围随时征集零散的对国家和社会具有保存价值的照片。

5. 照片档案的整理

5.1 整理原则

照片档案的整理应遵循有利于保持照片档案的有机联系、有利于保管、有利于提供利用的原则。照片档案的底片、照片应分开存放。

5.2 照片、底片的鉴定

5.2.1 保管期限

保管期限是按照片、底片的价值划定的存留年限,分为永久、长期、短期三种。对照片、底片保管期限的划分按照《国家档案局关于机关档案保管期限的规定》执行。

5.2.2 密级

密级是指照片、底片保密程度的等级。密级的划定按照《中华人民共和国保守国家秘密法》、《中华人民共和国保守国家秘密法实施办法》、GB/T 7156 及有关规定执行。

5.3 底片的整理

5.3.1 底片的编号

底片号是固定和反映底片在全宗内排列顺序的一组字符代码，由全宗号、保管期限代码、张号组成。其格式如下：

全宗号—保管期限代码—张号

全宗号：档案馆给立档单位编制的代号。

保管期限代码：分别用“1、2、3”或“Y、C、D”对应代表永久、长期、短期。

张号：在某一全宗某一保管期限内底片的排列从“1”开始的顺序编号。

5.3.2 底片号的登录

5.3.2.1 宜使用铁笔将底片号横排刻写在胶片乳剂面片边处（刻写不下时，前段可不写），不得影响画面；也可采用其他方式将底片号附着在胶片乳剂面片边处，不得污染胶片。

5.3.2.2 底片号登录顺序应与照片号登录顺序保持一致。

5.3.3 底片袋的标注

底片放入底片袋内保管，一张一袋。应在底片袋的右上方标明底片号。对翻拍底片，应在底片袋的左上方标明“F”字样。对拷贝底片，应在底片袋的左上方标明“K”字样。

5.3.4 底片的入册

5.3.4.1 底片册一般由 297 mm×210 mm 大小的若干芯页和封面、封底组成。

5.3.4.2 应按底片号顺序将底片袋依次插入底片册。

5.3.4.3 芯页的插袋上应标明相同的底片号。

5.3.5 大幅底片的放置

对幅面超过底片册芯页尺寸的大幅底片，应在乳剂面垫衬柔软的中性偏碱性纸张后，放入专用的档案袋或档案盒中，按底片号顺序排列。

5.3.6 册内备考表

5.3.6.1 册内备考表项目包括：本册情况说明、立册人、检查人、立册时间。册内备考表应放在册内最后位置。册内备考表见附录 A。

5.3.6.2 本册情况说明：填写册内底片缺损、补充、移出、销毁等情况。对底片册立册以后发生或发现的问题，应由有关的档案管理人员填写说明，并签名、标注时间。

5.3.7 底片册的封面

底片册的封面应印制“底片册”字样。

5.3.8 底片册的册脊

底片册册脊的项目包括：全宗号、保管期限、起止张号、册号。底片册册脊见附录 B。

5.3.9 底片册的排列

底片册按照全宗号、保管期限、册号的顺序排列，上架保存。

5.4 照片的整理

5.4.1 照片的分类

应在全宗内按保管期限—年度—问题进行分类。跨年度且不可分的照片，也可按保管期限—问题—年度进行分类。分类方案应保持前后一致，不应随意变动。

5.4.2 照片的排列

应在分类方案的最低一级类目内,按问题结合时间、重要程度等进行排列。为便于提供利用,照片排列及入册时应同时考虑不同保密等级照片的定位。

5.4.3 照片的编号

照片的编号

照片号是固定和反映每张照片在全宗内分类与排列顺序的一组字符代码,由全宗号、保管期限代码,册号、张号或全宗号、保管期限代码、张号组成。照片号有两种格式:

格式一:全宗号—保管期限代码—册号—张号

格式二:全宗号—保管期限代码—张号

若采用格式二,可选用照片、底片分别编号法或合一编号法(影像相符的照片、底片编号相同)。选用合一编号法宜以照片、底片齐全为基础。

全宗号:档案馆给立档单位编制的代号。

保管期限代码:分别用“1、2、3”或“Y、C、D”对应代表永久、长期、短期。

册号:在某一全宗某一保管期限内照片册的排列从“1”开始的顺序编号。

张号:格式一中的张号是指照片在册内的排列从“1”开始的顺序编号。格式二中的张号是指在某一全宗某一保管期限内照片的排列从“1”开始的顺序编号。

5.4.4 照片的入册

5.4.4.1 照片册一般由 297mm×210mm 大小的若干芯页和封面、封底组成。芯页以 30 页左右为宜,有活页式和定页式两种。芯页格式参考示例参见附录 C。

5.4.4.2 应按照分类、排列顺序即照片号顺序将照片固定在芯页上,组成照片册。

5.4.5 大幅照片的放置

对于照片册放置不下的大幅照片,可将其放入专用的档案袋或档案盒中,按照片号顺序排列。如竖直放置,应首先将照片固定在专用的纸板上,再放入袋、盒中;如水平放置,照片的堆放高度不宜超过 5cm。以竖直放置为宜。

5.4.6 单张照片说明的填写

5.4.6.1 说明的格式

说明应采用横写格式,分段书写。其格式如下:

题　名:

照片号:

底片号:

参见号:

时　间:

摄影者:

文字说明:

5.4.6.2 说明的内容

5.4.6.2.1 题名应简明概括、准确反映照片的基本内容,人物、时间、地点、事由等要素尽可能齐全。

5.4.6.2.2 照片号按 5.4.3。

5.4.6.2.3　底片号按5.3.1。

若采用照片、底片合一编号法，可不填写底片号。

5.4.6.2.4　参见号是指与本张照片有密切联系的其他载体档案的档号。其格式如下：

（相关档案种类）档号

注：括号内为选择性著录内容。

示例1：文书档案 0113－2－18

示例2：科技档案 G－J－21

照片档案由档案室移交至档案馆后，应对其参见号进行核对，对与实况不符的应及时调整。

5.4.6.2.5　照片的拍摄时间用8位阿拉伯数字表示，第1～4位表示年，第5～6位表示月，第7～8位表示日。

示例：1953年3月2日写作19530302。

5.4.6.2.6　摄影者一般填写个人，必要时可加写单位。

5.4.6.2.7　文字说明应综合运用事由、时间、地点、人物、背景、摄影者等要素，概括揭示照片影像所反映的全部信息；或仅对题名未及内容作出补充。其他需要说明的事项亦可在此栏表述，例如照片归属权不属于本单位的，应注明照片版权、来源等。

5.4.6.2.8　密级应按GB/T　7156所规定的字符在照片周围选一固定空白处标明，使用印章亦可。

5.4.6.3　说明的位置

单张照片的说明，可根据照片固定的位置，在照片的右侧、左侧或正下方书写。

5.4.6.4　大幅照片的说明

对大幅照片的说明可另纸书写，与照片一同保存。一组联系密切的照片中的大幅照片，应随该组照片一同在册内编号，填写单张照片说明，并注明其存放地址。

5.4.7　组合照片说明的填写

5.4.7.1　一组（若干张）联系密切的照片按顺序排列后，可拟写组合照片说明。采用组合照片说明的照片，其单张照片说明可以从简。

5.4.7.2　组合照片说明应概括揭示该组照片所反映的全部信息内容及其他需要说明的事项。

5.4.7.3　应在组合照片说明中指出所含照片的起止张号和数量。

5.4.7.4　同组中的每一张照片均应在单张照片说明的左上角或右上角标出组联符号。组联符号按组依次采用“①”、“②”、“③”……同组中的照片其组联符号相同。如册内只有一组照片和其他散片时，组联符号采用“①”。组联符号不宜越册。

5.4.7.5　整理照片时因保管期限或密级的不同，有些同组的照片可能会被分散到不同的照片册内，应在组合照片说明中指出这些密切相关照片的保管期限、册号和组号。

示例：相关照片长期—4—⑥

上例中保管期限亦可采用“2”或“C”表示。

5.4.7.6　组合照片说明可放在本组第一张照片的上方，也可放在本册所有照片之前。

5.4.8 册内备考表

按5.3.6。

5.4.9 照片册的封面

照片册的封面应印制“照片册”字样。

5.4.10 照片册的册脊

照片册册脊的项目包括：全宗号、保管期限、册号、起止张号。

照片册册脊的格式：照片号为格式一的照片册册脊见附录B中的照片册册脊(一)；照片号为格式二的照片册册脊见附录B中的照片册册脊(二)。

5.4.11 照片册的排列

照片册按照全宗号、保管期限、册号的顺序排列，上架保存。

5.5 照片档案目录的编制

5.5.1 目录的著录

5.5.1.1 著录项目

照片档案目录的著录项目包括：照片号、底片号、题名、时间、摄影者、备注、参见号、册号、页号、组内张数、分类号、项目号、主题词或关键词、密级、保管期限、类型规格、档案馆代号、文字说明等。

5.5.1.2 条目的著录单位

以照片的自然张或若干张(一组)为单位著录成为照片档案目录的条目。

5.5.1.3 组合照片的著录

5.5.1.3.1 以一组照片为单位著录时，题名应根据题名拟写要素，简明概括、准确反映一组照片的基本内容。

5.5.1.3.2 以一组照片为单位著录时，照片号、底片号、页号均应著录起止号；时间应著录起止时间；参见号、摄影者可以著录多个。

5.5.1.4 大幅照片的标注

对于大幅照片、底片，应在备注栏内注明“大幅”和存放地址。以一组照片为单位著录时，还应在备注栏内注明其中所含的大幅照片的照片号、底片号。

5.5.1.5 著录与标引的要求

照片档案著录与标引的方法和要求，应按照DA/T 18、GB/T 15418、DA/T 19执行。

5.5.2 目录的编制

5.5.2.1 目录种类

照片档案目录种类包括册内目录、基本目录、分类目录、主题目录、摄影者目录等。

5.5.2.2 基本目录

照片档案基本目录的必备项目是：照片号、题名、时间、摄影者、底片号、备注，可根据需要增加项目。

基本目录的条目应按照片号排序。照片档案基本目录参考示例参见附录D。

5.5.2.3 册内目录

册内照片目录为选择性目录。其组成项目是：照片号、题名、时间、页号、底片号、备注。册内目录的条目应按照片号排序。册内目录位于册内最前面。册内照片目录参考示例参见附录 E。

6. 照片档案的保管

6.1 包装物与装具

6.1.1 底片袋

底片袋应使用表面略微粗糙和无光泽的中性偏碱性纸制材料制作，其 pH 值应在 7.2～9.5 之间，α-纤维素含量应高于 87%。

底片袋应使用中性胶黏剂，接缝应在袋边。

6.1.2 底片册、照片册

底片册、照片册所用封面、封底、芯页均应采用中性偏碱性纸质材料制作，其 pH 值应在 7.2～9.5 之间，化学性能稳定，且不易产生碎屑或脱落的纤维。

6.1.3 储存柜架

底片、照片应在能关闭的装具中保存，如存储柜、抽屉、有门的书架或文件架等。

储存柜架应采用不可燃、耐腐蚀的材料，避免使用木制及类似材料。木制材料易燃烧、易腐蚀，还可能挥发出某些有害气体，促使底片、照片老化或褪色。储存柜架的喷涂用料应稳定耐用，且对储存的底片、照片无有害影响。

对储存柜架进行排列时，应保证空气能在其内部循环流通。

6.2 温度、湿度要求

6.2.1 推荐的储存最高温度和相对湿度见表 1。

表 1　推荐的储存最高温度和相对湿度

类 型	中期储存		长期储存	
	最高温度/℃	相对湿度/%	最高温度/℃	相对湿度/%
黑白底片	25	20～50	21 15 10	20～30 20～40 20～50
彩色底片	25	20～50	2 −3 −10	20～30 20～40 20～50
黑白照片	25	20～50	18	30～50
彩色照片	25	20～50	2	30～40

注：1. 中期储存是指胶片、照片在表中规定的温、湿度条件下至少能保存 10 年。长期储存是指胶片、照片在表中规定的温、湿度条件下至少能保存 100 年。

2. 推荐值内较低的温度、湿度环境，更能延长胶片、照片的寿命。

6.2.2 底片、照片应恒温、恒湿保存。长期储存环境，24 小时内温度的周期变化不应大于±2℃，相对湿度变化不应大于±5%。中期储存环境，24 小时内温度的周期变化不应大于±5℃，相对湿度变化不应大于±10 %。

6.2.3 所推荐的温度、湿度条件,应在各单独的储存器具内或整个贮存室内加以保证。

6.2.4 底片、照片储存的温、湿度与提供利用房间的温、湿度若存在较大差别,应设缓冲间,在其提供利用前应在缓冲间过渡几小时。

6.3 空气调节和净化要求

6.3.1 空气调节要求

6.3.1.1 为保证储存库的温、湿度条件,应配备独立的空气调节系统。

6.3.1.2 储存库的气压应保持正压状态,以防止外界空气渗入。

6.3.1.3 去湿应选用恒湿控制的自动制冷型除湿机。加湿应选用可控式加湿机,不应使用水盆或饱和化学溶液,以免导致湿度过高。

6.3.2 空气净化要求

6.3.2.1 进入储存室或储存柜的空气应首先经过机械过滤器过滤,以免空气中的固体颗粒擦伤胶片或与胶片起反应。过滤器宜采用干介质型,应不可燃,其捕捉率不应低于85%。

6.3.2.2 应使用洗涤或吸收等空气净化装置,去除空气中的二氧化硫、硫化氢、过氧化物、臭氧、酸性雾气、氨和氧化氮等气体杂质。

6.3.2.3 油漆的挥发气体是一种氧化污染源,应控制使用。若储存环境新刷油漆,应在三个月后投入使用。对其他存有污染源的新储存环境,亦应搁置一段时期后再投入使用。

6.3.2.4 硝酸片基胶片会释放出有害气体,因此,不应与其他胶片同处存放,也不应与其他胶片使用同一通风系统。

6.4 库房有关要求

库房条件和防火、防水、防潮、防日光及紫外线照射、防污染、防有害生物、防震、防盗等要求,应符合JGJ 25的规定。

6.5 保管要求和措施

6.5.1 储存库房应保持整齐、清洁,应有严格的使用和存放规则。

6.5.2 照片档案入库前应进行检查。对受污染的照片、底片应进行必要的技术处理,防止受污染的照片、底片入库。

6.5.3 接触底片的人员应戴洁净的棉质薄手套,轻拿底片的边缘。

6.5.4 底片册、照片册应立放,不应堆积平放,以免堆在下面的底片、照片受压后造成粘连。

6.5.5 珍贵的、重要的、使用频率高的底片应进行拷贝,异地保存。拷贝片提供利用,以便更好地保存母片。

6.5.6 每隔两年应对底片、照片进行一次抽样检查,不超过五年进行一次全面检查。若温、湿度出现严重波动,应缩短检查的间隔期。检查中应密切注意底片、照片的变化情况(卷曲、变形、变脆、粘连、破损、霉斑、褪色等),亦应注意包装材料的变质问题,并做好检查记录。若发现问题,应查明原因,及时采取补救措施。

(备注:附录A~E略)

电子文件归档与管理规范

(GB/T 18894－2002)

(2002年12月4日发布 2003年5月1日实施)

1. 范围

本标准规定了在公务活动中产生的，具有保存价值的电子文件的形成、积累、归档、保管、利用、统计的一般方法。

本标准适用于党政机关产生的电子文件的归档与管理，其他社会组织的电子文件管理可参照本标准。

2. 规范性引用文件

下列文件中的条款通过本标准的引用而成为本标准的条款。凡是注日期的引用文件，其随后所有的修改单(不包括勘误的内容)或修订版均不适用于本标准，然而，鼓励根据本标准达成协议的各方研究是否可使用这些文件的最新版本。凡是不注日期的引用文件，其最新版本适用于本标准。

DA/T 18　档案著录规则

DA/T 22　归档文件整理规则

3. 术语和定义

下列术语和定义适用于本标准。

3.1　电子文件 electronic records

指在数字设备及环境中生成，以数码形式存储于磁带、磁盘、光盘等载体，依赖计算机等数字设备阅读、处理，并可在通信网络上传送的文件。

3.2　归档电子文件 archival electronic records

指具有参考和利用价值并作为档案保存的电子文件(3.1)

3.3　背景信息 context

指描述生成电子文件(3.1)的职能活动、电子文件的作用、办理过程、结果、上下文关系以及对其产生影响的历史环境等信息。

3.4　元数据 metadata

指描述电子文件(3.1)数据属性的数据，包括文件的格式、编排结构、硬件和软件环境、文件处理软件、字处理和图形工具软件、字符集等数据。

3.5 逻辑归档 logical filing

指在计算机网络上进行，不改变原存储方式和位置而实现的将电子文件(3.1)的管理权限向档案部门移交的过程。

3.6 物理归档 physical filing

指把电子文件(3.1)集中下载到可脱机保存的载体上，向档案部门移交的过程。

3.7 真实性 authenticity

指对电子文件(3.1)的内容、结构和背景信息(3.3)进行鉴定后，确认其与形成时的原始状况一致。

3.8 完整性 integrity

指电子文件(3.1)的内容、结构、背景信息(3.3)和元数据(3.4)等无缺损。

3.9 有效性 utility

指电子文件(3.1)应具备的可理解性和可被利用性，包括信息的可识别性、存储系统的可靠性、载体的完好性和兼容性等。

3.10 捕获 capture

指对电子文件(3.1)进行实时收集和存储的方法与过程。

3.11 迁移 migration

指将源系统中的电子文件(3.1)向目的系统进行转移存储的方法与过程。

4. 总则

4.1 电子文件自形成时应有严格的管理制度和技术措施，确保其真实性、完整性和有效性。

4.2 应对电子文件的形成、收集、积累、鉴定、归档等实行全过程管理与监控，保证管理工作的连续性。

4.3 应明确规定电子文件归档的时间、范围、技术环境、相关软件、版本、数据类型、格式、被操作数据、检测数据等要求，保证归档电子文件的质量。

4.4 归档电子文件同时存在相应的纸质或其他载体形式的文件时，应在内容、相关说明及描述上保持一致。

4.5 具有永久保存价值的文本或图形形式的电子文件，如没有纸质等拷贝件，必须制成纸质文件或缩微品等。归档时，应同时保存文件的电子版本、纸质版本或缩微品。

4.6 应保证电子文件的凭证作用，对只有电子签章的电子文件，归档时应附加有法律效力的非电子签章。

5. 电子文件的真实性、完整性和有效性保证

5.1 应建立规范的制度和工作程序并结合相应的技术措施，从电子文件形成开始不间断地对有关处理操作进行管理登记，保证电子文件的产生、处理过程符合规范。

5.1.1 登记处理过程中相互衔接的各类责任者(如起草者、修改者、审核者、签发者等)。

5.1.2 登记处理过程中的各类操作者(打字者、发文者、收文者、存储管理者等)。

5.1.3 登记处理过程中产生的责任凭证信息(批示、签名、印章、代码等)。

5.1.4 登记电子文件传递、交接过程中的其他标识。

5.2 应采取可靠的安全防护技术措施，保证电子文件的真实性。

5.2.1 建立对电子文件的操作者可靠的身份识别与权限控制。

5.2.2 设置符合安全要求的操作日志，随时自动记录实施操作的人员、时间、设备、项目、内容等。

5.2.3 对电子文件采用防错漏和防调换的标记。

5.2.4 对电子印章、数字签署等采取防止非法使用的措施。

5.3 应建立电子文件完整性管理制度并采取相应的技术措施采集背景信息和元数据。

5.4 应建立电子文件有效性管理制度并采取相应的技术保证措施。

5.5 电子文件的处理和保存应符合国家的安全保密规定，针对自然灾害、非法访问、非法操作、病毒侵害等采取与系统安全和保密等级要求相符的防范对策，主要有：网络设备安全保证；数据安全保证；操作安全保证；身份识别方法等。

6. 电子文件的收集与积累

6.1 收集积累要求

6.1.1 记录了重要文件的主要修改过程和办理情况，有查考价值的电子文件及其电子版本的定稿均应被保留。正式文件是纸质的，如果保管部门已开始进行向计算机全文的转换工作，则与正式文件定稿内容相同的电子文件应当保留，否则可根据实际条件或需要，确定是否保留。

6.1.2 当公务或其他事务处理过程只产生电子文件时，应采取严格的安全措施，保证电子文件不被非正常改动。同时应随时对电子文件进行备份，存储于能够脱机保存的载体上。

6.1.3 对在网络系统中处于流转状态，暂时无法确定其保管责任的电子文件，应采取捕获措施，集中存储于符合安全要求的电子文件暂存存储器中，以防散失。

6.1.4 对用文字处理技术形成的文本电子文件，收集时应注明文件存储格式、文字处理工具等，必要时同时保留文字处理工具软件。文字型电子文件以 XML、RTF、TXT 为通用格式。

6.1.5 对用扫描仪等设备获得的彩非通用文件格式的图像电子文件，收集时应将其转换成通用格式，如无法转换，则应将相关软件一并收集。扫描型电子文件以 JPEG、TIFF 为通用格式。

6.1.6 对用计算机辅助设计或绘图等设备获得的图形电子文件，收集时应注明其软硬件环境和相关数据。

6.1.7 对用视频或多媒体设备获得的文件以及用超媒体链接技术制作的文件，应同时收集其非通用格式的压缩算法和相关软件。视频和多媒体电子文件以 MPEG、AVI 为通用格式。

6.1.8 对用音频设备获得的声音文件，应同时收集其属性标识、参数和非通用格式的相关软件。音频电子文件以 WAV、MP3 为通用格式。

6.1.9 对通用软件产生的电子文件，应同时收集其软件型号、名称、版本号和相关参数手册、说明资料等。专用软件产生的电子文件原则上应转换成通用型电子文件，如不能转换，收集时则应连同专用软件一并收集。

6.1.10 计算机系统运行和信息处理等过程中涉及的与电子文件处理有关的参数、管理数据等应与电子文件一同收集。

6.1.11 对套用统一模板的电子文件，在保证能恢复原形态的情况下，其内容信息可脱离套用模板进行存储，被套用模板作为电子文件的元数据保存。

6.1.12 定期制作电子文件的备份。

6.2 电子文件的登记

6.2.1 每份电子文件均应在《电子文件登记表》中登记。

6.2.2 电子文件登记表应与电子文件同时保存。

6.2.3 电子文件登记表如果制成电子表格，应与电子文件一同保存，永久保存的电子表格应附有纸质等拷贝件并与相应的电子文件拷贝一起保存。

6.2.4 电子文件稿本代码：M——草稿性电子文件；U——非正式电子文件；F——正式电子文件。

6.2.5 电子文件类别代码：T——文本文件；I——图像文件；G——图形文件；V——影像文件；A——声音文件；O——超媒体链接文件；P——程序文件；D——数据文件。

7. 电子文件的归档

7.1 归档要求

文件形成部门或信息管理部门应定期把经过鉴定符合归档条件的电子文件向档案部门移交，并按档案管理要求的格式将其存储到符合保管期限要求的脱机载体上。

7.2 鉴定

7.2.1 电子文件的鉴定工作，应包括对电子文件的真实性、完整性、有效性的鉴定及确定密级、归档范围和划定保管期限。

7.2.2 归档前应由文件形成单位按照规定的项目对电子文件的真实性、完整性和有效性进行检验，并由负责人签署审核意见，检验和审核结果填入《归档电子文件移交、接收检验表》。如果文件形成单位采用了某些技术方法保证电子文件的真实性、完整性和有效性，则应把其技术方法和相关软件一同移交给接收单位。

7.2.3 电子文件的归档范围参照国家关于纸质文件材料归档的有关规定执行，并应包括相应的背景信息和元数据。

7.2.4 电子文件保管期限和密级的划分工作，参照国家关于纸质文件材料密级和保管期限的有关规定执行。电子文件的背景信息和元数据的保管期限应当与内容信息的保管期限一致。应在电子文件的机读目录上逐件标注保管期限的标识。

7.3 归档时间

逻辑归档可实时进行，物理归档应按照纸质文件的规定定期完成。

7.4 检测

在进行电子文件归档工作时，应对归档电子文件的基本技术条件进行检测，检测内容包括：硬件环境的有效性，软件环境的有效性及其信息记录格式、有无病毒感染等。

7.5 归档

电子文件的归档，按照鉴定标识进行。电子文件的归档可分两步进行，对实时进行的归档先做逻辑归档，然后定期完成物理归档。归档时，应充分考虑电子文件的技术环境、相关软件、版本、数据类型、格式、被操作数据、检测数据等技术因素。

7.5.1 逻辑归档

将电子文件的管理权从网络上转移至档案部门，在归档工作中，存储格式和位置暂时保持不变。

7.5.2 物理归档

7.5.2.1 凡在网络中予以逻辑归档的电子文件，均应定期完成物理归档。

7.5.2.2 把带有归档标识的电子文件集中，拷贝至耐久性好的载体上，一式3套，一套封存保管，一套供查阅使用，一套异地保存。对于加密电子文件，则应在解密后再制作拷贝。

7.5.2.3 本标准推荐采用的载体，按优先顺序依次为：只读光盘、一次写光盘、磁带、可擦写光盘、硬磁盘等。不允许用软磁盘作为归档电子文件长期保存的载体。

7.5.2.4 存储电子文件的载体或装具上应贴有标签，标签上应注明载体序号、全宗号、类别号、密级、保管期限、存入日期等，归档后的电子文件的载体应设置成禁止写操作的状态。

7.5.2.5 特殊格式的电子文件，应在存储载体中同时存有相应的查看软件。

7.5.2.6 将相应的电子文件机读目录、相关软件、其他说明等一同归档，并附《归档电子文件登记表》。

归档电子文件应以盘为单位填写《归档电子文件登记表》首页，以件为单位填写续页。

7.5.2.7 对需要长期保存的电子文件，应在每一个电子文件的载体中同时存有相应的机读目录。

7.5.2.8 归档完毕，电子文件形成部门应将存有归档前电子文件的载体保存至少1年。

8. 归档电子文件的整理

8.1 归档电子文件的整理按DA/T 22规定的要求进行。

8.2 归档电子文件以件为单位整理。

8.3 同一全宗内的电子文件按照年度—保管期限—机构(问题)或保管期限—年度—机构(问题)等分类方案进行分类。

8.4 按电子文件类别代码相对集中组织存储载体。

8.5 电子文件的著录应参照DA/T 18进行著录，同时按照保证其真实性、完整性和有效性的要求补充电子文件特有的著录项目和其他标识(参见本标准第5章中列举的责任者、操作者、背景信息、元数据等)。

8.6 将著录结果制成机读目录和纸质目录。

9. 归档电子文件的移交、接收与保管

9.1 移交、接收与保管要求

对归档电子文件，应按有关规定进行认真检验。在检验合格后将其如期移交至档案馆等档案保管部门，进行集中保管。在已联网的情况下，归档电子文件的移交和接收工作可在网络上进行，但仍需履行相应的手续。

9.2 移交、接收检验

9.2.1 文件形成单位在移交电子文件之前，档案保管部门在接收电子文件之前，均应对归档的每套载体及其技术环境进行检验，合格率达到100％时方可进行交接。

9.2.2 检验项目如下：

——载体有无划痕，是否清洁；

——有无病毒；

——核实归档电子文件的真实性、完整性、有效性检验及审核手续；

——核实登记表、软件、说明资料等是否齐全；

——对特殊格式的电子文件，应核实其相关的软件、版本、操作手册等是否完整。

检验结果分别由移交单位、接收单位填入《归档电子文件移交、接收检验登记表》的相应栏目。

9.2.3 档案保管部门应按照要求及检验项目对归档电子文件逐一验收。对检验不合格者，应退回形成单位重新制作，并再次对其进行检验。

9.3 移交手续

档案保管部门验收合格，完成《归档电子文件移交、接收检验登记表》的填写、签字、盖章环节。登记表一式2份，一份交电子文件形成单位，一份由档案保管部门自存。

9.4 保管要求

归档电子文件的保管除应符合纸质档案的要求外，还应符合下列条件：

a）归档载体应作防写处理。避免擦、划、触摸记录涂层。

b）单片载体应装盒，竖立存放，且避免挤压。

c）存放时应远离强磁场、强热源，并与有害气体隔离。

环境温度选定范围：17℃～20℃；相对湿度选定范围：35℃～45℃。

d）归档电子文件在形成单位的保管，也应参照上述条件。

9.5 有效性保证

9.5.1 归档电子文件的形成单位和档案保管部门每年均应对电子文件的读取、处理设备的更新情况进行一次检查登记。设备环境更新时应确认库存载体与新设备的兼容，应进行归档电子文件的载体转换工作，原载体保留时间不少于3年。保留期限满后可对擦写载体清除后重复使用，不可消除内容的载体应按保密要求进行处置。

9.5.2 对磁性载体每满2年、光盘每满4年进行一次抽样机读检验，抽样率不低于10％，如发现问题应及时采取恢复措施。

9.5.3 对磁性载体上的归档电子文件，应每4年转存一次。原载体同时保留时间不少于4年。

9.5.4 档案保管部门应定期将检验结果填入《归档电子文件管理登记表》。

9.6 迁移

随着系统设备更新或系统扩充，应及时对归档电子文件进行迁移，并填写《归档电子文件迁移登记表》。

9.7 利用

9.7.1 归档电子文件的封存载体不应外借。未经批准任何单位或人员不允许擅自复制电子文件。

9.7.2 利用时应使用拷贝件。

9.7.3 利用时应遵守保密规定。对具有保密要求的归档电子文件采用联网的方式利用时,应遵守国家或部门有关保密的规定,有稳妥的安全保密措施。

9.7.4 利用者对归档电子文件的使用应在权限规定范围之内。

9.8 归档电子文件的鉴定销毁

9.8.1 归档电子文件的鉴定销毁,参照国家关于档案鉴定销毁的有关规定执行,且应在办理审批手续后实施。

9.8.2 属于保密范围的归档电子文件,如存储在不可擦除载体上,应连同存储载体一起销毁,并在网络中彻底消除。不属于保密范围的归档电子文件可进行逻辑删除。

9.9 统计

档案保管部门应及时按年度对归档电子文件的接收、保管、利用和鉴定销毁情况进行统计。

国家重大建设项目文件归档要求与档案整理规范

(DA/T 28－2002)

(国家档案局　2002 年 11 月 29 日发布　2003 年 4 月 1 日实施)

1. 范围

本标准规定了国家重大建设项目(工程)(以下简称项目)文件归档与档案整理的要求和方法。

本标准适用国家重大建设项目的新建、扩建、改建和技术改造等项目的竣工文件编制、档案整理及竣工档案验收。其他建设项目可参照本标准。

2. 规范性引用文件

下列文件中的条款通过本标准的引用而成为本标准的条款。凡是注日期的引用文件,其随着所有的修改单(不包括勘误的内容)或修订版均不适用于本标准。然而,鼓励根据本标准达成协议的各方研究是否可使用这些文件的最新版本。凡是不注日期的引用文件,其最新版本适用于本标准。

GB/T 10609.3　技术制图　复制图的折叠方法

城市建设档案归属与流向暂行办法　国家档案局　档发字〔1997〕20 号

3. 术语和定义

下列术语和定义适用于本标准。

3.1　建设项目 construction project

指建筑、安装等形成固定资产的活动中,按照一个总体设计进行施工,独立组成的,在经济上统一核算、行政上有独立组织形式、实行统一管理的单位。

3.2　单项工程 unit of project

指建设项目(3.1)中具有独立设计文件、可独立组织施工,建成后可以独立发挥生产能力或工程效益的工程。

3.3　单位工程 subunit of project

指具有独立设计文件、可独立组织施工。但建成后不能独立发挥生产能力或工程效益的工程。

3.4　项目文件 records of project

指建设项目(3.1)在立项、审批、招投标、勘察、设计、施工、监理及竣工验收全过程中形成的文字、图表、声像等形式的全部文件.包括项目前期文件(3.5)、项目竣工文件(3.6)和项目竣工验收文件(3.10)等。

3.5 项目前期文件 prophase records of project

指工程开工以前在立项、审批、招投标、勘察、设计以及工程准备过程中形成的文件。

3.6 项目竣工文件 records on completion of project

指项目竣工时形成的反映施工(指建筑、安装)过程和项目真实面貌的文件,主要由项目施工文件(3.7)、项目竣工图(3.8)和监理文件组成(3.9)。

3.7 项目施工文件 Implementing records of project

指项目施工过程中形成的反映项目建筑、安装情况的文件。

3.8 项目竣工图 drawing on completion of project

指项目竣工后按照工程实际情况所绘制的图纸。

3.9 项目监理文件 records of supervision

指监理单位对项目工程质量、进度和建设资金使用等进行控制的文件。

3.10 项目竣工验收文件 records of test on completion

指项目竣工后试运行中以及项目竣工验收时形成的文件。

3.11 项目档案 archives of project

指经过鉴定、整理并归档的项目文件(3.4)。

3.12 项目文件归档 filing of project records

建设项目(3.1)的设计、施工、监理单位在项目完成时向建设单位或受委托的承包单位移交经整理的全部相应文件;项目建设单位各机构将项目各阶段形成并经过整理的文件定期报送档案管理机构。

3.13 项目档案移交 transfer of project archives

项目竣工验收后。建设单位根据合同、协议和规定向业主单位、生产使用单位、项目主管部门及有关档案管理部门移交有关项目档案(3.11)。

4. 总则

4.1 项目建设单位(业主、项目法人)负责组织、协调和指导勘察设计单位、施工单位和监理单位编制项目竣工文件和整理项目文件。

4.2 在签订项目设计、施工及监理合同、协议时,应设立专门条欺,明确有关方面提交相应项目文件以及所提交文件的整理、归档责任。

4.3 项目文件的收集、整理、归档和项目档案的移交应与项目的立项准备、建设和竣工验收同步进行。项目档案应完整、准确、系统。

4.4 建设单位、勘察单位、设计单位、施工单位、监理单位和材料、构件及设备供应单位应根据本规范的要求,完成各自职责范围或合同规定的竣工文件的编制和项目文件整理、归档工作。

5. 项目文件的收集

5.1 项目文件的形成和积累

项目文件产生于项目建设金过程,其形成、积累和管理应列入项目建设计划和有关部门及人员的职责范围、工作标准或岗位责任制,并有相应的检查、控制及考核措施。

5.2 项目建设各阶段文件的收集及其责任

5.2.1 项目准备阶段

建设单位各机构负责收集、积累和整理项目前期文件以及设备、工艺和涉外文件；勘察、设计单位负责收集、积累勘察、设计文件，并按规定向建设单位档案部门提交有关设计基础资料和设计文件。

5.2.2 项目施工阶段

项目实行总承包的，由各分包单位负责其分包项目全部文件的收集、积累、整理，并提交总承包单位汇总；由建设单位分别向几个单位发包的。由各承包单位负责收集、积累其承包项目的全部文件；项目监理单位负责收集，积累项目监理文件。

建设单位委托的项目监理单位负责监督、检查项目建设中文件收集、积累和完整、准确、系统情况，审核、签署竣工文件。并向建设单位提交有关专项报告、验证材料及其他监理文件。

5.2.3 项目试运行阶段

试运行单位负责收集、积累在生产技术准备和试运行中形成的文件；项目器材供应、财务管理单位或部门应负责收集、积累所承建项目的器材供应和财务管理中形成的文件。

5.3 收集范围

反映与项目有关的重要职能活动、具有查考利用价值的各种载体的文件，应收集齐全，归入建设项目档案。

项目文件归档范围和保管期限见附录A。

5.4 收集时间

各类文件应按文件形成的先后顺序或项目完成情况及时收集；引进技术、设备文件应首先由建设单位或接受委托的承包单位登记、归档，再行译校、复制和分发使用。

5.5 项目文件质量要求

5.5.1 字迹清楚，图样清晰，图表整洁，签字认可手续完备。

5.5.2 需永久、长期保存的文件不应用易褪色的书写材料（红色墨水、纯蓝墨水、圆珠笔、复写纸、铅笔等）书写、绘制。

5.5.3 复印、打印文件及照片的字迹、线条和影像的清晰及牢固程度应符合设备标定质量的要求。

5.5.4 录音、录像文件应保证载体的有效性。

5.5.5 长期存储的电子文件应使用不可擦除型光盘。

6. 项目竣工文件的编制

6.1 竣工文件编制要求

6.1.1 项目施工及调试完成后，施工单位、监理单位应根据工程实际情况和行业规定、标准以及合同规定的要求编制项目竣工文件。

6.1.2 竣工文件由施工单位负责编制，监理单位负责审核。主要内容有：施工综和管理文件、测量文件、原始记录及质量评定文件、材料（构、配件）质量保证书及复试文件、测试（调试）及随工检查记录、建筑及安装工程总量表、工程说明、竣工图、重要工程质量事故报告等。

6.1.3 根据附录A及建设项目实际情况，进一步收集所缺少的重要文件；文件数量未满足合同或协议规定份数的，应按要求复制补齐。

6.1.4 对施工文件、施工图及设备技术文件的准确性和更改情况进行核实，并按要求修改成补充标注到相应的文件上。

6.1.5 与施工图有关的设计变更、现场洽商和材料变更可与竣工图编在一起，也可以单独组卷，但应由项目主管部门或建设单位作出统一规定。

6.1.6 凡为易褪色材料（如复写纸、热敏纸等）形成的并需要永久和长期保存的文件，应附一份复印件。

6.2 竣工图编制要求

6.2.1 各项新建、扩建、改建、技术改造、技术引进项目，在项目竣工时要编制竣工图。项目竣工图应由施工单位负责编制。如行业主管部门规定设计单位编制或施工单位委托设计单位编制竣工图的，应明确规定施工单位和监理单位的审核和签认责任。

6.2.2 竣工图应完整、准确、清晰、规范、修改到位，真实反映项目竣工验收时的实际情况。

6.2.3 按施工图施工没有变动的，由竣工图编制单位在施工图上加盖并签署竣工图章。

6.2.4 一般性图纸变更及符合更改或划改要求的变更。可在原图上更改，加盖并签署竣工图章。

6.2.5 涉及结构形式、工艺、平面布置、项目等重大改变及图面变更面积超过35%的，应重新绘制竣工图。重绘图按原图编号，末尾加注“竣”字，或在新图图标内注明“竣工阶段”加盖并签署竣工图章。

6.2.6 同一建筑物、构筑物重复的标准图、通用图可不编入竣工图中，但应在图纸目录中列出图号，指明该图所在位置并在编制说明中注明；不同建筑物、构筑物应分别编制。

6.2.7 建设单位应负责或委托有资质的单位编制项目总平面图和综合管线竣工图。

6.2.8 竣工图图幅应按GB/T 10609.3要求统一折叠。

6.2.9 编制竣工图总说明及各专业的编制说明，叙述竣工图编制原则、各专业目录及编制情况。

6.3 竣工图的更改方法

6.3.1 文字、数字更改一般是杠改；线条更改一般是划改；局部图形更改可以圈出更改部位，在原图空白地重新绘制。

6.3.2 利用施工图更改，应在更改处注明更改依据文件的名称、日期、编号和条款号。

6.3.3 无法在图纸上表达清楚的，应在标题栏上方或左边用文字说明。

6.3.4 图上各种引出说明应与图框平行，引出线不交叉，不遮盖其他线条。

6.3.5 有关施工技术要求或材料明细表等有文字更改的，应在修改变更处进行杠改。当更改内容较多时，可采用注记说明。

6.3.6 新增加的文字说明，应在其涉及的竣工图上作相应的添加和变更。

6.4 竣工图章的使用

6.4.1 竣工图章内容、尺寸如图1(略)所示。

6.4.2 所有竣工图应由编制单位逐张加盖并签署竣工图章。竣工图章中的内容填写应齐全、清楚,不得代签。

6.4.3 行业主管部门规定由设计单位编制竣工图的,可在新图中采用竣工图标,并按要求签署竣工图标。竣工图标的内容格式由行业统一规定。

6.4.4 竣工图章应使用红色印泥,盖在标题栏附近空白处。

6.5 竣工图的审核

6.5.1 竣工图编制完成后,监理单位应督促和协助竣工图编制单位检查其竣工图编制情况,发现不准确或短缺时要及时修改和补齐。

6.5.2 竣工图内容应与施工图设计、设计变更、洽商、材料变更,施工及质检记录相符合。

6.5.3 竣工图按单位工程、装置或专业编制,并配有详细编制说明和目录。

6.5.4 竣工图应使用新的或干净的施工图,并按要求加盖并签署竣工图章。

6.5.5 一张更改通知单涉及多图的,如果图纸不在同一卷册的,应将复印件附在有关卷册中,或在备考表中说明。

6.5.6 国外引进项目、引进技术或由外方承包的建设项目,外方提供的竣工图应由外方签字确认。

6.6 竣工图套数

项目竣工图一般为两套,由建设单位向业主和生产(使用)单位移交;建设项目主管单位或上级主管机关需要接收的,按主管机关的要求办理。按照FIDIC《设计—建造与交钥匙工程合同条件》建设的项目。竣工图套数按合同条件的规定提交。在大中城市规划区范围内的重点建设项目,应根据《城市建设档案归属与流向暂行办法》第五条的规定,另编制一份与城市建设、规划及其管理有关的主要建筑物及综合管线竣工图。

6.7 编制竣工图的费用

6.7.1 编制竣工图所需的费用应在项目建设投资中解决,由建设单位或有关部门在与承包单位签订合同时确定。

6.7.2 施工单位应向建设单位提交两套属于职责范围内形成的竣工文件,其费用由施工单位负责。

6.7.3 建设单位主管部门要求增加套数或行业主管部门要求由设计单位负责编制竣工图的,费用由建设单位负责。

6.7.4 因修改需重新绘图的,除合同规定外,应由设计单位负责绘制新图的费用。

6.8 合同要求

6.8.1 建设项目中各方应以合同形式约定竣工图编制和提交的责任;可在施工合同或设计合同中明确,也可单独签订竣工图编制合同。

6.8.2 由施工单位编制竣工图的,应在设计合同中明确留作竣工图用的施工图套数(包括必须套数和主管机关要求套数),以及因修改增加新图的责任;凡由设计单位编制竣工图的,可单独签订竣工图编制合同。

6.8.3 施工合同中应明确施工单位提交建设单位项目档案的名称、内容、版本、套数、时间、费用、质量要求及违约责任。

6.8.4 监理合同中应明确监理单位对竣工文件审核和向建设单位提交监理档案的责任。

7. 项目文件的整理与归档

7.1 项目文件的整理

7.1.1 建设项目所形成的全部项目文件在归档前应根据国家有关规定，并按档案管理的要求，由文件形成单位进行整理。

7.1.2 建设单位各机构形成或收到的有关建设项目的前期文件、设备技术文件、竣工试运行文件及验收文件，应根据文件的性质、内容分别按年度、项目的单项或单位工程整理。

7.1.3 勘察、设计单位形成的基础材料和项目设计文件，应按项目或专业整理。

7.1.4 施工技术文件应按单项工程的专业、阶段整理；检查验收记录、质量评定及监理文件按单位工程整理。

7.1.5 设备、技术、工艺、专利及商检索赔文件应由承办单位整理；现场使用的译文及安装调试形成的非标准图、竣工图、设计变更、试运行及维护中形成的文件，工程事故处理文件由施工单位整理。

7.2 项目文件的组卷

7.2.1 组卷要遵循项目文件的形成规律和成套性特点，保持卷内文件的有机联系；分类科学，组卷合理；法律性文件手续齐备，符合档案管理要求。

7.2.2 项目施工文件按单项工程、单位工程或装置、阶段、结构、专业组卷；项目竣工图按建筑、结构，水电、暖通、电梯、消防、环保等顺序组卷；设备文件按专业、台件等组卷；管理性文件按问题、时间或项目依据性、基础性、竣工验收文件组卷；监理文件按文种组卷；原材料试验按单项工程、单位工程组卷。

7.2.3 案卷及卷内文件不重份；同一卷内有不同保管期限的文件，该卷保管期限从长。

7.3 案卷与卷内文件的排列

7.3.1 管理性文件按问题、时间或重要程度排列。

7.3.2 施工文件按管理、依据、建筑、安装、检测实验记录、评定、验收排列。

7.3.3 设备文件按依据性、开箱验收、随机图样、安装调试和运行维修等顺序排列。

7.3.4 竣工图按专业、图号排列。

7.3.5 卷内文件一般文字在前，图样在后；译文在前，原文在后；正件在前，附件在后；印件在前，定(草)稿在后。

7.4 案卷编目

7.4.1 卷内文件页号的编写

卷内文件有书写内容的页面均应编写页号，页号编写位置：单面书写文件在右下角；双面书写文件，正面在右下角，背面在左下角；图样的页号编写在右下角，或标题栏外右上方；成套图样或印刷成册文件，不必重新编写页号。各卷之间不连续编页号。

7.4.2 卷内目录的编制、卷内目录包括的内容如下：

——序号,应用阿拉伯数字从1起依次标注卷内文件的顺序,一个文件一个号;

——文件编号,应填写文件文号或图样的图号,或设备、项目代号;

——责任者,应填写文件形成部门或主要责任者;

——文件题名,应填写文件标题全称;

——日期,应填写文件形成日期;

——页号,应填写每份文件首尾页上标注的页号;

——备注(需要时填写)。

7.4.3 案卷封面和脊背的编制

案卷封面可采用案卷外封面和案卷内封面两种形式,主要内容如下:

——案卷题名,应简明、准确地揭示卷内文件的内容。主要包括项目名称、代字、代号及结构、部件、阶段的代号和名称等;项目名称应与批准的原立项、设计(包括代号)相符;归档外文资料的题名及主要内容应译成中文;

——立卷单位,应填写文件组卷部门或项目负责部门;

——起止日期,应填写卷内文件形成的起止日期;

——保管期限,应依据有关规定填写组卷时划定的保管期限;

——密级,应依据保密规定填写卷内文件的最高密级;

——档号,应依据建设单位提供的项目档案分类编号方案,填写档案的项目代号、分类号和案卷流水号。

案卷脊背,应填写保管期限、档号和案卷题名或关键词。

案卷封面及脊背的档号,暂用铅笔填写;移交后由接收单位统一正式填写。

7.4.4 卷内备考表

——卷内备考表要标明卷内文件的件数、页数。不同载体文件的数量(见示例),说明组卷情况,如立卷人、检查人、立卷时间等。

示例:文字材料20件,100页,照片10张,附图1张。

——卷内备考表排列在卷内文件之后。

——互见号应填写反映同一内容而形式不同且另行保管的档案保管单位的档号,并注明其载体形式。

7.5 案卷装订要求

7.5.1 文字材料可采用整卷装订与单份文件装订两种形式;图纸可不装订,但同一项目应统一。

7.5.2 案卷内不应有金属物。

7.5.3 单份文件装订时,应在卷内每份文件首页右上方加盖、填写档号章。档号章内容有:档号、序号。

7.5.4 外文资料应保持原来的案卷及文件排列顺序、文号及装订形式。

7.6 卷皮、卷内表格规格及制成材料

7.6.1 卷皮一般采用卷盒、卷夹两种.其外表规格为310mm×220mm。厚度分别为10mm,20mm,30mm,40mm,50mm,用牛皮纸板双裱压制。

7.6.2 案卷内封面、卷内目录、备考表的尺寸为297mm×210mm。

7.6.3 卷盒和卷内表格印制应清晰端正。

7.7 声像材料整理

声像材料整理时应附文字说明，对事由、时间、地点、人物、作者等内容进行著录。

7.8 项目文件的归档

7.8.1 建设单位各机构、各施工承包单位、监理单位应在建设项目完成后，将经整理、编目后所形成的项目文件按合同协议规定的要求，向建设单位档案管理机构归档。

7.8.2 根据基本建设程序和项目特点，归档可按阶段分期进行，也可在单项工程或单位工程完成并通过竣工验收后与竣工验收文件一并归档。

7.8.3 归档文件应完整、成套、系统。应记述和反映建设项目的规划、设计、施工及竣工验收的全过程；真实记录和准确反映项目建设过程和竣工时的实际情况，图物相符、技术数据可靠、签字手续完备；文件质量应符合5.5的规定。

7.8.4 勘察、设计、施工及监理单位需要向本单位归档的文件，应按国家有关档案管理的规定和附录A的要求单独立卷归档。

7.8.5 外文资料应将题名、卷内章节目录译成中文，经翻译人、审校人签署的译文稿与原文一起归档。

7.9 项目文件的归档审查

施工单位在项目竣工文件收集、编制和整理后，应依次由竣工文件的编制方、质监部门、监理部门对文件的完整、准确情况和案卷质量进行审查或三方会审；经建设单位确认并办理交接手续后连同审查记录全部交建设单位档案管理机构。

7.10 项目文件的归档时间

除受委托进行项目档案汇总整理外，各施工承包单位应在项目实体完成后三个月内将项目文件向建设单位归档；有尾工的应在尾工完成后及时归档。

8. 项目档案的整理与移交

8.1 项目档案的整理

全部项目档案的汇总整理应由建设单位负责进行或组织。其内容包括：

a)根据专业主管部门的建设项目档案分类编号规则以及项目实际情况，设计、制定统一的项目档案分类编号体系。小型项目直接按项目、结构或专业分类；大中型项目按工程或专业分类，下设属类。

b)依据项目档案分类编号体系对全部项目档案进行统一的分类和编号；生产使用单位需要按企业档案统一进行分类和编号的，建设单位(并责成设计、施工及监理单位)可用铅笔临时填写档案号。

c)对全部项目档案进行清点、编目，并编制项目档案案卷目录及档案整理情况说明。

d)负责贯彻执行国家及本行业的技术规范及各种技术文件表格。

8.2 项目档案的移交

8.2.1 项目档案验收合格后，建设单位应按合同及规定的要求，在项目正式通过竣工验收后三个月内，向生产使用单位及其他有关单位办理档案移交。凡分期或分机组的项目，应在每期或每机组正式通过竣工验收后办理档案移交。

8.2.2 建设单位与业主单位、生产使用单位及其他有关单位应办理项目档案移交手续，明确档案移交的内容、案卷数、图纸张数等，并有完备的清点、签字等交接手续；建设单位转为生产单位的，按企业档案管理要求办理。

8.2.3 竣工验收以后，在大中城市规划区范围内的重要建设项目，建设单位应在6个月内向城市建设档案接收单位报送与城市规划、建设及其管理有关的项目档案。

档案工作基本术语

(DA/T 1－2000)

(国家档案局 2000 年 12 月 6 日发布 2001 年 1 月 1 日实施)

1. 范围

本标准确定了档案工作的基本术语及其定义。

本标准适用于档案工作、文书工作及有关领域。

2. 一般概念

2.1 档案 archives

国家机构、社会组织或个人在社会活动中直接形成的有价值的各种形式的历史记录。

2.2 档案价值 archival value

档案(2.1)对国家机构、社会组织或个人的有用性。

2.3 档案工作 archives work

管理档案(2.1)和档案(2.1)事业的活动

2.4 档案管理 archives management

档案(2.1)的收集(3.1)、整理(5.1)、保管(8.1)、鉴定(4.1)、统计(9.1)和提供利用(7.1)的活动。

2.5 档案学 archial science

研究档案(2.1)的形成规律、性质、特点以及档案工作(2.3)方法与发展规律的科学。

2.6 公共档案 public archives

国家机构或其他公共组织在公务活动中形成的为社会所有的档案(2.1)。

2.7 私人档案 private archives

私人或私人组织在社会活动中形成的为私人所有的档案(2.1)。

2.8 文书档案 administrative archives

反映党务、行政管理等活动的档案(2.1)。

2.9 科学技术档案 scientific and technical archives

反映科学技术研究、生产、基本建设等活动的档案(2.1)。

2.10 专业档案 specialized archives

反映专门领域活动的档案(2.1)。

2.11　音像档案 audio－visual archives

记录声音或影像的档案(2.1),包括照片、影片、录音带、录像带等。

2.12　文件 record;document

国家机构、社会组织或个人在履行其法定职责或处理事务中形成的各种形式的信息记录。

2.13　电子文件 electronic record

以数码形式记录于磁带、磁盘、光盘等载体(8.8),依赖计算机系统阅读、处理并可在通信网络上传输的文件(2.12)。

2.14　原件 original document

最初产生的区别于复制件(2.15)的原始文件(2.12)。

2.15　复制件 copy; duplicated document

与原件(2.14)内容相同的复制品。

2.16　文稿 draft; manuscript

文件(2.12)起草过程中形成的历次稿子,可分为草稿和定稿两种。

2.17　文本 text; version

同一文件(2.12)由于作用不同而形成不同的版本,可分为正本(2.18)、副本(2.19)、试行本、修订本、各种文字文本(2.17)等。

2.18　正文 official text

有规范格式和生效标志的正式文本(2.17)。

2.19　副本 copy; duplicate

再现正本(2.18)内容和形式特征的复本,备存查和通知有关方面之用。

2.20　手稿 manuscripts

由作者用手写或打字等方式制作的原稿。

2.21　文种 record type

按性质和用途确定的文件(2.12)种类的名称。

2.22　档案行政管理部门 archival administrative department

具有政府行政管理职能的档案(2.1)事业管理机构。

2.23　档案室 record office

国家机构、企事业单位或其他社会组织内部设置的集中管理本单位档案(2.1)的专门机构。

2.24　档案馆 archives

集中管理特定范围档案(2.1)的专门机构。

2.24.1　综合档案馆 comprehensive archives

按照行政区划或历史时期设置的管理规定范围内多种门类档案(2.1)的具有文化事业机构性质的档案馆(2.24)。

2.24.2　专业档案馆 specialized archives

管理特定范围专业档案(2.10)的档案馆(2.24)。

2.24.3　部门档案馆 departmental archives

专业主管部门设置的管理本部门及其直属机构档案(2.1)的档案馆(2.24)。

2.24.4 企业档案馆 business archives

企业设置的管理本企业档案(2.1)的档案馆(2.24)。

2.24.5 事业单位档案馆 institutional archives

事业单位设置的管理本单位档案(2.1)的档案馆(2.24)。

2.25 档案资料目录中心 archival descriptive information centre

集中管理若干档案馆(2.24)、档案室(2.23)特定范围档案(2.1)资料目录并提供检索服务的专门机构。

2.26 文件中心 records centre

介于文件形成机构和档案馆之间的中间性或过渡性文件管理机构。

3. 档案收藏

3.1 收集 acquisition；collection

档案馆(2.24)、档案室(2.23)接收(3.1.3)及征集(3.1.4)档案(2.1)和其他有关文献的活动。

3.1.1 归档 filing

办理完毕且具有保存价值的文件(2.12)经系统整理(5.1)交档案室(2.23)或档案馆(2.24)保存的过程。

3.1.2 移交 transfer

档案室(2.23)或档案馆(2.24)等按照国家规定把档案(2.1)交给接受方档案馆(2.24)保存的过程。

3.1.3 接收 accession

档案馆(2.24)、档案室(2.23)按照国家规定收存档案(2.1)的过程。

3.1.4 征集 acquisition

档案馆(2.24)按照国家规定征收散存档案(3.6)、散失档案(3.7)和其他有关文献的活动。

3.2 寄存 deposit

档案(2.1)所有者在保持其法定所有权的情况下，将档案(2.1)存放在档案馆(2.24)的行为。

3.3 捐赠 donation

档案(2.1)所有者将档案(2.1)无偿赠送给档案馆(2.24)的行为。

3.4 交换 exchange

国家(地区)之间、档案(2.1)部门之间、档案(2.1)部门与其他部门之间按照法规或协定互换档案(2.1)和其他文献的活动。

3.5 馆藏 holdings

档案馆(2.24)收藏的档案(2.1)及其他藏品的总和。

3.6 散存档案 estray

未保存在法定保管处所的档案(2.1)。

3.7 散失档案 removed archives

从原形成国家(地区)散失到国外的档案(2.1)。

4. 档案鉴定

4.1　鉴定 appraisal

判定档案(2.1)真伪和价值的过程。

4.2　保管期限 retention period

对档案(2.1)划定的存留年限。

4.3　保管期限表 records retention schedule

规定档案(2.1)保管期限(4.2)的文件(2.12)。

4.4　销毁 destruction

经过鉴定对失去价值的档案(2.1)作毁灭性处置的过程。

4.5　销毁清册 destruction list

登录被销毁(4.4)档案(2.1)题名、数量等内容并由责任人签署的文件(2.12)。

5. 档案整理

5.1　整理 archival arrangement

按照一定原则对档案(2.1)实体进行系统分类、组合、排列、编号和基本编目(6.2),使之有序化的过程。

5.2　来源原则 principle of provenance

把同一机构、组织或个人形成的档案(2.1)作为一个整体加以管理的原则。

5.3　档案实体分类 physical archives classification

根据档案(2.1)的来源、形成时间、内容、形式等特征对档案(2.1)实体进行的分类。

5.4　立档单位 fonds constituting unit

构成档案(2.1)全宗(5.5)的国家机构、社会组织或个人。

5.5　全宗 fonds

一个国家机构、社会组织或个人形成的具有有机联系的档案(2.1)整体。

5.6　联合全宗 combined fonds

由两个或两个以上立档单位(5.4)形成的互有联系不易区分全宗(5.5)而作为一个全宗(5.5)对待的档案(2.1)整体。

5.7　汇集全宗 collected fonds

由若干个文件(2.12)数量很少且具有某些共同特征或联系的小全宗(5.5)组成的作为一个全宗对待的档案整体。

5.8　全宗群　fonds complex

由若干个具有时间、地区、性质等共同特征的全宗(5.5)组成的群体。

5.9　案卷 file

由互有联系的若干文件(2.12)组合成的档案(2.1)保管(8.1)单位。

5.10　立卷 filing

将若干文件(2.12)按形成规律和有机联系组成案卷(5.9)的过程。

5.11　卷内备考表 file note

卷内文件状况的记录单,排列在卷内文件(2.12)之后。

5.12 档号 archival code

以字符形式赋予档案(2.1)实体的用以固定和反映档案(2.1)排列顺序的一组代码。

6. 档案检索

6.1 检索 retrieval

存储和查找档案(2.1)信息的过程。

6.2 编目 cataloguing;description

按照一定的规则进行档案(2.1)著录(6.5)并将条目组织成目录(6.11)的过程。

6.3 档案信息分类 archival information classification

以国家机构、社会组织的职能分工为基础,结合档案(2.1)内容所记述和反映事物的属性关系对档案(2.1)信息进行的分类。

6.4 条目 entry

反映文件(2.12)或案卷(5.9)内容与形式特征的著录(6.5)项目的组合。

6.5 著录 description

对档案(2.1)内容和形式特征进行分析、选择和记录的过程。

6.6 标引 indexing

对档案(2.1)内容进行主题分析,赋予检索(6.1)标识的过程。

6.6.1 分类标引 classified indexing

对档案(2.1)内容进行主题分析,赋予分类号标识的过程。

6.6.2 主题标引 subject indexing

对档案(2.1)内容进行主题分析,赋予主题词(6.8)标识的过程。

6.6.3 受控标引 controlled indexing

依据主题词表等控制工具进行的标引(6.6)。

6.6.4 自由标引 free indexing

不用主题词表等控制工具而直接使用关键词(6.7)等自然语言进行的标引(6.6)。

6.7 关键词 keyword

在标引(6.6)和检索(6.1)过程中,取自文件(2.12)、案卷(5.9)题名或正文用以表达文献主题并具有检索(6.1)意义的非规范化的词或词组。

6.8 主题词 descriptor

在标引(6.6)和检索(6.1)中用以表达文献主题的规范化的词或词组。

6.9 档案主题词表 archives thesaurus 由表达档案(2.1)内容主题的自然语言中优选出的语义相关、族性相关的科学术语所组成的规范化词典。在档案(2.1)标引(6.6)与检索(6.1)过程中,它是用以将档案(2.1)、标引(6.6)人员及用户的自然语言转换为统一的主题词(6.8)检索(6.1)语言的一种术语控制工具。

6.10 检索工具 finding aid

用于存储、查找和报道档案(2.1)信息的系统化文字描述工具,是目录(6.11)、索引(6.12)、指南等的统称。

6.11 目录 catalogue

由揭示档案特征(2.1)的条目(6.4)汇集而成并按照一定次序编排的档案(2.1)检索

工具(6.10)。

6.11.1 案卷目录 folder list;file list

以全宗(5.5)为单位登录案卷的题名及其他特征并按案卷号次序编排而成的一种档案目录。

6.11.2 卷内文件目录 innerfile item list

登录卷内文件(2.12)题名和其他特征并固定文件(2.12)排列次序的表格,排列在卷内文件(2.12)之前。

6.11.3 案卷文件目录 file—item list

全引目录 file—item list

以全宗(5.5)为单位将案卷目录(6.11.1)与卷内文件目录(6.11.2)相结合按一定次序编排而成的一种档案(2.1)目录(6.11)。

6.11.4 分类目录 classified catalogue

依据分类表按照分类标识以一定次序编排而成的一种档案(2.1)目录(6.11)。

6.11.5 主题目录 subject catalogue

依据主题词表按照主题标识以一定次序编排而成的一种档案(2.1)目录(6.11)。

6.11.6 专题目录 subject catalogue

按照特定专题以一定次序编排而成的一种档案(2.1)目录(6.11)。

6.12 索引 index

指明档案(2.1)或目录(6.11)的某种特征,以一定次序编排并注明相应出处的档案(2.1)检索工具(6.10)。

6.12.1 文号索引 record number index

指明文件(2.12)编号及相应档号(5.12),以一定次序编排而成的一种档案(2.1)索引(6.12)。

6.12.2 人名索引 name index

指明人名及相应档号(5.12),以一定次序编排而成的一种档案(2.1)索引(6.12)。

6.12.3 地名索引 place name index

指明地名及相应档号(5.12),以一定次序编排而成的一种档案(2.1)索引(6.12)。

6.13 档案馆指南 guide to an archives

介绍和报道档案馆(2.24)基本情况、馆藏(3.5)档案(2.1)和有关文献,指导利用者查阅利用的一种档案(2.1)检索工具(6.10)。

6.14 全宗指南 guide to an archival fonds

全宗介绍 introduction to an archival fonds

介绍和报道立档单位及其所形成档案情况的一种档案(2.1)检索工具(6.10)。

6.15 专题指南 guide to subject records

专题介绍 introduction to subject records

介绍和报道某一专题档案情况的一种档案(2.1)检索工具(6.10)。

7. 档案利用

7.1 利用 access and use

利用者以阅读、复制(8.23)、摘录等方式使用档案(2.1)的活动。

7.2 开放 opening

档案馆(2.24)将达到一定期限、无需控制使用的档案(2.1)向社会公开提供利用(7.1)的活动。

7.3 公布 publishing

将档案(2.1)或档案(2.1)的特定内容通过某种形式首次公布于众。

7.4 咨询服务 reference service

档案馆(2.24)、档案室(2.23)答复询问,指导和帮助利用(7.1)的活动。

7.5 档案证明 archival evidence

依据档案(2.1)的记载出具的凭证性文件(2.12)。

7.6 档案展览 exhibition

按一定主题展示档案(2.1)的活动。

7.7 阅览室 reading room

档案馆(2.24)、档案室(2.23)内供利用者阅览档案(2.1)的专门场所。

7.8 密级 security classification

档案(2.1)文件(2.12)保密程度的等级。

7.9 降密 downgrade

降低档案(2.1)文件(2.12)的原有保密等级。

7.10 解密 declassification

解除已失去保密价值档案(2.1)文件(2.12)的保密限制。

7.11 编纂 compilation

按照一定的题目、体例和方法编辑档案(2.1)文献的活动。

7.12 大事记 chronicle of events

按照时间顺序简要记述一定范围内发生的重大事件、重要活动的一种档案(2.1)参考资料。

7.13 组织沿革 administrative history

系统记述一个机构(地区、行业)体制、职能等基本状况变迁过程的一种档案(2.1)参考资料。

7.14 基础数字汇集 collection of essential data

以数量特征反映一个地区(机构、行业)基本情况的一种档案(2.1)参考资料。

7.15 专题概要 thematic summary

简要记述某一特定的社会事物或自然现象产生、发展、变化情况的一种档案(2.1)参考资料。

7.16 档案出版物 archival publications

以档案(2.1)、档案工作(2.3)、档案学(2.5)为基本内容的出版物。

8. 档案的保管与保护

8.1 保管 custody

维护档案(2.1)的完整与安全的活动。

8.2 保护 conservation

防止档案(2.1)受损,延缓档案(2.1)退变(8.10)和抢救、修复(8.17)受损档案(2.1)的活动。

8.3 全宗卷 fonds descriptive file

由说明全宗(5.5)历史和现状的有关文件(2.12)材料组成的专门案卷(5.9)。

8.4 档案馆建筑 archives building

档案馆(2.24)专用的内设档案库房(8.5)、工作用房和利用(7.1)服务场所的建筑物。

8.5 档案库房 archival reposirory

收藏档案(2.1)的专门用房。

8.6 档案装具 archives container

用于存放档案(2.1)的器具,包括档案柜、档案架、档案盒等。

8.7 密集架 compact shelving

为节省空间而设计的可在轨道上水平移动的活动存储装置。

8.8 载体 medium

介质 medium

可将信息记录于其上或其中的物质材料。

8.9 耐久性 durability

档案(2.1)记录材料在保存和使用情况下保持其原有物理强度和化学稳定性的程度。

8.10 退变 deterioration

档案(2.1)记录材料因理化或生物作用而逐步老化变质直至损毁的过程。

8.11 修复 restoration

使受损或退变(8.10)档案(2.1)恢复或接近原有特征,或对其进行加固(8.12)的过程。

8.12 加固 reinforcement

将某种材料附着在档案(2.1)载体(8.8)上,以提高其强度和耐久性或使字迹得以保护(8.2)的技术。

8.13 修裱 mounting

使用黏合剂把选定的纸张修补或托裱在已破损的档案(2.1)上,以恢复或增强其强度和耐久性的技术。

8.14 适宜性原则 principle of compatibility

档案(2.1)修复(8.11)工作应遵循的原则之一,即所用修复(8.11)材料必须有最适宜的强度和特性。

8.15 相似性原则 principle of similarity

档案(2.1)修复(8.11)工作应遵循的原则之一,即所选用的修复(8.11)材料必须与被修复件具有相类似的厚度、颜色和结构等。

8.16 可逆性原则 principle of reversibility

档案(2.1)修复(8.11)工作应遵循的原则之一,即档案(2.1)在修复(8.11)处理后,如有必要可通过再处理恢复到处理前的状态。

8.17 加湿 humidification

a) 增加档案库房(8.5)内相对湿度的方法。b) 将过去干燥和易碎文件(2.12)放在蒸气室或有潮湿空气的容器内,使之逐步吸收水分以增加柔性的方法。

8.18 去湿 dehumidification

降低档案库房(8.5)内相对湿度的方法。

8.19 脱酸 deacidification

为去除或降低纸质材料中的酸,用弱碱对其进行处理的技术。

8.20 去污 cleaning

清除档案(2.1)上的污垢和灰尘的方法。

8.21 熏蒸 fumigation

在密闭环境下,将档案(2.1)置于易挥发物质或有毒化学物质产生的气体中以杀灭害虫和菌类的方法。

8.22 防灾规程 disaster plan

为防止或减少灾害对档案(2.1)造成破坏而制定的应对方针和工作程序。

8.23 复制 reprography

利用复印、缩微摄影、磁盘拷贝、复写、印刷等手段生成内容与档案(2.1)原件相同的复制品的技术和方法。

8.24 档案缩微品 archival microform

含有档案(2.1)缩微影像的各种载体(8.8)(通常是胶片)的通称。

9. 档案统计

9.1 统计 statistics

对反映和说明档案(2.1)及档案工作(2.3)现象的数量特征进行搜索、整理(5.1)和分析的活动。

9.2 登记 registration

登录档案(2.1)和档案管理(2.4)有关数据的过程。

9.3 统计指标 statistical target

反映档案(2.1)和档案工作(2.3)现象的指标名称及其数值。

9.4 统计报表 statistical form

由档案行政管理部门(2.22)下达的具有统一制式、用于档案(2.1)数据统计(9.1)的表册。

9.5 统计分析 statistical analysis

对统计(9.1)资料进行综合归类、比较研究,以揭示档案(2.1)、档案工作(2.3)内在联系与发展规律的活动。

9.6 全宗卡片 fonds card

档案馆(2.24)向档案行政管理部门(2.22)填报的以全宗(5.5)为单位反映馆藏(3.5)全宗(5.5)情况的卡片。

9.7 全宗单 fonds management sheet

以全宗(5.5)为单位反映档案馆(2.24)对全宗(5.5)管理状况的登记单。

归档文件整理规则

（DA/T 22－2000）

（国家档案局　2000 年 12 月 6 日发布　2001 年 1 月 1 日实施）

1. 范围

本标准规定了归档文件整理的原则和方法。

本标准适用于各级机关、团体和其他社会组织。

2. 定义

本标准采用下列定义。

2.1　归档文件

立档单位在其职能活动中形成的、办理完毕、应作为文书档案保存的各种纸质文件材料。

2.2　归档文件整理

将归档文件以件为单位进行装订、分类、排列、编号、编目、装盒，使之有序化的过程。

2.3　件

归档文件的整理单位。一般以每份文件为一件，文件正本与定稿为一件，正文与附件为一件，原件与复制件为一件，转发文与被转发文为一件，报表、名册、图册等一册（本）为一件，来文与复文可为一件。

3. 整理原则

遵循文件的形成规律，保持文件之间的有机联系，区分不同价值，便于保管和利用。

4. 质量要求

4.1　归档文件应齐全完整。已破损的文件应予修整，字迹模糊或易褪变的文件应予复制。

4.2　整理归档文件所使用的书写材料、纸张、装订材料等应符合档案保护要求。

5. 整理方法

5.1　装订

归档文件应按件装订。装订时，正本在前，定稿在后；正文在前，附件在后；原件在前，复制件在后；转发文在前，被转发文在后；来文与复文作为一件时，复文在前，来文在后。

5.2　分类

归档文件可以采用年度－机构(问题)－保管期限或保管期限－年度－机构(问题)等方法进行分类。同一全宗应保持分类方案的稳定。

5.2.1 按年度分类

将文件按其形成年度分类。

5.2.2 按保管期限分类

将文件按划定的保管期限分类。

5.2.3 按机构(问题)分类

将文件按其形成或承办机构(问题)分类(本项可以视情况予以取舍)。

5.3 排列

归档文件应在分类方案的最低一级类目内,按事由结合时间、重要程度等排列。会议文件、统计报表等成套性文件可集中排列。

5.4 编号

归档文件应依分类方案和排列顺序逐件编号,在文件首页上端的空白位置加盖归档章并填写相关内容。归档章设置全宗号、年度、保管期限、件号等必备项,并可设置机构(问题)等选择项。(见图 A1。图示中"＊"号栏为选择项,不选用时无须设置。以下同)。

5.4.1 全宗号:档案馆给立档单位编制的代号。

5.4.2 年度:文件形成年度,以四位阿拉伯数字标注公元纪年,如 1978。

5.4.3 保管期限:归档文件保管期限的简称或代码。

5.4.4 件号:文件的排列顺序号。

件号包括室编件号和馆编件号,分别在归档文件整理和档案移交进馆时编制。室编件号的编制方法为:在分类方案的最低一级类目内,按文件排列顺序从"1"开始标注。馆编件号按进馆要求标注。

5.4.5 机构(问题):作为分类方案类目的机构(问题)名称或规范化简称。

5.5 编目

归档文件应依据分类方案和室编件号顺序编制归档文件目录。

5.5.1 归档文件应逐件编目。来文与复文作为一件时,只对复文进行编目。归档文件目录设置件号、责任者、文号、题名、日期、页数、备注等项目。

5.5.1.1 件号:填写室编件号。

5.5.1.2 责任者:制发文件的组织或个人,即文件的发文机关或署名者。

5.5.1.3 文号:文件的发文字号。

5.5.1.4 题名:文件标题。没有标题或标题不规范的,可自拟标题,外加"[ ]"号。

5.5.1.5 日期:文件的形成时间,以 8 位阿拉伯数字标注年月日,如 19990909。

5.5.1.6 页数:每一件归档文件的页数。文件中有图文的页面为一页。

5.5.1.7 备注:注释文件需说明的情况。

5.5.2 归档文件目录用纸幅面尺寸采用国际标准 A4 型(长×宽为 297mm×210mm)。

5.5.3 归档文件目录应装订成册并编制封面。归档文件目录封面可以视需要设置全宗名称、年度、保管期限、机构(问题)等项目(见图 A3)。其中全宗名称即立档单位的名称，填写时应使用全称或规范化简称。

5.6 装盒

将归档文件按室编件号顺序装入档案盒，并填写档案盒封面、盒脊及备考表项目。

5.6.1 档案盒

5.6.1.1 档案盒封面应标明全宗名称。档案盒的外形尺寸为 310mm×220mm（长×宽），盒脊厚度可以根据需要设置为 20mm、30mm、40mm 等（见图 A4[a]）。

5.6.1.2 档案盒应根据摆放方式的不同，在盒脊或底边设置全宗号、年度、保管期限、起止件号、盒号等必备项，并可设置机构（问题）等选择项。其中，起止件号填写盒内第一件文件和最后一件文件的件号，中间用“－”号连接；盒号即档案盒的排列顺序号，在档案移交进馆时按进馆要求编制。

5.6.1.3 档案盒应采用无酸纸制作。

5.6.2 备考表

备考表置于盒内文件之后，项目包括盒内文件情况说明、整理人、检查人和日期（见图 A5）。

5.6.2.1 盒内文件情况说明：填写盒内文件缺损、修改、补充、移出、销毁等情况。

5.6.2.2 整理人：负责整理归档文件的人员姓名。

5.6.2.3 检查人：负责检查归档文件整理质量的人员姓名。

5.6.2.4 日期：归档文件整理完毕的日期。

（附图略）

数字档案室建设规程

(DB37/T 663－2007)

(山东省档案局　鲁档发〔2007〕12 号　2007 年 3 月 26 日发布)

1. 范围

本标准规定了数字档案室的建设基本原则、内容构成、技术要求等。

本标准适用于我省各级机关、企事业单位数字档案室建设。

2. 术语

数字档案室

指以电子档案为对象,以电子计算机等数字设备为手段,基于网络实现档案收集、整理、保管、保护、共享利用的档案管理模式。

3. 规范性引用文件

下列文件中的条款通过本规范的引用而成为本规范的条款。凡是注日期的引用文件,其随后所有的修改单(不包括勘误的内容)或修订版均不适用于本规范,然而,鼓励根据本规范达成协议的各方研究是否可使用这些文件的最新版本。凡是不注日期的引用文件,其最新版本适用于本规范。

GB 3792.1　文献著录总则

GB 3792.2　普通图书著录规则

GB/T 17678.1－1999　CAD 电子文件光盘存储、归档与档案管理要求第一部分:电子文件归档与档案管理

GB/T 17678.2－1999　CAD 电子文件光盘存储、归档与档案管理要求 第二部分:光盘信息组织结构

GB/T 18894－2002　电子文件归档与管理规范

GB/T 19487－2004　电子政务业务流程设计方法通用规范

GB/T 19488.1－2004　电子政务数据元 第 1 部分:设计和管理规范

GB/T 19667.2－2005　基于 XML 的电子公文格式规范第 2 部分:公文体

BMB 17－2006　涉及国家秘密的信息系统分级保护技术要求

DA/T 18—1999　档案著录规则

DA/T 31－2005　纸质档案数字化技术规范

DB37/T 536－2005　档案目录数据采集规范

国家保密局 国保发〔2005〕16号 涉及国家秘密的信息系统分级保护管理办法

4. 基本原则

4.1　文档一体化原则

各单位应坚持文档一体化原则，规划建设本单位的数字档案室，实现办公信息的顺畅交流。

4.2　统筹规划原则

数字档案室是单位信息化建设的基础内容，是办公自动化的重要构成。各单位应把数字档案室纳入单位信息化建设总体格局之中，与办公自动化融为一体，统筹规划建设。

4.3　确保安全原则

各单位应健全各种设施，加强管理，确保档案数据的安全。

5. 网络建设

5.1　档案数据网建设

档案室应配备能够满足运行需要的计算机设备，采用高性能的符合保密要求的网络设备和材料，建设独立的档案数据网，进行档案数据整理加工和存储管理。档案数据网为保密网，应依据国家有关涉密信息系统分级管理规定确定等级，明确安全域，按照BMB17的技术要求进行建设。应与单位办公网和业务网实现物理隔离，禁止接入因特网。

5.2　接入单位办公网和业务网

档案室应配备专门的计算机与单位办公网、业务网连接，进行文件收集归档和档案信息查询利用。单位办公网与当地政务网互联、业务网系统内互联的，应采取相应措施，确保档案数据安全。

5.3　数据交换

数据网与办公网、业务网的数据交换采用移动硬盘等介质实现。

6. 软件系统建设

6.1　应选择技术成熟、前瞻性好、后期维护有保障的操作系统和数据库管理系统，构建档案室基础管理平台。

6.1.1　选择适宜的操作系统。采用与硬件选型相匹配的主流操作系统。

6.1.2　选择适宜的数据库管理系统。目录数据推荐采用关系型数据库存储管理，其他数据可根据需要选用相应的数据库存储管理。

6.2　应根据数字档案室设计要求开发电子文件归档管理系统、数字档案室管理系统、档案进馆和报送管理系统、档案查询利用系统等，构建符合本单位实际、功能齐全、运行稳定、数据安全的档案管理应用平台。

6.2.1　电子文件归档管理系统

该系统是单位办公自动化系统的组成部分，应按照GB/T 18894和有关电子文件归档管理的规定设计开发，逐步实现电子文件实时归档，网上移交。主要包括归档鉴定、整理编目、数据加工、数据报送等功能。归档管理过程中应保证电子文件元数据和背景信息的完整性。

6.2.2　数字档案室管理系统

应建立以数字档案信息收集、管理和利用为核心，涵盖整个档案室业务工作的管理系统。主要应包括电子档案接收、档案资料著录、整理加工、检索利用、档案编研、档案鉴定、数据统计、库房管理等功能。

6.2.3　档案进馆和报送管理系统

按照网络环境下馆室一体化业务建设的模式，按照国家规定的档案数据及其目录数据格式要求，整理应进馆的档案、资料及现行文件，形成报送数据，通过网络或载体移交等方式向同级国家综合档案馆移交报送。

6.2.4　档案查询利用系统

在单位办公网上提供非涉密档案信息资源的在线查询利用。

6.2.5　电子文件归档管理系统和档案查询利用系统是单位办公自动化系统的子系统，应与办公自动化系统实现无缝连接。

6.3　数字档案室一般应基于中间件技术，将业务规则逻辑与后台数据存储处理和前台展现程序进行分离，构架数据库服务器处理数据，应用服务器处理具体业务逻辑，客户端负责和用户交互的三层体系开发应用平台。

7. 数据库建设

7.1　数据库种类

档案室应建立面向全部室藏档案的档案资料目录数据库和电子档案数据库，集中存储管理数字档案数据信息。

7.1.1　档案资料目录数据库

室藏档案应按照 DA/T 18 和 DB 37/T 53 的规定设计著录项目，建立档案案卷级、文件级目录数据库。

室藏资料应按照 GB 3792.1 和 GB 3792.2 的规定设计著录项目，建立资料目录数据库。

7.1.2　电子档案数据库

根据 GB/T 18894 和国家及省制发的电子文件管理规定组织建立电子档案数据库。档案数据量大、种类丰富的单位可以区分类型建立数据库，分别存储文本型、图像型、图形型、音频型、视频型等电子档案数据。电子档案数据应与其目录数据进行有效挂接。

7.2　数据采集和加工

7.2.1　档案资料目录数据的采集

按照 DA/T 18 和 DB 37/T 536 的规定采集档案目录数据。

按照 GB 3792.1 和 GB 3792.2 的规定采集图书资料目录数据。

7.2.2　电子档案数据的采集

7.2.2.1　电子文件收集归档

单位应按照国家及省有关电子文件归档管理的规定，建立健全电子文件归档管理体制和责任体系，采取相应的技术手段和管理措施，逐步实现电子文件形成、处理、积累、归档的一体化管理，确保各种类型电子文件完整归档。

归档文本型电子文件推荐采用 XML 格式，可以收集 PDF、RTF、TXT 格式文档；图像型电子文件推荐采用 TIFF 或 JPEG 格式；音频型电子文件推荐采用 MP3 或 WAV 格式;视频型电子文件推荐采用 MPEG2 或 AVI 格式。

7.2.2.2 档案数字化加工

档案室应有计划地采用成熟的数字化技术对室藏非电子档案进行数字化加工。

纸质档案按照 DA/T31 的规定进行数字化加工。

照片档案采用扫描方式进行数字化时,彩色照片宜采用"RGB"模式,黑白照片宜采用"灰度"模式;扫描仪光学分辨率应不低于 600dpi;扫描后的照片应保存为 TIFF 格式,采用 LZW 格式压缩;扫描图像缩放比应为 100%。

录音带数字化时应选用 44.1kHz,16bit 来进行立体声采样。数字化后存储格式应为 WAV 或 MP3。

录像带数字化时数据传输率应不低于 4Mb/s,采用 MPEG2 压缩存储标准。

8. 数据管理与维护

8.1 应指定专人负责档案数据的维护与管理。

8.2 数据入库

电子档案及其目录数据应进行齐全性、准确性、完整性、安全性、有效性鉴定,确认达到相应技术要求后,经档案部门负责人签字同意后,才能入库保管。

8.3 数据修改

入库后的档案数据一般不能修改。入库数据确有错误,应形成书面报告,按相关制度的程序规定批准后方能修改。

8.4 数据备份

档案及目录数据至少应制作三套备份,脱机分开保管,一套异地保存。并定期进行更新备份。有条件的单位,宜采用双机热备加磁盘阵列柜存储管理。

8.5 数据删除

入库数据不能随意删除。经价值鉴定确无保存价值的档案数据,按相关制度的程序规定审批同意后,按要求删除数据。删除数据应形成纸质记录存档。

9. 查询利用

9.1 单位办公自动化系统应设置非涉密档案在线查询利用的功能链接。

9.2 档案室应利用本单位办公网实现非涉密档案在线查询利用;利用电子邮件或其他通信方式实现非在线查询利用。

9.3 涉密档案不能上网利用。

9.4 应建立完善的网上查询利用记录,对档案查询利用进行全程监督。

9.5 编制提供本单位基础数字、重要工作和重大事件等信息资料,通过办公网络提供档案信息服务。

10. 安全管理

10.1 物理安全

档案室应配备专用的电子文件柜,规范存放归档电子文件;采用温湿度自动控制系统,使库房温度保持在 17℃~20℃之间,相对湿度保持在 35%~45%之间;设置门控系统、监控报警系统,配备磁带备份系统、光盘刻录系统、断电保护 UPS 系统等外围辅助设备,健全环境安全和介质安全等功能,确保网络设备、设施、介质和信息的物理安全。电子档案库房应远离强磁场、强热源，并与有害气体隔离。有条件的单位应建造标准的电子档案库房。

10.2　数据安全

档案室应健全系统备份、容灾恢复和电磁兼容等功能，配备防火墙、入侵检测等相应技术设备，建立操作日志，通过身份认证、访问控制、信息加密、信息完整性校验、入侵检测等技术手段和管理方法确保档案数据得到有效保护，防止因偶然或恶意的原因使网络数据遭到破坏、更改、泄露，杜绝网络系统上的信息丢失、篡改、失泄密、系统破坏等事故发生。

10.2.1　计算机病毒防治

采用国家有关主管部门审验通过的查毒、杀毒软件，实时对服务器和客户端查毒、杀毒，并健全各种防毒措施。

10.2.2　网络入侵防护

采用通过国家鉴定的防火墙设备构建网络防护体系，并通过网络入侵检测设备，对网络可疑访问进行记录、跟踪，与防火墙及网络交换机联动，阻止非法访问，保护网络系统和应用系统的安全。

10.2.3　系统漏洞扫描防护

通过系统漏洞扫描系统，主动查找网络中存在的各种漏洞，及时采取相应的补救措施，避免可能引起的破坏。

10.2.4　身份鉴别

采用各种有效措施对通过网络进行在线移交、信息检索等活动进行身份鉴别，保证用户身份的合法性。

10.2.5　访问控制

通过网络硬件设备和软件组合功能对用户进行操作权的限制，包括功能权限制和数据权限制，主要防范用户的越权访问。

10.2.6　信息加密

包括传输加密和存储加密。网络设备应支持相应的加密协议。

10.2.7　安全审计

利用数据库、操作系统、安全保密产品和应用软件的审计功能进行安全审计、评估。

10.3　保密管理

应根据《中华人民共和国保守国家秘密法》和国家有关保密规定切实做好保密管理。

11. 制度建设

11.1 电子文件归档制度

明确电子文件归档范围、责任、格式、程序、方法、时限和质量要求等。

11.2　档案数字化规程

明确规定本单位各种门类、载体档案进行数字化的具体要求。

11.3　档案安全保密制度

明确规定电子档案安全管理职责要求和措施方法，网上利用权限的划分标准，以及档案阅读使用范围。

11.4 档案数据网上查询利用制度

明确规定网上查询利用档案的范围，查询利用的程序方法及安全要求。

11.5 档案数据管理维护制度

明确规定档案数据入库、修改、检测、备份、删除等操作的具体程序和方法。

11.6 电子档案鉴定销毁制度

明确规定电子档案鉴定销毁的基本原则、方法和技术要求。

11.7 档案数据网和信息设备维护使用制度

明确规定档案数据网操作管理要求和程序方法，规定计算机等信息设备维护使用要求。

12. 施工、监理与验收

12.1 数字档案室应根据国家有关规定，由具有信息系统工程施工资质的公司进行施工，并聘请具有信息系统工程监理资质的监理公司进行全程监理。

12.2 档案管理软件系统和数据安全管理，均应通过省档案局专业验收。

档案工作突发事件应急处置管理办法

（国家档案局　中央档案馆　2008 年 8 月 27 日发布）

第一条　为有效预防、及时处理和解决档案工作中的突发事件，确保国家档案资源的安全，根据《中华人民共和国档案法》、《中华人民共和国突发事件应对法》及有关法律、规章，制定本办法。

第二条　本办法所称突发事件，是指由人为或自然因素引起的突发性危及或可能危及档案安全和严重干扰档案工作秩序，需要采取应急处置措施以应对的事件。

第三条　本办法适用于各级档案行政管理部门、各级国家档案馆、中央和国家机关档案部门应急处置其辖内突发事件。企事业单位档案部门、军队系统档案部门及其他档案机构可参照执行。

第四条　突发事件应急处置工作应贯彻统一领导、分级负责、及时反应、果断决策、合作互助的原则。

第五条　各级档案行政管理部门、各级国家档案馆、中央和国家机关档案部门应建立严格的突发事件防范和应急处置责任制，制定相关工作预案，切实履行各自职责，保证突发事件应急处置工作有序进行。

第六条　突发事件应急处置预案应包括以下内容：

（一）编制和实施预案的有关危机情况和背景；

（二）应急处置工作的目标、要求和具体措施；

（三）应急指挥机构的建立及其人员组成，应急处置工作队伍的数量、分工、联络方式、职能及调用方案；

（四）有关协调机构、咨询机构及能够提供援助的机构、人员及其联系方式；

（五）抢救档案的顺序及其具体位置，库房常用及备用钥匙、重要检索工具的位置和管理人员；

（六）档案库房所在建筑供水、供电开关及档案库区、重点部位的位置等；

（七）向当地党委和政府、有关主管机关和上级档案行政管理部门报告的联系方式；

（八）其他预防突发事件、救灾应注意事项。

第七条　突发事件应急处置预案应向当地党委和政府、有关主管机关和上级档案行政管理部门备案。

第八条 各级档案行政管理部门、各级国家档案馆、中央和国家机关档案部门应依照法律、行政法规的规定，做好档案安全保管工作，防范突发事件的发生。应定期对突发事件应急处置人员进行相关知识的培训，组织救灾演练和对所属防灾、救灾设备设施进行检查；对本单位全体工作人员开展突发事件应急知识教育，增强对档案工作突发事件的防范意识和应对能力。

第九条 各级档案行政管理部门、各级国家档案馆、中央和国家机关档案部门应指定专门机构或人员负责突发事件的日常监测工作，建立突发事件预警机制，及时收集有关政府机构、气象部门发出的预警信息。在监测过程中发现潜在隐患以及可能发生突发事件，应及时启动有关预案，采取果断措施进行处置，防止危害和事故的发生。

第十条 各级档案行政管理部门、各级国家档案馆、中央和国家机关档案部门在突发事件发生后，要采取下列应急处置措施：

（一）及时报警，在第一时间通知抢险负责人和相关人员，通知专业抢险救援部门等。在可能的情况下，采取行动消除事故。

（二）组织救援遇险人员，转移和妥善安置受威胁档案。迅速控制危险源，标明危险区域，关闭和限制使用有关设备、设施，采取防止发生次生、衍生事件的必要措施。

（三）对突发事件可能造成的危害和损失做出初步判断，启动相关应急处置预案。

（四）对灾害事故造成的受损档案，立即组织力量进行抢救。特别是对受水淹档案，要及时采取冷冻或干燥的办法稳定档案的状态，避免灾情进一步恶化。

第十一条 各级档案行政管理部门、各级国家档案馆、中央和国家机关档案部门应在突发事件发生后立即向当地党委和政府、有关主管机关和上级档案行政管理部门报告。

有下列情形之一者，县级以上档案行政管理部门和各级国家档案馆在向当地党委和政府、有关主管机关和上级档案行政管理部门报告的同时，需向国家档案局报告：

（一）因人为、自然原因或其他原因造成档案严重损坏或丢失的；

（二）因人为、自然原因或其他原因造成档案馆库房建筑损坏，危及档案安全的；

（三）国家档案馆工作秩序受到冲击，危及档案安全的；

（四）法律、法规规定的其他重大安全事故。

第十二条 突发事件报告应包括如下内容：

（一）事件发生或可能发生的地区（单位、部门）、时间、地点和现场情况；

（二）事件的简要经过和档案损失情况的初步估计；

（三）事件原因的初步分析；

（四）事件发生后已经采取的措施及效果；

（五）其他需要报告的事项。

第十三条 任何单位和个人对突发事件不得隐瞒、缓报、谎报或者授意他人隐瞒、缓报、谎报。

第十四条 接到突发事件报告的档案行政管理部门应依照本办法立即组织力量对报告事项调查核实，采取必要的控制措施，并及时向有关部门报告核查情况。

第十五条 省级以上档案行政管理部门接到突发事件报告后，应视事件严重程度，决定是否有必要组成突发事件应急处置小组对突发事件进行调查处理。突发事件应急处置小组人员构成应包括突发事件所涉及的有关部门负责人以及相关档案业务方面的专家。

第十六条　国家档案局应根据接报突发事件的情况，及时向中共中央办公厅、国务院有关部门报告。突发事件发生地的省、自治区、直辖市档案行政管理部门，应根据突发事件发生的情况，向相关单位通报。

第十七条　各级档案行政管理部门、各级国家档案馆、中央和国家机关档案部门未依照本办法规定履行相应职责的，由其上级档案行政管理部门责令改正。

第十八条　各级档案行政管理部门、各级国家档案馆、中央和国家机关应对参加突发事件应急处置工作做出贡献的机构和个人，给予表彰和奖励。

第十九条　本办法自公布之日起施行。解释权归国家档案局。

山东省档案工作科学化管理规范

（山东省档案局　鲁档发〔2014〕23号　2014年8月1日施行）

1. 范围

本规范规定了档案工作的原则、组织管理和制度要求，提出了档案业务工作、信息化建设、安全保障和服务利用等方面的方法与指南。

本规范是各单位开展档案工作的基本规范，适用于行政辖区内各级机关、团体、事业单位，企业单位参照执行。

2. 总则

2.1　归档的文件材料应全面、真实地反映本单位履行职责的历史面貌，满足在证据、责任和信息等方面的需求。

2.2　档案实行集中统一管理，公务活动中形成的应归档的文件材料任何组织、个人不得据为己有或者拒绝归档。

2.3　维护档案的齐全、完整、准确、系统与安全，任何组织、个人不得伪造或者擅自销毁、篡改档案。

2.4　档案工作以收集齐全、整理规范、安全保管、有效利用为目标。

3. 组织领导和制度建设

3.1　档案管理组织

3.1.1　遵照国家档案法规要求设立档案工作管理机构，负责对本单位、本系统和直属单位的档案工作进行指导、监督与检查。建立健全档案监督管理网络和科学有效的监管运行机制。

3.1.2　加强组织领导，全面贯彻落实国家关于档案工作的法律、法规、规范和技术标准，严禁档案管理违法违纪行为。

3.1.3　将档案工作纳入单位领导和工作人员岗位职责，纳入各项工作流程，纳入年度目标考核，与其他业务工作同部署、同检查、同奖惩。

3.1.4　接受同级档案行政管理部门和上级业务主管部门监督、指导，按照规定时限完成重大活动档案登记、档案统计年报、政务公开信息报送、档案进馆等档案业务工作。

3.1.5　通过宣传教育和专业培训，增强全员档案意识和档案法治意识。

3.2　档案工作人员

3.2.1 配备与单位档案工作科学化管理相适应的专(兼)职档案人员,档案工作人员应具备相应的档案专业知识,管理属于国家所有的档案工作人员应当持证上岗,档案工作人员保持相对稳定。

3.2.2 加强档案业务学习,积极参加档案业务知识和岗位技能培训。

3.3 档案工作经费

档案工作经费纳入年度预算,配备必要的设施设备,满足归档文件规范整理、档案安全保管、档案信息化建设与服务利用等业务需要。

3.4 档案工作制度

3.4.1 将档案工作制度融入到本单位制度建设体系,使之与其他工作制度有机衔接,为档案工作开展提供保障。

3.4.2 建立完备的档案工作制度,包括文件材料归档和档案整理、保管、保密、鉴定、销毁、统计、利用、库房管理及离岗交接清点等制度。

3.4.3 按照国家档案局8号令、10号令等法规要求,制定和完善本单位的文件材料归档范围和档案保管期限表,并报同级档案行政管理部门审核后实施。

3.4.4 建立档案工作奖励和责任追究制度。

4. 档案资源建设

4.1 档案资源前端控制

4.1.1 严格执行文件材料归档制度,对国家规定应当整理归档的文件材料,做到应归尽归,应收尽收。

4.1.2 根据各单位文件材料归档范围,从源头上加强对文书、照片、声像、会计、科技(基建)、设备、公务活动礼品等各种门类、各种载体档案资料的收集,维护档案资源的齐全、完整、准确、系统。

4.1.3 单位档案机构依照法规制度对应归档文件的形成过程、形成质量、原始属性、法律效用标识等进行动态监管,确保归档文件材料的真实性、原始性、完整性。

4.1.4 文件形成部门负责人或承办活动(项目)的单位负责人是归档文件质量第一责任者,在文件归档前应对文件齐全、完整、准确、真实、整理规范情况进行审查,并签署归档质量审查意见。

4.1.5 各类文件应按国家有关规定及时归档,未明确归档期限的不得超过1年。

4.2 电子文件归档管理

4.2.1 将电子文件归档管理工作纳入电子政务、办公自动化等信息化建设总体规划,同步建设。

4.2.2 按照国家关于电子文件管理的规定,做好电子文件的归档、整理、保管、移交等工作。

4.3 重大活动(事件)、重点工程和重要科研项目档案管理

4.3.1 主办、承办单位要将重大活动(事件)、重点工程、重要科研项目情况及时通知同级档案行政管理部门,同时按照《山东省重大活动档案管理办法》(省政府令第247号)、《国家重大建设项目文件归档要求与档案整理规范》(DA/T 28—2002)、《科学技术研究课题档案管理规范》(DA/T 2—1992)等有关要求做好档案的收集、整理、保管、移交工作。

4.3.2 县级以上人民政府确定的重点建设项目和重点科学技术研究项目的档案，应当由同级档案行政管理部门和有关主管部门验收。

4.4 档案征集

根据需要向社会或本单位退休、调离人员征集档案资料。

4.5 档案集中统一管理

档案机构集中统一管理本单位的全部档案，对业务部门或基层单位保存的业务或专门档案，要建立档案管理台账或目录，归档文件数量纳入档案统计范围，并对其实体保管和信息利用状况进行动态监管。

4.6 档案移交进馆

各单位应按规定及时向同级国家综合档案馆移交列入进馆范围的档案。

5. 档案信息化建设

5.1 建设规划

5.1.1 参照数字档案室(馆)建设指南，制定档案信息化建设规划，推进数字档案室(馆)建设。统筹协调数字档案室与单位电子业务系统、国家综合档案馆的关系，实现文档一体化、馆室一体化管理。

5.1.2 依托单位信息化建设成果，统筹规划、设计和建设档案信息化基础设施，包括网络基础设施、系统硬件、基础软件、安全保障系统、终端及辅助设备等。

5.2 数字资源

5.2.1 建立档案目录数据库、全文数据库、多媒体数据库，形成文书、照片、录音、录像，科技、专业等各门类电子档案和传统载体档案数字化副本等数字档案资源。

5.2.2 按照存量数字化、增量电子化的原则，开展传统载体档案数字化和电子文件归档，符合《纸质档案数字化技术规范》(DA/T 31－2005)、《文书类电子文件元数据方案》(DA/T 46－2009)、《版式电子文件长期保存格式需求》(DA/T 47－2009)等标准要求。

5.3 应用系统

5.3.1 数字档案室管理系统应能集成管理各门类数字档案资源，具备门类管理、接收采集、分类编目、检索利用、鉴定统计等业务管理功能和身份认证、权限管理、审计跟踪、电子签名等安全管理功能，符合《电子文件管理系统通用功能要求》(GB/T 29194－2012)。

5.3.2 数字档案室管理系统应与单位电子业务系统衔接，自动接收采集各业务系统的电子文件及其元数据；应与国家综合档案馆衔接，按照标准移交电子档案。

5.4 信息安全

5.4.1 按照信息系统安全等级保护工作的要求，配备必要的信息安全设备、建立信息安全管理制度、采取信息安全技术策略，保障信息系统安全。

5.4.2 定期备份数字档案资源，建立数据恢复机制，保障数字档案资源安全。

6. 档案安全保障

6.1 档案库房及工作用房

6.1.1 档案库房建筑、设计参照执行《档案馆建筑设计规范》(JGJ 25－2010)和《档案馆建设标准》(建标 103－2008)要求。

6.1.2 档案库房、业务技术用房、阅览室、办公室满足档案工作需要。

6.1.3 档案库房达到防火、防水、防潮、防虫鼠、防光、防尘、防盗、防有害气体、防磁要求，库房内温湿度控制符合国家规定。

6.2 档案设施设备配备

6.2.1 档案办公设备。配备信息化管理需要的服务器、计算机、打印机、复印机、扫描仪、光盘刻录机、照相机、录音录像等设备。

6.2.2 档案保护设备。按照国家规定配备完善的消防、安保、温度湿度控制及容灾备份、应急电源等档案安全设施、设备。

6.2.3 档案装具。配备数量充足、符合国家标准的卷皮、卷盒及档案橱、架。

6.3 库房安全管理

6.3.1 人员、档案出入库登记内容准确、及时；定期进行库房安全检查，发现问题整改到位。

6.3.2 档案人员离职或调动工作时，应严格执行档案交接制度，依据档案管理台账、统计报表、检索目录清点各种载体档案库存，并办理档案交接手续。

6.4 档案安全管理

6.4.1 完善人防、物防、技防、联防体系，档案安全制度执行有效。

6.4.2 健全档案信息数据安全管理机制和电子档案数据容灾管理、重要档案异质异地备份等安全保障措施，确保档案信息安全。

6.4.3 完善档案开放利用审核鉴定机制，对应开放档案和拟在网上公开的档案信息，审慎进行划控、鉴定。

6.4.4 大力开展纸质档案数字化工作，及时对破损档案进行抢救修复。

6.4.5 制定档案灾害应急处置预案，并经常组织演练、培训，提高危机事件发生时相关责任人按照预案有序处置的能力。

7. 档案服务利用

7.1 档案整理

严格按照国家有关标准整理各种门类、各种载体档案，做到分类科学、排列有序、保管期限确定准确、档号编制规范。

7.2 目录编制

文书档案编制归档文件目录、专题目录、文号索引等检索工具；其他门类档案根据相应规范要求编制检索工具；按照著录规则和《文书类电子文件元数据方案》(DA/T 46—2009)等要求建立目录数据库，实现计算机检索。

7.3 建立全宗卷

按照《全宗卷规范》(DA/T 12—2012)建立全宗卷，材料齐全，整理规范。

7.4 档案利用

7.4.1 档案查阅

及时高效为领导、机关各部门提供档案借阅服务；严格借阅登记和利用效果反馈登记，编印档案利用效果实例汇编。

7.4.2 档案编研

编写或续编全宗指南;编写单位组织沿革、年度大事记、年鉴;编制档案资料汇编;开发、整合档案信息资源,为领导决策、单位工作、社会需求提供优质档案信息服务。

7.4.3 通过举办档案展览、编辑出版图书、制作档案音像制品等,多角度、多形式开展档案文化传播。

7.4.4 积极实施档案信息资源共享,实现开放档案信息资源的远程利用。

8. 档案工作创新

在档案监管、收集整理、利用服务、保管保护及制度建设等方面开展具有首创性和示范性作用的工作。

实施《山东省档案工作科学化管理规范》测评办法

（山东省档案局　鲁档发〔2014〕37 号　2014 年 8 月 18 日发布）

第一条　为贯彻落实中共中央办公厅、国务院办公厅《关于加强和改进新形势下档案工作的意见》（中办发〔2014〕15 号），加强和改进机关、团体、企事业单位档案工作，省档案局依据国家法律法规和有关规定，制定了《山东省档案工作科学化管理规范》（鲁档发〔2014〕23 号，SDPR－2014－0620001）。为检验、评估各单位对《山东省档案工作科学化管理规范》的实施落实情况，决定在全省开展档案工作科学化管理测评工作，特制定本办法。

第二条　本办法适用于全省各级机关、团体、企事业单位及各中央驻鲁单位。

第三条　全省各级机关、团体性质单位按照《山东省机关单位档案工作科学化管理测评细则》（见附件 1）进行测评；全省各科技事业单位按照《山东省科技事业单位档案工作科学化管理测评细则》（见附件 2）进行测评；全省各企业单位按照《山东省企业单位档案工作科学化管理测评细则》（见附件 3）进行测评。

测评采用百分制，根据得分确定相应等级。95 分（含）以上为“档案工作科学化管理示范单位”；85 分（含）～95 分为“档案工作科学化管理先进单位”；70 分（含）～85 分为“档案工作科学化管理合格单位”；70 分以下为“档案工作科学化管理不合格单位”。《测评细则》中的加分因素是晋升和保持“示范单位”的必要条件。

第四条　全省各级各单位都应积极参加档案工作科学化管理测评，将测评工作纳入本单位年度工作计划。

具备档案工作科学化管理“示范单位”条件的，可直接申请“示范单位”等级测评；经测评为档案工作科学化管理“先进单位”和“合格单位”的，一般应在取得相应等级 1 年以上方可申请更高等级测评。

第五条　山东省档案工作科学化管理测评工作自本《办法》发布之日起开始进行。2014 年为测评工作起步阶段，经自查具备申报条件的单位，可申请相应等级的测评；2015～2017 年为测评工作普遍开展阶段，对全省各级机关、团体、企事业单位实施《山东省档案工作科学化管理规范》情况进行全面测评；2018～2019 年为重点检查、提高、复查阶段，对晋升更高等级的单位进行测评，对保持原有等次的单位进行复查。

第六条 档案工作科学化管理测评活动由省档案局统一组织，测评日常工作由省档案局档案馆(室)业务处、法规和经济科技业务处负责。

省档案局将抽调、聘请市档案局和省直单位档案业务骨干组成测评组，负责全省“示范单位”等级测评和省直单位的测评工作；市档案局、县(市、区)档案局，负责本行政区域内“示范单位”等级以下单位的测评工作。

如对测评结论有异议，可向省档案局提出书面复评申请，由省档案局组织复评，并及时反馈复评结果。

第七条 测评程序

自评。申报测评的单位应将测评工作纳入单位年度工作计划。根据测评办法，按照测评细则主动开展自评。

申报。申报测评的单位在认真自评的基础上，于每年 3 月底前向同级档案行政管理部门提出申报。申报材料(一式三份)包括申请报告、自评报告、测评申请表(附件 4)附自评打分情况说明。各市“示范单位”等级申报单位由各市级档案行政管理部门推荐并汇总申报材料，按照申报单位性质，报省档案局档案馆(室)业务处或法规和经济科技业务处。

测评。采取听取汇报、实地考察、查阅材料、综合评议等方式进行。

抽查。为了保障各市、县(市、区)把握测评标准的一致性，省档案局不定期对各市、县(市、区)组织开展的测评情况进行随机抽查。抽查结果与原测评结果出入较大的进行重新确定。

第八条 省级单位和获得“档案工作科学化管理示范单位”等级的审批工作由省档案局负责；各市档案局负责本行政区域内，“档案工作科学化管理示范单位”等级以下单位的审批工作，并汇总本行政区域内各等次测评情况，报省档案局备案。省档案局每年 12 月份汇总全省测评情况，制发文件，通报本年度测评工作，向“档案工作科学化管理先进单位”等级以上的单位颁发测评等级证书和标牌。

第九条 各级档案行政管理部门对已测评单位进行复查，发现档案管理水平低于证书等级的，限期整改，到期仍不合格者，取消其相应等级资格并予以公布。

第十条 本办法由山东省档案局负责解释。

第十一条 本办法自发布之日起施行。

附件 1 山东省机关单位档案工作科学化管理测评细则(略)

附件 2 山东省科技事业单位档案工作科学化管理测评细则

附件 3 山东省企业单位档案工作科学化管理测评细则(略)

附件 4 山东省档案工作科学化管理测评申请表

附件 5 山东省档案工作科学化管理测评审批表

附件 2

山东省科技事业单位档案工作科学化管理测评细则

测评项目	测评内容及分值	测评细则	测评依据或方式
一、组织领导和制度建设(20分)	1. 档案组织管理(5分)	遵照国家档案法规要求设立档案工作管理机构,负责对本单位、本系统和直属单位的档案工作进行指导、监督与检查。建立健全档案监督管理网络和科学有效的监管运行机制。(1分) 加强组织领导,全面贯彻落实国家关于档案工作的法律、法规、规范和技术标准,严禁档案管理违法违纪行为。(1分) 将档案工作纳入单位领导和工作人员岗位职责,纳入各项工作流程,纳入年度目标考核,与其他业务工作同部署、同检查、同奖惩。(1分) 接受同级档案行政管理部门和上级业务主管部门监督、指导,按照规定时限完成重大活动档案登记、档案统计年报、政府公开信息报送、档案进馆等档案业务工作。(1分) 通过宣传教育和专业培训,增强全员档案意识和档案法治意识。(1分)	查阅成立档案机构的会议纪要以及职责、编制等合法性文件;独立行使档案业务指导、监督职能,有考核记录的;合格得1分;档案管理网络运行效果良好;合格得1分。 抽查近三年档案业务工作考核记录,第二至第四款每发现一处违法违规行为,扣0.5分,扣完单项分为止。 每年组织一次宣传或专业培训的得0.5分。
	2. 档案工作人员(5分,加分2分)	为确保事业单位档案资源的安全和有效利用,选拔德才兼备的骨干力量担任事业单位档案管理机构负责人的职务。(2分) 配备与单位档案工作科学化管理相适应的专(兼)职档案人员,档案工作人员应具备相应的档案专业知识,管理属于国家所有的档案工作人员应当持证上岗,档案工作人员保持相对稳定。(2分) 加强档案业务学习,积极参加档案业务知识和岗位技能培训。(1分)	查考核奖惩记录,档案机构负责人享受中层主管领导待遇的得2分。 每单位至少配置1名专职档案人员并持证上岗得1分;人员配置按库藏档案1人/万卷册标准多1人加0.5分(加分项满分2分)。 档案管理岗位待遇应与同级教师、医疗技术人员或管理人员一致,得0.5分。 参加上级行业和档案部门组织的培训得0.5分。
	3. 档案工作经费(5分)	档案工作经费纳入年度预算,配备必要的设施设备,满足归档文件规范整理、档案安全保管、档案信息化建设与服务利用等业务需要。(5分)	档案部门年经费开支总和达到1元/件的,得1分。每增加10%加0.2分。

续表

测评项目	测评内容及分值	测评细则	测评依据或方式
一、组织领导和制度建设(20分)	4.档案工作制度(5分)	制定了单位档案工作规定。规定内容包括档案工作原则及管理体制,文件形成、积累与归档职责要求,资产变动与产权变动档案的处置原则,解释权等,内容符合国家对事业单位档案工作规范的要求,并将档案工作制度融入到本单位制度建设体系,使之与其他工作制度有机衔接,为档案工作开展提供保障。(1分) 建立完备的档案工作制度,包括文件材料归档和档案整理、保管、保密、鉴定、销毁、统计、利用、库房管理及离岗交接清点等制度。(1分) 文件、档案整理规范应明确文件立卷与档案整理原则、整理方法、档号编制要求和档案装具要求。(0.5分) 事业单位档案分类方案应明确分类依据、类别标识、类目范围。(0.5分) 文件归档范围和保管期限表应明确各类文件归档的范围及其相对应的保管期限。(0.5分) 特殊载体档案的管理规范应明确不同载体档案收集、整理的要求和保管的条件。(0.5分) 建立档案工作奖励和责任追究制度。(1分)	通过抽查教案、病案、工程、设备、科研、重大活动、电子档案移交、人力资源考核等工作程序、管理标准、职工岗位标准中是否涉及文件归档要求,制度建立过程合法、内容操作性强得1分。 根据国家业务档案规范要求,查看档案工作制度,根据事业单位档案分类方案、归档范围、保管期限表等内容,抽查各载体和类型档案的整理方法、保管条件、保管方式、档案清查办法、对受损档案的处置办法、档案出入库要求均有制度规定的得一半分值,执行效果好的得满分。 奖惩制度出台程序合法、内容操作性强、执行到位的得1分。
二、档案资源建设(25分)	5.档案资源前端控制(10分)	严格执行文件材料归档制度,对国家规定应当整理归档的文件材料,做到应收尽收,应管尽管。(2分) 根据各单位文件材料归档范围,从源头上加强对文书、照片、声像、会计、科技(基建)、设备、实物(公务活动礼品)等各种门类、各种载体档案的收集,维护档案资源的齐全、完整、准确、系统。(2分) 单位档案机构依照法规制度对应归档文件的形成过程、形成质量、原始属性、法律效用标识等进行动态监管,确保归档文件材料的真实性、原始性、完整性。(2分) 文件形成部门负责人或承办活动(项目)的单位负责人是归档文件质量第一责任者,在文件归档前应对文件齐全、完整、准确、真实、整理规范情况进行审查,并签署归档质量审查意见。(2分) 各类文件应按国家有关规定及时归档,未明确归档期限的不得超过1年。(2分)	通过抽查事业单位网站、会议记录、大事记、工作总结、资金总账等信息,检测是否做到应归尽归、应收尽收的要求。缺少一项专题活动档案的扣0.5分。 发现一处不完整、不准确、不系统的扣0.5分。 发现档案部门对归档部门动态监管有一处不到位的扣0.5分。 发现一处归档文件部门负责人不签署归档质量审查意见的扣0.5分。 发现一处不及时归档的扣0.5分。

续表

测评项目	测评内容及分值	测评细则	测评依据或方式
二、档案资源建设(25分)	6.电子文件归档管理(2分)	将电子文件归档管理工作纳入电子政务、办公自动化等信息化建设总体规划，同步建设。(1分) 按照国家关于电子文件管理的规定，做好电子文件的归档、整理、保管、移交等工作。(1分)	同步建设有效果的得1分；电子文件归档、整理、保管、移交有具体制度要求的得0.5分；正常运行的得0.5分。
	7.重大活动(事件)、重点工程和重要科研项目档案管理(5分)	主办、承办单位要将重大活动(事件)、重点工程、重要科研项目情况及时通知同级档案行政管理部门，同时按照《山东省重大活动档案管理办法》(省政府令第247号)、《国家重大建设项目文件归档要求与档案整理规范》(DA/T 28－2002)、《科学技术研究课题档案管理规范》(DA/T 2－1992)等有关要求做好档案的收集、整理、保管、移交工作。(3分) 县级以上人民政府确定的重点建设项目和重点科学技术研究项目的档案，应当由同级档案行政管理部门和有关主管部门验收。(2分)	抽查近2年的重大活动、重点工程、重要科研项目和引进设备等，发现一处不到位的扣0.5分。 不及时向档案行政部门申请验收的，发现一处扣0.5分。
	8.档案征集(2分)	根据需要向社会或本单位退休、调离人员征集档案资料。(2分)	有征集一份重要档案资料的得0.5分。
	9.档案集中统一管理(5分)	档案机构集中统一管理本单位全部档案(包括会计、基建、学生、教案、科研成果、病案等业务档案)，对业务部门或基层单位保存的业务档案，暂不具备集中统一管理条件的，要建立档案管理台账或目录，归档文件数量纳入档案统计范围，并对其实体保管和信息利用情况进行动态监管。(5分)	对于档案统计数据监测实体档案；发现一处违规行为扣0.5分，扣完为止。
	10.移交进馆(1分)	各单位应按国家规定及时向同级国家综合档案馆移交列入进馆范围的档案或电子档案。(1分)	根据同级档案馆征集部门提供的线索和单位网站数据，监测应移交档案和电子档案未移交的情况，发现一处扣0.5分。
三、档案信息化建设(15分)	11.建设规划(3分)	参照数字档案室(馆)建设指南，制定了档案信息化规划，并与事业单位信息化规划同时制定，或是事业单位信息化规划中已包含档案信息化内容。(1分) 依托单位信息化建设成果，统筹规划、设计和建设档案信息化基础设施，包括网络基础设施、系统硬件、基础软件、安全保障系统、终端及辅助设备等。(2分)	现场检查规划文件，事业单位专门制定了档案信息化规划或是在信息化规划中包含一定篇幅的档案信息化内容得1分，档案信息化规划不合理或是在信息化规划中档案信息化内容较少酌情减分。 档案信息化硬件设施到位得1分，正常运行得1分。

续表

测评项目	测评内容及分值	测评细则	测评依据或方式
三、档案信息化建设（15分）	12. 数字资源（3分）	事业单位信息系统开发与实施在电子文件格式、元数据采集、移交归档等方面充分考虑档案管理的要求，开展传统载体档案数字化和电子文件归档，符合《纸质档案数字化技术规范》（DA/T 31－2005）、《文书类电子文件元数据方案》（DA/T 46－2009）、《版式电子文件长期保存格式需求》（DA/T 47－2009）等标准要求。（3分）	现场核查事业单位信息系统需求设计方案、实施方案并对系统进行现场测试，根据对现存事业单位信息系统实施方案核查计分，在实施中考虑电子文件格式、元数据采集、移交归档等并在系统中实现得1分。事业单位信息化系统在电子文件格式、元数据采集、移交归档三方面每缺一项减0.5分。
	13. 应用系统（4分）	电子文件归档要求及功能应嵌入文件生成系统。事业单位各信息系统生成的文本、图形、图像、数据等类型电子文件归档范围应参照纸质文件归档范围确定。（2分） 音频、视频、多媒体等类型电子文件及数据库的归档范围应根据相关规定和需要确定，自动接收采集各业务系统的电子文件及其元数据；应与国家综合档案馆衔接，按照标准移交电子档案。（2分）	现场对事业单位主营业务信息系统电子文件归档可实现性进行测试，根据测试核查情况计分，每一信息系统无法实现电子文件归档减0.2分，减完为止。
	14. 信息安全（5分）	按照信息系统安全等级保护工作的要求，配备必要的信息安全设备、建立信息安全管理制度、采取信息安全技术策略，保障信息系统安全。（2分） 定期备份数字档案资源，建立数据恢复机制，保障数字档案资源安全。（3分）	现场抽查信息安全设备配置、制度建立及落实情况，缺一项扣0.5分；未实现定期备份数字档案、数据恢复机制的，缺一项扣0.5分。该项零分为否决项。
四、档案安全保障（15分）	15. 档案库房及工作用房（5分）	档案库房建筑、设计参照执行《档案馆建筑设计规范》（JGJ 25－2010）和《档案馆建设标准》（建标103－2008）要求。（1分） 档案库房、业务技术用房、阅览室、办公室满足档案工作需要。（1分） 档案库房达到“九防”要求，库房内温湿度控制符合国家规定。（3分）	档案库房应设置在远离易燃、易爆物品和水、火等存在安全隐患的场所，无特殊保护装置一般不宜设置在地下或顶层；档案库楼面均布活荷载应为$5KN/m^2$，采用密集架时，档案库楼面均布活荷载不少于$12KN/m^2$。 “九防”要求发现一处不达标扣0.5分。 库房安全不达标为否决项。

续表

<table>
<tr><th>测评项目</th><th>测评内容及分值</th><th>测评细则</th><th>测评依据或方式</th></tr>
<tr><td rowspan="3">四、档案安全保障（15分）</td><td>16. 档案设施设备配备（3分）</td><td>档案办公设备。配备信息化管理需要的服务器、计算机、打印机、复印机、扫描仪、光盘刻录机、照相机、录音录像等设备。（1分）
档案保护设备。按照国家规定配备完善的消防、安保、温度湿度控制及容灾备份、应急电源等档案安全设施、设备。（1分）
档案装具。配备数量充足、符合国家标准的卷皮、卷盒及档案橱、架。（1分）</td><td>现场核查并测试，根据库房配置的设备数量计分，除尘器、消毒柜、去湿机、加湿机、空气净化器、照相机等设备每配备一种设备或能保障工作需要的得0.2分。</td></tr>
<tr><td>17. 库房安全管理（2分）</td><td>人员、档案出入库登记内容准确、及时；定期进行库房安全检查，发现问题整改到位。（1分）
档案人员离职或调动工作时，应严格执行档案交接制度，依据档案管理台账、统计报表、检索目录清点各种载体档案库存，并办理档案交接手续。（1分）</td><td>查看入库登记台账和交接手续，发现一处管理瑕疵扣0.5分。</td></tr>
<tr><td>18. 档案安全管理（5分）</td><td>完善人防、物防、技防、联防体系，档案安全制度执行有效。（1分）
健全档案信息数据安全管理机制和电子档案数据容灾管理、重要档案异质异地备份等安全保障措施，确保档案信息安全。（1分）
完善档案利用审核鉴定机制，对拟在网上公开的档案信息，审慎进行鉴定。（1分）
大力开展纸质档案数字化工作，及时对破损档案进行抢救修复。（1分）
制定档案灾害应急处置预案，并经常组织演练、培训，提高危机事件发生时相关责任人按照预案有序处置的能力。（1分）</td><td>现场检测，发现一处违规扣0.5分。</td></tr>
<tr><td rowspan="3">五、档案服务利用（20分）</td><td>19. 档案整理（5分）</td><td>严格按照国家档案局制订的档案标准，整理各种门类、各种载体档案，做到分类科学、排列有序、保管期限确定准确、档号编制规范。（5分）</td><td>每类档案抽查2～5卷，发现一处错误扣0.5分。</td></tr>
<tr><td>20. 目录编制（3分）</td><td>事业单位各门类档案根据《事业单位档案工作规范》要求编制检索工具，实现计算机检索。（3分）</td><td>少一种检索工具扣0.5分。</td></tr>
<tr><td>21. 建立全宗卷（2分）</td><td>按照《全宗卷规范》（DA/T 12－2012）建立全宗卷，材料齐全，整理规范。（2分）</td><td>查阅全宗卷，内容有一处瑕疵扣0.5分。</td></tr>
</table>

续表

测评项目	测评内容及分值	测 评 细 则	测评依据或方式
五、档案服务利用(20分)	22. 档案利用(10分)	档案查阅:及时高效为领导、直属部门提供档案借阅服务;严格借阅登记和利用效果反馈登记,编印档案利用效果实例汇编。(2分) 档案编研:编写或续编全宗指南;编写单位组织沿革、年度大事记、年鉴;编制档案资料汇编;开发、整合档案信息资源,为领导决策、单位工作、社会需求提供优质档案信息服务。(2分) 通过举办档案展览、编辑出版图书、制作档案音像制品等,多角度、多形式开展档案文化传播。(3分) 积极实施档案信息资源共享,实现档案信息资源的远程利用。(3分)	有档案查阅登记台账得0.5分、有利用效果反馈记录得0.5分,编印实例汇编得1分。 有档案编研优秀成果的一项得0.5分,一般的得0.2分。 举办档案展览、出版图书、制作影视作品,效果明显的每项得2分,一般的得1分;90%。 实现档案信息服务网络化,服务效果好的得3分,一般得1分。
六、档案工作创新(5分)	23. 创新内容及方式(5分)	在档案监管、收集整理、利用服务、保管保护及制度建设等方面开展具有首创性和示范性作用的工作。(5分)	抽查近2年档案工作改革创新成果,该项工作获得市档案局省级行业主管部门改革创新奖的得2分;获得省档案局改革创新奖的得3分;获得国家档案局奖项的得5分;省示范单位必须有工作改革创新得分。

附件 4

山东省档案工作科学化管理测评申请表

<table>
<tr><td>单位名称</td><td colspan="5"></td></tr>
<tr><td>申请测评
时　　间</td><td></td><td>申请测评
等　　级</td><td></td><td>自评
得分</td><td></td></tr>
<tr><td colspan="6">申请单位情况简介

（盖章）
年　月　日</td></tr>
<tr><td colspan="6">档案行政管理部门意见

（盖章）
年　月　日</td></tr>
</table>

附件 5

山东省档案工作科学化管理测评审批表

<table>
<tr><td>单位名称</td><td colspan="5"></td></tr>
<tr><td>测评时间</td><td></td><td>测评等级</td><td></td><td>测评得分</td><td></td></tr>
<tr><td colspan="6">测评结论

测评组组长：
年　月　日</td></tr>
<tr><td colspan="6">档案行政管理部门审批意见

（盖章）
年　月　日</td></tr>
</table>

山东省电子文件归档管理暂行办法

（山东省档案局　鲁档发〔2005〕84 号　2005 年 12 月 30 日发布）

第一章　总　则

第一条　为规范我省电子文件归档与管理工作，保障电子文件的真实性、有效性、安全性，根据《中华人民共和国档案法》、《中华人民共和国电子签名法》、《山东省档案条例》以及国家关于电子文件管理的有关规定、标准，结合我省实际情况，制定本办法。

第二条　本办法规定了各单位在公务活动中产生的，具有保存价值的电子文件的形成、收集、积累、鉴定、归档、保管、利用的原则、方法和要求。我省各机关、团体、企业、事业单位和其他社会组织(下称各单位)都应根据本办法，做好电子文件归档管理工作。

第三条　本办法所称电子文件是指在数字设备及环境中生成，以数码形式存储于磁带、磁盘、光盘等载体，依赖计算机等数字设备阅读、处理，并可在通信网络上传送的文件。

本办法所称的电子公文是电子文件的一种，专指各单位通过统一配置的电子公文处理系统形成的具有规范格式的公文的电子数据。

第四条　各级档案行政管理部门负责对本行政区域内电子文件归档管理工作实行规划、协调和监督、指导。加强与有关部门协作，建立健全与各单位的指导和联系制度，及时协商解决电子文件归档管理中出现的问题。

第五条　电子文件归档管理工作应遵循以下原则：

(一)集中统一管理原则。各单位形成处理的各类电子文件均应由本单位文书处理部门统一收集管理；应归档保存的各种电子文件，经规范整理后，移交本单位档案部门集中管理。

(二)全程管理原则。各单位应建立健全各项工作制度和工作程序，结合各种技术措施的应用，从电子文件产生开始，直到被永久保存或销毁，不间断地对有关处理操作进行管理登记，实施全程控制和管理。计算机系统运行和信息处理等过程中形成或涉及的有关电子文件处理的参数、管理数据等应同电子文件一同归档保存。

(三)前端控制原则。在电子文件管理系统的设计阶段就要充分考虑电子文件生命周期各个阶段的管理要求，在电子文件形成处理阶段考虑电子文件归档管理和长期保管的要求。

（四）真实性保障原则。采取措施确保电子文件的内容、结构和背景信息经过传输、迁移后依然保持不变，与形成时的原始状态一致。

（五）电子、纸质文件并存原则。电子公文形成单位应将具有保存价值的电子公文输出制成纸质公文与电子公文一同归档保存，并准确标识它们之间的联系。

第二章　电子文件归档管理体系

第六条　各单位应把电子文件纳入本单位文件管理体系，把电子文件的归档管理工作纳入本单位信息化建设工作体系，纳入本单位办公自动化系统，并建立健全各项管理制度，逐步建立起科学的电子文件管理系统。

第七条　各单位办公自动化系统或电子文件管理系统应符合国家有关文件处理管理规定，并设置如下功能，保证电子文件真实性、完整性、有效性：

（一）设置相关功能，满足电子文件归档与管理需要。

（二）设计完整的责任体系，确保电子文件从生成、处理到归档管理每个环节都有保障其真实性、完整性的责任人。

（三）采用相应技术，确保电子文件真实性、完整性。

对电子化的印章、数字签章等采取防止非法使用的措施。

对具有凭证作用的电子文件逐页加注可靠的防错漏和防调换的标记。

对电子文件的操作者进行严格的身份识别与权限控制，并采取严格的安全措施，保证电子文件不被非正常改动。

对在网络系统中处于流转状态，暂时无法确定其保管责任的电子文件，应采取捕获措施，集中存储在符合安全要求的电子文件暂存存储器中，以防散失。

（四）设置符合安全要求的操作日志，实时自动记录实施操作的人员、时间、设备、项目、内容等。

（五）采取相应技术措施采集电子文件的背景信息和元数据，登记文件起草者、修改者、审核者、签发者等处理过程中相互衔接的各类责任者，打字者、发文者、收文者、存储管理者等各类操作者，批示、签名、印章、代码等责任凭证信息，以及电子文件传递、交接过程中的其他标识，建立完整的电子文件元数据库。

（六）设置数据备份和数据导出功能。

（七）设置足够容量、安全的外部存储器，随时存放处理完毕应归档保存的电子文件。

（八）具有针对自然灾害、非法访问、非法操作、病毒侵害等采取的与系统安全和保密等级要求相符的防范对策。

第八条　各单位办公自动化系统中的或单独的电子文件归档管理系统应通过省档案局组织的专业验收。

第九条　各单位应建立电子文件形成、收集、积累、整理归档的岗位责任体系，保证电子文件从形成、收集、积累到归档管理，都有专人负责。

（一）电子文件的形成制作质量由文件的起草者、审核者、签发者、缮印者负责。

（二）单位文书处理部门、各业务部门或项目组应指定专人负责本部门、本项目形成的电子文件的收集、积累和整理归档工作。

(三)单位档案部门应参与和指导本单位电子文件的形成、处理、收集和归档等各工作环节。

第三章 电子文件收集与积累

第十条 各单位应根据国家有关规定制定本单位的电子文件归档范围。凡是反映本单位工作活动、具有查考利用价值的电子文件都应收集归档。具体包括如下几种类型：

(一)文本文件：用文字处理技术形成的文字文件、表格文件。类别代码为T。

(二)数据文件：用计算机软硬件系统进行信息处理等过程中形成的各种管理数据、参数等。类别代码为D。

(三)计算机程序文件：计算机使用的或在某一软件平台上自行开发设计的系统软件、支持软件和应用软件的源程序及其开发、编译工具。类别代码为P。

(四)图形文件：采用计算机辅助设计或绘图获得到的静态图形文件。类别代码为G。

(五)图像文件：采用扫描仪、数码相机等设备生成的静态图像文件。类别代码为I。

(六)影像文件：通过计算机影像处理技术形成的记录影像的文件。类别代码为V。

(七)声音文件：通过计算机声音处理技术形成的记录声音的文件。类别代码为A。

(八)超媒体链接文件：用计算机超媒体链接技术制作的文件。类别代码为O。

第十一条 各单位档案人员应加强对电子文件收集积累工作的监督和指导，保证应归档电子文件的齐全、准确、完整、有效。

(一)电子文件正本(稿本代码F)及其背景信息、元数据应一同收集。电子公文形成单位应同时收集其定稿(稿本代码M)，其他电子文件可以根据需要确定是否收集其定稿及历次修改稿。电子文件正本应收集两套。

(二)当公务或其他事务处理过程只产生电子文件时，应当采取严格的安全措施，保证电子文件不被非正常改动。同时应当随时对电子文件进行备份，存储在脱机保存的载体上。

公务处理过程形成电子文件同时又形成纸质等其他形式文件，应同时收集其相应的其他形式文件一同归档，并保证它们在内容及相关说明、描述上完全一致。

具有永久和长期保存价值的文本或图像、图形形式的电子文件应制成纸质文件或缩微品等，同步收集。

(三)单位形成的同一类型的电子文件格式应统一。文本文件推荐采用XML格式，现阶段可以收集PDF、RTF、TXT格式文档；图像文件推荐采用TIFF或JPEG格式；视频或多媒体文件推荐采用MPEG或AVI格式；声音文件推荐采用MP3或WAV格式。各专业电子文件的通用格式，由省档案局会同有关专业主管部门确定。

通用格式的电子文件，各单位应收集一套形成或支持该格式电子文件的通用软件及其相关参数手册、说明资料等。特殊的无法转换为通用格式的电子文件，应同时收集其特殊的软硬件环境、压缩算法和其他相关数据。

(四)对只有电子签章的电子文件，收集时应附加具有法律效力的非电子签章，以保证电子文件的凭证作用。对使用可靠电子签名的数据电文,不需要再度签名确认。

(五)收集起来的电子文件应设置为只读状态,并存储在特定的载体上,脱机保存。顺序登记《电子文件登记表》(项目及格式参见 GB/T 18894—2002),与电子文件一同保存。《电子文件登记表》可以由计算机系统生成,但归档时应输出一份纸质登记表。

(六)电子文件在形成、接收时就要制作备份。在文件流转的每一个环节,只要发生过信息变化的,都应制作备份。对已经办理完毕的电子文件,无论有没有归档,都要定期制作备份。

第四章　电子文件整理归档

第十二条　电子文件归档可以采取物理归档或逻辑归档两种方式。实现办公自动化的单位,应采用逻辑归档与物理归档相结合的方式,在文件办理完毕后,即时进行逻辑归档;根据单位的归档制度,定期将已逻辑归档的电子文件下载到脱机保管的载体上,向档案部门进行物理归档。

第十三条　电子文件归档前应当进行归档鉴定,对电子文件的真实性、完整性、有效性进行检验和审核,确定密级和保管期限。

(一)与纸质文件核对内容、签章,审核电子文件收发登记表、操作日志及相关的著录项目等,确认电子文件及相关的信息和软件无缺损且未被非正常改动,电子文件与相应的纸质文件内容及其表现形式一致,处理过程无差错。

(二)按照国家关于文件材料归档的有关规定判定电子文件是否应该归档。

(三)依据国家关于档案保管期限的有关规定判定应归档电子文件的保管期限,该电子文件的背景信息和元数据的保管期限应当与内容信息的保管期限一致。

(四)依据国家关于文件材料保密规定准确划定电子文件的密级。

(五)对归档电子文件的基本技术条件进行检测,检测各电子文件所依赖的硬件环境的有效性、软件环境的有效性及其信息记录格式、有无病毒感染等。

(六)填写《归档电子文件移交、接收检验登记表》(格式见 GB/T 18894－2002)有关内容。

第十四条　归档电子文件应区分全宗,以件为单位进行整理。CAD 电子文件整理按照《CAD 电子文件光盘存储、归档与档案管理要求》(GB/T 17678－1999)规定,分项目进行整理。其他类型的电子文件按照《电子文件归档与管理规范》(GB/T 18894－2002)规定,在全宗内区分年度、保管期限、机构(问题),或只区分年度、保管期限,按电子文件类别相对集中,脱机存储在一次写光盘、硬盘、磁带等载体上,并达到如下要求:

(一)归档电子文件应逐件进行著录(著录项目参照 DA/T 18－1999《档案著录规则》),并按照保证电子文件真实性、完整性和有效性的要求补充电子文件特有的著录项目和责任者、操作者、背景信息、元数据等其他标识,形成归档电子文件机读目录和纸质目录。目录中的记录要与归档电子文件实现一对一的固定链接。

(二)归档电子文件载体应按《CAD 电子文件光盘存储、归档与档案管理要求》(GB/T 17678－1999)规定的信息结构组织数据,每个存储载体根目录下应设置说明文件、著录文件和电子文件子目录、其他文件子目录等。

(三)特殊格式的电子文件应在同一载体中存有相应的查看软件。

(四)解密已加密的电子文件。必须加密归档的电子文件应将其解密软件和说明文件单独存放。

(五)归档电子文件载体应一式3套，一套封存保管(A)，一套供查阅使用(B)，一套寄存到同级国家综合档案馆(C)。

(六)存储电子文件的载体或装具上应贴有标签，标签上注明全宗号、目录号、载体序号、套别、密级、保管期限、盘内文件起止时间、立档单位名称、盘内存储电子文件的主要内容等。

(七)以存储载体为单位制作纸质的《归档电子文件登记表》首页(项目及格式见GB/T 18894－2002)，以件为单位著录形成纸质《归档电子文件登记表》续页(项目及格式见GB/T 18894－2002)。

第十五条　单位档案部门在接收归档电子文件时，应当对电子文件及其载体、技术环境进行检验，检验载体有无划痕，是否清洁；有无病毒；核实归档电子文件的真实性、完整性、有效性检验及审核手续是否完备；核实登记表、软件、说明资料等是否齐全；对特殊格式的电子文件，应当核实其相关的软件、版本、操作手册等是否完整。不符合归档要求的发回归档部门进行改正。符合归档要求的，履行交接手续，完成《归档电子文件移交、接收检验登记表》(项目及格式见GB/T 18894－2002)一式两份，交接双方各执一份。

第五章　归档电子文件保管利用

第十六条　各单位应根据本单位电子文件管理需要，为档案部门配备光盘刻录机、磁带机、扫描仪和高性能的计算机或单独的服务器等设备，满足电子文件归档整理、存储加工、保管利用的要求。

单位档案部门均应配备专用的电子文件柜，有条件的单位应建造标准的电子文件库房，集中存放保管归档电子文件。

第十七条　各单位档案部门应采取措施，确保归档电子文件安全保管。除符合纸质档案的要求外，还应当符合下列条件：

(一)存储载体应作防写处理。

(二)操作时应避免擦、划、触摸存储载体的记录涂层。

(三)单片载体应当装盒，竖立存放，避免挤压。

(四)环境温度保持在17℃～20℃之间，相对湿度保持在35％～45％之间。

(五)存放时应远离强磁场、强热源，并与有害气体隔离。

处在收集积累阶段的电子文件的保管，也应参照上述要求进行。

第十八条　各单位档案部门应采取措施，保障归档电子文件的有效性。

(一)每年均应对归档电子文件的读取、处理设备的更新情况进行一次检查登记。设备环境更新时应当确认库存归档电子文件载体与新设备的兼容性。如不兼容，应进行迁移，并填写《归档电子文件迁移登记表》(项目、格式见GB/T 18894－2002)。原载体应继续保存4年。

(二)磁性载体每满2年、光盘每满4年进行一次抽样机读检验。抽样率不低于10%,如发现问题应及时恢复、转存。

(三)对磁性载体上的归档电子文件,应当每4年转存一次。原载体同时保留时间不少于4年。

第十九条 各单位应建立健全电子文件查阅利用制度,按照国家有关保密规定,采用专门的技术和措施,确保归档电子文件的安全有效使用。

未经审批同意,任何单位或者个人不允许复制电子文件。

利用时应使用拷贝件,归档电子文件的封存载体不得提供利用。

实现办公自动化的单位,可以通过计算机网络进行网上利用。具有保密要求的归档电子文件上网时应符合国家或部门有关保密的规定,要有稳妥的安全保密措施,保证利用者遵守保密规定,在权限规定范围之内安全使用。

第二十条 各单位应成立档案鉴定工作小组,按照国家有关档案鉴定的规定,及时对已到期的归档电子文件进行价值鉴定。经鉴定确无保存价值的电子文件,应按规定程序,由本单位主要负责人签字后,报经档案行政管理部门审批同意,方可销毁。属于保密范围的电子文件被销毁时,应连同其存储载体一起销毁并在网络中彻底清除。

第二十一条 各单位应及时对归档电子文件的接收、保管、利用和鉴定销毁等情况进行统计分析,针对发现的问题,提出改进措施,不断完善电子文件管理工作。

第六章 电子文件送交、寄存、进馆

第二十二条 各级党政机关应根据规定,将现行的已公开的电子公文通过移交载体或者网上传输等方式及时报送同级国家综合档案馆。

第二十三条 各单位应于每年6月底以前根据要求,将整理好的上一年度归档电子文件送同级国家综合档案馆寄存一套。

第二十四条 各单位应按照国家关于档案进馆有关规定,将归档电子文件与其他类型档案一同移交进馆。如果单位不具备归档电子文件基本保管条件,可以申请提前进馆。具体办法由各地根据当地实际确定。

第二十五条 各级国家综合档案馆应建立标准的电子档案库房,配备相应的保管设施,健全各项工作制度,强化管理与维护,确保馆藏电子文件的安全、有效。

第七章 附 则

第二十六条 本办法由山东省档案局负责解释。

第二十七条 本办法自发布之日起施行。

山东省著名人物档案管理办法

（山东省档案局　鲁档发〔2003〕61号　2003年10月16日发布）

第一章　总　则

第一条　为了弘扬山东著名人物为我省经济建设和社会发展做出的突出贡献，维护著名人物的历史地位，激励教育后人向先进模范人物学习，促进两个文明建设，依据《中华人民共和国档案法》《山东省档案条例》的规定，山东省档案馆决定设立“名人档案库”，专门收藏山东著名人物的档案资料。为加强和规范著名人物档案资料的收集、管理和利用，特制定本办法。

第二条　本办法所称著名人物（简称名人，下同）是指在某一学科、领域、行业做出过重大贡献，产生巨大影响，并得到社会和历史认可的历代山东籍或在山东境内长期工作活动过的非山东籍的著名人物。主要包括：

（一）担任过副省级以上党政领导职务或相应级别的领导人；

（二）被授予中将以上军衔或担任过正军职以上领导职务的军人；获中央军委英模荣誉称号的英模人物，其他具有一定社会影响的著名军人；

（三）全国劳模、“五一”劳动奖章获得者，具有重要影响和名望的企业家；

（四）担任中国科学院院士、中国工程院院士以及在某项科学技术领域有突出成就的专家、学者，国家最高科学技术奖获得者；

（五）在国内外有重要影响、成就突出的文学家、艺术家、教育家；

（六）奥运会奖牌获得者，亚运会及其他重大国际体育比赛项目冠军、亚军及在国内外知名度较高的运动员、教练员；

（七）著名社会活动家，宗教界著名人士，著名民间艺（匠）人；

（八）长期在山东工作活动过的著名华侨领袖，著名外籍华人；

（九）对国家和社会有突出贡献、在国内外有重要影响的其他著名人士。

第三条　本办法所指的名人档案是指名人在长期的工作、学习、生活中形成的，具有保存、利用价值的，不同载体的各种文字、声像材料和实物。

第四条　名人档案工作实行统一领导、分级管理的原则，确保名人档案的完整、安全与有效利用。

山东省档案行政管理部门负责全省名人档案工作的规划、管理、监督和指导。

第二章　收　集

第五条　名人档案的收集原则：名人在工作、学习和生活中形成的，真实反映其一生经历和贡献的，具有查考、利用价值的各种载体的材料均应收集归档。

第六条　名人档案收集内容：

(一)反映名人经历及其主要活动的传记、回忆录、履历表等；

(二)反映名人职务活动的文章、报告、演讲稿、工作日记等；

(三)反映名人成就的作品及研究成果；

(四)社会对名人研究、评价的资料；

(五)与名人有直接关系的各类证书、奖章、信函、谱牒、纪念品等；

(六)反映名人活动的照片、录像带、录音带、光盘等；

(七)名人口述的历史资料；

(八)名人收藏的图书、资料及其他具有历史和纪念意义的物品；

(九)其他有保存价值的档案资料。

第七条　名人档案的收集形式：

(一)依据《中华人民共和国档案法》、《山东省档案条例》及其他法规进行收集；

(二)有关单位依据国家规定向省档案馆移交名人档案；

(三)档案所有者向省档案馆捐赠、寄存或出售名人档案资料；

(四)对其他档案馆、有关部门保存的名人档案进行复制或交换；

(五)对散存在省内外的名人档案进行征购、复制或交换；

(六)省档案馆与档案所有者商定的其他收集方式。

第八条　省档案馆收集名人档案时应与移交单位或个人办理交接手续，填制清单一式两份，省档案馆与移交单位或个人各执一份。

第九条　单位、个人向省档案馆移交、捐赠名人档案时，省档案馆向移交、捐赠者颁发移交或捐赠证书。

第十条　向省档案馆寄存的名人档案，省档案馆与档案所有者或其代理人签订寄存协议，并颁发寄存证书。

第十一条　名人档案所有者向省档案馆出售名人档案，省档案馆要与出售人签订购买协议。

第三章　整理与鉴定

第十二条　名人档案的整理原则是：遵循名人档案形成的客观规律，保持文件材料之间的内在联系，真实反映名人工作、学习和生活的本来面貌，便于保管和利用。

第十三条　名人档案的整理方法：

(一)名人档案的整理应当分类清楚，组卷合理，排列有序，装订整齐；

（二）以名人划分全宗，全宗内采用问题—年代分类法；

（三）名人档案按类组卷。根据每类档案材料的多少结合其形成时间组成一个或若干个案卷。组卷应当遵循文件材料的形成规律，保持文件材料之间的有机联系；

（四）案卷内档案材料和案卷的整理，参照《山东省文书档案工作规范》执行；

（五）名人档案中的照片、影片、录像带、录音带的整理，参照国家规范执行。

第十四条　省档案馆应成立专家组对征集到的名人档案进行鉴定审查。

第四章　保　管

第十五条　名人档案的保管期限应确定为永久。

第十六条　山东省档案馆内设名人档案库，专门保管全省名人档案。

第十七条　山东省档案馆应定期检查名人档案的保存状况，对破损、变质的档案及时修复或复制。

第十八条　档案部门应建立名人档案数量、质量统计制度，每年对档案的接收、调阅等情况进行登记、统计。

第五章　权益与责任

第十九条　名人档案形成者或捐赠者有权了解名人档案的整理、保管、利用情况，对该档案享有优先利用权，并可对档案中不宜向社会开放的部分提出限制利用的意见，档案馆应当维护其合法权益。

第二十条　名人档案形成者或捐赠者须将新形成或新发现的档案资料，及时送交省档案馆，保持名人档案资料的完整与安全。

第六章　利　用

第二十一条　档案形成者或捐赠者要求保密或限制使用的，省档案馆将严格按照接收、捐赠手续或寄存协议，在对外提供利用时进行保密或限制使用；上述手续、协议中无明确保密或限制使用条款的，省档案馆将按国家规定向社会提供利用。

第二十二条　利用名人档案的单位和个人，应当确保档案完整与安全，不得拆取卷内文件，不得在案卷上涂改、批注、加字、勾画和剪裁，不得私自复制。

第二十三条　名人档案的利用形式：

（一）向有关单位提供名人档案；

（二）与有关单位或个人联合开展名人档案学术研究；

（三）配合宣传教育及其他纪念活动，举办名人档案展览；

（四）为专家、学者的研究提供咨询与服务。

第七章 奖励与处罚

第二十四条 档案馆对在名人档案工作中做出显著成绩，或者捐献重要、珍贵档案的，应依据《中华人民共和国档案法》的规定给予奖励，并颁发证书。

第二十五条 对故意损毁、涂改、伪造或者擅自复制、提供、公布、出卖名人档案的责任人员，根据档案的价值、数量和情节轻重，依据《档案法》和《山东省档案条例》的规定给予处罚。造成损失的，应当按照规定赔偿损失。构成犯罪的，依法追究刑事责任。

第八章 附 则

第二十六条 本办法由山东省档案馆负责解释。

第二十七条 本办法自颁发之日起施行。

关于认真贯彻实施《高等学校档案管理办法》的意见

（山东省教育厅　山东省档案局　鲁教办字〔2009〕4号　2009年9月18日印发）

各高等学校：

为认真贯彻落实教育部和国家档案局颁布的《高等学校档案管理办法》（以下简称办法），进一步规范高等学校档案工作，提高档案管理水平和利用效益，加快推进现代大学管理制度建设，特制定本意见。

一、提高认识，切实加强对高校档案工作的领导

各高校要充分认识《办法》对推进高校规范化管理和科学发展的重大意义，不断增强做好档案管理工作的责任感和使命感，认真做好《办法》的学习、宣传和贯彻落实，努力推进新时期高校档案工作再上新水平。要对照《办法》，认真开展调查研究，针对全员档案意识不强，档案管理的体制机制不健全，档案资源建设和开发利用服务工作不到位，基础设施、信息化建设和安全保护工作亟待加强等问题，结合工作实际制定切实可行的实施方案，把《办法》的各项规定全面落到实处。

各高校应按照《办法》的规定，建立健全学校档案工作管理机制、体制，实行高校校长领导档案工作，分管档案工作的校领导协助校长负责，各高校须将档案工作纳入学校整体发展规划，认真研究和解决学校档案工作中的实际问题，建立健全与办学规模相适应的档案机构及管理体系。要把发展档案事业所需经费列入学校预算，确保档案工作需求。要把档案的形成、管理和利用服务工作质量考核指标有机地纳入高校工作质量考核体系中，纳入各部门各单位工作计划，纳入有关人员的职责范围，将学校教学、科研、管理各项工作与档案工作同步布置、同步检查、同步总结、同步验收。

二、健全高校档案机构，加强队伍建设

认真落实《办法》关于高校档案机构设置及人员配置的规定，凡是具备“建校历史在50年以上，全日制在校生规模在1万人以上、已集中保管的档案、资料在3万卷（长度300延长米）以上”条件之一的高校，应当设立档案馆，不具备设立档案馆的高等学校应当设立综合档案室。

设立档案室或档案馆的高校，应参照劳动人事部国家档案局关于《地方各级档案馆人员编制标准》(国档联发〔1985〕2号)要求，馆藏档案一万卷的，应配备3～5名专职档案工作人员；馆藏超过一万卷不足三十万卷的其超过部分每五千卷增配一人；超过三十万卷的，其超过部分每七千卷增配一人。档案库房配置应符合国家关于档案库房配置的标准要求，要具备前瞻性，为档案增量留有余地。

配齐配足档案管理人员。通过培养、引进和人才流动等方式，真正把政治素质高、组织管理能力强、具有开拓创新意识、适应档案管理现代化、信息化建设要求的专业人才，选配到档案岗位上来。同时要注意档案工作人员的培养教育，努力创造条件支持他们参见档案业务水平知识和相关科学文化知识以及现代化管理技能的学习、培训，不断增强档案工作者的事业心和责任感，提高他们的档案业务水平和信息化管理的技能。要关心档案工作人员的政治和生活待遇，努力解决他们的实际困难。对长期接触有毒害物质的档案工作人员，应当按照法律法规采取有效的防护措施，保障其依法享有工伤社会保险待遇及规定补贴。对从事档案工作的专职人员，实行专业技术职务聘任制或者职员职级制、享受学校教学、科研和管理人员同等待遇。

三、加强档案资源建设，落实部门立卷制度

各高校要严格按照《办法》规定，实行档案材料形成单位、课题组立卷的归档制度，学校各部门负责档案工作的人员应认真履行职责，按照归档要求认真组织档案整理、立卷工作，采取有效的措施，切实把从事招生、教学、科研、管理等活动中直接形成的、具有保存价值的各种类型、各种体裁形式的11大类文件材料收集齐全完整，按照高校档案整理标准规范分类、整理、归档。

高校档案机构要牢固树立“围绕中心、服务大局”的观念，对学校的重要活动、重大事项、重要科研项目和重点建设项目，事前要积极做好相关档案收集保管的法规知识宣传工作，事中要全程跟踪指导服务，事后要认真做好专项档案的收集、整理、归档工作。要突出学校办学特色，积极拓展档案资源的收集渠道，做好各种门类档案的收集归档工作，各高校要确保近三年来的档案归档率、准确率达到100％，完整率达到95％以上，确保档案资源的齐全完整。

四、有效开发档案信息资源，加强安全保密工作

各高校要把档案信息利用服务作为衡量档案工作水平的一项重要指标加以考核。高校档案机构应当充分挖掘利用档案资源，不断提高档案综合开发利用水平，为社会利用档案创造便利条件。要采取多种形式(如举办档案展览、陈列、建设档案网站等)，积极开展档案宣传工作，普及档案知识，不断丰富大学文化和大学精神文明建设的内涵，拓宽档案服务新领域。积极开展档案编研、年鉴编纂工作，为学校编写校史积累基础资料。要广泛组织档案学术交流，活跃档案学术氛围，为领导决策提供参考。有条件的高校可在相关专业的高年级开设有关档案管理的选修课。

同时，要认真落实《办法》中关于“高校档案机构是学校出具档案证明的唯一机构”的规定，理顺与校内教学、管理等部门的关系，其他部门不得出具与档案相关的证明。各高校档案机构要严格执行档案查阅制度，确保档案信息安全，要严格注意保护个人和单位信息，不得泄露国家机密。

五、积极推进档案的信息化建设，提高档案管理现代化水平

我省高校档案工作信息化建设总的实施原则是：统筹规划，分类指导，注重实效，稳步推进。具体目标是：

（一）尚未开展档案信息化工作的高校，三年内应建成档案目录数据库，实现查阅检索档案目录的现代化。

（二）基础条件较好的学校建成档案原文数据库和多媒体数据库，使馆（室）存档案全部或大部分数字化。同时在本校校园网上，开设档案信息查询利用窗口，提供可公开信息的公布和检索利用，以及公益性信息服务，实现公开档案信息的社会共享。

（三）已设立档案馆的高校要在现有的基础上，在实现馆存档案数字化后，应按照《山东省数字档案室馆建设章程》的要求，建成省内一流的数字档案馆，成为我省档案馆信息化建设的样板，要更好地为学生、学校和社会服务。

各高校要高度重视档案信息化建设工作，把档案信息化建设纳入学校信息化建设总体规划，与学校信息化建设同步发展。要按照国家有关电子文件归档与管理规范的要求，结合本学校实际，科学制定发展规划和实施方案，要设立专项经费，为档案机构配置档案管理现代化、档案信息化所需的设备设施，扎扎实实推进档案信息化建设。同时要制定电子文件归档范围和归档管理办法，及时做好各部门在办公自动化过程中形成的电子文件归档与管理工作，对纸质档案材料和电子档案材料同步归档。

为切实做好《办法》的贯彻落实工作，省教育厅、省档案局将联合举办一次业务培训，并适时组织一次高校档案工作检查。

后 记

《山东高校档案工作概览》(以下简称《概览》)是山东省教育厅办公室主办，全面、客观反映现阶段山东高校档案工作情况和各高校依法依规开展档案工作、规范档案管理的工具书。《概览》在向各高校征集文稿的基础上，组织部分高校档案人员集中编辑出版。由于前期征稿在体例、规范等方面未作统一要求，部分高校提交的文稿存在人称、文体混乱，层次不清晰，结构不严谨，记述不准确，引用法规文件不规范等问题。2013 年 5 月，省教育厅办公室针对上述问题，印发了《关于进一步修改报送〈山东省高校档案工作概要〉文稿的通知》(鲁教厅办字〔2013〕13 号，后期书名调整为《山东高校档案工作概览》)，明确提出了文稿修改的具体要求，以确保《概览》出版质量及其利用价值。

《概览》文稿按照史、志编撰规范，使用第三人称和说明文体记述，收录的信息资料截止时间为 2012 年 12 月 31 日，部分高校根据记述需要略有下延。除文稿外，《概览》还收录了国家、山东省档案工作一系列法律法规和规范标准，供高校档案人员查阅、学习，以进一步推进全省高校档案管理标准化、规范化。

本书在文稿征集、编辑和校对、出版工作中，得到了山东大学、济南大学、曲阜师范大学、聊城大学、青岛科技大学、山东商业职业技术学院等单位的大力支持，在此表示诚挚谢意。

因编者水平所限，难免存在疏漏与不足，敬请见谅。

编　者

2014 年 12 月